普通高等教育新形态教材

JINRONG SHICHANGXUE

金融市场学

第二版

张薇薇　王　娟◎主　编

白　桦　杨　弋
梁美娟　刘正胜　◎副主编

清華大学出版社

北　京

内 容 简 介

本书深入浅出地介绍和分析现代金融市场的理论发展和研究概况，追寻现代金融市场发展的轨迹，反映金融市场内部不同子市场各个领域的新研究成果和学术进展。全书共分十三章，分别为金融市场概述，货币市场，资本市场，外汇市场，金融远期、期货和互换市场，期权市场及应用，利率，债券价值分析，股票价值分析，有效市场理论，证券投资组合理论，资产定价理论，金融市场监管。

本书适合应用型本科院校经济管理等专业的学生使用，也适合其他专业的学生选修使用。

图书在版编目(CIP)数据

金融市场学/张薇薇，王娟主编. —2 版. —北京：清华大学出版社，2022.11(2025.1重印)
普通高等教育新形态教材
ISBN 978-7-302-62112-6

Ⅰ.①金…　Ⅱ.①张…　②王…　Ⅲ.①金融市场—高等学校—教材　Ⅳ.①F830.9

中国版本图书馆 CIP 数据核字(2022)第 198289 号

责任编辑：刘志彬
封面设计：汉风唐韵
责任校对：宋玉莲
责任印制：杨　艳

出版发行：清华大学出版社
　　　　　网　　　址：https://www.tup.com.cn，https://www.wqxuetang.com
　　　　　地　　　址：北京清华大学学研大厦 A 座　　　　邮　　编：100084
　　　　　社 总 机：010-83470000　　　　　　　　　　　邮　　购：010-62786544
　　　　　投稿与读者服务：010-62776969，c-service@tup.tsinghua.edu.cn
　　　　　质量反馈：010-62772015，zhiliang@tup.tsinghua.edu.cn
印 装 者：三河市科茂嘉荣印务有限公司
经　　销：全国新华书店
开　　本：185mm×260mm　　　印　　张：20　　　字　　数：513 千字
版　　次：2017 年 7 月第 1 版　　2022 年 11 月第 2 版　　印　　次：2025 年 1 月第 3 次印刷
定　　价：56.00 元

产品编号：097079-01

前　言

　　金融是现代经济的核心，直接关系经济社会发展全局。金融市场在市场机制中占据主导地位，发挥着关键作用。党的十八大以来，在以习近平同志为核心的党中央坚强领导下，我国金融改革发展取得新的重大成就，金融业保持快速发展，金融产品日益丰富，金融服务普惠性增强，金融改革有序推进，金融体系不断完善，人民币国际化和金融双向开放取得新进展，金融监管体制进一步完善，守住不发生系统性金融风险底线的能力增强。

　　金融市场学是研究市场经济条件下各个金融子市场的运行机制及其各主体行为的科学。在经济全球化背景下，金融机制的纷繁复杂，金融活动所涌现出的形式之多、规律之复杂、牵连之广泛，是其他经济活动所无法比及的，需要我们不断地加以研究和总结。这对我国的金融学高等教育提出了更高的要求，也带来诸多新的挑战。金融学高等教育的培养目标与模式应根据经济金融环境的变化做出及时调整，并相应地更新课程体系和教学内容，以培养出通晓金融理论与实务，特别是金融市场理论和实务的人才。本书参阅了金融学、金融市场学、投资学、国际金融学等相关教材，在第一版的基础上，第二版吸收了近年来金融市场理论研究方面的新成果，密切联系我国金融市场改革发展的动向，更新了案例导入、金融理论、数据资料、拓展阅读材料等，适合高等院校金融学相关专业选用。

　　本教材希望以深入浅出的语言，介绍和分析现代金融市场的理论发展和研究概况，反映金融市场内部不同子市场各个领域的最新研究成果和学术进展，追寻现代金融市场发展的轨迹。第二版依循第一版的总体框架结构，每章设有学习目标和学习要点，为学生提供有针对性的学习纲要；开篇设有引导案例，激发学生的学习兴趣，引导学生学习相关的业务知识；文中附有金融市场业务的最新案例和相关事实拓展，引导学生进行课下的自我储备和学习；每章结束设有本章小结帮助学生及时复习归纳学习要点；每章的重要概念和复习参考题依据课程要点而设置，帮助学生巩固学习成果。

　　本教材由长春师范大学经济管理学院张薇薇负责编写第一章金融市场概述、第十三章金融市场监管；赣南医学院王娟负责编写第五章金融远期、期货和互换，第六章期权市场及应用，第十章有效市场理论；长春师范大学经济管理学院白桦负责编写第三章资本市场、第四章外汇市场；长春师范大学经济管理学院杨弋负责编写第二章货币市场、第七章利率、第八章债券价值分析、第九章股票价值分析；西安工商学院梁美娟负责编写第十一章证券投资组合理论；江苏经贸职业技术学院刘正胜负责编写第十二章资产定阶理论。教材中若有遗漏或者疏愿，会在以后版本中予以修订，恳请广大读者和专家批评指正。

编　者

2022 年 9 月

目　录

第一章　金融市场概述

学习目标

1. 掌握金融市场的概念、功能、要素及类型。
2. 了解金融市场的形成过程和发展趋势。

学习要点

1. 金融市场的概念和功能。
2. 金融市场的要素。
3. 金融市场的结构与类型。
4. 金融市场的发展趋势。

案例导入

金融市场为煤焦钢产业高质量发展赋能

2021年9月28日，由中国钢铁工业协会发起、中国国际贸易促进委员会冶金行业分会主办的"第二十届中国钢铁原材料国际研讨会"在大连召开。大连商品交易所（简称大商所）党委书记、理事长冉华出席会议并致辞。

冉华表示，作为国家重要的金融基础设施，近年来，大商所秉承"服务面向实体经济、创新紧跟市场需求"的理念，以产品创新、技术驱动和生态圈建设为主线，扎实推进期货现货结合、场内场外协同、境内境外连通的国际一流衍生品交易所建设，经过近28年的发展，现已成为全球主要的铁矿石、煤炭、塑料及农产品期货市场。2011年，全球首个焦炭期货上市，开启了大商所服务煤焦钢产业稳健发展的新篇章。10年来，大商所一是以焦炭期货为起点，相继上市了焦煤期货、铁矿石期货及期权，实现了铁矿石期货交易对外开放，初步形成煤焦钢产业完整的风险管理工具链条；二是着力推动场内外协同联动，在场外市场相继推出煤焦矿品种仓单交易、基差交易、互换、场外期权等业务，建立黑色板块品种生态圈，与现货平台开展价格信息合作，初步形成场内场外协同服务产业风险管理的新格局；三是不断深化产业服务形式，推广"大商所企业风险管理计划"、产融培育基地、"DCE·产业行"等项目，激励引导煤焦钢企业综合利用场内期权、场外期权和基差贸易等衍生工具管理风险。通过上述工作的有效开展，近两年来，煤焦矿期货市场在与实体产业的不断融合中得到长足发展。目前，参与煤焦矿期货交易的法人客户已过万家，其中超过100家上市公司参与铁矿石期货交易，以铁矿石期货价格为基础的基差贸易在钢铁行业原材料采购中得到发展与运用，国际主要矿山也开始尝试使用铁矿石期货价格开展贸易定价，还有大量的产业企业虽未参与期货交易，但却在利用、参考期货价格指导生产消费。

目前，对于煤焦期货，大商所根据贸易格局变化提前优化焦煤、焦炭交割质量标准，调整山西地区煤焦的升贴水，年初将焦炭港口异地厂库迁回产区，为保障煤焦市场平稳运行未雨绸缪。

资料来源：谭亚敏. 为煤焦钢产业高质量发展作出新贡献[N]. 期货日报，2021-09-29(001).

在现代经济系统中，有三类重要的市场对经济的运行起着主导作用，它们分别是：要素市场、产品市场和金融市场。如果把整个经济比喻成一个生命体的话，金融市场就是它的主动脉，资金就是它的血液。金融市场的影响涉及经济、政治、生活的各个层面。金融市场参与者的关系不是单纯的买卖关系，其市场交易的对象是货币，而市场交易的场所大部分是无形的。

第一节　金融市场的概念、特征与功能

一、金融市场的概念

金融是指资金的融通或者资本的借贷，是资金由资金盈余单位流向资金短缺单位的过程，它所要解决的核心问题就是：如何在不确定的环境下对资源进行跨期的最优配置。在市场经济体制下，一方面，家庭或更一般的资金盈余单位获得收入并分割为当期消费和投资；另一方面，经济体系中存在大量提供产品和劳务的实际生产者，主要是企业，也包括政府，为了生产和再生产，它们需要大量的资金支持。连通消费和生产、媒介资源跨期配置的就是金融市场和金融中介。因此，现代金融可以视为不确定环境下资源跨期最优配置的市场解决方案。由此，我们也可以把金融理解为：在不确定的环境下，通过金融市场，对资源进行跨期最优配置。

金融市场通常是指以金融资产为交易对象而形成的供求关系及机制的总和。金融资产也称金融工具或证券，是与实物资产相对应的。金融资产本身并不是社会财富的代表，对社会经济并没有直接的贡献，而是间接起作用。金融资产使公司经营权和所有权相分离，当公司的实物资产创造收入以后，金融资产的持有者有权分享这些收益。因此，金融资产是建立在债权或股权关系基础之上的，持有人有对未来现金流的索取权。与要素市场不同，金融市场的交易对象是各种金融工具而非生产要素；金融机构不仅是交易的参加者，还是金融工具的创造者和融资中介。

对金融市场概念的理解主要体现在以下三个方面。

（1）金融市场是进行金融资产交易的场所，它不受空间与时间的限制。这个场所可以是有形的，如证券交易所；也可以是无形的，如外汇交易员们通过互联网构成的看不见的市场进行资金的调拨。有些金融市场可以全天 24 小时运行，如全球外汇市场。与商品市场一样，金融市场可以是一个场所，如上海证券交易所和深圳证券交易所，它们都有固定的办理交易业务的大厦；金融市场也可以不是一个场所，而仅仅是一种交易关系。在科学技术日益发展的今天，一个电话、一个电传或通过计算机网络，都可实现金融工具的交易。银行家们最熟悉的货币市场，在大多数国家都没有任何具体的、有形的"场所"。

（2）金融市场反映了金融资产的供应者与需求者之间所形成的供求关系。不同类型、不同特点、不同形式的金融交易，可分别构成不同类型、不同特点、不同形式的金融市场，而所有的金融交易汇合在一起便构成金融市场。金融交易满足了资金需求者和资金供给者双方的投资和融资、分散金融风险、转换资产存放形式等诸多需求。

（3）金融市场包含金融资产交易过程中所产生的各种运行机制，包括价格机制、发行机制、监督机制等，其中最主要的是价格机制。在金融市场上，利率就是资金的价格，在这种特殊的价格信号指引下，资金可以迅速、合理地流向高效率部门。

阅读专栏

经济学家已为金融市场下过不少定义：①金融市场是金融工具转手的场所；②金融市场是金融资产交易和确定价格的场所或机制；③金融市场应理解为对各种金融工具的任何交易；④金融市场是金融工具交易领域。这四个定义的共同点是：都把金融工具的交易作为金融市场的立足点。同时，每个定义又各有其不同的侧重点。第一个定义认为金融市场是一个交易金融工具的"场所"；第二个定义也把金融市场作为场所，但同时强调这个场所"确定价格"的机能；第三个定义却不认同金融市场是场所的概念，提出金融市场应是各种交易本身；第四个定义认为，金融市场是金融工具交易的"领域"。

金融市场又称为资金市场，包括货币市场和资本市场，是资金融通市场。所谓资金融通，是指在经济运行过程中，资金供求双方运用各种金融工具调节资金盈余的活动，是所有金融交易活动的总称。在金融市场上交易的是各种金融工具，如股票、债券、储蓄存单等。资金融通简称融资，一般分为直接融资和间接融资两种。直接融资是资金供求双方直接进行资金融通的活动，也就是资金需求者直接通过金融市场向社会上有资金盈余的机构和个人筹资；与此对应，间接融资则是指通过银行所进行的资金融通活动，也就是资金需求者采取向银行等金融中介机构申请贷款的方式筹资。金融市场对经济活动的各个方面都有着直接的深刻影响，如个人财富、企业的经营、经济运行的效率等，都直接取决于金融市场的活动。

金融市场的深度、广度和弹性是发达的金融市场的三大特点。深度（depth）是指给定交易价格的情况下可以交易的金融资产数要足够多；广度（breadth）是指交易者和交易工具多样，使交易活动不会出现单边市场趋势，系统性风险较小；弹性（elasticity）是指金融工具价格的调整速度，大幅度的异常波动可以在较短的时间内得到调整。深度是纵向指标；广度是横向指标；弹性是波动指标。

二、金融市场的特征

金融市场是社会经济与市场体系的重要组成部分，同其他市场（如商品市场、生产资料市场等）紧密联系在一起。金融市场创造了一个价值发现过程，金融产品的买卖双方在金融市场上相互作用决定价格。金融市场提供了一种流动机制，使人们可以在市场上自由买卖金融产品，大大降低了金融产品交易的搜寻成本和信息成本。

金融市场与其他市场有许多相同或相近之处，例如，它们都是交易活动的场所等，但也存在着差别，金融市场有其自身的一些特点。

（1）交易的对象不同，即金融市场上的交易对象具有特殊性。商品市场交易的对象是各种各样的普通商品，而金融市场的交易对象则是货币资金这种特殊的商品。

（2）交易的过程不同，即金融市场的借贷活动具有集中性。在商品市场上，其交易的过程只是一种简单的商品换位运动，商品从卖者手中转移到买者手中，这种交易一般不需要中间机构；而在金融市场上，货币资金的供应者与需求者融通资金的余缺、实现资金交易却是一种极为复杂的借贷活动，需要有中间机构从中牵线搭桥。

（3）交易的场所不同，即金融市场的交易场所具有非固定性。商品市场一般是以固定的场所来实现商品的交易；而金融市场则是一个极为复杂而庞大的市场体系，它可以通过电话、传真、网络等进行交易，是一个以不固定场所为主的交易市场，或者说，它既可以有一个具体的交易场所（如证券交易所），也可以没有具体的交易场所。

（4）交易的价格不同，即金融市场上的价格具有一致性。一方面，商品市场上的交易价格是围绕商品的价值在供求关系作用下上下波动；而金融市场上的交易价格则完全是由市场供求关系决定的，且这种价格并不是货币资金当时本身的价格，而是借贷资金到期归还时的价格即利息。另一方面，普通商品市场上的商品价格是商品价值的货币表现，其价格千差万别；而金融市场上货币资金的价格则是对利润的分割，在平均利润率的作用下趋于一致。

（5）交易商品的使用价值不同，即金融市场上交易商品的使用价值具有同一性。在普通商品市场上，各种商品的使用价值各不相同；而在金融市场上，虽然交易的对象有许多种类（如货币资金、商业票据、银行票据、债券、股票等），但它们都代表了一定量的货币资金，其使用价值是相同的。

（6）交易的双方不同，即金融市场上的买卖双方具有可变性。在普通商品市场上，一个人作为消费者通常是只买不卖，作为商品的供应者则只卖不买（虽然有时也买，但买是为了卖）；而在金融市场上，买卖行为可以交替出现，例如，一个时期某企业可能是资金的供应者，但另一个时期它又可能成为资金的需求者。

三、金融市场的功能

在金融市场上，市场参与者之间的关系已不是一种单纯的买卖关系，而是一种借贷关系或委托代理关系，是以信用为基础的资金的使用权和所有权的暂时分离或有条件的让渡。因此，金融市场与产品市场的功能和一般的要素市场不同。这里从微观和宏观两个方面进行说明。

（一）微观经济功能

金融市场的微观经济功能体现在价格发现机制、提供流动性和降低交易成本上。

▶ 1. 价格发现机制

金融市场的各参与方能够根据发行人和投资人的需要设计出各种不同的金融工具，并通过金融机构的努力，将这些金融工具销售到各种不同类型的投资者手中，从而在资金的供给方与需求方之间建立起资金传递的机制。市场中买卖双方通过对资金借贷的利率、期限及金额等条件的竞争决定了金融资产的价格，这就是金融市场的价格发现机制。这一机制的存在使金融市场的资产创造和分配得以顺利进行。

▶ 2. 提供流动性

金融市场为投资者提供了卖出金融资产的机制。正是基于此种机制，才使得当外界因素迫使或者驱动投资者出售金融资产时，可以以较小的代价在很短的时间内实现。换言之，此种机制为金融资产提供了流动性。如果金融市场不具备此种机制，则债券的持有者只有等待债券到期，而股权的持有者只能等到公司清盘，才得以套现其资金，这样的话，当然很少有人愿意将资金投入金融市场中去。所有金融市场都（应）能够提供某种形式（尽管程度不一）的流动性，这是金融市场生命力的表现。

▶ 3. 降低交易成本

金融市场的又一个重要作用是将买者和卖者聚合在一起，以便利金融资产的交易，降低交易成本，促进市场成长。当买者和卖者比较分散时，收集交换信息必须付出相当的成本，这样买者就难以找到卖者，交换就难以完成。金融市场此时的作用就在于通过提供交易场所(有形或无形)将资金供求双方聚集在一起，从而减少信息收集的费用，方便金融交易的开展。

(二) 宏观经济功能

金融市场的宏观经济功能体现在聚敛功能、配置功能、调控功能和反映功能上。

▶ 1. 聚敛功能

金融市场的聚敛功能是指金融市场引导众多分散的小额资金汇聚起来投入社会再生产的资金集合功能。在这里，金融市场起着资金"蓄水池"的作用。在国民经济四部门中，各部门之间、各部门内部的资金收入和支出在时间上并不总是对称的。这样，一些部门、一些经济单位在一定的时间内可能存在暂时闲置不用的资金，而另一些部门和经济单位则存在资金缺口，金融市场就提供了两者沟通的渠道。

金融市场是由资金供应者和资金需求者组成的。资金供应者就是在一定时间内的资金有余者，这些资金有余者的资金之所以暂时闲置，或者是因为要预防未来的意外急需，或者是要等到积累到足够数量之后进行某项大额投资或消费。例如，个人为预防意外事件或为了满足将来生活及购买大件消费品之需而进行储蓄，企业为了积存足够的资金投资于某个新项目而进行资金积累等。这些暂时闲置的资金在使用之前有通过投资谋求保值增值的需要。对资金需求者来说，往往是由于要进行某项经济活动，或为了满足其比较迫切的需要，但手中积累的资金不足，因此，需要寻求更多的资金来源。但是，各经济单位的闲置资金是相对有限的，这些暂时不用的资金就显得相对零散，不足以满足大规模的投资要求，特别是企业为发展生产而进行的大额投资和政府部门进行大规模的基础设施建设与公共支出的要求。这就需要一个能将众多的小额资金集合起来以形成大额资金的渠道，金融市场就提供了这种渠道，这就是金融市场的资金聚敛功能。

金融市场之所以具有资金聚敛功能，一是由于金融市场创造了金融资产的流动性。现代金融市场正发展成为功能齐全、法规完善的资金融通场所，资金需求者可以很方便地通过直接或间接的融资方式获取资金，而资金供应者也可以通过金融市场为资金找到满意的投资渠道；二是由于金融市场上多样化的融资工具为资金供应者的资金寻求合适的投资手段找到了出路。金融市场根据不同的期限、收益和风险要求，提供了多种多样的供投资者选择的金融工具，资金供应者可以依据自己的收益风险偏好和流动性要求选择满意的投资工具，实现资金效益的最大化。

▶ 2. 配置功能

金融市场的配置功能表现在三个方面：资源的配置、财富的再分配和风险的再分配。在经济运行过程中，拥有多余资产的盈余部门并不一定是最有能力和机会做最有利投资的部门，现有的资产在这些盈余部门得不到有效的利用，金融市场通过将资源从低效率利用的部门转移到高效率利用的部门，从而使一个社会的经济资源能最有效地配置在效率最高或效用最大的用途上，实现稀缺资源的合理配置和有效利用。在金融市场中，证券价格的波动实际上反映着证券背后所隐含的相关信息。投资者可以通过证券交易中所公开的信息及证券价格波动所反映出的信息来判断整体经济运行情况以及相关企业、行业的发展前景，从而决定其资金和其他经济资源的投向。一般地说，资金总是流向最有发展潜力、能够为投资者带来最大利益的部门和企业。这样，通过金融市场的作用，有限的资源就能够得到合理的利用。

财富是各经济单位持有的全部资产的总价值。政府、企业及个人通过持有金融资产的方式来持有财富，在金融市场上的金融资产价格发生波动时，其财富的持有数量也会发生变化。一部分人的财富量随金融资产价格的升高而增加，而另一部分人的财富量则由于金融资产价格的下跌而相应减少。这样，社会财富就通过金融市场价格的波动实现了财富的再分配。

金融市场同时也是风险再分配的场所。在现代经济活动中，风险无时不在、无处不在。不同的主体对风险的厌恶程度是不同的。利用各种金融工具，风险厌恶程度较高的人可以把风险转嫁给风险厌恶程度较低的人，从而实现风险的再分配。

▶ **3. 调控功能**

调控功能是指金融市场对宏观经济的调控作用。金融市场一边连接储蓄者，另一边连接投资者，金融市场的运行机制通过对储蓄者和投资者的影响而发挥作用。

金融市场具有直接调控作用。在金融市场大量的直接融资活动中，投资者为了自身利益，一定会谨慎、科学地选择投资的国家、地区、行业、企业、项目及产品。只有符合市场需要、效益高的投资对象，才能获得投资者的青睐。而且，投资对象在获得资本后，只有保持较高的经济效益和较好的发展势头，才能继续生存并进一步扩张。否则，它的证券价格就会下跌，继续在金融市场上筹资就会面临困难，发展就会受到后续资本供应的抑制。这实际上是金融市场通过其特有的引导资本形成及合理配置的机制首先对微观经济部门产生影响，进而影响到宏观经济活动的一种有效的自发调节机制。

金融市场的存在及发展为政府实施对宏观经济活动的间接调控创造了条件。货币政策属于调控宏观经济活动的重要宏观经济政策，其具体的调控工具有存款准备金、再贴现、公开市场操作等，这些政策的实施都以金融市场的存在、金融部门及企业成为金融市场的主体为前提。金融市场既提供货币政策操作的场所，也提供实施货币政策的决策信息。首先，因为金融市场的波动是对有关宏观、微观经济信息的反映，所以，政府有关部门可以通过收集及分析金融市场的运行情况来为政策的制定提供依据。其次，中央银行在实施货币政策时，通过金融市场可以调节货币供应量、传递政策信息，最终影响到各经济主体的经济活动，从而达到调节整个宏观经济运行的目的。此外，财政政策的实施也越来越离不开金融市场，政府通过国债的发行及运用等方式对各经济主体的行为加以引导和调节，并通过中央银行进行公开市场操作的手段，也对宏观经济活动产生着巨大的影响。

▶ **4. 反映功能**

金融市场的反映功能表现在以下几个方面。

（1）由于证券买卖大部分都在证券交易所进行，人们可以随时通过这个有形的市场了解到各种上市证券的交易行情，并据以判断投资机会。证券价格的涨跌在一个有效的市场中实际上反映着其背后企业的经营管理情况及发展前景。此外，一个有组织的市场一般也要求上市的证券公司定期或不定期地公布其经营信息和财务报表，这也有助于人们了解及推断上市公司及相关企业、行业的发展前景。所以，金融市场首先是反映微观经济运行状况的指示器。

（2）金融市场交易直接和间接地反映国家货币供应量的变动。货币供应的紧缩和放松均是通过金融市场进行的，货币政策实施时，金融市场会出现波动，表现为紧缩或放松的程度。因此，金融市场所反馈的宏观经济运行方面的信息，有利于政府部门及时制定和调整宏观经济政策。

（3）由于证券交易的需要，金融市场有大量专门人员长期从事商情研究和分析，他们每日与各类工商业直接接触，能了解企业的发展动态。

（4）金融市场有着广泛而及时地收集和传播信息的通信网络，整个世界金融市场已连成一体，四通八达，从而使人们可以及时了解世界经济发展变化情况。

第二节 金融市场的要素

一个完备的金融市场，应包括四个基本要素：金融市场的主体、金融市场的客体、信用中介和金融市场的交易价格。

一、金融市场的主体

金融市场的主体指金融市场的参与者。从动机看，金融市场的主体可以分为投资者（投机者）、筹资者、套期保值者、套利者、调控和监管者五大类。金融市场的投资者与实际部门的投资者是不同的，它是指为了赚取差价收入或者股息、利息收入而购买各种金融工具的主体，它是金融市场的资金供应者。按交易动机和时间长短等划分，广义的投资者又可以分为投资者和投机者两大类。筹资者则是金融市场上的资金需求者。套期保值者是指利用金融市场转嫁自己所承担风险的主体。套利者则是利用市场定价的低效率来赚取无风险利润的主体。调控和监管者是指对金融市场实施宏观调控和监管的中央银行和其他金融监管机构。

更具体地，我们可以把金融市场的主体分为政府部门、工商企业、家庭部门、金融机构和中央银行五个部门。上述五个部门在专业化分工中所处的地位不同，因此它们在金融市场中扮演的角色也就不尽相同。

（一）政府部门

在各国的金融市场上，政府部门（含中央政府与地方政府）往往是资金的主要需求者之一，它们主要通过发行中央政府债券或地方政府债券来筹集资金，用于基础设施建设、弥补财政预算赤字等。中央政府通过财政部门发行中央政府债券，包括国库券和公债，其特点首先是由于政府有征税的特权，所以一般不存在违约风险，其信用等级是最高的；其次是可以享受税收优惠，其利息收入一般可以免征所得税。政府部门有时也可以成为金融市场的资金供应者，如税款集中收入还没有支出时。另外，不少国家的政府也是国际金融市场上的积极参加者，如中东的主要石油输出国家就是国际金融市场上资金供应的大户，一些发展中国家则是金融市场上的主要资金需求者。无论是发展中国家还是发达国家，政府部门都是金融市场上的经济行为主体之一。

（二）工商企业

在不少国家，国有或私营的工商企业是仅次于政府部门的资金需求者，它们既通过市场筹集短期资金从事经营，以提高企业财务杠杆比例和增加盈利，又通过发行股票或中长期债券等方式筹措资金用于扩大经营规模。另外，工商企业也是金融市场上的资金供应者之一，为了使生产经营过程中暂时闲置的资金保值或获得盈利，它们也会将其暂时让渡出去，以使资金发挥更大效益。此外，工商企业也是套期保值的主体。

（三）家庭部门

家庭部门一般是金融市场上的主要资金供应者。个人或家庭为了存集资金购买大件商品如住房、汽车等，或是留存资金以备急需、养老等，都有将手中资金投资以使其保值增值的要求。因此，家庭部门通过在金融市场上合理购买各种有价证券来进行组合投资，既满足日常的流动性需求，又能获得资金的增值。家庭部门的投资可以是直接购买债券或股票，也可以是通过机构投资者的代理投资间接参与市场，如购买共同基金、参与养老基金和购买保险公司保单等形式，最终都是向金融市场提供资金。家庭部门有时也有资金需求，但数量一般较小，常常是用于耐用消费品的购买和住房消费等。

（四）金融机构

参与金融市场的金融机构可以分为存款性金融机构、机构投资者（非存款性金融机构）和中介机构。

▶ **1. 存款性金融机构**

存款性金融机构是指通过吸收各种存款而获得可利用资金，并将其贷给需要资金的各类经济主体或投资于证券等金融资产以获取收益的金融机构。它们是金融市场的重要中介，也是套期保值和套利的重要市场主体。存款性金融机构一般包括以下几类。

1）商业银行

在存款性金融机构中，商业银行是最主要的机构。早期的商业银行是指接受活期存款并主要为工商企业提供短期贷款的金融机构。现代意义上的商业银行已经成为金融领域中业务最广泛、资金规模最雄厚的存款性金融机构。商业银行既是资金的供应者，又是资金的需求者。随着各国解除对金融机构分业经营的限制，综合化经营的商业银行几乎可以参与金融市场的全部活动。作为资金的需求者，商业银行利用其可开支票转账的特殊性，大量吸收家庭部门、工商企业和政府部门暂时闲置不用的资金，还可以通过发行大额可转让存单、发行金融债券、参与同业拆借等方式筹措资金。作为资金的供应者，商业银行主要通过贷款、投资以及同业拆借等方式为金融市场提供资金。此外，商业银行还能通过派生存款的方式创造和收缩货币，对整个金融市场的资金供应和需求有巨大的影响。

2）储蓄机构

在西方国家，有一种专门以吸收储蓄存款作为资金来源的金融机构，这就是储蓄机构。储蓄机构的大部分资金运用都是用来发放不动产抵押贷款，投资于国债或其他证券。与商业银行相比，储蓄机构的资产业务期限长，抵押贷款比重高。政府常利用储蓄机构来实现某些经济目标，其中多为房地产政策目标。因此，一些储蓄机构得到了政府的扶持。储蓄机构在各国的名称不一样，如在美国是储蓄贷款协会、互助储蓄银行，在英国是信托储蓄银行、房屋互助协会，在法国、意大利和德国则为储蓄银行，等等。在金融市场上，它们与商业银行一样，既是资金的供应者，又是资金的需求者。

3）信用合作社

信用合作社是由某些具有共同利益的人组织起来的互助性质的会员组织，其资金来源主要是会员的存款，也可以来自非会员。其资金运用则是对会员提供短期贷款、消费信贷、票据贴现及从事证券投资，也有部分资金用于同业拆借和转存款等。信用合作社在经济生活中起着广泛动员社会资金的作用，它们遍布大银行难以顾及的角落，进一步促进了社会闲散资金的汇聚和利用。由于金融竞争的影响及金融创新的发展，信用合作社的业务有拓宽的趋势。其资金来源及运用都从原有的以会员为主逐渐转向多元化，因此其在金融市场上的作用也越来越大。

▶ **2. 机构投资者**

机构投资者可以定义为一种特殊的金融机构，它代表中小投资者的利益，将他们的储蓄集中在一起管理，为了特定目标，在可接受的风险范围和规定的时间内追求投资收益的最大化。机构投资者一般包括以下几类。

1）投资基金

投资基金（在美国一般称为共同基金）是一种利益共享、风险共担的集合投资方式，即通过公开发售基金份额，集中投资者的资金，由基金管理人管理，由基金托管人托管，以组合投资的方式进行证券投资。投资基金的当事人有四个：委托人是基金的发起人；受托人是基金管理公司，经营基金所募资金；受益人是投资者，即持有基金份额的人，基金持有人可以按其持有比例分享基金的投资收益或资产净值；信托人负责基金资产的保管，一般由投资银行、信托公司和商业银行等大型金融机构充当。关于投资基金，将在后面章节进行详细的介绍。

2）养老基金

养老基金是指由发起人和受益人（将来受益）收集、汇集并进行投资的基金，它为个人在工作期积累的储蓄，作为其退休后的生活保障。养老基金的资金来源是公众为退休后生活所准备的储蓄金，通常由资方和劳方共同缴纳，也有单独由资方缴纳的。养老金的缴纳一般由政府立法加以规定，因此其资金来源是有保证的。与人寿保险一样，养老基金也能较精确地估计未来若干年它们应支付的养老金，因此，其资金运用主要投资于长期公司债券、优质股票和发放长期贷款上。养老基金也是金融市场上的主要资金供应者之一。

3）保险公司

保险公司包括人寿保险公司及财产和灾害保险公司。人寿保险公司是为人们因意外事故或死亡而造成的经济损失提供保险的金融机构。财产和灾害保险公司是为企业及居民提供财产意外损失保险的金融机构。保险公司的主要资金来源于按一定标准收取的保险费。一般地说，人寿保险具有保险金支付的可预测性，并且只有当契约规定的事件发生时或到约定的期限时才支付，因此，保险费实际上是一种稳定的资金来源。这与财产和灾害保险公司不同，财产和灾害事故的发生具有偶然性和不确定性。它们之间的差别决定了其资金运用方向的不一致。人寿保险公司的资金运用以追求高收益为目标，主要投资于高收益、高风险的证券如股票等，也有一部分用作贷款。这样，人寿保险公司成为金融市场上的主要资金供应者之一。在一些西方国家，人寿保险公司是金融市场上最大、最活跃的机构投资者。财产和灾害保险公司在资金的运用上则注重资金的流动性，以投资于货币市场上的金融工具为主，还有一部分投资于安全性较高的政府债券、高级别的企业债券等。

▶ 3.中介机构

1）投资银行

投资银行是资本市场上从事证券的发行、买卖及相关业务的一种金融机构。最初的投资银行产生于长期证券的发行及推销要求，随着资本市场的发展，投资银行的业务范围也越来越广泛。现代投资银行通常主要经营证券承销、证券交易（包括自营业务和经纪业务）、证券研究、资产管理、公司并购、风险投资、基金管理、风险管理和国际金融等业务。投资银行在金融市场上的功能是：一方面，它为需要资金的单位包括企业和政府部门等提供筹集资金的服务；另一方面，投资银行充当投资者买卖证券的经纪人和交易商。投资银行因适应市场发展的需要而产生，又以其长期在资本市场上运作而形成的丰富的市场经验及专长为资金的供应者和需求者提供优质服务，从而促进资金的流动和市场的发展。在当今世界上，投资银行已成为资本市场上最重要的金融中介机构，无论是在一级市场还是二级市场上都发挥着重要作用。

2）其他中介机构

投资顾问咨询公司是为市场投资者提供咨询服务、接受投资委托、代理投资者管理资产的中介机构，是证券投资的职业性指导者。投资顾问咨询公司根据客户的要求，把咨询分析建立在科学的基础分析和现代的技术分析基础之上，通过对大量的信息资料进行加工处理，向投资者提供分析报告和投资建议，帮助客户建立有效的投资决策。

证券评级机构是指运用一系列科学的方法对企业或证券的信用等级进行评估的证券服务机构。它是一个中立性企业法人，独立、超脱于证券管理者、发行者和投资者之外，以保证其客观性、公正性、独立性、科学性和权威性。证券评级机构一般为独立的、非官方的机构，大多数是私人企业，通常必须对自己的信誉负责。证券评级机构的业务范围通常包括债券信用评级、企业信用评级和金融机构信用评级。在发达国家的金融市场中，除了中央政府发行的债券外，各种有价证券的发行都需要经过专门的证券信用评级机构予以评价。

资本市场中的大量业务活动都涉及法律事务，需要律师事务所提供法律服务。律师事务所依据有关的法律法规，站在公正的立场上对有关契约文件、公司发行证券的有关文件是否完整和合法，公司行为、证券公司的行为是否合法等提供法律服务。会计师事务所则是站在社会公正的立场上对有关公司的资本到位、财务状况、资产状况、盈利状况等进行验资审计，出具有关的报告，对投资者、企业以及整个资本市场产生重要的影响。因此，上述两类中介机构是资本市场的重要参与者。

此外，参与金融市场的还有一些官方、半官方的以及在各国各具特色的其他类型的金融机构，如开发银行、进出口银行及农业信贷机构、大企业所属的金融公司等。在我国金融市场上，三大政策性银行、金融信托机构及财务公司等也被归入金融机构之列，是金融市场的主体之一。

（五）中央银行

中央银行在金融市场上处于一种特殊的地位，它既是金融市场的行为主体，又是金融市场上的调控者和监管者。从中央银行参与金融市场的角度来看，首先，作为银行的银行，它充当最后贷款人的角色，从而成为金融市场资金的提供者。其次，中央银行为了执行货币政策，调节货币供应量，通常采取在金融市场上买卖证券的做法，进行公开市场操作。中央银行的公开市场操作不以盈利为目的，但会影响到金融市场上资金的供求及其他经济主体的行为。此外，一些国家的中央银行还接受政府委托，代理政府债券的还本付息业务；接受外国中央银行的委托，在金融市场上买卖证券，参与金融市场的活动。

投资主体机构化目前已成为国际金融市场的发展趋势，并成为判断一个国家金融市场成熟程度的主要标准之一。金融市场上的信息不完全且不对称，投资者对信息的分析处理能力决定其投资效益。与个人直接投资相比，金融中介（机构投资者）在信息收集和信息处理上具有比较优势，并能通过规模经济有效降低交易成本。因此，个人通过金融中介进行间接投资应该是金融市场上投资主体结构演进的发展趋势。现实也的确如此，以美国为例，1950年个人投资者直接持有90%的公司股票，而到2000年，美国金融市场上的个人投资者直接持有的股票比例已经降到了40%左右。投资主体机构化并不仅局限于美国，西方发达国家也存在着类似的现象，并且直接进行投资的个人投资者所占的比例更低。截至1999年12月底，法国股票市场上直接进行投资的个人投资者的比例为24%，英国为21%，而日本和德国则仅为19%（Allen，2001）。2017年，日本机构投资者占比达到整个证券投资市场的70%，2018年，英国个人投资者数量占全部投资者的比重不到10%，美国为15％，法国和日本这一比例也很低。其他更为复杂的金融市场如外汇和金融衍生工具市场，个人投资者直接持有金融资产的比例更低。20世纪70年代以来，机构投资者迅速崛起，并逐渐成为金融市场投资的主导力量。越来越多的家庭通过共同基金、养老基金和保险公司等机构投资者的代理投资间接地参与金融市场。根据美国投资公司协会（ICI）2005年的一份调查报告显示，2005年只有10％的参与股市投资的美国家庭自己直接购买股票，而高达51％的参与股市投资的美国家庭只通过购买共同基金的形式间接参与金融市场的投资，剩余的39％的家庭在直接购买股票的同时也参与共同基金投资。2017年，纳斯达克的机构投资者中，保障资金占到12％，达到26.07万亿美元，共同基金占15％，私募基金占到了18％，个人投资者只有约8000亿美元，远远低于机构投资者。美国共同基金持有美股市值占比在2019年达到了29％，所有机构持股占比更是达到57％。2020年年底，美国投资者直接持有或通过退休账户持有的资产占到共同基金总资产的89％。

二、金融市场的客体

金融市场的客体是金融市场供求双方交易的指向对象，即金融市场上流通的各种金融工具。随着金融创新的不断发展，金融工具的种类也在不断发生变化。

（一）金融工具的概念

金融工具（financial instrument）是资本的载体，借助它就可以实现资本由供应者手中转移到需求者手中。因此也可以说，金融工具是资金供应者和资金需求者之间进行资金融通时所签发的各种具有法律效力的凭证。它既是一种重要的金融资产，也是金融市场上的重要交易对象。

由金融机构设计与开发的金融资产称为金融产品，金融工具是金融产品的一种。金融工具是可交易的，有较好的流动性，交易成本低，可以有一个活跃的二级市场，而金融产品中还包括那些不能交易的或没有二级市场的金融资产。

（二）金融工具的分类

金融工具的品种繁多，可按不同的标准进行分类。

按发行者的性质或融资方式划分，金融工具可分为直接金融工具和间接金融工具两种。直接金融工具是指工商企业、个人和政府所发行或签发的商业票据、股票、债券等，用来在金融市场上直接进行借贷或交易。间接金融工具则是指银行等金融机构所发行的银行券、银行本票、可转让定期存单、人寿保单、各种借据和银行票据等，由融资单位通过银行等金融机构融资而产生。

按金融市场交易的偿还期划分，金融工具可分为长期金融工具、短期金融工具和不定期金融工具。长期金融工具也叫资本市场工具，是指期限在一年以上的凭证，如公债券、股票、公司债券等。短期金融工具也叫货币市场工具，是指期限在一年以内的凭证，如国库券、商业票据、可转让存单等。不定期金融工具是指没有规定信用关系存续期限并可长期循环使用的凭证，主要是银行发行的银行券。

按金融工具索取权的性质划分，金融工具可分为股权证券（股票）和债权证券（债券）。

此外，对金融工具的分类还可按流动性的高低、可接受程度、发行的地理范围等进行划分，但最常见的划分还是根据不同金融市场交易的金融工具的品种来划分，例如，货币市场的货币头寸、票据、国库券以及可转让大额定期存单，资本市场的股票和债券，外汇市场的外汇及外汇有价证券，衍生市场的期货合约、期权合约等。

（三）金融工具的特点

一种理想的金融工具必须既满足资金供应者的需要，又满足资金需求者的需要，同时还必须符合中央银行金融监管的要求。衡量一种金融工具质量高低的标准通常从流动性、收益性和风险性三个方面考虑。

金融工具的种类很多，并且各具特点，但它们有一些共同的、主要的特点。

▶ 1. 偿还性

金融工具的偿还性即金融工具的债权人或投资人可按金融工具上所记载的应偿还债务的时间，到期收回投资本金。例如，商业票据或债券等金融工具一般都注明了发行日期和到期的日期，即偿还期；投入到股票上的资本虽然属于长期投资，但也可通过卖出股票收回投资。金融工具具体到其持有人（债权人）来说，实际的偿还期应从持有人得到金融工具之日开始，计算至到期日止。

▶ 2. 流动性

金融工具的流动性是指金融工具在不受或少受损失的情况下迅速变现的能力。能随时在市场上出卖而换取现金的金融工具，表明其流动性强；反之，则弱。衡量金融工具流动性强弱的标准有两个：一是能否及时变现；二是变现过程中价格的损失程度和交易成本的大小。

▶ 3. 风险性

一种金融工具风险性的大小是决定其价值的主要因素之一。风险是指一种金融工具未来本金受损或收益的波动或不确定性。金融工具本金受损的风险主要有两种：信用风险和市场风险。信用风险也叫违约风险，是指债务人不履行合约，不按期归还本金的风险。这类风险与债务人的信誉、经营状况有关，还与信用工具的种类有关，例如，企业发行的债券的风险小于优先股票的风险，而优先股票的风险又小于普通股票的风险。信用风险对于任何一个投资者来说都是存在的。市场风险是指由于市场利率上升而导致金融工具市场价格下跌所带来的风险。这是因为金融工具的市场价格与市场利率是呈反方向变动的，而金融工具的市场价格下跌就意味着投资者的资产贬值（缩水）。

由此可见，金融安全维系着一个国家的繁荣与强盛，离开了强有力的金融体系的支撑，即使是那些看上去固若金汤的产业帝国，其背后也不过是一片暗流涌动的沙丘。

▶ 4. 收益性

收益性是指金融工具能定期或不定期为其持有人带来收益。金融工具的收益有两种：固定收益和即期收益。固定收益，是投资者按事先规定好的利息获得的收益；即期收益，是按市场价格出卖时所获得的收益。收益的大小主要是通过收益率反映出来的。

三、信用中介

信用中介是指金融市场的媒体。在比较发达的市场上，资金的融通或金融工具的交易大多数是通过金融市场媒体进行的。金融市场媒体作为融资双方的代理人，可以提高金融市场的运作效率，是金融市场不可缺少的部分。

金融市场的媒体也是金融市场的一类参与者，但它起的作用与一般的金融市场主体有着重要的区别：第一，金融市场媒体参与金融市场活动，是作为中介促进金融市场中主体交易的完成，并从中收取交易佣金；第二，就原始动机而言，金融市场媒体在市场上是以投机者而非投资者的身份进行金融交易，当然这种交易活动对活跃金融市场具有重大作用。

我们将金融市场上的媒体分为两类：金融市场的经纪人和金融市场中介机构。

（一）经纪人

经纪人是指在金融市场上为交易双方成交撮合并从中收取佣金的商人或商号。经纪人一般都对其经手的交易业务具有专业知识，熟谙市场行情和交易程序，对交易双方的资信有深刻了解，因此，许多交易主体都喜欢通过经纪人进行交易。可以说什么地方有市场，什么地方就有经纪人。经纪人是金融市场运行中不可缺少的中介体。货币经纪人，又称市场经纪人，是指在金融市场上充当交易双方中介并收取佣金的中间商人。根据经纪业务的不同，可分为同业拆借经纪人、票据经纪人、短期证券经纪人。货币经纪人获利的途径为收取佣金和赚取利差。证券经纪人，是指在证券市场上充当交易双方中介和代理买卖而收取佣金的中间商人，可帮助投资人选择投资证券并获得"席位"后直接进入证券交易所进行交易。证券承销人，又称证券承销商，是指以包销或代销方式帮助发行人发行证券的商人或机构。外汇经纪人，又称外汇市场经纪人，是指在外汇市场上为促成外汇买卖双方外汇交易成交的中介人。外汇经纪人既可以是个人，也可以是中介组织，如外汇中介行或外汇经纪人公司等。

拓展阅读 1-1
高盛经济人的苦恼

（二）金融市场中介机构

在证券市场上，充当交易中介的金融机构很多，主要有证券公司、证券交易所、投资银行、商业银行等。证券公司是金融市场上最大、最主要的中介机构。它通过承购包销证券业务，即代理证券发行人承购推销所需发行的证券，使证券发行机构与购买证券的投资者完成证券买卖。证券公司通过代理买卖业务，即作为客户代理人，代买代卖有价证券。同时，它也进行自营业务，即证券公司作为投资者直接购买有价证券，使已发行的证券在二级市场上交易更为活跃。此外，证券公司还从事投资咨询业务。证券交易所是专门的有组织的证券买卖交易场所，如上海证券交易所、深圳证券交易所等。严格地讲，证券交易所不属于金融市场上的中介机构，而是服务性的中介机构。投资银行是指专门对工商企业办理投资和长期信贷业务的银行。投资银行最初只专门从事政府债券的买卖业务，后来发展为经营股票业务。商业银行是专门经营代理金融业务的金融机构，也是金融市场上重要的中介机构。商业银行最传统的业务是承兑票据，充当票据市场的支付中介人；代企业发行证券，为企业发行证券承包，充当资本市场的发行代理人；经营外币债券，充当外汇市场的中介。

此外，金融公司、财务公司、票据公司、信托公司、信用合作社以及国外金融机构，也在金融市场上起着重要的中介作用。

四、金融市场的交易价格

金融市场的交易价格是指货币资金使用权的转让价格，即利率。利率是指一定时期内利息额与贷出额（本金）的比率。利率的表示方式有年利率、月利率和日利率。年利率一般以本金的百分之几表示，通常称为年息几厘。月利率一般以本金的千分之几表示，通常称为月息几厘。日利率一般以本金的万分之几表示，通常称为日息几厘。

利率总是表现为一个既定的、明确的量。利息额的大小及其在总利润中所占的比重虽然是由贷者和借者在再生产过程之外通过竞争决定的，但是，由于货币具有可以向任何商品转化的特点，其投向不受地区、部门和企业的限制，因此这种竞争是在货币所有者和货币使用者这两类人之间进行的而不是由个别竞争决定的。此外，影响利率的因素相当复杂，这些因素综合作用的结果使利率总是表现为一个既定的、明确的量。

（一）利率的特征

利率是价值规律发生作用的重要机制，其基本特征如下。

▶ 1. 双动性

作为交易价格，利率本身就是市场机制的组成部分。因此，它是经济运行中的内生变量，随着社会资金需求量的增加和社会资金供给量的减少而提高，随着社会资金需求量的减少和社会资金供给量的增加而下降。这就是其自动的一面。同时，利率又是国家干预经济的重要手段，作为政策变量，它与社会总需求呈反方向变动。为刺激需求，必然会降低利率，放松信贷；为抑制需求，则应该提高利率，紧缩信贷。因此，它又具有他动的一面。

▶ 2. 相关性

利率在经济活动中不是孤立地发挥作用的，而是与其他经济杠杆相互联系、相互制约、相互作用，共同组成一个经济杠杆体系，对社会经济运行发生影响。任何其他经济杠杆的变动都会直接或间接地影响利率；反过来，利率的变动也会直接或间接地影响其他经济杠杆。

▶ 3. 调节性

物质利益是人们行动的动力，更是商品生产者经营者的基本目标，而利息作为价值的表现形式，利率的变动直接影响到物质利益在人们之间的分配，使企业和个人做出相应反应。因此，利率的变动能够调节企业和个人的经济行为。

▶ 4. 直接性

虽然借贷资金作为货币资金在社会总资金运动中占有重要地位，能否顺利得到货币资金是企业资金循环能否顺利进行的重要前提，但是企业是根据其利润率的高低来决定如何生产的，在需要借款时，企业一般需要权衡利率和平均利润率水平的高低。因此，调节利率对生产过程具有直接的作用。

（二）利率的种类

利率是一个十分复杂的经济变量系统，一方面金融资产日益多样化；另一方面人们具有不同的考虑角度，因此利率有各种各样的表现形式。

▶ 1. 名义利率与实际利率

名义利率是指以名义货币数量表示的利率，也就是我们通常所说的银行挂牌的利率，或借贷合同和有价证券上载明的利率。它是投资者根据借贷契约应该收到的利率或债务人应该支付的利率。名义利率包含了物价变动率、货币升值或贬值率等诸多因素。

实际利率是指剔除物价变动、货币升值或贬值等诸多因素后的利率。它表明投资者实际所获得的利率或债务人实际所支付的利率。实际利率可以表示为

$$实际利率＝名义利率－物价变动率$$

▶ 2. 短期利率与长期利率

短期利率一般是指融资期限在一年以内的利率，包括各种存款、各项贷款及有价证券的利率。长期利率是指融资期限在一年以上的利率，包括期限在一年以上的各种存、贷款及各种有价证券利率。

短期利率低于长期利率，这是因为：首先，长期融资比短期融资风险大，期限越长，贷者遭受损失的风险就越大；其次，融资时间越长，借入者使用借入资金经营所获得的利润越多，贷者得到的利息理应越多；最后，在纸币流通的条件下，期限越长，通货膨胀造成的损失越大。

▶ 3. 固定利率与浮动利率

固定利率是指不随借贷资金的供求状况而波动，在整个借款期内固定不变的利率。其特点是不随市场资金供求关系及市场利率的变化而变化，简便易行，易于计算借款成本，比较适用于短期借款或市场利率变化不大的情况。

浮动利率指利率随市场资金供求关系及市场利率的变化而定期调整的利率。由于浮动利率在借款期内随着市场利率的变化而定期调整，因此借款人在计算借款成本时比较困难，利息负担可能减轻，也可能加重。但由于借贷双方可以共同承担利率变化的风险，利息的负担与资金供求状况密切结合，这种利率比较适用于中长期贷款。

▶ 4. 官定利率与市场利率

官定利率也叫法定利率，是指一国政府通过中央银行（或金融管理部门）确定的利率，如中央银行对商业银行和其他金融机构的再贴现利率等。官定利率是国家实现宏观调控目标的一种政策手段，在一定程度上反映了非市场的强制力量对利率形成的干预。

市场利率是指在金融市场上由借贷双方通过竞争而形成的利率，包括借贷双方直接融资时商定的利率和在金融市场上买卖各种有价证券时的利率。市场利率是借贷资金供求状况的显示器：当资金供过于求时，利率呈下跌趋势；反之，当资金供不应求时，则呈上升趋势。

▶ 5. 一般利率与优惠利率

一般利率是指金融机构按一般标准发放贷款或吸收存款所执行的利率，而优惠利率则是指低于一般标准的贷款利率和高于一般存款利率的利率。在国际借贷市场上，一般以伦敦同业拆借利率（LIBOR）为衡量标准，低于该标准的可被称为优惠利率。

第三节　金融市场的结构与类型

随着金融工具的多样化以及交易方式的复杂化，金融市场也变得日益复杂。依据金融交易的对象、方式、条件、期限、程序、时间及空间的不同，形成了不同类型的金融市场，由此便引出金融市场的结构与类型的问题。不同的国家在金融市场结构方面会存在许多差异，因此，研究金融市场的结构对判断一国金融市场的发展程度、确定金融市场的发展特点以及完善金融市场的管理，都具有重要意义。

一、按标的物划分

按标的物划分，金融市场可分为货币市场、资本市场、外汇市场、黄金市场和保险市场。

（一）货币市场

货币市场（money market）是指以期限在一年以下的金融资产为交易标的物的短期金融市场。货币市场的主要功能是保持金融资产的流动性，以便随时转换成现实的货币。它的存在，一方面满足借款者的短期资金需求，另一方面也为暂时闲置的资金找到了出路。在美国金融史上，早期的货币市场狭义地指对证券经纪商和交易商进行通知放款的市场。后来，货币市场的概念又发展为短期资金市场。现在，货币市场一般指国库券、商业票据、银行承兑汇票、可转让定期存单、回购协议、联邦资金等短期信用工具买卖的市场。许多国家将银行短期贷款也归入货币市场的业务范围。一般地说，资金借贷以3～6个月期最为普遍，而债券则以 6~9 个月期为多。由于该类市场金融工具随时可以在发达的二级市场上出售变现，具有很强的变现性和流动性，功能近似于货币，故称货币市场；又由于该市场主要经营短期资金的借贷，因此又称为短期资金市场。

货币市场一般没有正式的组织，所有交易特别是二级市场的交易几乎都是通过电信方式联系进行的。市场交易量大是货币市场区别于其他市场的重要特征之一，巨额交易使得货币市场实际上成为一个批发市场。由于货币市场的非人为性及竞争性，因此它又是一个公开市场，任何人都可以进入货币市场进行交易。

货币市场具体又分为同业拆借市场、票据贴现市场、政府短期债券（国库券）市场、可转让定期存单市场、回购协议市场、货币市场共同基金市场及短期信贷市场等。

（二）资本市场

资本市场（capital market）是指期限在一年以上的金融资产交易的市场。全面地看，资本市场包括两大部分：银行中长期存贷款市场和有价证券市场。

通常，资本市场主要指的是债券市场和股票市场。它与货币市场之间的区别如下。

（1）期限的差别。资本市场上交易的金融工具均为一年以上，最长者可达数十年，有些甚至无期限，如股票等。而货币市场上一般交易的是一年以内的金融工具，最短的只有几日甚至几小时。

（2）作用的不同。货币市场所融通的资金大多用于工商企业的短期周转。而在资本市场上所融通的资金，大多用于创建企业、更新和扩充设备及储存原料，政府在资本市场上筹集长期资金则主要用于兴办公共事业和保持财政收支平衡。

（3）风险程度的不同。货币市场的信用工具，由于期限短，因此流动性高，价格不会发生剧烈变化，风险较小。资本市场的信用工具，由于期限长，流动性较低，价格变动幅度较大，风险也较高。

（三）外汇市场

如同货币市场一样，外汇市场（foreign exchange market）也是各种短期金融资产交易的市场，不同的是，货币市场交易的是同一种货币或以同一种货币计值的票据，而外汇市场则是以不同种货币计值的两种票据之间的交换；在货币市场上所有的贷款和金融资产的交易都受政府法令条例管制，而在外汇市场上，一国政府只能干预或管制本国的货币。

外汇市场按其含义有狭义和广义之分。狭义的外汇市场指的是银行间的外汇交易，包括同一市场各银行间的交易、中央银行与外汇银行间以及各国中央银行之间的外汇交易活动，通常被称为批发外汇市场。广义的外汇市场是指由各国中央银行、外汇银行、外汇经纪人及客户组成的外汇买卖、经营活动的总和，包括上述的批发市场以及银行同企业、个人间外汇买卖的零售市场。

（四）黄金市场

黄金市场（gold market）是专门集中进行黄金买卖的交易中心或场所。目前，由于黄金仍是国际储备工具之一，在国际结算中占据着重要的地位，因此，黄金市场仍被看作金融市场的组成部分。早在 19 世纪初，黄金市场就已形成，是最古老的金融市场。据不完全统计，世界上已发展出 40 多个黄金市场，其中，伦敦、纽约、苏黎世、芝加哥和中国香港的黄金市场被称为五大国际黄金市场。

（五）保险市场

保险市场（insurance market）是指保险商品交换关系的总和。保险市场有狭义和广义之分。狭义的保险市场指固定的保险交易场所，如保险交易所；广义的保险市场则是指所有实现保险商品让渡的交换关系的总和。随着保险业的不断发展，承保技术日趋复杂化，承保竞争日趋激烈，保险商品推销的区域化与全球化趋势日趋明显，仅由买卖双方直接参与的交换关系显然不能满足保险商品交易的需要，这时保险市场的中介力量应运而生，使得保险商品交换关系更加复杂，同时也使保险市场日臻成熟。随着信息产业和互联网技术的飞速发展，网络保险已进入我们的现实生活，人们足不出户，就可以轻松、便捷地完成保险商品的交易活动。因此，从广义上去理解现代保险市场更贴合实际。

二、按中介特征划分

金融市场的形成是直接与资金的融通相联系的。在正常的经济生活中，总有资金暂时闲置者及资金短缺者存在，金融市场的存在就为资金供求双方提供了互通有无的渠道。根据资金融通中的中介机构的特征（或与融资方式相联系）来划分，金融市场可分为直接金融市场和间接金融市场。

（一）直接金融市场

直接金融市场指的是资金需求者直接从资金所有者那里融通资金的市场，一般指的是通过发行债券和股票方式筹集资金的场所。直接金融市场按期限的长短，又可分为短期直接金融市场和长期直接金融市场。属于短期直接金融市场的有企业与企业之间、企业与个人之间的赊销商品以及个人与个人之间的短期自由借贷；属于长期直接金融市场的有证券发行和流通市场。

（二）间接金融市场

间接金融市场则是通过银行等信用中介机构作为媒介来进行资金融通的市场。在间接金融市场上，资金所有者将手中的资金贷放给银行等金融中介机构，然后再由这些机构转贷给资金需求者。在此过程中，不管资金最终归谁使用，资金所有者都将只拥有对金融中介机构的债权而不能对最终使用者具有任何权利要求。

直接金融市场与间接金融市场的差别并不在于是否有金融中介机构的介入，而主要在于中介机构的特征的差异。在直接金融市场上也有金融中介机构，只不过这类公司不像银行那样，它不是资金的中介，而大多是信息中介和服务中介。

三、按财务管理划分

按财务管理划分，金融市场可分为债务证券市场、权益证券市场和衍生证券市场。

（一）债务证券市场

债务证券是指反映债权债务关系的有价证券，如商业票据、可转让定期存单、国库券等。债务证券市场（debt security market）则是指发行与流通债务证券的场所。债务证券市场按其期限的不同，又可分为短期债务证券市场和长期债务证券市场。

（二）权益证券市场

权益证券是指反映所有者权益的有价证券，如股票、信托受益券等。权益证券市场（equity security market）则是指发行与流通权益证券的场所，主要是股票市场与投资基金市场。

（三）衍生证券市场

衍生证券市场（derivative security market）是指进行衍生证券（衍生金融工具）交易的市场。该市场交易的对象不是衍生证券所载明的标的物，而是标准化合约本身。衍生证券市场自 20 世纪 70 年代产生以来，其交易品种层出不穷、市场规模迅速扩大、交易量急剧上升、市场参与者不断增加，对各国金融市场和国际金融市场的影响越来越大。该市场主要包括金融远期市场、金融期货市场、金融期权市场和金融互换市场。

四、按交割方式划分

按交割方式划分，金融市场可分为现货市场、期货市场和期权市场。

（一）现货市场

现货市场（spot market）是指即期交易的市场，是市场上的买卖双方以现钱现货交易，在协议成交后即时进行交割的方式买卖金融商品的市场。当然，由于技术原因，成交后不可能立即交割，在成交与交割之间存在一定的时间差，不同的市场对于交割期限有不同规定，一般为 1～5 天。现货市场的主要特点是成交与交割的时间间隔很短，并且是实物交割，即卖方必须实实在在地向买方转移金融商品，同时，买方向卖方支付实际价款。

（二）期货市场

期货市场（futures market）是在期货交易的基础上发展而来的。期货交易是成交以后经过一段时间再进行实物交割，交割价格为成交时约定的价格，其目的是锁定价格，进而锁定成本和利润，实际上是一种远期交易，与现代意义的期货市场不尽相同。现代期货市场是指买卖双方就一个统一的标准合同即期货合约进行买卖并在未来的特定日期按双方事先约定的价格交割特定数量和品质的商品的交易市场。期货合约对交易品种、质量、数量及期限进行了标准化的规定，以便买卖。合约规定了买卖双方的义务，期货合约的买方承担在到期日按合约内容买进交易品种的义务，合约的卖方则承担在到期日按合约内容卖出交易品种的义务。在期货市场上，到期进行实物交割的比例极低，大多数是通过反向交易来抵消合约赋予的责任和义务，这种方式称为对冲。

期货市场的参与者有两类。一种是以回避价格风险为目的的套期保值者。他们可通过现货市场和期货市场同时做一笔相反的交易，使其在现货市场上因价格变动遭受的亏损由期货市场上的盈利予以弥补，或者期货市场的亏损由现货市场的盈利抵消。另一种是通过承担高风险追求高收益的套期获利者。他们在期货市场上通过对未来行情的预期，在不同的交易品种、交割期限之间套做，以求从期货市场价格的变动中获取收益。

商品期货市场的产生已有一百多年的历史，而金融期货市场则是 20 世纪 70 年代金融创新的产物。目前，世界金融商品期货交易的品种主要有外汇期货、利率期货和股票指数期货。

（三）期权市场

期权市场（option market）是西方金融市场上另一个有组织的交易市场，它以金融商品期权合约为交易的标的物。期权合约是赋予购买者按协定价格购买或出售某种金融商品的权利的合约。期权合约的购买者通过付出一笔期权费，便得到一种权利，这种权利使购买者有权在双方商定的到期日前，以事先协定的价格向期权的卖方购买或出售一定数量的该种金融商品。由于期权的买方获得的是一种权利，则权利可以执行，也可转让或放弃，因此期权交易又称为选择权交易。对于期权合约的卖方而言，则要承担相应的义务，即在买方要求行使按照合约买进或卖出金融商品的权利时，卖方必须按合约规定卖出或买入该种金融商品。

期权市场行为建立在金融商品的价格波动基础之上。期权合约的买方有权按照合约规定的期限、数量及价格，根据金融商品价格的上涨或下跌情况决定购买或出售某种金融商品。若是买进的看涨期权即为购买，若是买进的看跌期权则为出售，同时也可依据行情放弃执行权利；期权卖方则承担相应的义务。在交易过程中，合约的买方支付一笔期权费，但可以从行情变动中获得较高的收益，其最大可能亏损为期权费；而合约的卖方则承担了较高风险，随期权交易行情变化及买方要求执行权利，其亏损可能无限，但也有可能在买方放弃执行权利时净得一笔期权费。

阅读专栏

新中国成立70年金融事业取得辉煌成就

在金融市场建设方面，我国金融市场从无到有稳步发展，并伴随着经济体制转轨，逐步建立了功能相互补充、交易场所多层次、交易产品多样化的金融市场体系，配置资源和服务实体经济的能力持续增强。

债券市场方面。 1981年，我国重新发行国债，结束了始于20世纪50年代末的长达20年的"无债"时代。1982年，为满足信贷资金之外的生产资金需求，企业债券开始发行。2005年以来，银行间债券市场明确了"放松行政管制、面向合格机构投资者、依托场外市场"的发展方向，实行备案制，建设步伐明显加快。目前，我国已经形成了以银行间债券市场为主导，包括交易所市场、商业银行柜台市场在内的多元化、分层次的债券市场体系，债券市场托管余额超过90万亿元，成为全球第二大债券市场。

股票市场方面。 1984年，我国第一只股票公开发行。1990年，上海证券交易所和深圳证券交易所先后成立，标志着我国股票集中交易市场正式形成。2005年的股权分置改革解决了长期困扰资本市场发展的问题，结束了上市公司两类股份、两种价格并存的历史。近年来，在先后设立了中小板、创业板、新三板后，于2019年6月在上海证券交易所推出科创板，开始探索股票市场注册制改革，逐步形成了多层次的股权市场体系。目前，沪深两市上市公司近3 700家，总市值54万亿元，成为全球第二大股票市场。

保险市场方面。 从1979年恢复国内保险业务开始，保险市场不断发展壮大，逐步建立了由保险公司、保险中介机构、再保险公司、保险资产管理公司等市场主体组成的保险市场体系，形成了覆盖人寿保险、财产保险、医疗保险、再保险、农业保险等多领域的产品体系，在风险分担、服务民生、促进经济发展等方面发挥了重要作用。2018年末，我国原保险保费收入3.8万亿元，保险密度2 724元/人，保险深度4.22%，成为全球第二大保险市场。

货币市场方面。 同业拆借市场起步于1984年，武汉、广州、西安等大城市率先建立同业拆借网络，随后形成各地的同业拆借市场。1994年，为适应市场经济发展的需要，建立了全国统一的同业拆借市场，并不断扩大同业拆借市场参与主体，成为金融机构调剂头寸余缺、中央银行实行公开市场操作的重要场所。2018年，同业拆借业务成交139万亿元，增长76%。同时，票据市场迅速扩大。自20世纪70年代票据业务诞生开始，陆续建成中国票据网、电子商业汇票系统。2016年建立了全国统一的票据交易平台即上海票据交易所。2018年，全国共发生票据业务2.22亿笔，金额150万亿元。

外汇市场方面。 改革开放以前，我国实行统收统支的外汇管理体制。改革开放后，开始实行外汇留存管理，逐步产生了外汇调剂市场。1994年开始实行银行结售汇制度，建立了全国统一的银行间外汇市场。目前，外汇市场主体日趋多元，基础设施更加完善，产品不断丰富，可交易货币由美元等少数货币币种逐步扩大到26种货币。2018年各类外汇交易产品累计成交29万亿美元。2019年8月末，外汇储备余额3.1万亿美元，多年位居全球第一。

资料来源：易纲. 新中国成立70年金融事业取得辉煌成就[J]. 中国金融家，2019(10)：28-33. DOI：10.19294/j.cnki.cn11-4799/f.2019.10.003.

五、按交易程序划分

按交易程序划分，金融市场可分为发行市场和流通市场。

（一）发行市场

发行市场又称一级市场或初级市场（primary market），是指新发行的证券从发行者手中转移到投资者手中的市场，是证券或票据等金融工具最初发行的市场。发行市场具有两方面的职能：一是为资金需求者提供筹集资金的场所；二是为资金供应者提供投资及获取收益的机会。通过发行市场，货币资金实现从盈余部门（储蓄部门）向短缺部门（投资部门）的转移。因此可以说，发行市场交易规模的变动，一方面能够直接代表全社会金融资产数量的变动，另一方面也能够在一定程度上反映社会实际资本形成规模的大小。

发行市场是整个金融市场的基础，没有证券的发行就没有证券的流通，同时，发行市场的质量会影响流通市场的发展。如果证券是以不合理的价格出售，或者以承诺高收益在特定的对象范围内发售，甚至采取强行摊派的方式发行，其后果必然是流通市场的畸形发展。

在发行市场上，发行证券者即发行人与购买证券者即投资人是必不可少的交易主体，但是，随着市场发行规模和频率的增加，要求专业性的中介机构从事证券发行业务，充当发行人与投资人的媒介。中介机构的介入，极大程度地提高了证券发行的效率，节约了社会融资成本，因此，一个完善、健全、有效的发行市场通常由证券发行人、证券投资人和担任发行中介的各类专业机构构成。这些专业机构是指证券公司、投资银行以及各种经纪人。它们在发行市场上扮演着重要角色，帮助发行主体和证券投资者顺利实现自己的目的。

（二）流通市场

流通市场又称二级市场（secondary market）或次级市场，是指已经发行的证券进行转让、交易的市场。它具有两种形态：一是有固定场所，集中进行竞价交易的证券交易所；二是分散的场外交易市场。其中，证券交易所因其独特的交易特征成为流通市场的核心，而场外交易市场通过广泛运用电子计算机网络及通信技术，呈现出极为活跃的发展趋势。在流通市场上，证券的买卖双方均属于证券投资者。对于买方而言，在二级市场购买未到期的旧证券与在发行市场购买新发行的证券并无实质的不同，都是贷出货币以求增值；对于卖方而言，售出证券的行为只是收回先前投资于证券的资金，并不会增加自己能够占用和支配的资产。证券在买卖双方之间的所有权易位，不能反映完整的借贷关系，对证券发行者即资金的最终使用者不构成直接影响，因此，流通市场的交易规模和额度不会直接影响社会的有价证券数量和实际资本的形成数量。

尽管流通市场的交易只表现为证券投资人单方面的活动，不直接向筹资者供应资金，但流通市场是金融市场不可或缺的组成部分，它在社会储蓄向投资转化的过程中发挥着重要作用，是发行市场连续发展、顺利实现筹资职能的必要保障，主要表现在以下几个方面。

（1）流通市场的交易为证券提供流动性。证券流动性的存在是证券能够吸引投资者的重要因素，也是保证资金占用的必要条件。它对于债券意义重大，对于股票更是不可缺少，因为股票没有偿还期，如果不能出售转让，则很难在发行市场上推销出去，同时，如果股东在需要资产变现时将股本抽回，企业的组织生命将难以为继。

（2）流通市场能够形成公平合理、准确的证券价格，从而为发行市场定价提供参考，并引导资源的有效流动和配置。发行市场的价格由发行者与承销机构制定，往往不能够准确地反映市场供求状况而带有不合理性。流通市场为证券买卖双方提供了获取各类相关信息和广泛接触、充分竞价的机会，使证券价格的形成能够充分地反映收益和风险等信息，提高了价格的合理性和公正性，为社会资金的流动做出正确的标示。

（3）流通市场在赋予证券流动性的同时，也为买卖双方创造了获取价差收益的机会，对于价差收益的追逐动机促使投资者积极参与金融市场活动，从而动员社会游资的进入，为筹资者供应更多的资金。

（4）流通市场的存在，使社会短期资金的运用能够续短为长，从而降低融资成本。一般而言，占用资金的时间越长，所应支付的成本越高，并且，社会长期闲置资金数量极为有限。流通市场通过同一证券在众多参与者手中不断换手，将短期资金转换为长期资金，而作为短期资金让渡人，投资者要求的收益水平相应较低，对于发行者来讲，自然大大缩减了筹资的成本。

发行市场是流通市场的基础和前提，没有发行市场就没有流通市场；流通市场是发行市场存在与发展的重要条件之一，无论从流动性上还是从价格的确定上，发行市场都要受到流通市场的影响。

此外，在发达的市场经济国家还存在着第三市场和第四市场，它们实际上都是场外市场的一部分。

第三市场是原来在交易所上市的证券移到场外进行交易所形成的市场，又称为店头市场或柜台市场，是指未上市的证券或不足一个成交批量的证券进行交易的市场。店头市场历史悠久，早在1792年，美国纽约金融市场非常繁荣，许多商人看到经营证券有利可图，便纷纷买进证券留在手边，待别人要买时以高出买进的价格在柜台上出售，从中获利，由此形成柜台交易。许多证券公司甚至跨国公司，都是由这种交易发展而来。美国的柜台市场现已成为仅次于纽约股票交易所的大市场。

第四市场是指作为机构投资者的买卖双方直接联系成交的市场。一般是通过计算机通信网络如计算机终端机，把会员连接起来，并在办公室内利用该网络报价，寻找买方或卖方，最后定价成交。第四市场的运行，需要以非常发达的科技和通信手段作为基础，以高度发达的商品经济为依托。利用第四市场进行交易，可以大大节省如手续费等的中间费用；筹资成本的降低足可弥补利用高科技的花费，而且不为第三者所知，提高了交易的保密程度；也不会因交易量大而影响市场价格，往往能够对日后的继续交易带来意想不到的好处。

六、按有无固定场所划分

按有无固定场所划分，金融市场可分为有形市场和无形市场。

（一）有形市场

有形市场是指有固定交易场所、集中进行交易的市场，一般指的是证券交易所、期货交易所、票据交换所等有组织的交易场地。有形市场借助固定的场地、配置的交易设施、专业化的中介服务和所提供的交易信息吸引买卖双方，集中反映金融市场的供求关系，并通过公开的竞价机制形成合理的价格，提高市场的公开性、公平性和效率。在证券交易所进行交易首先要开设账户，然后由投资人委托证券商买卖证券，证券商负责按投资者的要求进行操作。

（二）无形市场

无形市场是指在证券交易所外进行金融资产交易的总称。大量的证券、外汇、短期资金拆借都在无形市场交易。传统的无形市场是在证券公司、商业银行的柜台上完成的，因此又称为柜台市场。随着通信技术的发展和信用制度的完善，无形市场出现了向网络化发展的趋势，大量的金融交易通过网络在金融机构、企业、政府及各类投资者之间进行，使金融市场进一步扩大了交易范围，延长了交易的时间，降低了交易成本，增强了交易的灵活性，提高了交易的效率和市场的有效性。在这个无形的网络中，金融资产及资金可以在其中迅速转移。在现实世界中，大部分的金融资产交易均在无形市场上进行。但无形市场的监管难度较高，且自动交易技术的发展还面临诸如安全性等问题，还有待进一步完善。

七、按成交和定价方式划分

按成交和定价方式划分，金融市场可分为公开市场和议价市场。

（一）公开市场

公开市场(open market)指的是金融资产的交易价格通过众多的买主和卖主公开竞价而形成的市场，或者说是众多的市场主体以拍卖方式定价的市场。金融资产在到期偿付之前可以自由交易，并且只卖给出价最高的买者。这类市场一般在有组织和有固定场所的有形市场如证券交易所进行。

（二）议价市场

议价市场(negotiated market)是没有固定场所，相对分散的市场。在议价市场上，金融资产的定价与成交是通过私下协商或面对面的讨价还价方式进行的。在发达的市场经济国家，绝大多数债券和中小企业的未上市股票都通过这种方式交易。最初，在议价市场交易的证券流通范围不大，交易也不活跃，但随着现代电信及自动化技术的发展，该市场的交易效率已大大提高。

八、按地域划分

从金融市场活动的地域即空间范围角度，可以将金融市场分为国内金融市场和国际金融市场。实际上，国内金融市场与国际金融市场的划分在表面上表现为空间范围的不同，而其实质则在于市场制度的差异。

（一）国内金融市场

国内金融市场是处于一国范围内的金融商品交易场所及交易体系，包括众多的国内地方及区域金融市场。国内金融市场的交易主体是本国投资者，市场活动受到国界的限制，金融交易行为的直接后果只改变本国国民收入的分配状况，并由此影响资源重新配置，却不存在资金在国际之间的流动，不会影响本国的国际收支规模。不同国家的国内金融市场保持相对独立性，受到本国政府的严格管理，并受本国货币政策的直接影响，在市场形式、交易制度及市场行情等方面存在显著差异。

（二）国际金融市场

国际金融市场是国际贸易和金融业发展的产物，是由国际性的资金借贷、结算以及证券、黄金和外汇买卖活动所形成的市场，包括国际性货币市场、资本市场、黄金市场和外汇市场。它同国内金融市场最重要的区别在于允许外国投资者参与交易，市场活动较少或不受所在国金融管理当局控制，市场交易活动的后果表现为资金在国际之间的流动，对参与国的外汇收支产生直接影响。离岸金融市场(offshore finance market)是指主要为非居民提供境外货币借贷或投资、贸易结算、外汇黄金买卖、保险服务及证券交易等金融业务和服务的一种国际金融市场，亦称境外金融市场，其特点可简单概括为市场交易以非居民为主，基本不受所在国法规和税制限制。离岸金融市场在 20 世纪 60 年代的兴起，使国际金融市场的发展进入了一个全新的发展阶段。

第四节　金融市场的发展趋势

商品信用经济的发展，必然带来信用制度的发展，产生多种金融中介机构、信用形式和信用工具，而多种信用形式和信用工具的运用和流通，必然导致金融市场的形成与发展。换句话说，金融市场的形成得益于商品经济、信用制度和股份制经济的发展，而金融市场的存在与发展又是现代经济得以存在与发展的重要支柱之一。

一、金融市场的发展历程

金融市场自形成以来，已经有 400 多年的历史了。尤其是近半个世纪以来，由于 IT 技术和通信技术的应用，各种新的金融工具不断涌现，交易手段也日益多样化，金融市场进入了真正意义上的快速发展时期。纵观金融市场的发展，大都经历了一个从低级到高级、从萧条到繁荣、从弱小到强大、从无形到有形、从分散到集中、从区域性到全国性、从国内到全球、从现货到期货、从投机性到投资性、从不完善到规范的发展过程，其发展历程大致可以分为以下几个阶段。

（一）第一阶段，15 世纪中叶—19 世纪中叶

这一阶段的特点是各国政府对金融市场的管理比较松散，资本可以完全自由流动。1540—1640 年的第一次工业革命，推动了金融市场要素的形成与发展，主要表现为以下几个方面。

（1）推动了欧洲大陆金融体系的发展。14 世纪与 15 世纪之交，既是欧洲大陆银行业产生的年代，也是世界银行业产生的年代。此后，欧洲大陆，尤其是西欧各国银行业如雨后春笋般建立起来。

（2）推动了欧洲大陆金融工具的发展。与欧洲经济贸易发展相联系，票据这一结算工具开始率先在地中海沿岸使用，汇票便是这一时期意大利商人的一种发明；银行倒闭现象的频繁出现，促使了债券与股票的产生与流通。

（3）推动了欧洲大陆证券交易所的发展。16 世纪中叶，随着资本主义经济的发展，所有权和经营权相分离的生产经营方式——股份公司的涌现，使股票、公司债券及不动产抵押债券依次进入有价证券交易的行列。这一时期，各国的金融都是为本国的经济服务，因此表现出很强的区域性质。

（二）第二阶段，19 世纪中叶—20 世纪初

在这一时期，由于英国是最早建立资本主义经济制度的国家，加上其国内政治经济稳定、金融机构非常发达、金融制度比较完善，特别是伦敦的交通便利，使英国货币——英

镑成为主要的国际结算和支付工具，英国因而成为国际金融市场的中心，世界各国的贸易清算和国际间的融资活动都集中在英国进行，伦敦柴思胡同的"乔纳森咖啡馆"就是因有众多的经纪人在此交易而出名，英国的第一家证券交易所即在该咖啡馆成立，并于 1802 年获得英国政府的正式批准，这家证券交易所即为现在伦敦证券交易所的前身。到 19 世纪中叶，一些地方性证券市场也在英国兴起，铁路股票盛行。1897 年，英国、德国、美国、俄国和其他主要资本主义国家达成了将货币和黄金保持固定比价的协议，建立了国际金本位（gold standard）制度，从而提高了国际金融市场的稳定性。20 世纪初，英国证券市场以其独特的形式有效地促进了资本的积聚和集中。1901—1910 年建立的股份公司有 50 000 家，1911—1920 年建立了 64 000 家，1921—1930 年建立了 86 000 家，至此，英国 90% 的资本都处于股份公司控制之下。与此同时，持股公司日益盛行，金融公司、投资银行、信托投资公司、证券公司等证券经营机构也获得了极大的发展。因此，这一阶段资本主义国家的金融市场以英国最为发达。

（三）第三阶段，20 世纪初—20 世纪 60 年代

这一阶段的显著特点是在经历了两次世界大战后，各国的经济和金融形势发生了很大的变化。由于英国遭受两次世界大战的创伤，经济实力大大削弱，其在国际金融市场的领导地位开始下降，而美国则利用两次世界大战中扩张起来的经济实力，逐步建立起以美元为中心的世界货币体系，成为资本主义国家最大的资金供应者和国际经济、金融领域的霸主。1944 年，随着布雷顿森林会议（Bretton Woods Conference）的召开，成立了国际货币基金组织（International Monetary Fund，IMF）和世界银行（World Bank），建立了以美元为中心的国际金汇兑本位制度（gold exchange standard），美元成为主要的国际储备货币和结算货币，美国成为世界经济霸主和最大的资金供应国，纽约金融市场迅速崛起，并成为世界的金融中心。与此同时，由于瑞士是两次世界大战的中立国，保存了一定的经济实力，其外汇和黄金市场比较发达。因此，这一阶段资本主义国家的金融市场出现了英国、美国、瑞士三足鼎立的局面。

（四）第四阶段，从 20 世纪 60 年代至今

这一阶段的显著特点是金融市场开始走向国际化和全球化。由于第二次世界大战后欧洲经济恢复的需要和严格的金融管制促使国际金融市场扩张，欧洲货币市场得以发展和昌盛，之后还逐渐形成了许多新的国际金融中心。这个时期的国际金融市场不再以某一个或某几个国家为典型代表或轴心，而是明显地表现为多极化趋势，即便是发展中国家和地区也纷纷建立起了令世人瞩目的国际金融市场。

总之，在第一次世界大战以前，世界各国金融市场发展极不平衡，但是从世界整体来看，这一时期的金融市场处于缓慢发展时期，荷兰、英国这些老牌资本主义国家先后成了世界金融市场的中心。经历了两次世界大战后，金融市场发生了很大的变化，英国在生产和国际贸易上的头等地位被美国取代，各国在世界经济中的地位、格局发生了巨大的变化。战争期间，金融市场也遭遇了严峻的考验，如 1914 年开始的第一次世界大战使股票交易所关闭，1920 年伦敦股票市场崩盘，1929 年纽约股票市场大崩溃等。第二次世界大战后，世界的政治经济格局发生了重大变化，形成了纽约、伦敦、东京三大国际金融中心，法兰克福、新加坡、中国香港等新的金融中心不断涌现，发展中国家和地区的金融市场纷纷建立，金融全球化、一体化的趋势更加明显，现代金融市场正在向着资产证券化、金融国际化、金融自由化和金融工程化的方向发展。

二、我国金融市场的发展过程

我国金融市场的产生是从封建社会开始的，经历了以银行业为起点，逐步从银行机构中分离出股票、债券、保险、外汇、衍生等金融工具交易的历程，如表1-1所示。

表1-1 我国金融市场的发展过程

时 间	事 件	成 绩
封建社会时期	金融市场有了初步发展	当时的金融机构一般是钱庄、银号、票号等，主要是为当时的商贸活动提供资金流通的方便，有点类似于今天的银行
1948年	中国人民银行成立	发行了人民币，并作为华北、华东、西北三区统一流通的货币
1979年3月	国家外汇管理局设立	国家外汇管理局设立，负责集中管理和统一经营全国的外汇业务，实行贸易和非贸易外汇留成制度，鼓励创汇
1979年10月	中国国际信托投资公司成立	第一家信托投资公司——中国国际信托投资公司成立，揭开了信托业发展的序幕
1983年9月	中央银行制度框架初步确立	国务院颁布《关于中国人民银行专门行使中央银行职能的决定》（以下简称《决定》），中央银行制度框架初步确立，《决定》同时规定"成立中国工商银行，承办原来由人民银行办理的工商信贷和储蓄业务"
1984年1月1日	中国工商银行成立	中国人民银行不再办理针对企业和个人的信贷业务，成为专门从事金融管理、制定和实施货币政策的政府机构。同时新设中国工商银行，人民银行过去承担的工商信贷和储蓄业务由中国工商银行专业经营
1984年11月14日	改革开放后第一张股票发行	经中国人民银行上海分行批准，上海飞乐音响股份有限公司公开向社会发行了不偿还的股票，这是中国改革开放后第一张真正意义上的股票，标志着改革开放后的中国揭开了资本市场的神秘面纱
1990年11月	上海证券交易所成立	第一家证券交易所——上海证券交易所成立，自此，中国证券市场的发展开启了崭新的篇章
1992年10月	中国证券监督管理委员会成立	中国证券监督管理委员会（简称证监会）的成立迈出了我国金融业"分业经营、分业监管"的第一步，标志着中国证券市场统一监管体制开始形成
1999年5月	上海期货交易所正式成立	上海期货交易所正式成立，发挥期货市场发现价格、规避风险的功能，为国民经济发展服务
2001年12月	中国正式加入世界贸易组织	金融业改革步伐加快，并正式分步骤地对外开放
2005年7月21日起	实行有管理的浮动汇率制度	我国开始实行以市场供求为基础、参考"一篮子"货币进行调节、有管理的浮动汇率制度。人民币汇率不再盯住单一美元，形成更富弹性的人民币汇率机制

续表

时　间	事　件	成　绩
2009 年 11 月 28 日	银行间市场清算所股份有限公司成立	银行间市场清算所股份有限公司在上海挂牌成立
2010 年 6 月 19 日	人民币汇率形成机制改革重启	中国人民银行新闻发言人称，根据国内外经济金融形势和我国国际收支状况，中国人民银行决定进一步推进人民币汇率形成机制改革，增强人民币汇率弹性。此次改革在 2005 年汇改基础上进一步推进人民币汇率形成机制的改革，重在坚持以市场供求为基础，参考"一篮子"货币进行调节
2011 年以来	我国金融市场继续保持平稳运行，并在实施国家宏观经济政策、优化资源配置、加大金融支持实体经济力度等方面发挥了重要作用	债券发行总量稳步扩大，公司信用类债券发行规模大幅增加，债券融资在直接融资中的比重增加显著；银行间市场交易活跃，货币市场利率下降；银行间市场债券指数上行，收益率曲线整体平坦化上移；机构投资者稳步增长，类型更加多元化；股票市场指数总体上行
2013 年 10 月	人民币成为全球第二大国际贸易融资货币	标志着人民币的国际支付手段职能基本成型
2016 年 12 月 8 日	上海票据交易所成立	丰富金融市场基础设施构成，优化货币政策传导，增强金融服务实体经济的能力
2017 年 6 月	A 股被正式纳入 MSCI 新兴市场指数	中国资本市场对外开放进程中的标志性事件
2019 年 7 月 22 日	科创板正式开市	标志着设立科创板并试点注册制这一重大改革任务正式落地，也翻开中国资本市场新的一页
2020 年 8 月	我国首批基建 REITs（房地产信托投资基金）方案正式公布	基建 REITs 为基础设施建设带来了大量资金，缓解国家财政压力，推动国家基础设施的建设和发展
2021 年 4 月、11 月	广州期货交易所正式揭牌成立、北京证券交易所正式开市	两大交易所打破了之前北方无证交所、珠三角无期交所的格局，将在强化对北方企业直接融资支持、提升珠三角金融枢纽地位等方面发挥重要作用
2021 年 9 月	"债券通"南向通上线	新的跨境交易机制也为香港金融市场带来新的投资机遇，有利于巩固香港国际金融中心地位

金融市场的形成条件一般包括以下几个方面：①商品经济高度发达，社会上存在着庞大的资金需求与供给；②拥有完善和健全的金融机构体系；③金融交易的工具丰富，交易形式多样化；④有健全的金融立法；⑤政府能对金融市场进行合理、有效的管理；⑥金融交易方式的演进不断推动着金融市场的发展。

三、金融市场的发展趋势

近几十年来，国际金融市场发生了重大的变化。从宏观角度看，金融全球化和金融自由化倾向明显；从微观角度看，金融工程化和资产证券化渐成趋势。

（一）金融全球化

20 世纪 70 年代末期以来，世界经济出现了全球化趋势。国家间的经济来往日益密切，国际金融市场逐步成为一个密切联系的整体市场：在全球各地的任何一个主要市场上都可以进行相同品种的金融交易，世界上任何一个局部市场的波动都可能马上传递到全球的其他市场上，这就是金融的全球化。

▶ **1. 金融全球化的主要表现**

金融的全球化意味着资金可以在国际间自由流动，金融交易的币种和范围超越国界，各国的利率水平趋于一致，具体包括以下内容。

（1）金融交易的国际化。从货币市场的交易来看，西方主要发达国家及部分发展中国家的银行及其他一些大金融机构通过欧洲货币市场筹集或运用短期资金，参与国际金融市场的活动。一些跨国公司也通过国际货币市场发行短期商业票据来融通资金。从国际资本市场交易的角度来看，为适应企业跨国经营和国内企业对外融资的需要，一些国家的政府和一些大企业纷纷通过发行国际债券进入国际资本市场融资；一些重要的股票市场纷纷向外国公司开放，允许国外公司的股票到其国家上市交易，允许外国投资者进入本国股票市场。从外汇市场的交易来看，浮动汇率制实行以来，各国中央银行为稳定汇率，在外汇市场上进行的外币买卖使外汇市场交易更加活跃，新的外汇交易工具层出不穷，日新月异。

（2）市场参与者的国际化。传统的以大银行和主权国政府为代表的国际金融活动主体正被越来越多样化的国际参与者所代替。大企业、投资银行、保险公司、投资基金甚至私人投资者都纷纷步入国际金融市场。在这个过程中，银行和各种非银行金融机构逐步向全球各金融中心扩散，代理本国或国外的资金供求者的投资与筹资活动，甚至直接在金融市场上参与以盈利为目的的交易活动。特别是近十几年来，各国金融机构之间并购重组浪潮风起云涌，各种各样的投资基金在全球金融市场上空前发展，都大大促进了金融市场交易的国际化。

▶ **2. 金融全球化的原因**

金融全球化发展与国际经济之间的交往日益密切是分不开的，推动金融国际化的力量有以下几个方面。

（1）金融管制放松所带来的影响。随着金融管制的放松，各国政府减少了对金融机构跨国经营的地域限制，从而促进了金融机构在全球范围内拓展其业务；放宽了对外汇流动的限制，从而促进了资本的自由流动，加快了金融市场的国际化步伐。

（2）现代电子通信技术的快速发展为金融的全球化创造了便利的条件。现代计算机及电子通信技术的发展，使国际金融交易中的信息传递更加及时、交易成本更加低廉、手续更加简便。这张无形的大网将全球的市场联结成一个整体，构成了全球化金融市场的技术基础。

（3）国际金融市场上投资主体的变化推动了其进一步的全球化。国际金融市场的参与者已越来越多样化，特别是各种类型的投资基金的崛起大大改变了投资结构及交易性质，产生了一批专为套利而参与买卖的机构投资者，它们为了获利，必然频频出没于全球各国的金融市场，寻找获利机会。这种频繁的交易更加促进了各国金融市场间的联系。

▶ **3. 金融全球化的影响**

金融全球化促进了国际资本的流动，有利于稀缺资源在国际范围内的合理配置，促进着世界经济共同增长。金融市场的全球化也为投资者在国际金融市场上寻找投资机会、合理配置资产持有结构、利用套期保值技术分散风险创造了条件。一个金融工具丰富的市场也为筹资者提供了更多的选择机会，有利于其更快获得低成本资金。这些都是金融全球化的有利影响的一面。

金融全球化的不利影响主要表现在以下几方面：①导致金融风险在全球扩散。由于全球金融市场的联系更加紧密，一旦发生利率和汇率波动或局部的金融动荡，会马上传递到全球各金融中心，使金融风险的控制更为复杂。②增加政府执行货币政策与金融监管的难度。由于国际资本流动加快，一些政策变量的国际影响增强，政府在实施货币政策和进行宏观调控时往往更难估计其传导过程及影响。此外，涉及国际性的金融机构及国际资本的流动问题往往非一国政府所能左右，这也增加了政府金融监管部门的监管难度。

总体来看，金融全球化是大势所趋，而加强国际协调，实现共同监管，建立新型的国际金融体系，则是在金融全球化趋势下亟须解决的重要课题。

（二）金融自由化

金融自由化是指 20 世纪 70 年代中期以来在西方发达国家出现的逐渐放松甚至取消对金融活动的管制措施的过程。

▶ **1. 金融自由化的主要表现**

金融业处于全社会信用网络的中心环节，其活动涉及社会各部门的利益。任何一个金融机构倒闭所带来的影响绝不仅限于其本身，它对外部世界带来的伤害要大得多，有时甚至会引起不利的连锁反应，导致金融动荡乃至经济危机。因此，基于安全和稳健的理由，从历史上看，金融业一直是受政府管制最严厉的部门。然而，自 20 世纪 70 年代中期以来，无论是过去管制较严的国家还是管制较为宽松的国家，都出现了放松管制的趋势，其主要表现如下。

（1）减少或取消国与国之间对金融机构活动范围的限制。国家间相互开放本国的金融市场，给予外国金融机构国民待遇，允许外国金融机构在本国经营和国内金融机构一样的业务。

（2）放松或解除外汇管制，促进资本的国际流动。

（3）放宽各种金融机构业务活动范围的限制，允许不同金融机构之间的业务适当交叉。

（4）放宽或取消对银行的利率管制。

（5）鼓励金融创新活动，允许和支持新型金融工具的交易。

▶ **2. 金融自由化的原因**

金融自由化是由于原有的管制措施已无法适应新形势下经济金融环境的变化，阻碍了金融业乃至整体经济的发展。20 世纪 70 年代末和 80 年代初，西方国家出现了通胀率为两位数的恶性通货膨胀，导致市场利率升高。而银行等金融机构受存款利率上限的限制，根本无法提供有吸引力的价格来吸收资金，造成了资金的脱媒，在市场竞争中处于不利地位。为了缓解经营困境并应付来自国内外金融同业的竞争，金融创新不断问世。加之现代计算机及通信技术的飞速发展，新的金融工具不断地被开发出来，这些新的金融工具有效地避开和绕过了原有的管制条例，使监管者意识到许多旧的条例已不适应形势的变化，从而在客观上促进了管制的放松。

金融自由化与金融全球化相伴而生，金融机构在全球范围内展开竞争，对金融活动的过度管制相当于捆住了本国金融机构的手脚，使本国的金融机构在全球竞争中处于不利的地位。实际上，随着金融活动的全球化与科学技术的日益进步，将金融活动的范围进行强行限制已不可能，投资者随时会转向其他国家和地区得到相同的服务，这就使得某国单独地执行管制变得非常不利。这也是金融自由化在全球范围展开的原因之一。

从经济哲学上看，监管措施显然同政府干预相联结。20 世纪 70 年代以来，西方国家陷入滞胀，凯恩斯主义受到强烈质疑，经济自由主义开始重新崛起。新经济自由主义强调市场机制的作用，反对政府的过度干预，成为金融自由化的理论基础。

▶ 3. 金融自由化的影响

金融自由化导致了更加激烈的金融竞争，这在一定程度上促进了金融业经营效率的提高。在金融自由化过程中产生了许多新型的信用工具及交易手段，大大方便了市场参与者的投融资活动，减低了交易成本。金融自由化极大地促进了资本的国际自由流动，有利于资源在国际间的合理配置，在一定程度上促进了国际贸易的活跃和世界经济的发展。

金融自由化也同样面临着诸多问题。国际资本的自由流动，既有机遇，也充满了风险。金融市场上管制的放松对金融机构的稳健经营提出了较高的要求，一旦处理不好，有可能危及金融体系的稳定，并导致金融动荡和经济危机。金融自由化还给货币政策的实施及金融监管带来了困难。

自由化并不意味着就此取消政府的干预和管制，任何时候政府都不会对金融业的运行放任自流，只不过在不同的时间由不同的趋势占上风罢了。问题的关键不在于是否要管制，而是如何适应新的发展态势采取适当的管制措施以趋利避害。从历史上看，金融业的发展都是一个"管制—放松—再管制"的循环过程，每一轮新的管制和新的自由化趋势都被赋予了新的内容。

（三）金融工程化

▶ 1. 金融工程化的内容

金融工程化是指将工程思维引入金融领域，综合采用各种工程技术方法（主要有数学建模、数值计算、网络图解、仿真模拟等）设计、开发新型的金融产品，创造性地解决金融问题。这里的新型和创造性指的是金融领域中思想的跃进、对已有观念的重新理解与运用，或者是对已有的金融产品进行分解和重新组合。

金融工程技术的应用可以概括为以下四个主要方面：套期保值、投机、套利与构造组合。套期保值是指一个已存在的风险暴露的实体力图通过持有一种或多种与原有风险头寸相反的套期保值工具来消除该风险。完全的套期保值是不多见的，大多只是对风险暴露超过既定水平部分进行抵补。投机是指市场主体利用对市场某些特定走势的预期来对市场未来的变化进行预测，并据以制造原先并不存在的风险。套利是指通过将大量有着内在联系的金融产品组合起来以保证这种组合无风险地获得利润（当然套利机会并非时刻都有，并且难于捕捉）。所谓构造组合是指对几项金融交易或几种风险暴露重新进行构造组合，以期回避风险或谋取收益。

▶ 2. 金融工程化的原因

金融工程化的动力来自20世纪70年代以来社会经济制度的变革和电子技术的进步。20世纪70年代以来，国际金融领域内社会经济制度的最大变革是布雷顿森林体系的崩溃。汇率的浮动化使国际贸易和国际投资活动的风险大大加剧，工商企业不仅要应付经营上的风险，还要面对汇率波动的风险。为保证国际贸易和国际投资的稳定，各国货币当局力图通过货币政策控制汇率的波动幅度，其中最常用的是改变贴现率，这样汇率的波动就传导到了利率上，在金融管制的时代里限定的利率也开始市场化了。这一时期的另外一个重大的冲击是石油提价引起的基础商品价格的剧烈变动。这些变化共同形成了对风险管理技术和工具的需求。

在过去的几十年间，金融环境发生了巨大的变化，但是，如果没有相应的技术进步，金融方面的演变将是不可能的。今天的金融市场日益依赖于信息的全球传播速度、交易商迅速交流的能力以及计算机和复杂的分析软件的出现。金融工程采用图解、数值计算和仿真技术等工程手段来研究问题，金融工程的研究直接而紧密地联系着金融市场的实际。大部分真正有实际意义的金融工程研究必须有计算机技术的支持。图解法需要计算机制表和作图软件的辅助，数值计算和仿真则需要很强的运算能力，经常用到百万次甚至上亿次的计算，没有计算机的高速运算和辅助设计，这些技术将失去意义。电信网络的发展能够实现即时的数据传送，这样在全球范围内进行交易才成为可能。技术的进步使得许多古老的交易思想旧貌换新颜，在新的条件下显示出更大的活力，譬如利用股票现货市场与股指期货之间的价格不均衡性来获利的计算机程序交易，其基本的套利策略本身是十分陈旧的，这种策略被应用于谷物交易已经有一个多世纪了，但是将该策略扩展到股票现货与股指期货上则要求复杂的数学建模、高速运算以及电子证券交易等条件才能实现。

金融工程化的趋势为人们创造性地解决金融风险提供了空间。金融工程的出现标志着高科技在金融领域内的应用，它大大提高了金融市场的效率。值得注意的是，金融工程同时是一把"双刃剑"。1997年东南亚金融危机中，国际炒家正是利用它来设计精巧的套利和投机策略，从而直接导致这一地区的经济金融动荡的；反之，在金融市场日益开放的背景下，各国政府和货币当局要保卫本国经济和金融的稳定，也必须求助于这种高科技的手段。

（四）资产证券化

资产证券化是指把流动性较差的资产，如金融机构的一些长期固定利率放款或企业的应收账款等通过商业银行或投资银行的集中及重新组合，以这些资产作为抵押来发行证券，实现相关债权的流动化。资产证券化最早起源于美国，最初是储蓄银行、储蓄贷款协会等机构的住宅抵押贷款的证券化，接着商业银行也纷纷仿效，对其债权实行证券化，以增强资产的流动性和市场性。从20世纪80年代后期开始，证券化已成为国际金融市场的一个显著特点，传统的以银行为中心的融资借贷活动开始发生了新的变化。

▶ 1. 资产证券化的内容

资产证券化的主要特点在于将原来不具有流动性的融资形式变成具有流动性的市场性融资。以住宅抵押融资的证券化为例，住宅抵押融资虽然信用度较好，但属于小额债权，且现金流动不稳定。因此，有关金融机构就将若干小额债权集中起来，通过政府机构的担保，使其转换成流动性较高的住宅抵押证券。又如，对信用度较低的借款人融资的证券化，一些信用度较低的风险企业和中小企业，其资金大都依靠商业银行的贷款，因为受自身信用度的限制，它们难以在资本市场上筹资。但是，随着流通市场的扩大，这种低信用等级的企业发行的债券迅速增加，出现了一种高收益债券市场，这种高收益债券可视为银行向低信用度企业融资证券化的一种形式。此外，对于某些信用度较低的发展中国家的贷款也开始出现证券化的趋向，从而提高其流动性，有助于解决这些国家不断积累的债务问题。

随着20世纪80年代以来住宅抵押证券市场的不断扩大，资产证券化又有了一些新的发展。

（1）将住宅抵押证券的做法应用到其他小额债权上，对这些小额债权进行证券化。这使资产证券化的领域大大拓宽，如汽车贷款、信用卡应收款、住宅资产净值贷款和大型设备的租赁等。

（2）商业不动产融资的流动化。从1984年起，市场上出现了公募形式的商业不动产担保证券。它以商业不动产的租金收入作为还债金，与原所有者完全分离。

（3）担保抵押债券。它是将住宅抵押凭证、住宅抵押贷款等汇集起来，以此为担保所发行的债券。其发行方式是由某个金融企业作为发行人，收买住宅抵押凭证并设立集合基金，以此为担保同时发行 3～4 组债券。发行者以抵押集合基金每月产生的资金流动为资金来源，在对各组债券支付利息的同时，只对其中的某一组债券的持有人偿还本金。发行此种债券某种程度上是为了解决住宅抵押凭证在到期偿还时，现金流动不稳定的问题。

当前，西方国家的资产证券化趋势正深入到金融活动的各个方面，不仅是传统银行贷款的证券化，而且经济中以证券形式持有的资产占全部金融资产的比例越来越大。社会资产金融资产化、融资非中介化都是这种趋势的反映。国内有人认为，现代金融正由传统的银行信用阶段发展到证券信用阶段。在证券信用阶段，融资活动以有价证券作为载体，有价证券把价值的储藏功能和流通功能集于一身，即意味着短期资金可以长期化，长期资金亦可短期化，从而更好地适应了现代化大生产发展对资金调节的要求。这种观点与国外流行的资产证券化趋势是比较一致的，也符合我国改革开放以来的实际发展趋势。

▶ **2. 资产证券化的原因**

资产证券化之所以在 20 世纪 80 年代以来成为一种国际性的趋势，与以下原因是分不开的。

（1）金融管制的放松和金融创新的发展。20 世纪 70 年代以来，经济滞胀成为困扰西方发达国家的主要问题。这一时期，市场利率大幅波动，各类金融机构之间的竞争日趋激烈，金融管理法规与现实经济环境已不相适应。于是，西方发达国家纷纷采取放松管制的措施来刺激本国金融业的发展。金融管制的放松和金融创新的发展促进了金融市场的活跃及效率的提高，从而构成了资产证券化的基础。

（2）国际债务危机的出现。国际债务危机的出现导致了巨额的呆账，一些国际性的大银行深受债务拖欠之苦，希望通过加强资产的流动性来解决资金周转的困难，而证券的发行无疑是途径之一。资产证券化不仅使原有债权得以重新安排，还可使新增债权免受流动性差的困扰。因此，银行开始越来越多地介入国际证券市场。银行的介入又对资产证券化起着巨大的促进作用。

（3）现代通信及自动化技术的发展为资产证券化创造了良好的条件。一方面，随着信息传递和处理技术的发展，获取信息的成本降低，完全依赖金融机构的服务以消除借贷者之间的信息不对称的情况已有了很大变化；另一方面，计算机技术在交易过程中的广泛使用使数据处理成本大大下降，信息流通渠道大为畅通，从而使证券交易成本大幅度下降。另外，交易技术的改进也为新的金融工具的开发创造了条件。这些都促进了资产证券化的发展。

▶ **3. 资产证券化的影响**

资产证券化的影响主要表现在以下几个方面。

（1）对投资者来说，资产证券化趋势为投资者提供了更多可供选择的新证券种类，投资者可以根据自己的资金额大小及偏好来进行组合投资。

（2）对金融机构来说，资产证券化可以改善其资产的流动性，特别是对原有呆账债权的转换，对其资金周转效率的提高是一个很大的促进。而且，资产证券化也是金融机构获取成本较低的资金来源、增加收入的一个新渠道。

（3）对整个金融市场来说，资产证券化为金融市场注入了新的交易手段，这种趋势的持续将不断地推动金融市场的发展，增加市场活力。

同时也应看到，资产证券化中的许多资产实际上是一些长期贷款和应收账款的集合，它们所固有的风险也不可避免地影响到新证券本身的质地。资产证券化涉及发起人、还本付息者、担保人、受托者及投资者等多个当事人，从而使传统贷款功能分散给几个有限责任的承担者，这样，资产证券化中的风险就表现出一定的复杂性，一旦处理不当，就会影响到整个金融体系的稳定。同时，资产证券化也使金融监管当局在信贷扩张及货币供应量的估计上面临更复杂的问题，对金融的调控监管产生了一定的不利影响。

拓展阅读 1-2
资本化是美国经济
的核心精神

本章小结

金融市场是实现货币资金借贷以及办理金融工具发行与流通的场所或机制，它包含了资金借贷、证券、外汇、信托、保险、租赁、黄金买卖等一切金融业务。一个完整的金融市场往往离不开金融市场的主体、金融市场的客体、信用中介和金融市场的交易价格四大要素。

随着金融工具的多样化以及交易方式的复杂化，金融市场也变得日益复杂。依据金融交易的对象、方式、条件、期限、程序、时间及空间的不同，形成了不同类型的金融市场。

金融市场作为货币资金借贷与金融工具发行和流通的空间和场所，在现代经济体系的运行中发挥着非常重要的作用，特别是随着经济的金融化，金融市场日益成为市场机制的主导和枢纽。金融市场的这种重要性主要是通过其功能得到体现的，具体包括聚敛功能、配置功能、调控功能和反映功能。

金融市场可以从多个角度进行分类：按标的物划分、按中介特征划分、按财务管理划分、按交割方式划分、按交易程序划分、按有无固定场所划分、按成交和定价方式划分，以及按地域划分。

近几十年以来，国际金融市场发生了重大的变化。从宏观角度看，金融全球化和金融自由化倾向明显；从微观角度看，金融工程化和资产证券化渐成趋势。

本章重要概念

金融市场　金融工具　货币市场　资本市场　外汇市场　直接金融市场
间接金融市场　国内金融市场　国际金融市场

思考题和在线自测

本章复习思考题

扫描封底刮刮卡　获取答题权限

在线自测

第二章 货币市场

学习目标

1. 掌握货币市场的概念。
2. 熟悉货币市场中主要子市场的产生及各子市场的主要工具，了解各子市场的运行情况。

学习要点

1. 商业票据市场的含义及运行规律。
2. 银行承兑汇票市场的含义及运行规律。
3. 同业拆借市场的含义及运行规律。
4. 回购协议市场的含义及运行规律。
5. 大额可转让定期存单市场的含义及运行规律。
6. 短期政府债券市场的含义及运行规律。
7. 货币市场共同基金的含义及运行规律。

案例导入

我国商业票据市场大发展、大整顿

自 2016 年上海票据交易所成立以来，商业汇票市场的数据统计和信息披露机制日趋完善。然而自 2019 年包商银行事件后，商业汇票市场也面临大发展、大整顿的新起点。

2018 年，商业汇票承兑和贴现业务稳步增长，但交易量在利率总体下降的大环境下则有所下降，从各季度交易情况来看，呈现出逐季企稳态势。这主要是因为银保监会出台了防止"商业汇票空转""监管套利"的文件和金融机构强化风险资本计提的要求，促使市场规范化和去杠杆。

2019 年是商业汇票市场发展不平凡的一年，自商业汇票套利问题引发社会关注后，人大代表刘学敏在全国"两会"期间提交了建议全面取消承兑汇票的议案，引发了社会对票据功能和定位的热议。同年 5 月，包商银行对银行刚兑的打破导致商业汇票市场出现明显避险情绪，二季度商业汇票承兑、贴现和交易金额均出现明显下降。但随着人民银行推出的贴现通和标准化商业汇票等一系列风险处置和流动性支持措施，包商事件对商业汇票市场整体冲击有所减弱，三季度商业汇票承兑和贴现金额均出现回升，但从商业汇票贴现和承兑余额来看，全年变化并不明显。针对这一情况，中国人民银行推出一系列政策举措支持商业汇票无纸化、便利化、小额化进程，使承兑人付款、持票人收款更安全便捷，成本更低，效率更高。商业汇票证券化、标准化趋势明显，商业汇票市场支持实体经济发展能力和效率将进一步提升。

2020 年初，新冠肺炎疫情对国内外经济的平稳运行造成明显冲击，但随着交所迅速出台提供特殊服务、启动应急机制、减免相关费用等措施，2 月 18 日以后，票据业务量已恢复至 2019 年日均水平。2020 年 4 月，上海商业汇票交易所上线供应链商业汇票平台，持续推广标准化商业汇票，深入推进商业汇票信息披露有关工作，提升了商业汇票市场对企业的覆盖面。三季度票据转贴现和加权平均利率较上季均有所上升，致使商业汇票贴现和交易发生额均有所下降。整个市场反映了经济稳中向好，政策回归中性的宏观态势，实现了促发展与防风险的有效平衡。

资料来源：卢靖祎，刘嘉兴. 企业商业票据风险管理与检测体系构建——基于 2018—2020 年商业票据市场发展的实证分析[J]. 中国总会计师，2021，(7)：36-38.

货币市场(money market)是指融资期限在一年以内的短期金融工具交易的市场，是金融市场的重要组成部分。货币市场金融工具主要是政府、金融机构及工商企业发行的短期信用工具，主要包括商业票据、银行承兑票据、同业拆借、回购协议、大额可转让定期存单、国库券等。这些工具具有流动性强、期限短、风险小、收益低的特点，有较强的货币性，所以有"准货币"之称。对于货币市场，可以从以下几个方面理解。

(1) 货币市场的交易活动主要是为了保持资金的流动性，以便随时可以获得现实的货币。它一方面满足资金需求者短期资金融通的需要，另一方面也为资金盈余者提供了获得比银行短期存款利息收益更多的机会。

(2) 货币市场主要包括商业票据市场、银行承兑汇票市场、同业拆借市场、回购协议市场、大额可转让定期存单市场、短期政府证券市场等子市场。货币市场金融工具数量巨大，具有多样性，可以满足不同交易者的需求，而且货币市场处于不断创新之中，每种工具的产生都会形成一个子市场，各个子市场之间又有着千丝万缕的关系，这些子市场的集合形成了一个整体的货币市场。

(3) 货币市场是中央银行货币政策操作的主要场所。货币市场在货币政策的传导机制中起着重要的作用，无论是信贷传导渠道或者利率传导渠道，都离不开货币市场。

第一节　商业票据市场

一、商业票据的概念及特点

(一) 商业票据的概念

商业票据(commercial paper，CP)是公司为了筹措资金而发行的短期无担保承诺凭证。商业票据的可靠程度依赖于发行企业的信用程度，可以背书转让，可以贴现。由于商业票据没有担保，仅以信用作保证，所以对出票企业的信誉审查十分严格，因此能够发行商业票据的都是规模巨大、信誉卓著的大公司。商业票据市场就是交易这些信誉卓著的大公司所发行的商业票据的市场。

背书转让，指以转让票据权利为目的的票据行为，经背书后，票据的权利由背书者转让给被背书者。

贴现，指票据持有人在商业票据到期前在贴现市场上转让，受让人扣除贴现息后将票款付给出让人的行为，或者银行购买未到期票据的业务。

商业票据主要包括本票、汇票和支票三种形式。其中，本票，指出票人签发的，承诺自己在见票时无条件支付确定金额给收款人或者持票人的票据。美国的商业票据属于本票性质。汇票，是由出票人签发的，要求付款人在见票时或在一定期限内，向收款人或持票人无条件支付一定款项的票据。英国的商业票据属于汇票性质。

（二）商业票据的特点

▶ 1. 获取资金成本较低

一般而言，利用商业票据融资的成本通常低于同等银行同业拆借利率，因为一些大公司可能比中小银行信用更好，加上直接从投资者处获取资金，省去了银行这一中间环节。

▶ 2. 筹集资金比较灵活

根据发行机构与承销机构的协议，发行者可在约定的某段时间内不限次数及不定期地发行商业票据，以配合自己随时对短期资金的需要。

▶ 3. 有利于提高发行公司的信誉

商业票据在货币市场上是一种标志性的信誉工具，公司发行商业票据实际上达到了免费宣传及提高公司信誉和形象的效果，当公司向银行借款时，也可以借此争取较好的贷款条件，长远看有利于公司降低借款成本。

阅读专栏

商业票据的历史

商业票据是货币市场上历史最悠久的工具，最早可以追溯到 19 世纪初。早期商业票据的发展和运用几乎都集中在美国，发行者主要为纺织品工厂、铁路、烟草公司等非金融性企业。当时，公司之间在进行交易的过程中经常采用一种延期付款的销售方式，即买方在获得商品和劳务时因各种原因并不马上支付货款，而是约定在一定时期后付款。因此，债权人为保证自己对债务的追索权而与债务人签订了一种具有法律效力的书面债权债务凭证，这就是最初的商业票据。

到 20 世纪 20 年代，美国的汽车制造业及其他高档耐用品业发展迅速，为扩大市场份额，一些大公司采用赊销、分期付款等方式刺激销售，然而这种策略往往使公司的资金周转陷于困境，在银行贷款受到种种限制的情况下，这些公司开始发行商业票据，不通过银行直接向市场筹集资金。美国通用汽车承兑公司是首家发行商业票据的大型销售信贷公司。

随着社会经济的发展，商业票据与商品、劳务相分离，逐渐演变成为货币市场上的一种融资工具，发行人与投资者之间是单纯的债务债权关系，而不是商品买卖或劳务供应关系，商业票据上不用再列明收款人，只需列上付款人，且金额标准化。20 世纪 60 年代，商业票据的发行迅速增加，其真正作为货币工具开始大量使用，其原因有：

（1）持续 8 年的经济增长。这段时间企业迅速增加，资金短缺，从银行贷款的费用增加，于是企业便转向商业票据市场求援。

（2）美联储体系实行紧缩的货币政策。1966 年和 1969 年，那些过去使用银行短期贷款的公司发现由于《Q 项条例》利率上限的限制使银行无法贷款给它们。这样，许多公司转向商业票据市场寻找替代的资金来源。

（3）银行为了满足其资金需要，自己发行商业票据。为逃避《Q 项条例》的限制，银行仅在 1969 年就发行了 110 多亿美元的商业票据。

历史上，商业银行是商业票据的主要购买者。自 20 世纪 50 年代初期以来，由于商业票据风险较低、期限较短、收益较高，许多公司也开始购买商业票据。现在，商业票据的主要投资者是保险公司、非金融企业、银行信托部门、地方政府、养老基金组织等。商业银行在商业票据的市场需求上已经退居次要地位，但银行在商业票据市场上仍具有重要作用。这表现在商业银行代理发行商业票据、代保管商业票据以及提供商业票据发行的信用额度支持等。由于许多商业票据是通过"滚动发行"偿还，即发行新票据取得资金偿还旧票据，加之许多投资者选择商业票据时较为看重银行的信用额度支持，因此，商业银行的信用额度对商业票据的发行影响极大。

资料来源：张亦春，郑振龙，林海．金融市场学[M]．北京：高等教育出版社，2012.
宋琳，朱相平．金融市场学[M]．济南：山东人民出版社，2013.

二、商业票据市场的构成要素

（一）商业票据的发行者

商业票据的发行者可分为金融性公司和非金融性公司。金融性公司主要有三种：附属性金融公司、与银行有关的公司和独立的金融公司。第一种公司附属于某些大型的制造公司，是这些大公司的子公司，如通用汽车承兑公司、东风日产汽车金融公司等，它们的主要任务是为母公司的顾客提供相关的金融服务；第二种公司是银行持股公司下属的金融公司，2009年中信银行和其战略投资者西班牙对外银行合作，建立国内首家由银行控股的汽车金融公司，就属于这种类型；第三种则为独立的金融公司。非金融性公司发行商业票据的数量比金融性公司少，其发行的商业票据主要解决企业的短期资金需求及季节性开支，如应付工资及交纳税款。从西方一些国家的实际情况看，真正能在商业票据市场上享有经常大量发行商业票据、筹措巨额资金权利的只有那些资金雄厚、信誉卓著、评级优良的大公司。

（二）商业票据的投资者

商业票据的主要投资者是大商业银行、非金融公司、保险公司、养老基金、互助基金、地方政府和投资公司等，商业票据通常发行面额较大，资金量小的投资者一般只能通过购买货币市场基金来间接投资商业票据。

（三）商业票据的面额及期限

商业票据的面额大、期限短，发行者利用这种金融工具可以在短期内迅速而低成本地吸收大量资金。在美国商业票据市场上，大多数商业票据的发行面额都在100 000美元以上，只有少数商业票据面额是25 000美元或是50 000美元。美国的二级市场商业票据的最低交易规模为100 000美元。

商业票据的期限一般不超过9个月（270天），市场上未到期的商业票据平均期限为1～2个月。

（四）商业票据的发行方式

商业票据的发行方式有两种：直接发行和间接发行。直接发行是指商业票据的发行人直接将票据出售给投资者。间接发行是指商业票据的发行人通过交易商发行票据。具体采用哪种发行方式主要取决于发行人使用两种方式的成本高低。一般来说，实力雄厚并能够承担巨额发行成本的大公司会通过自己的下属金融公司采取直接发行方式。非独立性公司主要是解决短期季节性及临时性的信用需求，建立永久性商业票据销售团队并不合算，所以通常采用间接发行方式。

尽管在投资者急需资金时，商业票据的交易商和直接发行者可在到期之前兑现，但商业票据的二级市场并不活跃。这主要是因为商业票据的期限非常短，购买者一般都计划持有到期。另一个原因是商业票据是高度异质性的票据，不同经济单位发行的商业票据在期限、面额和利率等方面各有不同，其交易难以活跃。

（五）商业票据的发行成本

一般来说，商业票据的发行成本主要包括以下几个方面：①按规定利息率所支付的利息；②承销费，通常根据发行额及期限长短计付，为发行额的0.125%～0.25%；③签订费，即为证明商业票据所载事项的真实性而付给权威中介机构的签订手续费和工本费，一般规定最低起收点，并随发行公司有无保证而有差别；④保证费，即金融机构为发行商业票据的公司提供信用保证而收取的相应费用，一般按商业票据年利率1%计付；⑤评级费，指信用评级机构对发行人进行信用评级而收取的相关费用。

（六）商业票据的发行价格

商业票据的发行价格主要受到票面金额、贴现率和期限的影响，具体计算公式为

$$发行价格＝票面金额－折扣金额 \tag{2-1}$$

$$折扣金额＝票面金额×贴现率×期限/360 \tag{2-2}$$

$$贴现率＝（1－发行价格/票面金额）×（360/期限）$$

$$＝（折扣金额/票面金额）×（360/期限） \tag{2-3}$$

[例2-1] 某公司发行票面金额为10万元、贴现率为7%、期限为90天的商业票据，其发行价格＝10－10×7%×90/360＝9.825（万元）。

（七）商业票据的评级

商业票据是信用性票据，直接反映了发行者的商业信用状况。商业票据评级是指对商业票据的质量进行评价，并按质量高低分成等级。由专业的评估机构对商业票据进行评级，有助于形成市场准入机制，推动票据市场的稳定发展。不能取得评级或评级不合格的企业自然被阻止在票据市场之外，起到了降低市场的非系统风险、保护票据投资者利益的作用。

阅读专栏

商业票据市场的发展

国际主要商业票据市场包括日本、法国、加拿大和瑞典。

日本日元计价商业票据市场的发展是商业票据市场的一个奇迹。期初，日本金融监管当局在1987年只是允许日元计价的商业票据（称为武士商业票据）在日本国内发行。许多日本企业威胁要将短期资金转移到海外，除非日本政府放松监管。1年后，日本允许外国企业在其国内发行以日元计价的商业票据。

许多美国公司在加拿大经营，而加拿大企业在美国国内也有货币融资渠道。跟美国商业票据一样，加拿大商业票据必须有银行的信用额度才能获得投资者的青睐。加拿大商业票据的期限类型（短至24小时，长至1年）比美国的多，而且面值也较大（通常是10万加元或者更多）。

在20世纪80年代中期，欧洲票据市场也出现了。欧洲票据市场在发行量上更是剧增，因为融资方能够汇聚大量外汇，而且许多美国企业经常由于信用等级下降在国内融资困难，从而转移到缺乏安全意识的欧洲票据市场融资。欧洲票据市场上重要的投资者包括国际银行、私人企业和中央银行。

资料来源：彼得S.罗斯. 金融市场学[M]. 北京：机械工业出版社，2009.

三、我国的商业票据市场

我国票据市场发展始于 20 世纪 80 年代，最初是被企业用作一种延期支付的信用工具而诞生。1982 年，上海市首先恢复票据贴现业务。1984 年，中国人民银行总行发布了《商业票据承兑、贴现暂行办法》，决定于 1985 年 4 月在全国推广，同时允许银行之间办理转贴现，人民银行也开办了再贴现业务。1996 年，《票据法》正式实施，票据市场的各项功能逐步健全，步入了发展的初期阶段。2000 年 11 月 9 日，经中国人民银行批准，我国在上海开办了内地第一家专业化票据经营机构——中国工商银行票据营业部，标志着票据市场发展进入了专业化、规模化和规范化的新阶段。2003 年 6 月 30 日，中国票据网正式启用，为全国统一票据市场的形成提供了必要的平台。我国票据和美国票据在含义上有着非常大的差别。"票据"传统上被定义为有价证券的一种，但事实上，我国票据仅限于汇票、本票和支票等交易性票据。由于本票和支票在银行直接兑现，目前市场上交易的票据仅限于商业汇票，包括银行承兑汇票和商业承兑汇票两种，其中银行承兑汇票占了绝大部分。当前，贴现和转贴现是票据业务的主要方式。此类票据的签发和流通转让必须具有真实的贸易往来背景，因此，商业票据在我国首先是一种结算工具和支付手段，其次才具有融资功能。

第二节　银行承兑汇票市场

一、银行承兑汇票的概念

银行承兑汇票（bank's acceptance，BA）是由在承兑银行开立存款账户的存款人出票，向开户银行申请并经银行审查同意承兑的，保证在指定日期无条件支付确定的金额给收款人或持票人的票据。对出票人签发的商业汇票进行承兑是银行基于对出票人资信的认可而给予的信用支持。银行承兑汇票市场就是以银行承兑汇票为工具，通过汇票的发行、承兑、转让和贴现来实现资金融通的市场。由于银行承兑汇票由银行承诺承担最后付款责任，实际上是银行将其信用出借给企业。因此，银行是第一责任人，而出票人只承担第二责任。

阅读专栏

银行承兑汇票的原理

银行承兑汇票是为方便商业交易活动而创造出的一种工具。在商品交易活动中，售货人为了向购货人索取货款而签发的汇票，经购货人承诺到期付款，在票面上写明"承兑"字样并签章后，就成为承兑汇票。经购货人承兑称为商业承兑汇票，经银行承兑的汇票即为银行承兑汇票。

银行承兑汇票在对外贸易中运用较多。当一笔国际贸易发生时，由于出口商对进口商的信用不了解，加之没有其他的信用协议，出口方担心对方不付款或不按时付款，进口方担心对方不发货或不能按时发货，交易就很难进行。这时便需要银行信用从中担保。通常来说，进口商首先要求本国银行开具信用证，作为向国外出口商的保证。信用证授权国外出口商开出以进口商开证行为付款人的汇票，可以是即期的也可以是远期的。若是即期汇票，付款银行（开证行）见票付款。若是远期汇票，付款银行（开证行）在汇票正面签上"承兑"字样，填上到期日，并盖章为凭。这样，银行承兑汇票就产生了。

为了进一步解释银行承兑汇票的产生过程，下面举例说明。假设 A 国进口商要从 B 国进口一批设备，价值 1 000 万元，并希望在 90 天后付款。A 国进口商要求本国银行按购买数额开出不可撤销信用证，然后寄给 B 国出口商。信用证中注明货物装运的详细要求，并授权 B 国出口商按出售价格 1 000 万元开出以进口商开证行为付款人的远期汇票。设备装船后，出口商开出以 A 国进口商开证行为付款人的汇票，并经由 B 国通知行将汇票连同有关单据寄往 A 国开证行，要求承兑。A 国进口商开证行审核无误后，在汇票正面加盖"承兑"图章，并填上到期日。承兑后，这张远期汇票便成为进口商开证行的不可撤销负债。同时，进口商开证行应将承兑过的汇票交给出口商的通知行，然后出口商的通知行把汇票退还给出口商。出口商收到汇票后，可到出口商的通知行进行贴现，取得现款。而出口商的通知行取得汇票后，可持有至到期日向进口商开证行收款，也可以将汇票拿到金融市场上出售。

信用证(letter of credit，L/C)，是指开证银行应申请人(买方)的要求并按其指示向受益人开立的载有一定金额的、在一定的期限内凭符合规定的单据付款的书面保证书。信用证是国际贸易中最主要、最常用的支付方式。

以开证行所负责任为标准，信用证可以分为不可撤销信用证和可撤销信用证。不可撤销信用证指信用证一经开出，在有效期内，未经受益人及有关当事人的同意，开证行不能片面修改和撤销，只要受益人提供的单据符合信用证规定，开证行必须履行付款义务。可撤销信用证指开证行不必征得受益人或有关当事人同意而有权随时撤销的信用证，应在信用证上注明"可撤销"字样。如果信用证未注明是否可撤销，应视为不可撤销信用证。

在国际贸易中使用银行承兑汇票有以下优点：①出口商可以立即获得货款进行生产，避免由货物装运引起的时间耽搁；②由于进口商通知行以本国货币支付给出口商，避免了国际贸易中不同货币结算上的麻烦及汇率风险；③由于有财力雄厚、信誉卓著的银行对货款的支付作担保，故出口商无须花费财力和时间去调查进口商的信用状况。

拓展阅读 2-1
银行承兑汇票市场
的形成和发展

二、银行承兑汇票的市场交易

(一)银行承兑汇票的一级市场

银行承兑汇票的一级市场(初级市场)是指银行承兑汇票的发行市场，由出票和承兑两个环节构成。出票是指出票人签发票据并将其交付给收款人的票据行为。承兑是银行在汇票上注明"承兑"字样并签章，承诺在汇票到期日支付汇票金额的票据行为，从而完成承兑确认，并产生银行承兑汇票的环节。银行一旦做出承兑的承诺，就成为该笔款项的主债务人。

(二)银行承兑汇票的二级市场

银行承兑汇票的二级市场是指银行承兑汇票不断流通转让的市场。事实上，大多数情况下汇票持有人为避免资金积压，不会将银行承兑汇票持有至到期日再收款，而是会立即将银行承兑汇票予以转让，以融通短期资金。银行承兑汇票的二级市场由票据交易商、商业银行、中央银行、保险公司和其他金融机构等一系列参与者，以及贴现、转贴现、再贴现等一系列交易行为组成。如果进行贴现、转贴现、再贴现，首先必须对汇票进行背书。

▶ 1. 背书

背书是指以持票人将票据权利转让给他人为目的的票据行为，经背书后，汇票权利由背书人转让给被背书人。背书人要承担保证其后手所持汇票承兑和付款的责任，并证明前手签字的真实性和背书的连续性，以证明票据权利的正当。如果汇票遭到拒绝付款，其后手有权向背书人追索要款。背书的次数越多，汇票负责人越多，汇票的担保性也越强，持票人权利就越有保障。

▶ 2. 贴现

贴现指银行承兑汇票持有人在汇票到期日前，为了取得资金，贴付自贴现日起至汇票到期日止的利息向银行或其他贴现机构所做的汇票转让。通过贴现，急需资金的持票人以其持有的未到期票据，经过背书转让给银行，向银行兑取现款。银行从票面金额中扣除自贴现日起至汇票到期日止的利息，将余额支付给持票人，票据到期时，由银行向票据付款人按票面金额索回款项。票据贴现从表面上看是一种票据转让行为，其实质是短期资金的融通。

在票据贴现过程中，实付贴现金额是由贴现金额、贴现期和贴现率三个因素决定的。

（1）贴现金额，是指贴现银行核定的凭以计算实付贴现金额的基数，一般均按票据的票面金额来核定。

（2）贴现期，是指贴现银行向申请贴现人支付贴现票款之日起至该贴现票据到期日为止的期限。

（3）贴现率，是指汇票贴现时扣除的自贴现日起至汇票到期日止的利息，又称贴现利息。贴现利息与汇票票面金额的比率称为贴现率。

实付贴现金额的计算公式为

$$实付贴现金额＝贴现金额－贴现利息 \qquad (2\text{-}4)$$

$$贴现利息＝贴现金额×贴现期（天数）×月贴现率/30（或年贴现率/360） \qquad (2\text{-}5)$$

▶ 3. 转贴现

转贴现是指办理贴现业务的银行将其贴现收进的未到期票据，向其他银行或贴现机构进行贴现的票据转让行为，是金融机构之间互相融通资金的一种形式。对申请转贴现的银行来说，通过转贴现可提前收回垫付与贴现票据的资金，解决临时资金需要；对接受转贴现的银行而言，又是运用闲置资金的有力途径。在转贴现的过程中，接受转贴现的银行也要向申请银行收取贴现利息。

▶ 4. 再贴现

再贴现是指商业银行或其他金融机构将贴现所获得的未到期汇票向中央银行再次贴现的票据转让行为。一般情况下，经过中央银行再贴现后，票据即退出流通转让过程。中央银行进行再贴现时，同样要向商业银行收取贴现利息。为了保证商业银行贴现业务有一定的利润，中央银行的再贴现率一般低于商业银行的贴现率。

三、银行承兑汇票的价值分析

同其他货币市场工具相比，银行承兑汇票在某些方面更能吸引借款者、银行和投资者。

（一）从借款人角度看

（1）借款人利用银行承兑汇票的成本比传统银行贷款的利息成本及非利息成本之和低。要求银行承兑汇票的企业实际上就是借款者，它必须向银行支付一定的手续费。当它向银行贴现后，支付贴现利息取得现款，故其融资成本为贴现利息与手续费之和。传统的银行贷款，除必须支付一定的利息外，借款者还必须在银行保持超过其正常周转资金余额的补偿性最低存款额，这部分存款没有利息，构成企业的非利息成本。对比而言，使用传统银行贷款的成本比运用银行承兑汇票的成本高。

（2）借款人利用银行承兑汇票比发行商业票据筹资有利。能在商业票据市场上发行商业票据的都是规模大、信誉好的企业。许多借款者并没有足够的规模和信誉以竞争性的利率发行商业票据筹资，但是这部分企业却可以运用银行承兑票据来解决资金上的困难。即使是少数能发行商业票据的企业，其发行费用和手续费加上商业票据利息成本，总筹资成本也高于运用银行承兑票据的成本。

（二）从银行角度看

（1）银行运用承兑汇票可以增加经营效益。银行通过创造承兑汇票，不必动用自己的资金，即可赚取手续费。当然，有时银行也用自己的资金贴进承兑汇票。但由于银行承兑汇票在二级市场很容易变现，因此银行承兑汇票不仅不影响其流动性，而且提供了传统的银行贷款所无法提供的多样化投资组合。

（2）银行运用承兑汇票可以增加其信用能力。通常，各国银行法都规定了其银行对单个客户提供信用的最高额度。通过创造、贴现或出售符合中央银行要求的银行承兑汇票，银行对单个客户的信用可在原有的基础上进一步增加。

（3）银行法规定出售合格的银行承兑汇票所取得的资金不要求缴纳准备金。这样，在商业银行资金流入减少的信用紧缩时期，商业银行将积极出售银行承兑汇票，从而引导资金从非银行部门流向银行部门。

（三）从投资者角度看

投资者最重视的是投资的收益性、安全性和流动性。投资于银行承兑汇票的收益同投资于其他货币市场信用工具，如商业票据、大额可转让定期存单等工具的收益不相上下。银行承兑汇票的承兑银行对汇票持有者负不可撤销的第一手责任，汇票的背书人或出票人承担第二责任，即如果银行到期拒绝付款，汇票持有人还可向汇票的背书人或出票人索款。因此，投资于银行承兑汇票的安全性非常高。此外，一流质量的银行承兑汇票具有公开的贴现市场，可以随时转售，因此具有高度的流动性。

四、我国的银行承兑汇票市场

我国于 20 世纪 80 年代开始进行银行结算制度的改革，通过推广票据结算，逐步实现商业信用票据化，银行承兑汇票随之发展。为解决企业的贷款拖欠问题，1981 年，上海率先推出银行汇票承兑、贴现业务，但银行承兑汇票的功能和作用尚未被充分认识。

自 20 世纪 90 年代开始，银行承兑汇票的融资功能日益显著。银行承兑汇票的承兑业务作为商业银行重要的表外业务被纳入同意授信范畴，并得到极大发展，在增加商业银行收入、调整资产结构和规避资本充足率低的矛盾等方面发挥了重要作用；企业则利用银行承兑汇票的融资功能来降低经营成本，加速资金周转，提高经营效益。银行承兑汇票由结算工具到融资工具的转变受到企业和商业银行的普遍欢迎，银行承兑汇票迅速发展起来。

第三节　同业拆借市场

一、同业拆借市场的概念

同业拆借市场（interbank lending market）也可以称为同业拆放市场，是指金融机构之间以货币借贷方式进行短期资金融通活动的市场。同业拆借的资金主要用于弥补短期资金的不足、票据清算的差额和解决临时性资金短缺等需要。同业拆借市场交易量大，能敏感地反映资金供求关系和货币政策意图，影响货币市场利率，因此，它是货币市场体系

拓展阅读 2-2
同业拆借市场的
产生和发展

的重要组成部分。

二、同业拆借市场的作用

（一）同业拆借市场有利于提高金融市场的资源配置效率

同业拆借市场形成的根本原因是为了满足商业银行等金融机构之间相互调剂中央银行存款准备金余额的需要。由于金融机构资金的流入和流出频繁，其在中央银行应保有的最低法定准备金水平也在时刻发生变化。如果没有同业拆借市场，法定存款准备金不足者为避免受罚，通常要出售资产或者放弃有利的投资机会以弥补资金缺口，而超额准备金则意味着存在资金闲置。存款准备金不足或者盈余都可能导致效率的损失。同业拆借市场可以有效地解决这一难题，通过提供金融机构间准备金头寸自由灵活交易的平台，既避免了临时变卖资产的损失，又能保证金融机构可以及时、方便地获得短期资金融通，弥补资金缺口及流动性不足。

（二）同业拆借市场有利于金融机构实现安全性、流动性和盈利性

通过同业拆借市场，金融机构不需要通过低价出售资产来维持流动性，一旦出现临时性资金需求，金融机构可以很容易地从其他金融机构借入短期资金来获得流动性，这既保障了金融机构经营的安全，又降低了损失。此外，利用同业拆借市场可以使金融机构暂时盈余的资金头寸及时贷放出去，减少资金的闲置，从而有利于金融机构更灵活地调整资产负债结构，更充分、更有效地运用所有资金，适当增加盈利性资产的比重，提高资产组合的总体盈利能力。

（三）同业拆借市场为中央银行制定和实施货币政策提供了重要支持

同业拆借市场能够及时反映资金供求的状况和变化及各地区、各金融机构的资金流向，同业拆借市场利率也因此成为反映资金供求状况的关键指标，通常被视为基础利率，各金融机构的存放款利率都在此利率的基础上加以确定。此外，同业拆借市场利率还是中央银行调整货币政策的重要参考依据。而中央银行通过同业拆借市场传导货币政策则主要借助于对商业银行超额准备金的影响，中央银行可以通过调整存款准备金率，改变商业银行缴存准备金的数量，进而影响商业银行的信贷扩张能力与规模，从而达到货币政策的调控目标。

三、同业拆借市场的拆借期限及利率

（一）同业拆借市场的拆借期限

同业拆借市场的拆借期限通常以1～2天为限，短至隔夜（隔夜拆借），长至1～2周，一般不超过1个月，当然也有少数同业拆借交易的期限接近或达到一年。

（二）同业拆借利率

同业拆借利率即同业拆借市场上金融机构之间的短期资金借贷利率，是同业拆借市场的资金价格，也是货币市场的核心利率，它能够及时、灵敏、准确地反映货币市场的资金供求关系。

在国际货币市场上，比较典型的、有代表性的同业拆借利率主要有伦敦银行同业拆借利率、香港银行同业拆借利率和新加坡银行同业拆借利率。

▶ 1. 伦敦银行同业拆借利率（London Interbank Offered Rate，Libor）

伦敦银行同业拆借利率是伦敦金融市场上银行间相互拆借英镑、欧洲美元及其他

欧洲货币时计息用的利率。由报价银行在每个工作日的伦敦时间上午 11：00 对外报出，分为存款利率和贷款利率，两者之间的差额为银行利润。通常，报出的利率为隔夜、7 天、1 个月、3 个月和 1 年期的。目前，伦敦银行同业拆借利率已成为国际金融市场上的一种关键利率，一些浮动利率的融资工具在发行时，也以该利率作为浮动的依据和参考指标。

▶ 2. 香港银行同业拆借利率（Hong Kong Interbank Offered Rate，Hibor）

香港银行同业拆借利率又称香港银行同业拆息，指香港银行间互相拆借港元资金所收取的银行利率。香港的银行同业拆借市场规模庞大、交投活跃，而银行之间的批发港元活动也是通过银行同业拆借市场进行的。香港银行同业拆放利率及借入利率是金融市场资金流动性的重要指标，银行同业资金是银行体系中港元的重要来源，尤其对那些没有经营大型零售网络的银行（多数是外地注册的银行）而言。同时，银行同业拆借市场也是那些拥有大量客户存款的银行进行短期贷款投资的渠道。

▶ 3. 新加坡银行同业拆借利率（Singapore Interbank Offered Rate，Sibor）

新加坡银行同业拆借利率又称亚洲美元市场利率，是新加坡亚洲美元市场上，金融同业机构之间的短期资金借贷利率。它以纽约市场及欧洲美元市场前一天的收盘利率作为其当日开盘利率，开盘后的利率水平则由市场供求关系决定。

四、我国的同业拆借市场

1984 年中国人民银行专门行使中央银行职能后，鼓励金融机构利用资金的行际差、地区差和时间差进同行同业拆借。1986 年 1 月，国务院颁布《中华人民共和国银行管理暂行条例》，规定专业银行之间的资金可以互相拆借，其后，同业拆借市场开始发展起来。1990 年，中国人民银行下发了《同业拆借管理试行办法》，第一次用专门的法规形式对同业拆借市场管理做了比较系统的规定，拆借市场有了一定的规范和发展。

1996 年 3 月 1 日，中国人民银行成立了全国统一的银行间同业拆借市场——全国同业拆借市场交易系统，并于当年 4 月 1 日正式运行，标志着我国同业拆借市场进入崭新的规范化发展阶段。同年 6 月，放开了对同业拆借利率的管制，拆借利率由拆借双方根据市场资金供求状况自行决定。自 2007 年 1 月 4 日开始，上海银行间同业拆借利率成为中国货币市场的基准利率。

随着我国同业拆借市场的不断发展完善，同业拆借市场的参与者不再仅仅是商业银行，从 2000 年年底的 12 家证券公司进入全国银行间同业拆借市场，发展到 2021 年 10 月 6 日，我国已有同业拆借市场成员数 2339 家，其中，农村商业银行和合作银行 1 138 家，农村信用合作联社 260 家，城市商业银行 135 家，外资银行 122 家，财务公司 242 家，证券公司 104 家。同业拆借市场已成为金融机构之间调节短期头寸的重要场所。

随着人民币国际化进程的加快，境外逐渐形成了人民币银行间同业拆借市场。2018 年 5 月，中国人民银行发布《关于进一步完善跨境资金流动管理 支持金融市场开放有关事宜的通知》。通知指出，境外人民币业务清算行和境外人民币业务参加行可在现行政策框架之内开展同业拆借、跨境账户融资、银行间债券市场债券回购交易等业务，为离岸市场人民币业务发展提供流动性支持。中国人民银行将会同相关货币当局执行好现有的双边本币互换协议，进一步便利贸易和投资、维护金融市场稳定。

第四节　回购协议市场

一、回购协议的概念及本质

回购协议（repurchase agreement，简称 RP）是指在出售证券的同时，与证券的购买商签订协议，约定在一定期限后按原定价格或约定价格购回所卖证券，从而获取即时可用资金的一种交易行为。相应地，回购协议市场就是通过回购协议进行短期资金融通的市场。

从本质上说，回购协议是一种质押贷款协议。一份已经达成的回购协议实际上包含两笔方向相反的交易：协议开始日证券从出售方转移到购入方，资金从购入方转移到出售方；协议到期日，证券和资金则都将发生相反方向的运动。这一过程，从证券卖方看，是先卖出证券后买入证券的过程，称为"正回购"；从证券买方看，是先买入证券后卖出证券的过程，称为"逆回购"。从表面上看，出售方是通过出售证券获得了资金，而实际上，出售方是从短期金融市场上借入一笔资金。对于购入方来说，它获得了一笔短期内有权支配的证券，但这笔证券到期要按约定的数量如数交回。所以，出售证券的人实际是借入资金的人（资金融入方），购入证券的人实际上是借出资金的人（资金融出方）。出售方必须在约定的日期，以原来买卖的价格再加上若干利息，购回该证券。这时，无论该证券的价格是升还是降，均要按约定的价格购回。

拓展阅读 2-3
回购协议市场
的产生与发展

二、回购协议交易的类型

（一）按场所不同划分

按场所不同，可分为场内回购和场外回购。

场内回购是指在证券交易所、期货交易所、证券交易中心、证券交易报价系统内进行的标准化回购协议交易。例如，上海证券交易所开展的国债回购业务，对回购业务的券种、期限结构、回购合约标的金额、交易竞价方式、清算与结算的相关制度等内容做了较为详细的规定。

场外回购是指在交易所和交易中心之外的金融机构之间进行的证券回购交易。同西方国家一样，目前我国回购协议市场的场外交易占据统治地位。

（二）按交易方式不同划分

按交易方式不同，可分为封闭式回购和开放式回购。

封闭式回购又称为质押式回购，是交易双方进行的以证券为权利质押的一种短期资金融通业务，指资金融入方（正回购方）在将证券出质给资金融出方（逆回购方）融入资金的同时，双方约定在将来某一时期由正回购方按约定回购利率计算的资金额向逆回购方返还资金，逆回购方解除出质证券质权的融资行为。

开放式回购又称为买断式回购，指证券持有人（正回购方）将证券卖给证券购买方（逆回购方）的同时，交易双方约定在未来某一日期，正回购方再以约定价格从逆回购方买回相等数量同种证券的交易行为。

（三）按期限不同划分

按期限不同，可分为隔夜回购和定期回购。

隔夜回购（overnight RP）是指证券卖出者在卖出证券的第二天即将同种证券购回的交易行为。

定期回购（term RP）是指证券卖出者在卖出证券时，与买入者约定，在两天以后的某一特定日，再将证券买回的交易行为。在美国，定期回购通常要超过 30 天。我国银行间回购协议市场质押式国债回购的期限为 1～365 天，交易系统按 1 天、7 天、14 天、21 天、1 个月、3 个月、4 个月、6 个月、9 个月、1 年共 10 个品种统计公布质押式回购的成交量和成交价；买断式国债回购的期限为 1～91 天，交易系统按 1 天、7 天、14 天、21 天、1 个月、2 个月、3 个月共 7 个品种统计公布买断式回购成交量和成交价。2009 年 5 月，我国上海证券交易所推出新质押式债券回购，期限为 1 天、7 天、14 天、28 天和 91 天。2019 年 12 月，银行间市场清算所股份有限公司推出外币回购业务。

（四）按交易标的物不同划分

按交易标的物不同，可分为国债回购、金融债回购和公司债回购。

回购协议的标的物可以是国债、金融债券和公司债券。受公司信誉影响，在美、日、英等国家，以公司债为依托的证券回购交易量并不大，以股票、权证、大额定期存单和商业票据为依托的证券回购交易，则更为少见。在我国回购协议市场上，回购协议的标的物是经中国人民银行批准的，可用于在回购协议市场进行交易的政府债券、中央银行债券及金融债券。

三、回购协议的收益与风险

（一）回购协议的收益

国际通行的回购协议的利率报价方式以年收益率进行报价，这有利于直接反映回购协议双方的成本与收益。在一份具体的回购协议中，所报出的年收益率对于正回购方而言代表其固定的融资成本，而对于逆回购方而言，代表其固定的收益水平。

在回购协议市场中，利率不是统一的，利率的确定取决于多种因素，这些因素主要有以下几个。①回购标的证券的质地。证券的信用度越高，流动性越强，回购利率就越低，否则，利率就会相对高一些。②回购期限的长短。一般地，回购期限越长，不确定性因素越多，利率会相对高一些。③交割的条件。如果采用实物交割的方式，回购利率就会较低，如果采用其他交割方式，利率则会相对高一些。④货币市场其他子市场的利率水平。回购协议的利率水平不可能脱离货币市场其他子市场的利率水平而单独决定，否则该市场将失去其吸引力。它一般是参照同业拆借市场利率而确定的。由于回购交易实际上是一种用较高信用的证券特别是政府证券作抵押的贷款方式，风险相对较小，因此利率也较低。

回购协议中，证券回购价格可以表示为

$$I = PP \cdot RR \cdot T/360 \tag{2-6}$$

$$RP = PP + I \tag{2-7}$$

式中：PP——证券出售价格；RR——证券商和投资者所达成的回购协议利率；T——回购协议的期限；I——应付利息；RP——回购价格。

（二）回购协议市场的风险

回购协议市场交易双方有可能会面临信用风险，如果到约定期限后，资金需求方无力购回政府债券等证券，资金供给方只有保留这些质押品。但如果适逢债券利率上升，债券价格就会下跌，资金供给方所拥有的债券价值就有可能小于其借出的资金价值。降低信用风险的方法有两种。①设置保证金。回购协议的保证金是指证券抵押品的市值高于贷款价值的部分，其大小一般占该部分的1‰～3‰。对于较低信用等级的借款者或当抵押证券的流动性不高时，差额可能达到10‰之多。②根据证券抵押品的市值随时调整回购价格或保证金的数额。

另外，回购协议市场交易双方有可能会面临清算风险：回购协议中的证券一般不采用实物交付的形式，特别是在期限较短的回购协议中。为了防范资金需求方在回购协议期间将证券卖出或与第三方做回购协议，一般要求资金需求方将回购协议中的证券交到贷款人（资金供给方）的清算银行的保管账户中，或保留在借款人（资金需求方）专用的证券保管账户中以备随时查询。

四、我国的回购协议市场

我国的回购协议市场是在20世纪90年代国债市场迅速发展的背景下产生的。1991年7月，全国证券交易报价系统宣布试办债券回购交易。1995年8月，我国对债券回购市场进行规范清理，场外交易基本被遏制，回购协议主要在上海证券交易所进行交易。从此，我国的债券回购实现了集中交易和集中托管。由于商业银行也广泛参与到了交易所的债券回购交易中，一些证券公司和机构投资者便通过债券回购从商业银行获得大量资金，然后转而投入股票市场，使商业银行面临较大风险。

鉴于此，我国在1998年对债券市场进行了一项重大改革，将商业银行的债券交易业务从交易所分离出来，组建专门供商业银行之间进行债券回购交易的银行间市场。最初银行间市场只有商业银行才能参与，包括证券公司在内的非银行金融机构则被排斥在该市场之外。2000年起，证券公司、基金管理公司等只要满足一定的条件，也可以进入这一市场参与回购交易。自此，中国的货币市场与资本市场之间正式建立起了资金流通的正规渠道和机制。

据中国货币网统计，2021年8月，质押式回购成交金额为937 877.96亿元，买断式回购成交金额为4 655.04亿元，其中政策性金融债成交金额为2 022.20亿元。

第五节　大额可转让定期存单市场

一、大额可转让定期存单的概念

大额可转让定期存单（negotiable certificates of deposit，CDs），指银行发行的有固定面额、按一定期限和约定利率计息，并可以到期前在金融市场上流通转让的证券化存款凭证。大额可转让定期存单一般由较大的商业银行发行，主要是由于这些机构信誉较高，可以相对降低筹资成本，且发行规模大，容易在二级市场流通。

大额可转让定期存单与定期存款相比有以下不同。①定期存款记名，不可流通转让；而大额可转让定期存单是不记名的，可以在金融市场上流通转让。②定期存款的金额不固定，可大可小，有整有零；大额可转让定期存单金额固定、面额较大且为整数，在美国向机构投资者发行的大额可转让定期存单面额最少为10万美元，二级市场上交易单位为100万美元。③定期存款的利率大多是固定的；大额可转让定期存单的利率有固定的也有浮动的，且一般来说比同期限的定期存款利率高。④定期存款虽有固定期限，但可以提前支取，不过损失了应得的较高利息；大额可转让定期

拓展阅读2-4
大额可转让定期
存单的产生与发展

存单只能到期支取，但可以在二级市场上流通转让。

二、大额可转让定期存单的种类

根据发行人不同，美国的大额可转让存单可分为国内存单、欧洲美元存单、扬基存单和储蓄机构存单。

（一）国内存单

国内存单是四种存单中最重要也是历史最悠久的一种，它由美国国内银行发行。存单上注明存单的金额、到期日、利率及期限。国内存单的期限由银行和客户协商确定，常常根据客户的流动性要求灵活安排，期限一般为 30 天或者 12 个月，也有超过 12 个月的。流通中未到期的国内存单的平均年限为 3 个月左右。国内存单以记名或无记名方式发行，大多数以无记名方式发行。

（二）欧洲美元存单

欧洲美元存单是美国境外银行（外国银行和美国银行在外的分支机构）发行的，以美元为面值的一种可转让定期存单。欧洲美元存单的中心在伦敦，但欧洲美元存单的发行范围不仅仅限于欧洲。由于银行可以在欧洲美元市场不受美国银行条例的限制为国内放款筹资，该品种自问世以后，其发行数量便迅速增加。美国大银行过去曾是欧洲美元存单的主要发行者，1982 年以来，日本银行逐渐成为欧洲美元存单的主要发行者。

（三）扬基存单

扬基存单是外国银行在美国的分支机构发行的一种可转让定期存单，其发行者主要是西欧和日本等地的著名国际性银行在美国的分支机构。扬基存单的期限一般较短，大多在 3 个月以内。

早期由于扬基存单发行者资信情况不为投资者所了解，只有少数扬基存单由发行者直接出售给同其建立了关系的客户，而大多数扬基存单则通过经纪商销售。随着外国银行的资信逐渐为美国投资者所熟悉，扬基存单也广为人们接受，这时发行者直接以零售形式出售扬基存单变得更为普遍。外国银行发行扬基存单之所以能够在美国立足，主要基于以下两个方面的原因：一是这些银行持有美国执照，增加了投资者对扬基存单的安全感；二是其不受美联储条例的限制，没有法定准备金要求，使其同国内存单相比在竞争上具有成本优势。虽然外国银行在美国发行证券一般都比美国国内银行支付更高的利息，但由于扬基存单在准备金上的豁免，其成本同国内存单的成本不相上下，甚至更低。

（四）储蓄机构存单

储蓄机构存单是出现较晚的一种存单，它是由一些非银行机构（如储蓄贷款协会、互助储蓄银行、信用合作社）发行的一种可转让的定期存单。其中，储蓄贷款协会是主要的发行者。储蓄机构存单因法律上的规定，或实际操作困难而不能流通转让，因此，其二级市场规模较小。

三、大额可转让定期存单的风险和收益

对于投资者来说，大额可转让定期存单的风险主要有信用风险和市场风险。信用风险是指发行存单的银行在存单期满无法偿付本息的风险。在美国，虽然一般的会员商业银行必须在联邦存款保险公司投保，但由于存单发行面额大，而每户存款享受的最高保险额只有 10 万美元，因此存单的信用风险依然存在，更不用说没有实行存款保险制度国家的银行所发行的存单了。市场风险指的是存单持有者急需资金时，存单不能在二级市场上立即

出售变现或不能以较合理的价格出售。尽管可转让存单的二级市场非常发达，但其发达程度仍比不上国库券市场，因此并非完全没有市场风险。

通常大额可转让定期存单的收益取决于三个因素：发行银行的信用评级、存单的期限和存单的供求量。另外，收益和风险的高低也紧密相连。可转让存单的收益要高于同期国库券收益，主要原因是国库券的信用风险低并具有免税优惠。另外，国库券市场的流动性比存单市场高。

四、大额可转让定期存单市场的参与者

大额可转让定期存单市场的参与者是货币市场基金、大型企业、商业银行、政府和其他非金融机构投资者。

商业银行或者类似的可以吸收存款的金融机构是主要的存单发行者。存单的发行可以增加资金来源，而且这部分资金可以视为定期存款而能用于中期放款，同时使商业银行在调整资产流动性及实施资产负债管理上更加灵活。商业银行既可以通过减少放款和卖出证券来调节流动性，也可以通过发行存单吸收存款来调节流动性。

大型企业是存单的最大投资者。对于企业来说，在保证资金流动性和安全性的情况下，其现金管理目标就是寻求剩余资金收益的最大化。企业剩余资金一般用于应付纳税、发放工资等固定支付或意想不到的应急情况。企业可将剩余资金投资于存单，并将存单的到期日与固定支付的日期联系起来，到期以存单的本息支付。如果遇到意外的资金需要，企业可在二级市场出售存单获取资金。此外，金融机构也是存单的积极投资者。货币市场基金在存单的投资上占据很大份额，其次是商业银行和银行信托部门。银行可以购买其他银行发行的存单，但不能购买自己发行的存单。政府机构、外国政府、外国中央银行以及个人也是存单的投资者。

五、我国的大额可转让定期存单市场

我国大额可转让定期存单市场始办于 1986 年 10 月，最早由交通银行上海分行推出发行。1989 年，中国人民银行制定了《大额可转让定期存单管理办法》，批准在全国推行大额可转让定期存单。但由于大额可转让定期存单二级市场极不发达，加上实际运行中的诸多问题，我国于 1997 年暂停了这项业务。2004 年，中国人民银行在第四季度《中国货币政策执行报告》中正式提出，开展对大额可转让定期存单的研究工作。

经过多年研究准备，央行于 2015 年 6 月 2 日公布《大额存单暂行管理办法》，允许银行业存款类金融机构向个人、非金融企业、机关团体等发行大额存单。从大额存单业务的重新开启可以看出我国利率市场化的进程进一步加快。从国际经验看，不少国家在存款利率市场化的过程中，都曾以发行大额存单作为推进改革的重要手段。

阅读专栏

2015 年 6 月 2 日，中国人民银行正式对外发布《大额存单管理暂行办法》。根据其规定，个人投资人认购大额存单起点金额不低于 30 万元，机构投资人认购大额存单起点金额不低于 1 000 万元。大额存单期限包括 1 个月、3 个月、6 个月、9 个月、1 年、18 个月、2 年、3 年和 5 年共 9 个品种，发行利率将以市场化方式确定。固定利率存单采用票面年化收益率的形式计息，浮动利率存单以上海银行间同业拆放利率为浮动利率基准计息。不同于银行理财产品，大额存单需缴准和纳入存贷比考核，但可转让、质押，是有流

动性的存款，与理财产品相比有流动性溢价。

根据中国人民银行公布的数据，2021年大额存单共发行5.4万期，发行总额为11.3万亿元，同比上涨16.49%。2022年第二季度，银行大额存单额度出现紧张的情况，可能有两方面原因。一方面，今年以来股市震荡，导致股票、基金等权益类产品大面积亏损，银行理财产品也受到牵连，很多理财产品净值下跌，投资者出现账面浮亏。在这种情况下，投资者避险情绪升温，银行存款之类的无风险产品更受青睐，大额存单市场热度上升。另一方面，大额存单的揽储成本要高于普通定期存款，部分银行可能会自主收紧大额存单额度，控制全年发行规模，以达到降低揽储成本的目的。

资料来源：
1. 中华人民共和国国务院. 大额存单管理暂行办法[EB/OL]. (2015-06-03)[2022-08-06]. http://www.gov.cn/gongbao/content/2015/content_2953961.htm.
2. 刘银平. 大额存单长期利率下调 部分银行额度收紧——2022年4月银行大额存单市场情况[J]. 金融博览（财富），2022(5)：72-74.

第六节　短期政府债券市场

一、短期政府债券的概念

短期政府债券，是政府部门以债务人身份承担到期偿付本息责任的期限在一年以内的债务凭证。从广义上看，政府债券不仅包括国家财政部门所发行的债券，还包括了地方政府及政府代理机构所发行的证券。狭义的短期政府债券则仅指国库券。一般来说，政府短期债券市场主要指的是国库券市场。值得注意的是，在我国，不管是期限在一年以内还是一年以上的由政府财政部门发行的政府债券，均有称为国库券的习惯。但在国外，期限在一年以上的政府中长期债券称为公债，一年以内的债券才称为国库券。

阅读专栏

国库券的起源可以追溯到19世纪70年代。英国是最早发行国库券的国家，当时英国政府由于给地方政府机构融资及建设苏伊士运河的需要，经常缺乏短期周转资金，于是，1877年英国政府接受经济学家沃尔特·巴杰特（Walter Bagehot）的建议，以贴现的方式发行一种与商业汇票类似的证券，且每隔一段时间到期。沃尔特认为发行这种债券可以充分利用当时的短期债券市场。

美国国库券的产生也是源于政府资金短缺的窘境。在第一次世界大战期间，美国政府发行双周、每月或短期的债务凭证，这些债务凭证通常不超过1年。1917—1919年，美国政府背负了总额约为250亿美元的战争债务，而1914年的战争债务只有10亿美元左右。1929年，胡佛总统签署正式法律，提议发行低于面值、最长为1年期的零息债券。因其短期性，零息债券不久就以国库券的名称为人们所熟知。该法令将财政部的固定价格认购出售方式改为基于竞争性出价以获得最低市场利率的拍卖制度。经过多轮公开辩论，民众赢得通过竞争出价制度来决定利率的权利，并规定所有的交易都要以现金结算，允许政府在需要资金之时出售短期国债。同年12月，国库券首次发售，财政部发行了价值1亿美元的90天国库券，拍卖显示投资者实际竞购2.24亿美元。从此，美国开始规范化地发行国库券，并使其市场成为货币市场的中心，国库券发行的成功案例也为其他国家纷纷效仿。

二、短期政府债券的发行

（一）短期政府债券发行的目的

▶ 1. 发行短期政府债券可以满足政府部门短期资金周转的需要

政府部门为弥补长期收支差额，可通过发行中长期公债来筹措资金，但政府收支也有季节性的变动，每一年度的预算即使平衡，其间可能也有一段时间资金短缺，需要筹措短期资金进行周转。这时，政府部门就可以通过发行短期债券以保证临时性的资金需要。此外，在长期利率水平不稳定时，政府不宜发行长期公债，因为如果债券利率超过将来的实际利率水平，政府将承担不应承担的高利率；而如果预期利率低于将来实际利率水平，则公债市场价格将跌至票面之下，影响政府公债的销售。在这种情况下，最好的办法就是先按短期利率发行国库券，等长期利率稳定后再发行中长期公债。

▶ 2. 短期政府债券为中央银行的公开市场业务提供可操作的工具

短期政府债券是中央银行进行公开市场操作的极佳品种，是衔接财政政策与货币政策的契合点。目前，由于政府短期证券的发行数额增长很快，其在货币政策调控上的意义，有时超过了平衡财政收支的目的。

（二）短期政府债券的发行方式

短期政府债券以贴现的方式发行，投资者的收益为债券的购买价与债券面额之间的差额。后来美国发行的国库券采用拍卖的方式发行，投资者可以两种方式投标：①竞争性方式，竞标者报出认购国库券的数量和价格（拍卖中长期国债时通常为收益率），所有竞标根据价格从高到低（或收益率从低到高）排队；②非竞争性方式，由投资者报出认购数量，并同意以中标的平均竞价购买。竞标结束时，发行者首先将非竞争性投标数量从拍卖总额中扣除，剩余数量分配给竞争性投标者。发行者从申报价最高（或收益率最低）的竞争性投标开始依次接受，直至售完。当最后中标标位上的投标额大于剩余招标额时，该标位中标额按等比分配原则确定。

竞争性招标又可以分为单一价格（即"荷兰式"）招标方式或多种价格（即"美国式"）招标方式。按单一价格招标时，所有中标者都按最低中标价格（或最高收益率）获得国库券。按多种价格招标时，中标者按各自申报价格（收益率）获得国库券。非竞争性投标者则按竞争性投标的平均中标价格来认购。

国库券通过拍卖方式发行具有如下优点。①传统的认购方式下，财政部事先设置好新发行证券的息票和价格，实际上出售之前就决定了发行收益，若认购金额超过发行金额，可足额发行，若认购金额少于发行金额，则只能部分发行。采用拍卖式发行，较认购方式简单，耗时也少。在拍卖过程中，市场决定收益，因此不存在发行过多或不足的问题。财政部仅决定国库券的供应量，其余皆由市场决定。②采用拍卖方式发行，也为财政部提供了灵活的筹资手段，因为财政部负债中的少量变化可简单地通过变动每周拍卖中的国库券的供应来实现。

三、短期政府债券的特征

（一）违约风险小

由于国库券是国家的债务凭证，因此它被认为是没有违约风险的。相反，即使是信用等级最高的其他货币市场票据，如商业票据、大额可转让定期存单等，都存在一定的风险，尤其在经济衰退时期。国库券无违约风险的特征增加了对投资者的吸引力。国库券的这一特征还间接地影响到投资者对国库券的需求，因为各种法令和条例赋予了国库券在投资者中的特殊地位。对商业银行和地方政府来说，利用国库券可以解决其他形式的货币市场票据，如商业票据和银行承兑汇票无法解决的问题。例如，银行利用国库券可以很容易地与企业及地方政府等部门进行回购协议交易。

（二）流动性强

国库券能在交易成本较低及价格风险较低的情况下迅速变现。国库券之所以具有高度的可流通性，是由于它是一种在高组织性、高效率和竞争市场上交易的短期同质工具。当然，当投资者需要资金时，究竟是出卖国库券还是通过其他手段来筹集资金，很大程度上取决于其所需资金的期限及筹集资金的机会成本问题，包括对风险的考虑、通信费用等从属性交易成本及报价和出价之差额所形成的成本。

（三）面额小

相对于其他货币市场票据来说，国库券的面额较小。在美国，1970 年以前，国库券的最小面额为 100 美元。1970 年年初，国库券的最小面额升至 1 000 美元，目前为 10 000 美元。其面额远远低于其他货币市场票据的面额（大多为 10 万美元）。对许多小投资者来说，国库券通常是他们能直接从货币市场购买的唯一有价证券。

（四）收入免税

国库券的利息的收益通常免缴所得税，而其他金融工具的投资收益通常须按照规定的税率缴税。尽管国库券的名义利率较低，但由于税收的影响，其实际收益率可能高于货币市场上的某些品种。

四、我国的短期政府债券市场

我国国库券的发行经历了一条曲折的发展之路。国库券发行之初的 20 世纪 80 年代，因为当时国库券的流通能力极差、利率不断调高导致收益偏低，以及民众对国库券和当时发行的股票一样认识不清，那时除了 1981 年首次发行的国库券超额完成任务外，其他年份的国库券都有滞销的现象发生，以至于后来有的采用摊派的形式。直至 20 世纪 90 年代，随着国家总体经济快速发展和政策的放宽，国库券和其他债券、股票都能上市交易，促使本来以低价抛售的国库券一下子成了抢手货，其身价不断增长。本来已经存量不多的国库券明显逐年递减，尤其是早期和发行量不多的国库券成了珍稀品种。1994 年，我国政府首次发行 1 年以内的短期国债，即真正意义上的国库券。1997 年，由于种种原因，我国国库券暂停发行。为满足公开市场业务的需要，中国人民银行自 2003 年起正式发行中央银行票据，目前已经取代国库券，成为货币政策日常操作的重要工具。

阅读专栏

央票即央行票据、中央银行票据，是中央银行为调节商业银行超额准备金而向商业银行发行的短期债务凭证，其实质是中央银行债券。央票是中央银行调节基础货币的一项货币政策工具，目的是减少商业银行可贷资金量。央票具有短期性特点，一般而言，中央银行会根据市场状况，采用利率招标或价格招标的方式，交错发行 3 月期、6 月期、1 年期和 3 年期票据，其中以 1 年期以内的短期品种为主。

央票由中国人民银行在银行间市场通过中国人民银行债券发行系统发行，其发行的对象是公开市场业务一级交易商。和在银行间债券市场上发行的其他债券品种一样，央票发行后也可以在银行间债券市场上市流通，银行间市场投资者均可像投资其他债券品种一样参与央票的交易。央票的交易方式为现券交易和回购，同时作为人民银行公开市场业务回购操作工具。随着中央银行票据市场存量的增加和持票机构的多样化，中央银行票据二级市场的流动性也将逐步增强。商业银行可以通过参与公开市场操作或在二级市场买入等方式持有央票，以灵活调剂手中的头寸，因而减轻短期资金运用压力。

2018年9月，央行宣布在香港发行离岸央票，此后又于2018年11月和2019年2月两次发行离岸央票。据中国证券报统计，截至2022年8月23日，人民银行已在香港发行8期人民币央票，合计850亿元。通过香港金管局债务工具中央结算系统发行的中国人民银行票据（简称"离岸央票"），不仅丰富了离岸人民币市场可投资产品种类，进一步提升了市场活跃度，而且对完善离岸人民币收益率曲线、稳定市场流动性也具有重要意义。

资料来源：
1. 张琪. 央票，你知道吗？[J]. 金融博览（银行客户），2010(2)：78-79.
2. 朱璟. 离岸央票：需求与前景[J]. 中国外汇，2019(11)：78-79. DOI：10.13539/j. cnki. 11-5475/f. 2019.11. 024.
3. 彭扬，连润. 离岸央票受捧全球投资者看好中国经济[N]. 中国证券报，2022-08-23(A02). DOI：10.28162/n. cnki. nczjb. 2022.004038.

第七节　货币市场共同基金

一、货币市场共同基金的概念

共同基金是将众多的小额投资者的资金集合起来，由专门的经理人进行市场运作，赚取收益后按一定的期限及持有的份额进行分配的一种金融组织形式。而对于主要在货币市场上进行运作的共同基金，则称为货币市场共同基金（money market fund，MMF）。它募集的资金主要投资于1年以内的货币市场工具，如国库券、商业票据、大额可转让定期存单、银行承兑汇票、回购协议等，其投资收益按一定的期限及持有的份额进行分配。货币市场共同基金既是货币市场的主要投资主体，又是一种投资工具，是中小投资者间接进入货币市场的理想工具。

阅读专栏

美国第一家货币市场共同基金作为银行存款的替代物创建于1971年，是在市场变化环境下金融创新的产物。20世纪70年代初，美联储制定的"Q项条例"对商业银行与储蓄银行提供的大部分存款利率均进行管制，但同时废除了10万美元以上存款利率最高限额。伴随着这种规定而来的是储蓄机构、商业银行竞相提高大额存款利率，抢占大额存款市场而无视小额存单。这种环境产生了对存款小户不利的歧视利率，货币市场基金希望集中小户的零散资金，以"大户"形式在金融市场上出现，获得"大额存单"的同等待遇。

1970年以前，美国95%的共同基金投资于股票基金，其余5%投资于债券基金和其他收入基金。1971年第一只货币基金问世，迅速改变了共同基金行业的原有模式，伴随着利率上升和股票市场价格的下跌，货币市场基金成为中小投资者理想的投资工具，从1977年的不足40亿美元急增到1982年的200多家基金持有2 400亿美元的资产，并在总资产上超过了股票和债券共同基金，1997年的货币市场基金资产规模超过了1万亿美元。据美国投资公司协会统计，截至2012年8月底，美国货币市场基金资产规模为2.571亿美元。截至2021年三季度末，全球开放式基金总规模73.29万亿美元。其中，美国为35.62万亿美元，占全球的48.60%；中国为3.26万亿美元，占全球的4.44%

资料来源：1. 宋琳，朱相平. 金融市场学[M]. 济南：山东人民出版社，2013.

2. www. sohu. com

二、货币市场共同基金的特征

（一）货币市场基金投资于货币市场中高质量的证券组合

货币市场共同基金是规避利率管制的一种金融创新，其产生的目的最初是给投资者提供稳定或高于商业银行等存款金融机构存款利率的市场利率水平的收益。因此，货币市场基金产生之后，就在各种短期信用工具中选择组合投资。早期的货币市场共同基金所投资的证券级别是没有限制条款的。但一些货币市场共同基金为追求高回报而投资于高风险的证券，发生巨额亏损，损害了投资者的利益，从而引起了监管者的重视。1991年2月，美国证券交易委员会(SEC)要求货币市场共同基金要提高在顶级证券商的投资比例，规定其投资于顶级证券低一档次的证券数量不超过5%，对单个公司所发行的证券的持有量不能超过其净资产的1%。这里的顶级证券是指被一些全国性证券评级机构中的至少两家列入最高的两个等级之中的证券。由于货币市场共同基金投资的高质量证券具有流动性高、收益稳定、风险小等特点，因此受到投资者的青睐。

（二）货币市场共同基金提供一种有限制的存款账户

货币市场共同基金的投资者可以签发以其基金账户为基础的支票来取现或进行支付。这样，货币市场共同基金的基金份额实际上发挥了能获得短期证券市场利率的支票存款的作用。尽管货币市场共同基金在某种程度上可以作为一种存款账户使用，但它们在法律上并不算存款，因此不需要提取法定存款准备金，且不受利率最高限的限制。当然，货币市场共同基金账户所开支票的金额是有最低限额要求的，一般不得低于500美元。另外，许多基金还提供客户通过电话、电报、电传方式随时购买基金份额或取现等便利。

（三）货币市场共同基金所受到的法规限制相对较少

由于货币市场共同基金本身是一种绕过存款利率最高限的金融创新，因此，在最初的发展中对其进行限制的法规几乎没有，如加在商业银行及其他储蓄机构上的利率上限的限制，对未到期的定期存款的提取要收取罚金等。这使货币市场共同基金同银行等相关金融机构在资金来源的竞争中占有一定的优势；货币市场共同基金也不用缴纳存款准备金，所以，即使是保持和商业银行等储蓄性金融机构一致的投资，由于其资金的运用更充分，其所支付的利息也会高于银行储蓄存款利息。

三、货币市场共同基金的发行与交易

货币市场共同基金一般均属于开放型基金，即其基金份额可以随时购买和赎回。当符合条件的基金经理人设立基金的申请经有关部门许可后，就可着手基金份额的募集。投资者认购基金份额与否一般依据基金的招募说明书来加以判断。基金的发行方式有公募和私募两种。具体来说基金的发行可采取发行人直接向社会公众招募、由投资银行或证券公司承销或通过银行及保险公司等金融机构进行分销的办法。

基金的初次认购按面额进行，一般不收或收取很少的手续费。由于开放型基金的份额总数是随时变动的，因此，货币市场共同基金的交易实际上是指基金购买者增加持有或退出基金的选择过程。但货币市场共同基金与其他投资于股票等证券的开放型基金不同，其购买或赎回价格所依据的净资产值是不变的，如在美国，一般是每个基金单位 1 美元。同时，对基金所分配的盈利，基金投资者可以选择转换为新的基金份额或领取现金两种方式。一般情况下，投资者用投资收益再投资，增加基金份额。由于货币市场基金的净资产值是固定不变的，因此，衡量该类基金表现好坏的标准就是其投资收益率。

阅读专栏

开放型基金，是指基金发起人在设立基金时，基金份额总规模不固定，可视投资者的需求，随时向投资者出售基金份额，并可应投资者要求赎回发行在外的基金份额的一种基金运作方式。投资者既可以通过基金销售机构购买基金使基金资产和规模由此相应增加，也可以将所持有的基金份额卖给基金并收回现金使得基金资产和规模相应减少。

封闭型基金，是指基金发起人在设立基金时，限定了基金的发行总额，筹足总额后，基金即宣告成立，并进行封闭，在一定时期内不再接受新的投资。封闭型投资基金的份额不能被追加、认购或赎回，投资者只能通过证券经纪商在证券交易所进行基金的买卖。

四、货币市场共同基金的发展方向

货币市场共同基金的发展方向取决于其在金融市场中的作用，只有被市场需要的交易手段和机构才能得到不断发展。从目前的发展趋势看，货币市场共同基金的一部分优势得以保持，但缺陷也不断显现，主要体现在三个方面。①货币市场共同基金没有获得政府有关金融保险机构提供的支付保证。货币市场共同基金提供支票账户，因此在某种程度上可被看作一种存款性金融机构。但政府存款保险公司不为货币市场共同基金的投资者提供存款保险，这在经营出现风险时容易导致投资者的损失，不利于基金在市场竞争中争取稳健的投资者。②由于商业银行面对竞争，不断进行创新，推出更有吸引力的信用工具，使投资于货币市场共同基金的收益和投资于由银行等存款性金融机构创造的货币市场存款账户的收益差距正在消失。③货币市场共同基金受到较少管制的历史正逐渐成为过去。货币市场共同基金在追求高收益的过程中，必然伴随高风险。一些货币市场共同基金出现了巨额亏损，给基金投资者带来了损失，导致了政府的干预。1991 年，证券交易委员会对货币市场共同基金投资的短期证券级别做了限制；1996 年，还加强了对货币市场共同基金投资于风险较大的衍生金融证券的限制。这表明政府监管机构开始逐渐加强对货币市场共同基金的监管。

即使货币市场共同基金的发展面临着一些问题，但它并不会从市场上消失，而仍将和其他存款性金融机构在竞争中共同发展。在这个过程中，货币市场共同基金将面临兼并重组的要求，并通过优胜劣汰、不断创新在市场竞争中立足。

五、我国的货币市场共同基金

在 2002 年年末和 2003 年年初，国内几家基金公司就在酝酿推出货币市场基金。直到

2003 年 12 月 9 日，中国证监会终于下达了批文，货币市场基金投入市场发行，标志着货币市场基金正式进入我国金融市场。当时由于受到政策限制，回避了国际通用"货币市场基金"的叫法，而以"现金基金"为名，因此被认为是"准货币市场基金"。

2003 年 12 月底，我国第一只货币市场基金——华安现金富利基金问世，之后我国货币市场基金开始迅速发展。2004 年 8 月，中国证监会和中国人民银行联合发布了《货币市场基金管理暂行规定》，该规定的发布规范了货币市场基金的名称、投资品种和剩余期限，同时也推动了货币市场基金的进一步发展。

2011 年，监管层面放开货币基金投资协议存款的比例限制，货币基金规模再次迎来大幅增长。2013 年，随着利率市场化改革的深入推进和以余额宝为代表的互联网金融快速发展，货币基金规模呈爆发式增长态势。中国证券投资基金业协会的数据显示，2013 年 1 月至 2020 年 6 月，货币基金规模从 0.7 万亿元猛增至 7.57 万亿元。2018 年 1 月，中国人民银行完善货币供应量中有关货币基金的统计方法，用非存款类机构部门持有的货币基金取代货币基金在银行的存款（含存单），货币基金正式被纳入广义货币（M2）。从货币基金与国内生产总值（GDP）之比来看：截至 2020 年 6 月末，我国货币基金规模为 7.57 万亿元，与上年 GDP 之比约为 7.6％左右；截至 2022 年 3 月，我国货币基金规模突破 10 万亿元。

拓展阅读 2-5
华安创新：我国
第一只开放式
基金的发行

本章小结

货币市场，是指融资期限在一年以内的短期金融工具交易的市场，是金融市场的重要组成部分。

商业票据市场上交易的是由信用等级较高的大公司以贴现方式出售的一种无担保短期融资凭证。

银行承兑汇票市场就是以银行承兑汇票为工具，通过汇票的发行、承兑、转让和贴现来实现资金融通的市场。

同业拆借市场，也可以称为同业拆放市场，是指金融机构之间以货币借贷方式进行短期资金融通活动的市场。

在回购市场上，短期资金的供求者通过签订证券回购协议来融通资金。

大额可转让定期存单是银行为逃避利率管制而创新的金融工具，主要用于吸引企业的短期闲置资金。

短期政府债券市场是国库券发行及流通所形成的市场。

货币市场共同基金主要投资于货币市场上高等级的有价证券，它允许持有其份额的投资者以支票形式兑现。

本章重要概念

货币市场　商业票据　银行承兑汇票　回购协议　同业拆借市场　大额可转让定期存单
政府债券　货币市场共同基金

思考题和在线自测

本章复习思考题

扫描封底刮刮卡

获取答题权限

在线自测

第三章 资本市场

学习目标

1. 熟悉资本市场的概念及其主要的子市场，重点掌握股票、债券、投资基金的概念、特征和分类。

2. 了解股份有限公司的概念、证券交易所的组织形式和场外交易市场的相关知识。

3. 了解股票市场、债券市场、投资基金的运作。

学习要点

1. 股票的概念和种类及股票市场的运行。

2. 债券的概念和种类及债券市场的运行。

3. 投资基金的概念和种类及投资基金市场的运行。

案例导入

资本市场国际"朋友圈"再扩围 投资者将迎更多优质投资标的

中国证券监督管理委员会 2022 年系统工作会议提出，坚定不移推进制度型开放，稳步扩大市场、机构和产品高水平双向开放，深化境内外市场互联互通。

此次互联互通存托凭证业务的修订，从境内来看，从上交所拓展至深交所，境外方面，从英国拓展至瑞士、德国市场。南开大学金融发展研究院院长田利辉在接受《证券日报》记者采访时表示，此次互联互通存托凭证业务拓展推进了我国金融开放进程。在沪伦通的基础和经验上，我国推动境内外各大证券交易所有序开展互联互通存托凭证业务，这能够有力地推动我国沪深交易所的国际化，便利国内外机构、企业、家庭的跨境投融资，从而提升我国资本市场的国际影响力，推动国际资本服务中国实体经济建设，促进资本要素资源的全球优化配置。

中国人民大学中国资本市场研究院联席院长赵锡军接受记者采访时表示，对国内资本市场而言，互联互通存托凭证业务从上交所拓展到深交所，符合赴境外发行 CDR 条件的上市公司范围进一步扩大，深交所优质上市公司有望拓展融资空间。境外方面，从英国拓展至瑞士、德国市场，拓展了境内企业发行全球存托凭证的选择空间，有利于上市公司充分利用国内外两个市场融资发展，提升资本市场的国际化水平。另外，资本市场对外开放程度进一步加深，对于国际收支资本与金融账户的开放也有积极意义。"本次互联互通存托凭证业务在境内和境外的'双扩展'为资本市场带来了更多优质的上市公司资产。"招商证券研发中心战略研究部副总经理谢亚轩接受《证券日报》记者采访时表示，对于境内资本市场来说，投资者有望投资英国、瑞士和德国的上市公司在境内发行的CDR。对于境外资本市场来说，境外投资者除可投资上交所上市公司发行全球存托凭证以外，还有望投资深交所上市公司发行的全球存托管凭证。来自英国、瑞士、德国和沪深交易所的优质龙头上市公司均可受益，获得在全球范围上市融资的机会。

赵锡军表示，未来，随着互联互通存托凭证业务深入推进，除优质上市公司外，具备与跨境投融资相匹配的服务能力的中介机构亦有望受益。在资本市场双向开放不断深化的过程中，跨境投融资业务需求增多，券商等中介机构的相关业务收入有望增长。

资料来源：吴晓璐. 资本市场国际"朋友圈"再扩围 投资者将迎更多优质投资标的[N]. 证券日报，2022-02-14（A02）.

第一节　股票市场

股票市场（equity market）也称权益市场，是发行与交易股票的场所。股票市场的组织结构可分为股票发行市场（一级市场）和股票交易市场（二级市场）。

一、股份有限公司与上市公司

（一）股份有限公司

股份有限公司也称股份公司，是以一定法律程序组建的，通过发行股份筹集资金，全部资本分为等额股份，股东以其所持股份金额为限对公司债务承担责任，公司以其全部资产对公司的债务承担责任的企业法人。

▶ 1. 股份有限公司的设立方式

股份有限公司有两种设立方式：一是发起设立，即所有股份均由发起人认购，不得向社会公开招募；二是募集设立，即发起人只认购股份的一部分，其余部分向社会公开募集或者向特定对象募集。在不同的国家，股份有限公司的设立规定有所不同。有的国家规定，只有在全部股份均被认足时，公司才得以成立。有的国家规定，股份有限公司实行法定资本制的，以认足全部股份为成立的条件；股份有限公司实行授权资本制的，可以不认足全部股份。

▶ 2. 股份有限公司的特征

与合伙制企业相比，股份公司具有筹资能力强、现代企业制度完善、业务运作能力和整体运行效率高等优势。具体来讲，股份有限公司有以下特征。

（1）股份有限公司是独立的经济法人。股份有限公司是按照一定法律程序、章程设立的，其设立条件较为严格。

（2）股份有限公司具有严密的内部组织机构。董事会向股东大会负责，是公司的决策机构，总经理及其助手组成公司的执行机构。监事会是公司的监督机构。

（3）股份有限公司的全部资本划分为等额的股份，股票是股份的形式。通过向社会公开发行的办法筹集资金，任何人在缴纳了股款之后，都可以成为公司股东，没有资格限制。

（4）股份有限公司实行有限责任原则。股东对公司债务负有限责任，其限度是股东的股本额，公司法人也仅以公司本身的全部资产为限对债务负有限责任。

（5）股份有限公司的股东人数不得低于法律规定的限额。各国法律对股份有限公司中股东人数的最低限额都做了明确具体的规定。例如，美国、法国、日本规定为七人，德国规定为五人，我国《公司法》规定，"设立股份有限公司，应当有二人以上二百人以下为发起人，其中须有半数以上的发起人在中国境内有住所"。

（6）股份有限公司的所有权与经营权分离。股份有限公司设立后，持有公司股票的股东是公司资产的最终所有者，享有股权赋予的一切权利，但不得直接干预公司的经营，而企业法人是公司资产的法人所有者，享有充分的自主经营权。公司股份可以自由转让，但不能退股。

（7）股份有限公司实行财务公开原则。股份有限公司必须遵循信息披露制度，定期通过财务报表向社会公众公布其财务状况和经营状况。

（二）上市公司

上市公司是指公开发行股票并经过证券交易所审批后其股票在证券交易所上市交易的股份有限公司。非上市公司是指其股票没有上市和没有在证券交易所交易的股份有限公司。

阅读专栏

第一个上市的股份有限公司是荷兰的东印度联合公司。17世纪，荷兰、英国和法国政府都授予名字中带有"东印度"的公司以经营特许证。这些东印度公司改变了早期有限责任公司只筹集资金投资于单次航行（航行结束就随即解散）的经营方式，这些公司通过发行股票向全社会融资，成功地将分散的财富变成了对外扩张或持续发展的资本，这就是第一批现代的股份公司。1609年，荷兰阿姆斯特丹证券交易所成立。伴随着西方资本主义国家的殖民扩张和世界工业经济的发展，股份公司制开始在全世界流行，各国证券交易所的先后建立和发展，使得上市公司逐渐成为其经济发展的中流砥柱。

二、股票概述

（一）股票的概念

股票是投资者向股份有限公司提供资本的权益合同，是公司的所有权凭证。股东的权益在利润和资产分配上表现为索取公司对债务还本付息后的剩余收益，即剩余索取权[1]（residual claims）。在公司破产的情况下，股东通常将一无所获，但只负有限责任，即公司资产不足以清偿全部债务时，股东个人财产也不受追究。同时，股东有权投票决定公司的重大经营决策，如经理的选择、重大投资项目的确定、兼并与反兼并等，对于日常的经营活动则由经理做出决策。换言之，股东对公司的控制表现为合同所规定的经理职责范围之外的决策权，即剩余控制权（residual rights of control）。但同样地，如果公司破产，股东将丧失其控制权。概括而言，在公司正常经营状态下，股东拥有剩余索取权和剩余控制权，这两者构成了公司所有权[2]。股票的数量关系通过股份额来反映。单位股份额在所代表的价值上是完全一致的，并反映完全相同的资本所有者权利。

股票只是消失掉的或现实资本的纸质复本，它本身没有价值，但它作为股本所有权的

---

[1]　剩余索取权是相对于合同收益权而言的，指的是公司收入和扣除所有固定的合同支付（原材料成本、固定工资、利息）后的剩余的要求权。

[2]　公司所有权不同于财产所有权，后者指的是对给定财产（人力资本、非人力资本）的占有权、使用权、收益权和转让权，公司是由不同财产所有者通过合同联结的，财产所有权是交易的基础，公司所有权是交易的结果。

证书，代表着取得一定收入的权利，因此具有价值，可以作为商品转让。但股票的转让并不直接影响真实资本的运动。股票一经认购，持有者就不能要求退股，但可到二级市场上交易。

（二）股票的主要特征

（1）无期性。股票是一种没有偿还期限的有价证券，投资人一旦认购了股票之后，就不能向股份公司要求退股，只能在股票市场上进行转让。而且只要股份公司还存在，它所发行的股票就存在且有效，股份公司没有偿还投资人投资的义务。

（2）权责性。股东凭其持有的股票，享有与其股份数相应的权利，同时也承担相应的责任。权利主要表现为参加股东大会、投票表决、参与公司的经营决策，领取股息或红利，获取投资收益。责任主要是承担公司的经营风险，对公司的经营决策承担责任，责任的限度为其认购股票的全部投资额。

（3）流通性。股票的流通是指股票在不同的投资者之间进行转让。股票持有人可以通过股票的转让随时收回自己的投资额，提高了股票的变现能力。

（4）风险性。任何一项投资的风险和收益都是并存的，股票的风险主要来源于股票价格的波动。股票价格要受到诸如公司经营状况、宏观经济政策、市场供求关系、大众心理等多种因素的影响，因此，股票投资是一种高风险的投资活动。

（三）股票的种类

将剩余索取权和剩余控制权进一步划分成不同层次并进行组合，可以设计出不同种类的股票。

▶ **1. 普通股**

普通股（common stock）是在优先股要求权得到满足之后才参与公司利润、资产分配的股票合同，它代表着最终的剩余索取权。普通股是构成公司资本的基础，是股份有限公司发行的最基本的股票。

1）普通股股东享有的权利

（1）公司决策参与权。普通股股东有权参与股东大会，并有建议权、表决权和选举权，也可以委托他人代表其行使其股东权利。

（2）利润分配权。普通股股东有权从公司利润分配中得到股息。普通股的股息是不固定的，由公司盈利状况及其分配政策决定。普通股股东必须在优先股股东取得固定股息之后才有权享受股息分配权。

（3）优先认股权。如果公司需要扩张而增发普通股股票，现有普通股股东有权按其持股比例，以低于市价的某一特定价格优先购买一定数量的新发行股票，从而保持其对企业所有权的原有比例。

（4）剩余资产分配权。当公司破产或清算时，若公司的资产在偿还欠债后还有剩余，其剩余部分按照先优先股股东、后普通股股东的顺序进行分配。

按照在我国购买股票时所使用的货币划分，普通股股票有A股、B股之分。A股仅限于中国内地居民以人民币买卖。B股是在境内发行并以人民币计价，但用外币认购的股票。原只限于外国投资者以外币买卖，目前则开放至境内外投资者都可以以外币买卖。除了买卖主体、所用币种以及由此决定的流动性存在差异外，A股、B股股东的其他权益都是相同的，但两者存在很大的价差。这是一个非常有意思的研究课题。

2）普通股的分类

普通股的价格受公司的经营状况、经济政治环境、心理因素、供求关系等诸多因素的影响，其波动没有范围限制，暴涨暴跌现象屡见不鲜①。因此，普通股的投资风险较大，其预期收益率高，而根据其风险特征，普通股又可分成以下几类。

（1）蓝筹股，指具备稳定盈利记录，能定期分派股利，由大公司发行，并被公认具有较高投资价值的普通股。

（2）成长股，指销售额和利润迅速增长，并且其增长速度快于整个国家及其所在行业的公司所发行的股票。这类公司在目前一般只对股东支付较低红利，而将大量收益用于再投资，随着公司的成长，股票价格上涨，投资者便可以从中得到大量收益。

（3）收入股，指那些当前能支付较高收益的普通股。

（4）周期股，指那些收益随着经济周期波动而波动的公司所发行的普通股。

（5）防守股，指在面临不确定因素和经济衰退时期，高于社会平均收益且具有相对稳定性的公司所发行的普通股，公用事业公司发行的普通股是经典的防守股。

（6）概念股，指适合某一时代潮流的公司所发行的、股价起伏较大的普通股。

（7）投机股，指价格极不稳定或公司前景难以确定，具有较大投机潜力的普通股。

▶ **2. 优先股**

优先股（preferred stock）是指在剩余索取权方面较普通股优先的股票，这种优先性表现在分得固定股息并且在普通股之前收取股息。例如，当公司发生财务困难而无法在规定时间内支付优先股股息时，优先股就具有投票权而且一直延续到支付股息为止。又如，当公司更改支付股息的次数，或者公司发行新的优先股等影响优先股股东的投资权益时，优先股股东就有权投票表决。当然，这种投票权是有限的。此外，优先股在剩余控制权方面劣于普通股。

由于优先股股息是固定的，因此优先股的价格与公司经济状况的关系不如普通股密切，而主要取决于市场利息率，其风险小于普通股，预期收益也低于普通股。

如果考虑跨时期、复合型、可转换性及可逆性等因素，优先股的剩余索取权和剩余控制权有不同的特点，由此分为不同的种类。

（1）按剩余索取权是否可以跨时期累积划分，可分为累积优先股与非累积优先股。累积优先股（cumulative preferred stock）是指如果公司在某个时期内所获盈利不足以支付优先股股息，则累积到次年或以后某一年盈利时，在普通股的红利发放之前，连同本年优先股股息一并发放。而非累积优先股（non-cumulative preferred stock）是指当公司盈利不足以支付优先股的全部股息时，非累积优先股股东不能要求公司在以后年度补发所欠部分。

（2）按剩余索取权是否为股息和红利的复合划分，可分为参加优先股和非参加优先股。参加优先股（participating preferred stork）又称参与分红优先股，是指除了按照规定的股息率有限获得股息外，还可以与普通股分享公司的剩余收益。它可进一步分为无限参加优先股和有限参加优先股，前者指优先股股东可以无限制地与普通股股东分享公司的剩余收益，后者则指优先股股东只能在一定限度内与普通股股东分享公司的剩余收益。非参加优先股（non-participating preferred stock）是指只能获取固定股息，不能参加公司分红的优先股。目前，大多数公司发行的优先股都属于非参加优先股。

（3）可转换优先股（convertible preferred stock），指在规定的时间内，优先股股东可以按一定的转换比率把优先股转换成普通股。这实际上是给予优先股股东选择不同的剩余

---

① 目前我国股票市场有日涨跌幅度 10% 的限制，新股在二级市场交易第一天和上市公司复牌的第一天没有涨跌幅度限制。

索取权和剩余控制权的权利。例如，当公司盈利状况不佳时，优先股股东就可以仍持有优先股，以保证较为固定的股息收入；而当公司大量盈利，普通股价格猛涨时，优先股股东就可以行使其转换的权利以便具有更大剩余索取权。又如，当优先股股东要加强对公司的控制时，也可能将优先股转换成普通股。在某些情况下，优先股兼有转换性和积累性，对投资者就更有吸引力。

（4）可赎回优先股，即允许公司按照发行价格加上一定比例的补偿收益予以赎回的优先股。通常，当公司为了减少资本或者认为可以用较低股息率发行新的优先股时，就可能以上述办法购回已发行的优先股股票。显然，可赎回优先股在剩余索取（及剩余控制）方面对股东不利。

三、股票发行市场

股票发行市场（issuance market）也称为一级市场（primary market），指公司直接或通过中介机构向投资者出售新发行的股票所形成的市场。所谓新发行的股票包括初次发行和再发行的股票，前者是公司第一次向投资者出售的原始股，后者是在原始股的基础上增加新的份额。

股票发行市场的整个运作过程通常由咨询与管理、认购与销售两个阶段构成。

（一）咨询与管理

咨询与管理是股票发行的前期准备阶段，发行人（公司）须听取投资银行的咨询意见并对一些主要问题做出决策，主要包括以下工作。

▶ 1. 发行方式的选择

股票发行的方式一般可分为公募（public placement）和私募（private placement）两类。公募是指面向市场上大量的非特定的投资者公开发行股票。它的优点是可以扩大股票发行量，筹资潜力大；无须提供特殊优厚的条件，发行者具有较大的经营管理独立性；股票可在二级市场上流通，从而提高发行者的知名度和股票的流动性。其缺点则表现为工作量大，难度也大，通常需要承销者的协助；发行者必须向证券管理机关办理注册手续；必须在招股说明书中如实公布有关情况以供投资者做出正确决策。私募是指向少量特定的投资者发行股票，其对象主要有个人投资者和机构投资者两类，前者如使用发行公司产品的用户或本公司的职工，后者如大的金融机构或与发行者有密切业务往来关系的公司。私募具有节省发行费、通常不必向证券管理机关办理注册手续、不必担心发行失败等优点，但也有需向投资者提供高于市场平均水平的特殊优厚条件、发行者的经营管理易受干预、股票难以转让等缺点。

对于再发行的股票还可以采取优先认股权（preemptive right）方式，也称配股，它给予现有股东以低于市场价值的价格优先购买一部分新发行的股票的权利，其优点是发行费用低并可维持现有股东在公司的权益比例不变。在认股权发行期间，公司设置除权日，在这一天之前，股票带权交易，即购得股票者同时也取得认股权，而除权日之后，股票不再附有认股权。

▶ 2. 承销商的选择

公开发行股票一般都通过投资银行来进行，投资银行的这一角色称为承销商（underwriter）。通常，许多公司都与某一特定承销商建立起牢固的关系，承销商为这些公司发行股票并且提供其他必要的金融服务。但在某些场合，公司通过竞争性招标的方式来选择承销商，这种发行方式有利于降低发行费用，但不利于与承销商建立持久牢固的关系。承销商的作用除了销售股票外，事实上还为股票的信誉做担保，这是公司试图与承销商建立良好关系的根本原因。

当发行数量很大时，常由多家投资银行组成承销辛迪加(syndicate)或承销银团(banking group)来处理整个发行过程，其中一家投资银行作为牵头主承销商(lead underwriter)起主导作用。

在私募的情况下，发行条件通常由发行公司和投资者直接决定，从而绕过了承销环节。投资银行的中介职能减弱许多，通常是寻找可能的投资者、帮助发行公司准备各项文件、进行尽责调查和制订发行日程表等。

▶ 3. 招股说明书的准备

招股说明书(prospectus)是公司公开发行股票的书面计划说明，并且是投资者准备购买的依据。招股说明书必须包括财务信息和公司经营历史的陈述、高级管理人员的状况、筹资目的和使用计划、公司内部悬而未决的问题如诉讼等。

在招股说明书的准备过程中，一般要组建专家工作团并有较明确的专业分工，发行公司的管理层在其律师的协助下负责招股说明书的非财务部分，作为承销商的投资银行负责股票承销合约部分，发行公司内部的会计师准备所有的财务数据，独立的注册会计师对财务账目的适当性提供咨询和审计。招股说明书各部分起草完成后，还须一遍遍地修改以寻求最完善的定稿。该稿称为预备说明书，它包括发行股票的大部分主要事实，但不包括价格。然后，将预备说明书连同上市登记表(registration statement)一起交送证券管理机关审查，后者要确认这些信息是否完整与准确，并可以要求发行公司做一些修改或举行听证会。在认定没有虚假陈述和遗漏后，证券管理机关才批准注册，此时的招股说明书称为法定说明书，它应标明股票发行价格。需要指出的是，证券等管理机关批准新股票的发行仅表明法定说明书内有充分公正的信息披露能使投资者对这只股票的价值做出判断，并不保证股票发行的投资价值。

在私募的情况下，注册豁免并不意味着发行公司不必向潜在的投资者披露信息。发行公司通常会雇用一家投资银行代理起草一份类似于招股说明书的文件——招股备忘录(offering memorandum)，其与招股说明书的区别在于，招股备忘录不包括证券管理机构认定是"实质"的信息，而且不需要送证券管理机构审查。

▶ 4. 发行定价

发行定价是一级市场的关键环节。如果定价过高，会使股票的发行数量减少，进而使发行公司不能筹集所需资金，股票承销商也会遭受损失；如果定价过低，发行公司会蒙受损失，对于再发行的股票，价格过低还会使老股东受损。发行价格主要有平价、溢价和折价三种。平价发行就是按照股票票面所标明的价格发行；溢价发行就是按超过票面金额的价格发行；折价发行就是按低于票面金额的价格发行。其中，溢价发行又可分为时价发行和中间价发行，前者即按发行时的市场供求状况决定发行价格，后者则会介于时价和平价之间。

（二）认购与销售

发行公司着手完成准备工作之后即可按照预定的方案发售股票，对于承销商来说，就是执行承销合同批发认购股票，然后出售给投资者，具体方式通常有以下几种。

▶ 1. 包销

包销(firm underwriting)是指承销商以低于发行定价的价格把公司发行的股票全部买进，再转卖给投资者，这样承销商就承担了在销售过程中股票价格下跌的全部风险。承销商所得到的买卖差价(spread)是对承销商所提供的咨询服务以及承担包销风险的报偿，也称为承销折扣(underwriting discount)。

在包销发行时，发行公司与承销商正式签订合同，规定承销的期限和到期承销商应支付的款项，如到截止期股票销售任务尚未完成，承销商必须按合同规定如数付清合同确定的价款。若财力不足又不能延期，就必须向银行借款支付。为了增加潜在投资者的基础以便在较短的时间内把股票销售出去，牵头承销商往往会组织销售集团(selling group)，这个集团包括承销银团成员和不属于银团的金融机构，其作用相当于零售商。

在销售过程中，如果股票的市场价格跌到发行报价之下，主承销商可能会根据承销协议在市场上按市场价购买股票以支持发行价格。但如果市场价已显著低于发行价从而导致预定的发行额难以完成，则承销银团只好解散，各个成员尽力去处理自己承诺完成的部分，最终损失各自承担。

▶ 2. 代销

代销(best-effort underwriting)即"尽力销售"，指承销商许诺尽可能多地销售股票，但不保证能够完成预定销售额，任何没有出售的股票可退给发行公司。这样，承销商不承担风险。

▶ 3. 备用包销

通过认股权来发行股票并不需要投资银行的承销服务，但发行公司可与投资银行协商签订备用包销(standby underwriting)合同，该合同要求投资银行作为备用认购者买下未能售出的剩余股票，而发行公司为此支付备用费(standby fee)。但应该指出的是，在现有股东决定是否购买新股或出售他们的认股权的备用期间，备用认购者不能认购新股，以保证现有股东的优先认股权。

与承销相比，私募条件下的认购和销售则较为简单，它通常是根据认购协议(subscription arrangement)直接出售给投资者，而投资银行因安排投资者和提供咨询而获得酬金收入。

四、股票交易市场

股票交易市场(exchange market)也称二级市场(secondary market)，是投资者之间买卖已发行股票的场所。这一市场为股票创造流动性，即可使股票能够迅速出手换取现值。在流动的过程中，投资者将自己获得的有关信息反映在交易价格中，而一旦形成公认的价格，投资者凭此价格就能了解公司的经营概况，公司则知道投资者对其股票价值即经营业绩的判断，这样一个"价格发现过程"降低了交易成本。同时，流动也意味着控制权的重新配置，当公司经营状况不佳时大股东通过卖出股票放弃其控制权，这实质上是一个"用脚投票"的机制，它使股票价格下跌以"发现"公司的有关信息并改变控制权分布状况，进而导致股东大会的直接干预或外部接管，而这两者都是"用手投票"行使控制权。由此可见，二级市场的另一个重要作用是优化控制权的配置，从而保证权益合同的有效性。

股票交易市场通常可分为有组织的证券交易所和场外交易市场，但也出现了具有混合特性的第三市场(the third market)和第四市场(the fourth market)。

(一)证券交易所

证券交易所是由证券管理部门批准的，为证券的集中交易提供固定场所和有关设施，并制定各项规则以形成公正合理的价格和有条不紊的秩序的正式组织。

▶ **1. 证券交易所的组织形式**

世界各国证券交易所的组织形式大致可分为两类。

（1）公司制证券交易所，是由银行、证券公司、投资信托机构及各类公营、民营公司等共同投资入股建立起来的公司法人。

（2）会员制证券交易所，是以会员协会形式成立的不以盈利为目的的组织，主要由证券商组成。只有会员及享有特许权的经纪人才有资格在交易所中进行证券交易，会员对证券交易所的责任仅以其缴纳的会费为限。

由于公司制证券交易所具有较为明显的优势，目前世界上越来越多的证券交易所实行公司制。

▶ **2. 证券交易所的会员制度**

为了保证证券交易有序、顺利地进行，各国的证券交易所都对能进入证券交易所交易的会员做了资格限制。各国确定会员资格的标准各不相同，但主要包括会员申请者的背景、能力、财力，是否有从事证券业务的学识及经验、信誉状况等。此外，有些国家和地区（如日本、澳大利亚、新加坡、巴西，以及我国的北京、上海和深圳等）的证券交易所只吸收公司或合伙组织的会员。按会员所经营业务的性质和作用划分，各国证券交易所的会员又可分为不同的种类。例如，纽约证券交易所的会员可分为佣金经纪人、交易所经纪人、交易所自营商、零股交易商、特种会员五种；伦敦交易所的会员可分为经纪商和自营商两种；日本交易所的会员则分为正式会员和经纪会员两种。

▶ **3. 证券交易所的上市制度**

股票的上市是指赋予某种股票在某个证券交易所进行交易的资格，对上市公司来说，上市可增加其股票的流动性并提高公司的声望和知名度。股票上市后，公司经营者的责任也加重了。股票发行后并不一定就能上市，而要满足条件和程序后方可上市。各国的法律虽然很少直接对股票的上市条件做出明确规定，但各证券交易所为了提高在本证券交易所交易股票的质量，都要求各种股票在本证券交易所交易之前办理申请上市手续，经审查合格后，由股票的发行公司与交易所签订上市协议，缴纳上市费后，才能在本证券交易所交易。各证券交易所的上市标准大同小异，主要包括以下内容：首先要有足够的规模；其次要满足股票持有分布的要求，私募股票通常因无法满足这个标准而不能上市；最后是发行者的经营状况良好。

▶ **4. 证券交易所的交易制度**

1）交易制度优劣的判别标准

交易制度是证券市场微观结构（market microstructure）的重要组成部分，对证券市场功能的发挥起着关键作用。交易制度的优劣可以从六个方面来考察：流动性、透明度、稳定性、效率、成本和安全性。

（1）流动性是指以合理的价格迅速交易的能力，它包含两个方面：即时性和价格影响小。前者指投资者的交易愿望可以立即实现，后者指交易过程对证券价格影响很小。流动性的好坏具体可用三个指标来衡量：市场深度（market depth）、市场广度（market breadth）和弹性（resilience）。如果在现行交易价格上下较小的幅度内有大量的买卖委托，则市场具有深度和广度；如果市场价格因供求不平衡而改变，而市场可以迅速吸引新的买卖力量使价格回到合理水平，则称市场具有弹性。

（2）透明度指证券交易信息的透明，包括交易前信息透明、交易后信息透明和参与交易各方的身份确认，其核心要求是信息在时空分布上的无偏性。

（3）稳定性是指证券价格的短期波动程度。证券价格的短期波动主要源于两个效应：信息效应和交易制度效应。重大信息披露前后的量价关系，一定程度上对证券市场上重大信息披露行为提供佐证。合理的交易制度效应设计应使交易制度效应最小化，尽量减少证券价格在反映信息过程中的干扰。

（4）效率主要包括信息效率、价格决定效率和交易系统效率。信息效率指证券价格能否迅速、准确、充分地反映所有可得的信息。价格决定效率指价格决定机制的效率，如做市商市场、竞价市场中价格决定的效率等。交易系统效率指证券交易系统能否快捷、及时地处理证券交易。

（5）证券交易成本包括直接成本和间接成本。前者指佣金、印花税、手续费、过户费等；后者包括买卖价差、搜索成本、迟延成本和市场影响成本等。

（6）安全性主要指交易技术系统的安全。

2）交易制度的类型

根据价格决定的特点，证券交易制度可以分为做市商交易制度和竞价交易制度。

（1）做市商交易制度也称为报价（quote-driven）制度。在典型的做市商制度下，证券交易的买卖价格均由做市商（market maker）给出，买卖双方并不直接成交，而向做市商买进或卖出证券。做市商的利润主要来自买卖差价，但在买卖过程中，由于投资者的买卖需求不均等，做市商就会有证券存货（多头或空头），从而使自己面临价格变动的风险。做市商要根据买卖双方的需求状况、自己的存货水平以及其他做市商的竞争程度来不断调整买卖报价，从而决定了价格的涨跌。

（2）竞价交易制度也称委托驱动（order-driven）制度。在此制度下，买卖双方直接进行交易或将委托通过各自的经纪商送到交易中心，由交易中心进行撮合成交。按证券交易在时间上是否连续，竞价交易制度又分为间断性竞价交易制度和连续竞价交易制度。

① 间断性竞争交易制度也称集合竞价制度。在该制度下，交易中心（如证券交易所的主机）对规定时段内收到的所有交易委托并不进行一一撮合成交，而是集中起来在该时段结束时进行。因此，集合竞价制度只有一个成交价格，所有委托价在成交价之上的买进委托和委托价在成交价之下的卖出委托都按成交价格全部成交。成交价的确定原则通常是最大成交量原则，即在所确定的成交价格上满足成交条件的委托股数最多。集合竞价制度是一种多边交易制度，其最大的优点在于信息集中功能，即把所有拥有不同信息的买卖者集中在一起共同决定价格。当市场意见分歧较大或不确定性较大时，这种交易制度的优势就较明显。因此，很多交易所在开盘、收盘和暂停交易后的重新开市都采用集合竞价制度。

② 连续竞价制度是指证券交易可在交易日的交易时间内连续进行。在连续竞价过程中，当新进入一笔买进委托时，若委托价大于等于已有的卖出委托价，则按卖出委托价成交；当新进入一笔卖出委托时，若委托价小于等于已有的买进委托价，则按买进委托价成交；若新进入的委托不能成交，则按"价格优先，时间优先"的顺序排队等待。这样循环往复，直至收市。连续竞价制度是一种双边交易，其优点是交易价格具有连续性。

目前，世界上大多数证券交易所都是实行混合的交易制度，如纽约证券交易所实行辅之以专家的竞价制度，巴黎、布鲁塞尔、阿姆斯特丹证券交易所对交易活跃的股票实行连续竞价交易，对交易不活跃的股票实行集合竞价。

对于大宗交易，各个证券交易所都实行了较特殊的交易制度，其中最常见的是拍卖和标购。在拍卖中，卖者只有一个，买者有很多竞争者；在标购中，买者只有一个，卖者则有很多竞争者。例如，上海证券交易所规定：参加拍卖（标购）的应买（卖）证券商，其报价方式采用申报单方式公开表明买（卖）价及数量。参与应买的证券商所报的买入价在拍卖底价以上时，其中出最高买入价的证券商即为拍定人。拍定人有两人以上，而其申报应买的数量超过拍卖数量时，则按各拍定人申报数量的比例拍定。当应买证券商所报买价在拍卖底价以下时，均为无效。同样，凡参加应卖的证券商所报的卖价在标购底价以下时，以卖价最低者为标定人，标定人有两人以上，而所申报应卖的数量超过标购底价时，按各标定人申报买卖数量的比例标定。

阅读专栏

我国的股票交易竞价制度

我国的股票在证券交易所挂牌交易，采取公开的集中竞价方式。集中竞价包括集合竞价和连续竞价两种形式。交易日为周一至周五。国家法定假日和交易所公告的休息日，交易所市场休市。每个交易日 9:15—9:25 为集合竞价时间，9:30—11:30，13:00—15:00 为连续竞价时间。

3）证券交易的种类

证券交易委托是投资者通知经纪人进行证券买卖的指令，其主要种类如下。

（1）市价委托（market order），是指委托人自己不确定价格，而委托经纪人按市面上最有利的价格买卖证券。市价委托的优点是成交速度快，能够快速实现投资者的买卖意图。其缺点是当行情变化较快或市场深度不够时，执行价格可能与发出委托时的市场价格相去甚远。

（2）限价委托（limit order），是指投资者委托经纪人按他规定的价格，以比限定价格更有利的价格买卖证券。具体地说，对于限价买进委托，成交价只能低于或等于限定价格；对于限价卖出委托，成交价只能高于或等于限定价格。限价委托克服了市价委托的缺陷，为投资者提供了较有利的价格买卖证券的机会。但限价委托常常因市场价格无法满足限定价格的要求而无法执行，使投资者坐失良机。

（3）停止损失委托（stop order），是一种限制性的市价委托，是指投资者委托经纪人在证券价格上升到或超过指定价格时按市价买进证券，或在证券价格下跌到或低于指定价格时按市价卖出证券。

（4）停止损失限价委托（stop limit order），是停止损失委托与限价委托的结合，一旦时价（某一时刻的市场价）达到指定价格时，该委托就自动变成限价委托。

拓展阅读 3-1
证券交易所的
合并浪潮

（二）场外交易市场

场外交易市场是相对于证券交易所交易而言的，凡是在证券交易所之外的股票交易活动都可称为场外交易。由于这种交易最初主要是在各证券商的柜台上进行的，因此也称为柜台交易（over the counter，OTC）。

场外交易市场与证券交易所相比，没有固定的集中的场所，而是分散于各地，规模有大有小，由自营商（dealers）来组织交易。自营商与证券交易所的专营商作用类似，他们自己投入资金买入证券，然后随时随地将自己的存货卖给客户，维持市场流动性和连续性，因此也被称为做市商，而买卖差价可以看作自营商提供以上服务的价格。但是，自营商又不像交易所的特种会员一样有义务维持市场的稳定，在价格大幅波动的情况下，这些做市商将会停止交易以避免更大的损失。

场外交易市场无法实行公开竞价，其价格是通过商议达成的，一般是由自营商挂出各种证券的买入和卖出两种价格。如果某种证券的交易不活跃，只需一两个自营商作为市场组织者，当交易活动增加，更多的市场组织者会加入竞争，从而降低买卖差价。

场外交易比在证券交易所上市所受的管制少，灵活方便，可为中小型公司和具有发展潜质的新公司提供二级市场。但是，场外市场也存在缺乏统一的组织、信息不灵等缺点，为此美国于1939年建立了全国证券交易商协会（National Association of Securities Dealers，NASD）这一自我规范组织，受权在证券交易委员会的监督下代表和管理场外交易市场的证券交易商。1971年，该组织开始启用一套电子报价系统，称为全国证券交易商协会自动报价系统（NASDAQ，纳斯达克），从而改变了以前依靠"粉红单"（pink sheet）和电话公布来查询行情的做法，对美国场外交易市场的发展起到革命性作用。为了与传统的OTC市场划清界限，纳斯达克多年来一直声称自己不是OTC的同义语，并且不再使用大写的NASDAQ，而改写为Nasdaq股票市场，简称Nasdaq。

纳斯达克与其他OTC市场最大的区别就在于它跟证券交易所一样有挂牌标准，Nasdaq股票市场还分为两个部分：全国市场和小公司市场。前者的挂牌要求较高，是纳斯达克最大而且交易最活跃的股票市场。

早在1994年，纳斯达克的交易值就超过了伦敦证券交易所和东京证券交易所。目前，除了交易值和市值之外，纳斯达克在上市公司数量、成交量、市场表现、流动性比率（即1%的股价变化所引起的交易量的变动值）、机构持股比率等方面都超过了纽约交易所。

由于互联网技术的应用和普及，20世纪90年代后期，美国OTC市场上开始出现基于互联网通信的电子通信网络（electronic communication network，ECN），即电子交易市场。与纳斯达克做市商主导的交易制度不同，电子交易市场采用自动撮合的交易模式。20世纪末，电子交易市场成为纳斯达克的最大竞争者。2006年1月13日，美国证券交易委员会批准纳斯达克的申请，使之成为继纽约证券交易所和美国证券交易所之后的第三家全国性的证券交易所——纳斯达克证券交易所。

（三）第三市场

第三市场是指原来在证交所上市的股票移到场外进行交易而形成的市场，换言之，第三市场交易的是既在证交所上市又在场外市场交易的股票，以区别于一般含义的柜台交易。

第三市场最早出现于20世纪60年代的美国。长期以来，美国的证交所都实行固定佣金制，而且未对大宗交易提供折扣佣金，导致买卖大宗上市股票的机构投资者（养老基金、保险公司、投资基金等）和一些个人投资者通过场外市场交易上市股票以降低交易费用，这种形式的交易随着20世纪60年代机构投资者的比重明显上升以及股票成交额的不断增大获得了迅速的发展，并形成专门的市场。该市场因佣金便宜、手续简单而备受投资者欢迎。

但在1975年5月1日，美国证券交易委员会宣布取消固定佣金制，由交易所会员自行决定佣金，而且交易所内部积极改革，采用先进技术，提高服务质量，加快成交速度，从而使第三市场不像以前那样具有吸引力了。

（四）第四市场

第四市场是指大机构（和富有的个人）绕开通常的经纪人，彼此之间利用电子通信网络直接进行的证券交易。这些网络允许会员直接将买卖委托挂在网上，并与其他投资者的委托自动配对成交。由于没有买卖价差，其交易费用非常便宜。而且有些ECNs允许用户进行匿名交易，从而满足了一些大机构投资者的需要。

以前的 ECNs 通常只允许大的机构投资者进入，但目前中小投资者也可以通过网上、网下，或通过经纪人在 ECNs 上交易。可以说，ECNs 的出现已给包括纽约证交所和纳斯达克在内所有的证券市场造成极大的挑战。

目前，较著名的 ECNs 有 Instinet、Island ECN、SelectNet、REDIBOOK、Archipeli-go、BrassUtilities、StrikeTechnologies、POSIT、Crossing Network 等。ECNs 的发展一方面对证交所和场外交易市场形成了巨大的竞争压力，从而促使这些市场降低佣金、改进服务；另一方面也对证券市场的管理提出了挑战。

第二节 债券市场

债券市场是资本市场的另一种基本形态，其发行和交易的债券工具与权益工具有着本质的区别，因此债券市场的特点也与股票市场有所不同。

一、债券的概念与种类

（一）债券的概念

债券是投资者向政府、公司或金融机构提供资金的债权债务合同。该合同载明发行者在指定日期支付利息并在到期日偿还本金的承诺，其要素包括期限、面值与利息、税前支付利息、求偿等级、限制性条款、抵押与担保及选择权（如赎回与转换条款）。这些要素使得债券具有与股票不同的特征。

（1）股票一般是永久性的，因而是无须偿还的；而债券是有期限的，到期日必须偿还本金，且半年或一年支付一次利息，因此对于公司来说，若发行过多的债券就可能资不抵债而破产。

（2）股东从公司税后利润中分享股利，而且股票本身增值或贬值的可能性较大；债券持有者则从公司税前利润中得到固定利息收入，而且债券面值本身增值或者贬值的可能性不大。

（3）在求偿等级上，股东的排列次序在债权人之后，当公司由于经营不善等原因破产时，债权人有优先取得公司财产的权利；其次是优先股股东；最后才是普通股东。但通常破产意味着债权人要蒙受损失，因为剩余资产不足以清偿所有债务，这使债权人实际上成了剩余索取者。尽管如此，债权人无权追究股东个人资产。同时，债券按索取权的排列次序也区分不同等级，高级债券是指具有优先索取权的债券，而低级或次级债券是指索取权排名于一般债权人之后的债券，一旦公司破产清算时，先偿还高级债券，然后才偿还次级债券。

（4）限制性条款涉及控制权问题，股东可以通过投票来行使剩余控制权，而债权人一般没有投票权，但他可能要求对大的投资决策有一定的发言权，这主要表现在债务合同常常包括限制经理及股东职责的条款，如在公司进行重大的资产调整时要征求大债权人的意见。另外，在公司破产的情况下，剩余控制权将由股东转移到债权人手中，债权人有权决定清算公司还是重组公司。

（5）权益资本是一种风险资本，不涉及抵押担保问题，而债务资本可要求以某一或某些特定资产作为保证偿还的抵押，以提供超出发行人通常信用地位之外的担保，这实际上降低了债务人无法按期还本付息的风险（违约风险或称信用风险）。

（6）在选择权方面，股票主要表现为可转换优先股和可赎回优先股，而债券则更为普遍。一方面，多数公司在公开发行债券时都附有赎回条款，在某一预定条件下，由公司决定是否按预定价格（一般比债券面值高）提前从债券持有者手中购回债券。另一方面，许多债券附有可转换性，这些可转换债券在到期日或到期日之前的某一期限内可以按预先确定的比例（称为转换比率）或预先确定的价格（称为转换价格）转换成股票。

（二）债券的种类

债券的种类繁多，按发行主体不同可分为政府债券、公司债券和金融债券三大类，而这三大类债券根据其要素组合的不同又可细分为不同的种类。

▶ **1. 政府债券**

政府债券是指中央政府、政府机构和地方政府发行的债券，它以政府的信誉作为保证，通常无须抵押品，其风险在各种投资工具中是最小的。

1）中央政府债券

中央政府债券是中央政府发行的以国家财政收入为保证的债券，也称为国家公债（简称国债）。其特点首先表现为一般不存在违约风险，故又称为金边债券；其次是可享受税收优惠，其利息收入可豁免所得税。在美国，国债按期限可分为 1 年以内的短期国债、1～10 年的中期国债，以及 10～30 年的长期国债。短期国债属货币市场工具，是一种贴现证券；中期国债和长期国债属于资本市场工具，是一种息票证券，通常是每 6 个月付一次息，到期偿还本金。此外，按是否与物价挂钩，国债可分为固定利率公债和保值公债。前者在发行时就确定名义利率，投资者得到的真实利率取决于投资期的通货膨胀率；后者的本金则随通货膨胀指数进行调整，利息是根据调整后的本金支付的，因此不受通货膨胀影响，可以保护债券的价值。

2）政府机构债券

在美国、日本等不少国家，除了财政部外，一些政府机构也可发行债券，这些债券的收支偿付均不列入政府预算，而是由发行单位自行负责。有权发行债券的政府机构有两种：一种是政府部门机构和直属企事业单位，如美国联邦住宅和城市发展部下属的政府全国抵押协会（GNMA）；另一种是虽然由政府主办却属于私营的机构，如联邦全国抵押贷款协会（FNMA）和联邦住宅抵押贷款公司（FHLMC）。这些政府有关机构或资助企业具有某些社会功能，它们通过发行债券的经济部门来增加信贷资金以及降低融资成本，其债券最终由中央政府做后盾，因此信誉也很高。

3）地方政府债券

在多数国家，地方政府都可以发行债券，这些债券也是由政府担保，其信用风险仅次于国债及政府机构债券，同时也具有税收豁免特征。若按偿还的资金来源可分为普通债券和收益债券两大类。普通债券是以发行人的无限征税能力为保证来筹集资金用于提供基本的政府服务，如教育、治安、防火、抗灾等，其偿还列入地方政府的财政预算。收益债券则是为了给某一特定的营利建设项目（如公用电力事业、自来水设施、收费公路等）筹资而发行的，其偿还依靠这些项目建成后的营运收入。

▶ **2. 公司债券**

公司债券是公司为筹措营运资本而发行的债券，这类债券要求不管公司业绩如何都应优先偿还其固定收益，否则将在相应破产法的裁决下寻求解决，因此其风险小于股票，但高于政府债券。公司债券的种类很多，通常可分为以下几类。

1）按抵押担保状况分类

按抵押担保状况划分，可分为信用债券、抵押债券、担保信托债券和设备信托证。

(1) 信用债券是完全凭公司信誉，不提供任何抵押品而发行的债券。其持有者的求偿权排名在有抵押债权人对抵押物的求偿权之后，对未抵押的公司资产有一般求偿权，即和其他债权人排名相同。发行这种债券的公司必须有较好的声誉，一般只有大公司才能发行，而且期限较短，利率较高。

(2) 抵押债券是以土地、房屋等不动产为抵押品而发行的一种公司债，也称固定抵押公司债。如果公司不能按期还本付息，债权人有权处理抵押品以资抵偿。在以同一不动产为抵押品多次发行债券时，应按发行顺序分为第一抵押债券和第二抵押债券：前者对抵押品有第一置留权，首先得到清偿；后者只有第二置留权，只能待前者清偿后，用抵押品的剩余款偿还本息。

(3) 担保信托债券是以公司特有的各种动产或有价证券为抵押品而发行的公司债券，也称为流动抵押公司债。用作抵押品的证券必须交由受托人保管，但公司仍保留股票表决及接受股息的权利。

(4) 设备信托证是指公司为了筹资购买设备并以该设备为抵押品而发行的公司债券。发行公司购买设备后，即将设备所有权转交给受托人，再由受托人以出租人的身份将设备租赁给发行公司，发行公司则以承租人的身份分期支付租金，由受托人代为保管及还本付息，到债券本息全部还清后，该设备的所有权才转让给发行公司。这种债券常用于铁路、航空或其他运输部门。

2）按利率分类

按利率划分，可分为固定利率债券、浮动利率债券、指数债券和零息债券。

(1) 固定利率债券是指事先确定利率，每半年或一年付息一次，或一次性还本付息的公司债券。这种公司债券最为常见。

(2) 浮动利率债券是在某一基础利率（例如同期限的政府债券收益率、优惠利率、Libor等）之上增加一个固定的溢价，如 100 个基点即 1％，以防止未来市场利率变动可能造成的价值损失。对某些中小型公司或状况不太稳定的大公司来说，发行固定利率债券发生困难或成本过高时，可考虑选择浮动利率债券。

(3) 指数债券是通过将利率与通货膨胀率挂钩来保证债权人不致因物价上涨而遭受损失的公司债券，挂钩办法通常为

$$债券利率＝固定利率＋通胀率＋固定利率×通胀率$$

有时，用来计算利息的指数并不与通胀率相联系，而与某一特定的商品价格（油价、金价等）挂钩，这种债券又称为商品相关债券。

(4) 零息债券即以低于面值的贴现方式发行，到期按面值兑现，不再另付利息的债券，它与短期国库券相似，可以省去利息再投资的麻烦，但该种债券的价格对利率变动极为敏感。

3）按内含选择权分类

按内含选择权划分，可分为可赎回债券、偿还基金债券、可转换债券和带认股权证的债券。

(1) 可赎回债券是指公司债券附加早赎和以新偿旧条款，允许发行公司选择于到期日之前购回全部或部分债券。当市场利率降至债券利率之下时，赎回债券或代之以新发行的低利率债券对债券持有人不利，因此通常规定在债券发行后至少 5 年内不允许赎回。

(2) 偿还基金债券是指要求发行公司每年从盈利中提存一定比例存入信托基金，定期偿还本金，即从债券持有人手中购回一定量的债券。这种债券与可赎回债券相反，其选择权在债券持有人一方。

（3）可转换债券是指公司债券附加可转换条款，赋予债券持有人按预先确定的比例（转换比率）转换为该公司普通股的选择权。大部分可转换债券都是没有抵押的低等级债券，并且是由风险较大的小型公司所发行的。一方面，这类公司筹措债务资本的能力较低，使用可转换债券的方式将增强对投资者的吸引力；另一方面，可转换债券可被发行公司提前赎回。

（4）带认股权证的债券是指把认股权证作为公司债券合同的一部分附带发行。与可转换债券一样，认股权证允许债券持有人购买发行人的普通股，但对于公司来说，认股权证是不能赎回的。

▶ 3. 金融债券

金融债券是银行等金融机构为筹集信贷资金而发行的债券。在西方国家，由于金融机构大多属于股份公司组织，故金融债券可纳入公司债券的范围。

发行金融债券，表面看来同银行吸收存款一样，但由于债券有明确的期限规定，不能提前兑现，所以筹集的资金要比存款稳定得多。更重要的是，金融机构可以根据经营管理的需求，主动选择合适时机发行必要数量的债券以吸引低利率资金，故金融债券的发行通常被看成银行资产负债管理的重要手段，而且，由于银行的资信度比一般公司要高，金融债券的信用风险也较公司债券低。

二、债券的一级市场

债券的发行与股票类似，不同之处主要在于发行合同书和债券评级两个方面。此外，由于债券是有期限的，因此其一级市场多了偿还环节。

（一）发行合同书

发行合同书也称信托契据，是说明公司债券持有人和发行债券公司双方权益的法律文件，由受托管理人（通常是银行）代表债券持有人利益监督合同书中各条款的履行。

债券发行合同书一般很长，其中各种限制性条款占很大篇幅。对于有限责任公司来说，一旦资不抵债而发生违约，债权人的利益会受损害，这些限制性条款就是用来保护债权人利益的，它一般可分成否定性条款和肯定性条款。

▶ 1. 否定性条款

否定性条款是指不允许或限制股东做某些事情的规定。一般的限制性条款是有关债权清偿的条款，例如利息和偿还基金的支付，只要公司不能按期支付利息或偿还基金，债券持有人有权要求公司立即偿还全部债务。

典型的限制性条款对追加债务、分红派息、运营资本水平与财务比率、使用固定资产抵押、变卖或购置固定资产、租赁、工资以及投资方向等都可能做出不同程度的限制。这些限制实际上可以理解为对公司设置某些最高限。

有些债券还包括所谓"交叉违约"条款，该条款规定，对于有多笔债务的公司，只要对其中一笔违约，则认为对全部债务违约。

▶ 2. 肯定性条款

肯定性条款是指公司应该履行某些责任的规定，如要求运营资金、权益资本达到一定水平以上。这些肯定性条款可以理解为对公司设置某些最低限。

无论是否定性条款还是肯定性条款，公司都必须严格遵守，否则可能导致违约。但在违约的情况下，债权人并不总是急于追回全部债务，一般情况下会设法由债券受托管理人找出变通方法，要求公司改善经营管理。迫使公司破产清算一般是债权人的最后手段，因为破产清算对于债权人通常并不是最有利的。

（二）债券评级

债券违约风险的大小与投资者的利益密切相关，也直接影响着发行者的筹资能力和成本。为了较客观地估计不同债券的违约风险，通常需要由中介机构进行评级，但评级是否具有权威性则取决于评级机构。目前，最著名的两大评级机构是标准普尔（Standard & Poor's）公司和穆迪（Moody's）投资者服务公司。

（三）债券的偿还

债券的偿还一般可分为定期偿还和任意偿还两种方式。

▶ 1. 定期偿还

定期偿还是在经过一定宽限期后，每过半年或者一年偿还一定金额的本金，到期时还清余额。定期偿还一般适用于发行数量巨大、偿还期限长的债券，但国债和金融债券一般不使用该方法。

定期偿还具体有两种方法：一是以抽签的方式确定并按票面价格偿还；二是从二级市场上以市场价格购回债券。为了增加债券信用和吸引力，有的公司还建立偿还基金用于债券的定期偿还。

▶ 2. 任意偿还

任意偿还是债券发行一段时间（称为保护期）以后，发行人可以任意偿还债券的一部分或全部，具体可根据早赎条款（允许或要求发行人在到期前赎回债券的条款）或以新偿旧条款操作，也可在二级市场上买回债券予以注销。

投资银行往往是具体偿还方式的设计者和操作者，在债券偿还过程中，投资银行有时也为发行者代理本金返还。

三、债券的二级市场

债券的二级市场与股票类似，也可分为证券交易所、场外交易所，以及第三市场和第四市场几个层次。证券交易所是债券二级市场的重要组成部分，在证券交易所申请上市的证券主要是公司债券，但国债一般不用申请即可上市，享有上市豁免权。然而，上市债券与非上市债券相比，在债券总量中所占的比重很小，大多数债券的交易是在场外市场进行的，场外交易市场是债券二级市场的主要形态。

关于债券二级市场的交易机制，与股票并无差别，只是由于债券的风险小于股票，其交易价格的波动幅度也较小。其他方面不再赘述。

第三节　投资基金市场

投资基金是资本市场的一个新的动态，它本质上是股票、债券及其他证券的机构化，不仅有利于克服个人分散投资的种种不足，而且成为个人投资者分散投资风险的最佳选择，从而极大地推动了资本市场的发展。

一、投资基金的概念和种类

（一）投资基金的概念

投资基金是指通过发行基金券（基金股份或收益凭证）将投资者分散的资金集中起来，

由专业管理人员分散投资于股票、债券或其他金融资产，并将投资收益分配给基金持有者的一种投资制度。

投资基金在不同的国家和地区有不同的称谓，美国称为"共同基金"或"互助基金"，也称为"投资公司"；英国和我国香港地区称为"单位信托基金"，日本、韩国和我国台湾地区称为"证券投资信托基金"。虽然称谓有所不同，但特点却无本质区别，可以归纳为以下几方面。

▶ 1. 规模经营——低成本

投资基金将小额资金汇集起来，其经营具有规模优势，可以降低交易成本，对于筹资方来说，也可有效降低其发行费用。

▶ 2. 分散投资——低风险

投资基金可以将资金分散投资到多种证券或资产上，通过有效组合最大限度地降低非系统风险。

▶ 3. 专家管理——更多的投资机会

投资基金是由具有专业化知识的人员进行管理，特别是精通投资业务的投资银行的参与，从而能够更好地利用各种金融工具，抓住各个市场的投资机会，创造更好的收益。

▶ 4. 专业化服务——方便

投资资金从发行、收益分配、交易到赎回都有专门的机构负责，特别是可以将收益自动转化为再投资，使整个投资过程轻松、简便。

（二）投资基金的种类

根据不同的标准，投资基金的种类有不同的划分方式。

▶ 1. 根据组织形式划分

根据组织形式划分，可分为公司型基金和契约型基金。

1）公司型基金

公司型基金是依据公司法成立的、以盈利为目的的股份有限公司形式的基金，其特点是基金本身是股份制的投资公司，基金公司通过发行股票筹集资金，投资者通过购买基金公司股票而成为股东，享有基金收益的索取权。

公司型基金又可细分为开放性和封闭型两种。开放型基金可以无限地向投资者追加发行股份，并且随时准备赎回发行在外的基金股份，因此其股份总数是不固定的，这种基金就是一般所称的投资基金或共同基金。而封闭型基金的股份总数固定，且规定封闭期限，在封闭期限内投资者不得向基金管理公司提出赎回，只能寻求在二级市场上挂牌转让，其中以柜台交易为多。

2）契约型基金

契约型基金是依据一定的信托契约组织起来的基金，其中作为委托人的基金管理公司通过发行收益凭证筹集资金，并将其交由受托人（基金保管公司）保管，基金管理公司则负责基金的投资运营，而投资者则是受益人，凭基金收益凭证索取投资收益。契约型基金也有开放式和封闭式之分，其分类与公司型相同。我国目前的基金均为契约型基金。

▶ 2. 根据投资目标划分

根据投资目标划分，可分为收入型基金、成长型基金和平衡型基金。

1）收入型基金

收入型基金是以获取最大的当期收入为目标的投资基金，其特点是损失本金的风险小，但长期成长的潜力也相应较小，适合较保守的投资者。收入型基金又可分为固定收入型和权益收入型两种：前者主要投资于债券和优先股股票，后者则主要投资于普通股。

2）成长型基金

成长型基金是以追求资本的长期增值为目标的投资基金，其特点是风险较大，可以获取的收益也很大，适合能承受高风险的投资者。成长型基金又可分为三种：一是积极成长型，通常投资于有高成长潜力的股票或其他证券；二是新兴成长型，通常投资于新行业中有成长潜力的小公司或有高成长潜力行业（如高科技）中的小公司；三是成长收入型，这类基金兼顾收入，通常投资于成长潜力大、红利也较丰富的股票。

3）平衡型基金

平衡型基金是以净资产的稳定、可观的收入及适度的成长为目标的基金投资，其特点是具有双重投资目标，谋求收入和成长的平衡，故风险适中，成长潜力也不是很大。

▶ 3. 根据地域不同划分

根据地域不同，可分为国内基金、国家基金、区域基金和国际基金。

1）国内基金

国内基金是只把资金投资于国内有价证券，且投资者多为本国公民的一种投资基金。

2）国家基金

国家基金是指在境外发行基金份额筹集资金，然后投资于某一特定国家或地区资本市场的投资基金。这种基金大都规定了还款期限，并有一个发行总额限制，属于封闭型基金。

3）区域基金

区域基金是把资金分散投资于某一地区各个不同国家资本市场的投资基金。这种基金的风险较国内基金和国家基金小。

4）国际基金

国际基金，也称全球基金，它不限定国家和地区，将资金分散投资于全世界各主要资本市场上，从而最大限度地分散风险。

▶ 4. 根据投资对象划分

根据投资对象划分，可分为以下几类。

（1）股票基金，即基金的投资对象是股票，这是基金最原始、最基本的品种之一。

（2）债券基金，即投资于债券的基金，这是基金市场上规模仅次于股票基金的另一重要品种。

（3）货币基金，即投资于存款凭证、短期票据等货币市场工具的基金，属于货币市场范畴（参见第二章）。

（4）专门基金，是从股票基金发展而来的投资于单一行业股票的基金，也称次级股票基金。

（5）衍生基金和杠杆基金，即投资于衍生金融工具，包括期货、期权、互换等并利用其杠杆比率进行交易的基金。

（6）对冲基金与套利基金。对冲基金，又称套期保值基金，是在金融市场上进行套期保值交易，利用现货市场和衍生市场对冲的基金。这种基金能最大限度地避免和降低风险，因此也称避险基金。套利基金是在不同金融市场上利用其价格差异低买高卖进行套利的基金，也属低风险稳回报基金。

（7）伞型基金。严格来说，伞型基金并不是一种基金，只是在一组基金（称为母基金）

之下，再组成若干个子基金，以方便和吸引投资者在其中自由选择和低成本转换基金，来稳定投资队伍。

（8）基金中的基金。基金中的基金是以本身或其他基金单位为投资对象的基金，其选择面比伞型基金更广，风险也进一步分散降低。

二、投资基金的设立和募集

（一）投资基金的设立

设立基金首先需要发起人，发起人可以是一个机构，也可以是多个机构共同组成。一般来说，基金发起人必须同时具备下列条件：①至少有一家金融机构；②实收资本在基金规模一半以上；③均为公司法人；④有两年以上的盈利记录；⑤首次认购基金份额不低于20%，同时保证基金存续期内持有基金份额不低于10%。

发起人要确定基金的性质并制定相关的要件，如属于契约型基金，则包括信托契约；如属于公司型基金，则包括基金章程和所有重大的协议书。这些文件规定了基金管理人、保管人和投资者之间的权利义务关系，会计师、律师、承销商的有关情况，以及基金的投资政策、收益分配、变更、终止和清算等重大事项。发起人准备好各项文件后，报送主管机关，申请设立基金。

在很多情况下，基金是由基金管理公司或下设管理部的投资银行作为发起人，在基金设立后往往成为基金的管理人，如果发起人不能直接管理该基金，则需要专门设立基金管理公司或聘请专业基金经理公司作为基金管理人。几乎所有的大型投资银行都设有基金部或基金管理分公司，它们经常以经理公司的身份出现在基金市场上。设立基金的另一个重要当事人是保管人，即基金保管公司，一般由投资银行、商业银行或保险公司等金融机构充当，担任保管公司也是投资银行基金管理的重要业务之一。

（二）投资基金的募集

基金的设立申请一旦获主管机关批准，发起人即可发布基金招募说明书，着手发行基金股份或受益凭证，该股票或凭证由基金管理公司和基金保管公司共同签署并经签证后发行，发行方式可分公募和私募两种，类似于股票的发行。

三、投资基金的运作与投资

（一）投资基金的运作

按照国际惯例，基金在发行结束一段时间内，通常为3～4个月，就应安排基金证券的交易事宜。对于封闭型基金股份或收益凭证，其交易与股票、债券类似，可以通过自营商或经纪人在基金二级市场上随行就市，自由转让。对于开放型基金，其交易表现为投资者向基金管理公司认购股票或受益凭证，或基金管理公司赎回股票或受益凭证，认购或赎回价格一般按当日每股股票或每份受益凭证的基金净资产价值来计算，大部分基金是每天报价一次，计价方式主要采用"未知价"方式，即基金管理公司在当天收市后才计价以充分反映基金净资产和股份或受益凭证总数的变化。

（二）投资基金的投资

投资基金的一个重要特征是分散投资，通过有效的组合来降低风险。因此，基金的投资就是投资组合的实现，不同种类的投资基金根据各自的投资对象和目标，确定和构建不同的证券组合，其基本原理和操作方法将在第十一章中介绍。

本章小结

　　资本市场通常由股票市场、债券市场和投资基金市场组成。

　　股票是投资者向股份有限公司提供资本的权益合同，是公司的所有权凭证。按剩余索取权和剩余控制权的不同，可分为不同种类的股票，最基本的分类是普通股和优先股。

　　债券是投资者向政府、公司或金融机构提供资金的债权债务合同，它具有与股票不同的特征，可以分为政府债券、公司债券和金融债券。

　　股票市场和债券市场的组织结构可以分为一级市场和二级市场。一级市场是发行新的股票和债券的市场；二级市场是买卖已发行股票和债券的市场。

　　投资基金是资本市场的一个新的形态，它本质上是股票、债券及其他证券投资的机构化，即通过发行基金股份（或受益凭证）将投资者分散的资金集中起来，由专业管理人员分散投资于股票、债券或其他金融资产，并将投资收益分配给基金持有者的一种投资制度。

本章重要概念

股份有限公司　上市公司　股票　普通股　剩余索取权　剩余控制权　优先认股权
优先股　累积优先股　非累积优先股　包销　承销　第三市场　第四市场
做市商交易制度　债券　可转换债券　可赎回债券　零息债券　投资基金
开放型基金　封闭型基金　公司型基金　契约型基金

思考题和在线自测

本章复习思考题

在线自测

第四章 外汇市场

学习目标

1. 掌握外汇市场的概念和构成要素。
2. 深入理解外汇市场的汇率决定理论。
3. 了解外汇市场的交易方式以及外汇市场的发展趋势。

学习要点

1. 外汇市场的概念。
2. 外汇市场的构成。
3. 外汇市场的汇率决定理论。
4. 外汇市场的交易方式。

案例导入

外汇市场：人民币对美元汇率先贬后升

2021 年 8 月份以来，人民币对美元汇率走出先贬后升的趋势，总体走贬。

实际上，自 2021 年 5 月下旬以来，美元指数持续反弹，升幅约为 4.5％。市场人士预计，短期美元指数小幅反弹后窄幅整理，预计美元仍将维持高位震荡，随着美联储 Taper 渐近，美元指数可能重新回落，人民币汇率或将走强，但人民币进一步升值的空间或有限，汇率整体仍将区间震荡，但波幅将加大。

2021 年 8 月份，人民币三大汇率指数全线收涨。8 月 31 日，CFETS(中国外汇交易中心)人民币汇率指数报 98.65，较上月末升值 0.33％。参考 BIS 货币篮子和 SDR 货币篮子的人民币汇率指数分别报 102.53 和 96.94，较上月末分别升值 0.27％和 0.32％。

值得注意的是，2021 年 8 月 20 日，CFETS 人民币汇率指数报 99，这是自 2016 年 3 月中旬以来，该汇率指数首次站上 99 大关。业内人士表示，总体来看，汇率指数走升反映了在全球经济复苏不平衡、不均衡的状态下，我国实体经济的发展情况良好。

与上月相同，2021 年 8 月份，人民币对美元双边汇率和人民币多边汇率指数的升贬值趋势相反。分析人士认为，双边汇率走势显示我国相对发达国家的优势可能在缩小。8 月份是生产淡季，而且受国内新冠肺炎疫情反复的影响，国内制造业 PMI 险守扩张关口，非制造业 PMI 则降至临界点以下。国外疫情控制不力导致外需不振的情况预计很难改善，出口增速放缓，领先指标如新出口订单指数已经下降。

资料来源：外汇市场：人民币对美元汇率先贬后升[N]. 金融时报，2021-09-23(007).

国际上因贸易、投资、旅游等经济往来，总不免产生货币收支关系。但各国货币制度不同，要想在国外支付，一方面，必须先以本国货币购买外币；另一方面，从国外收到外币支付凭证也必须兑换成本国货币才能在国内流通。外汇市场的存在解决了本国货币与外国货币的兑换问题。所有买卖外汇的商业银行、专营外汇业务的银行、外汇经纪人、进出口商，以及其外汇市场供求者都经营各种现汇交易及期汇交易。这一切外汇业务组成一国的外汇市场，是金融市场的重要组成部分。

第一节　外汇市场概述

一、外汇与汇率

（一）外汇的概念

外汇（foreign exchange），看似与普通大众很遥远，但却与全世界每个人息息相关。外汇交易也是很多人投资或理财的一种重要形式。外汇有广义上的概念和狭义上的概念。

广义上的外汇，指的是一国拥有的一切以外币表示的资产。国际货币基金组织（IMF）对外汇的定义是："外汇是货币行政当局（中央银行、货币管理机构、外汇平准基金及财政部）以银行存款、财政部库券、长短期政府证券等形式保有的在国际收支逆差时可以使用的债权。"

狭义上的外汇，指的是以外国货币表示的，为各国普遍接受的，可用于国际间债权债务结算的各种支付手段。它必须具备三个特点：可支付性、可获得性和可换性。可支付性是指资产必须以外国货币表示，可获得性是指债权在国外能够得到补偿，可换性是指外币资产可以自由兑换为其他支付手段。

外汇还有动态和静态之分。外汇的动态概念，是指货币在各国间的流动，以及把一个国家的货币兑换成另一个国家的货币，借以清偿国际间债权、债务关系的一种专门性的经营活动，是国际间汇兑的简称。外汇的静态概念通常用于国家的外汇管理法令之中。例如，2008年发布的《中华人民共和国外汇管理条例》第三条中规定："外汇，是指下列以外币表示的可以用作国际清偿的支付手段和资产：①外币现钞，包括纸币、铸币；②外币支付凭证或者支付工具，包括票据、银行存款凭证、银行卡等；③外币有价证券，包括债券、股票等；④特别提款权；⑤其他外汇资产。"

阅读专栏

特别提款权

特别提款权（special drawing right，SDR），亦称"纸黄金"（paper gold），最早发行于1969年，是国际货币基金组织根据会员国认缴的份额分配的，可用于偿还国际货币基金组织债务、弥补会员国政府之间国际收支逆差的一种账面资产，其价值目前由多国货币组成的"一篮子"储备货币决定。会员国在发生国际收支逆差时，可用它向基金组织指定的其他会员国换取外汇，以偿付国际收支逆差或偿还基金组织的贷款，还可与黄金、自由兑换货币一样充当国际储备。因为它是国际货币基金组织原有的普通提款权以外的一种补充，所以称为特别提款权。

SDR的货币篮子及其权重每5年审议一次。2001年、2006年和2011年的三次调整仅涉及货币篮子的权重。2011年1月1日实行调整后，美元、欧元、日元和英镑的占比由2006年的44%、34%、11%和11%调整为41.9%、37.4%、9.4%和11.3%，但SDR的货币篮子币种及数量的调整一直没有进展，直到 2015 年人民币获准加入。2015 年 11 月 30 日，国际货币基金组织正式宣布人民币 2016 年 10 月 1 日加入 SDR。2016 年 10 月 1 日，特别提款权的价值是由美元、欧元、人民币、日元、英镑这五种货币所构成的一篮子货币的当期汇率确定，所占权重分别为 41.73%、30.93%、10.92%、8.33% 和 8.09%。

2022 年 5 月 11 日，国际货币基金组织执董会完成了五年一次的特别提款权（SDR）定值审查，维持现有 SDR 货币篮子构成不变，即仍由美元、欧元、人民币、日元和英镑构成，并将人民币权重由 10.92% 上调至 12.28%。

人民币加入 SDR 货币篮子整体有利于提高我国在国际货币体系中的话语权，有利于统筹国内外经济两个大局，有利于我国经济转型发展和金融体系改革，但是，相关的风险防范亦是需要重视的。人民币加入 SDR 使得其在跨境资本流动中的地位上升，而利率和汇率定价更加市场化就会使得人民币及其相关资产价格波动加剧，特别是外部风险的外溢效益以及内外风险的共振问题。比如美联储加息可能对人民币造成贬值压力，人民币贬值可能导致资本流出、资产估值下移以及诸如股票、房地产市场价格下跌等风险。

（二）汇率及其标价

汇率简称 EXRATE，亦称外汇牌价、外汇行市或汇价等，EXRATE 是英文的 Exchange Rate 的缩写，其表示的含义是一种货币兑换另一种货币的比率，是以一种货币表示另一种货币的价格。由于世界各国（各地区）货币的名称不同，币值不一，所以一种货币对其他国家（或地区）的货币要规定一个兑换率，即汇率。

从短期来看，一国（或地区）的汇率由对该国（或地区）货币兑换外币的需求和供给所决定。外国人购买本国商品、在本国投资，以及利用本国货币进行投资会影响本国货币的需求。本国居民想购买外国产品、向外国投资，以及外汇投机也会影响本国货币供给。长期来看，影响汇率的主要因素有相对价格水平、关税和限额、对本国商品相对于外国商品的偏好，以及生产率。

汇率主要有两种标价方式：直接标价法和间接标价法。

▶ **1. 直接标价法**

直接标价法，又叫应付标价法，是以一定单位的外国货币为标准来计算应付出多少单位本国货币，相当于计算购买一定单位外币应付多少本币，所以也叫作应付标价法，包括中国在内的世界上绝大多数国家目前都采用直接标价法。在国际外汇市场上，日元、瑞士法郎、加元等均为直接标价法，如日元 104.55 即 1 美元兑 104.55 日元。在直接标价法下，若一定单位的外币折合的本币数额多于前期，则说明外币币值上升或本币币值下跌，叫作外汇汇率上升；反之，如果要用比原来较少的本币即能兑换到同一数额的外币，这说明外币币值下跌或本币币值上升，叫作外汇汇率下跌，即外币的价值与汇率的涨跌成正比。

▶ **2. 间接标价法**

间接标价法，又称应收标价法，是以一定单位的本国货币为标准，来计算应收多少单位的外国货币。在国际外汇市场上，欧元、英镑、澳元等均为间接标价法，如欧元 1.103 7 即 1 欧元兑 1.103 7 美元。在间接标价法中，本国货币的数额保持不变，外国货币的数额随着本国货币币值的对比变化而变动。如果一定数额的本币能兑换的外币数额比前期少，这表明外币币值上升，本币币值下降，即外汇汇率上升。

二、外汇市场

（一）外汇市场的含义

外汇市场，是指进行外汇买卖的场所。在外汇市场上，外汇买卖有两种类型：一类是本币与外币之间的买卖，即需要外汇者用本币购买外汇，或持有外汇者卖出外汇换取本币；另一类是不同币种的外汇之间的买卖。例如，在纽约外汇市场上，美元与各种外汇之间的交易属于前一类型，欧元与日元的兑换属于后一类型。

（二）外汇市场的分类

▶ **1. 根据有无固定场所划分**

根据有无固定场所划分，外汇市场可以分为有形市场和无形市场。

（1）有形市场是指有具体交易场所的市场。外汇市场的出现与证券市场相关。外汇市场产生之初，多在证券交易所交易大厅的一角设立外汇交易场所，称外汇交易所。外汇买卖各方在每个营业日的约定时间集中在此从事外汇交易。早期的外汇市场以有形市场为主，因该类市场最早出现在欧洲大陆，故又称"大陆式市场"。

（2）无形市场是指没有固定交易场所，所有外汇买卖均通过联结于市场参与者之间的电话、电传、电报及其他通信工具进行的抽象交易网络。目前，无形市场是外汇市场的主要组织形式，因其最早产生于英国、美国，故又称"英美式市场"。

与有形市场相比，无形市场具有以下优势。①市场运作成本低。有形市场的建立与运作，依赖于相应的投入与费用支出，如交易场地的购置费（租金）、设备的购置费、员工的薪金等；无形市场则无须此类投入。②市场交易效率高。无形市场中的交易双方不必直接见面，仅凭交易网络便可达成交易，从而使外汇买卖的时效性大大增强。③无形市场有利于市场一体化。在无形市场，外汇交易不受空间限制，通过网络将各区域的外汇买卖连成一体，有助于市场的统一。

▶ **2. 根据交易主体分类**

根据外汇交易主体的不同，外汇市场可以分为银行间市场和客户市场。

（1）银行间市场，亦称"同业市场"，是由外汇银行之间相互买卖外汇而形成的市场。银行间市场是现今外汇市场的主体，其交易量占整个外汇市场交易量的90％以上，又称为外汇批发市场。

（2）客户市场指外汇银行与一般顾客（进出口商、个人等）进行交易的市场。客户市场的交易量占外汇市场交易总量的比重不足10％，又称为外汇零售市场。

三、外汇市场的特征

▶ **1. 外汇市场全球一体化**

（1）外汇市场分布呈全球化格局。以全球最主要的外汇市场为例：美洲有纽约、多伦多；欧洲有伦敦、巴黎、法兰克福、苏黎世、米兰、布鲁塞尔、阿姆斯特丹；亚洲有东京、香港、新加坡。

（2）外汇市场高度一体化。全球市场连成一体，各市场在交易规则、方式上趋同，具有较大的同质性。

（3）各市场在交易价格上相互影响。如西欧外汇市场每日的开盘价格都参照中国香港和新加坡外汇市场的价格来确定，当一个市场发生动荡，往往会影响到其他市场，引起连锁反应，市场汇率表现为价格均等化。

▶ **2. 外汇市场全天候运行**

从全球范围看，外汇市场是一个24小时全天候运行的昼夜市场。在每天的交易中，大洋洲的惠灵顿、悉尼最先开盘，接着是亚洲的东京、香港、新加坡，然后是欧洲的法兰克福、苏黎世、巴黎和伦敦，再接着美洲大陆的纽约开盘，当纽约收市时，惠灵顿又开始了新一天的交易。在欧洲时间的下午，伦敦和纽约的两大市场均在营业，是大额交易的最佳时间，大的外汇交易商及各国的中央银行一般选择这一时段进行交易。

▶ 3. 外汇市场波动频繁

自 1973 年布雷顿森林体系瓦解，西方国家普遍开始实行浮动汇率制后，外汇市场的动荡不安就成为一种经常现象。尤其是进入 20 世纪 80 年代以来，由于世界经济发展不平衡加剧，以及国际资本流动进一步趋向自由化，世界外汇市场上各国货币汇率更加涨落不定，动荡剧烈，特别是美元与日元的汇率更是大起大落。例如，1980 年 4 月初，1 美元可兑换 257 日元；1989 年年初，1 美元仅兑换 130 日元，9 年间美元汇率贬值 49.4%。各种国际事件如瑞郎黑天鹅、英国脱欧等，都会给外汇市场带来非常大的冲击。毫无疑问，外汇市场如此动荡不稳，必然会给各国的对外经济贸易活动带来极大的风险。

拓展阅读 4-1
瑞郎黑天鹅事件

▶ 4. 政府对外汇市场干预加大

20 世纪 80 年代以来，由于全球外汇市场的一体化发展，一国外汇市场汇率的变化往往波及全球，这样仅靠一国中央银行干预外汇市场显得势单力薄。因此，在目前的浮动汇率制下，中央银行干预外汇市场的一个重要特征是多国"联合干预"。例如，1985 年 9 月英国、美国、日国、法国、德国联合干预外汇市场取得一定成效。1986 年 5 月在东京举行的七国（上述五国加上意大利和加拿大）首脑会议上，美国提出，在主要货币出现"危险水平"时，七国要联合干预。由此可见，联合干预今后仍将是中央银行干预外汇市场的重要特征。

▶ 5. 金融创新层出不穷

自 1973 年国际货币体系进入浮动汇率制后，汇率频繁波动，外汇风险增大，各种防范汇率风险的金融创新不断应运而生，如货币互换及其与利率互换相结合的混合互换、货币期货交易、货币期权交易等。这些外汇交易与资本市场交易日益结合，使金融创新更加深入，从而使外汇市场交易更加丰富多彩。

四、外汇市场的功能

外汇市场的功能主要表现在三个方面：一是实现购买力的国际转移；二是提供资金融通；三是提供外汇保值和投机的市场机制。

▶ 1. 实现购买力的国际转移

国际贸易和国际资金融通至少涉及两种货币，而不同的货币对不同的国家形成购买力，这就要求将本国货币兑换成外币来清理债权债务关系，使购买行为得以实现，而这种兑换就是在外汇市场上进行的。例如，一个德国出口商将一批大众汽车卖给墨西哥进口商，这项交易的作价货币可能有三种选择：欧元、墨西哥比索或第三国货币（如美元）。一旦双方商定以何种货币成交后，交易的一方或双方就需要转移购买力。若以欧元成交，则墨西哥进口商就得将购买力从比索转换成欧元以便进行进口货款的支付；若交易货币是比索，则由德国出口商将购买力向其本国货币（欧元）转移；若交易是以第三国货币（如美元）来计价结算，则墨西哥进口商需要将比索兑换成美元，而德国出口商在收到美元货款后最终还得将其兑换成欧元。外汇市场所提供的就是这种购买力转移交易得以顺利进行的经济机制，它的存在使各种潜在的外汇售出者和外汇购买者的意愿能联系起来。当外汇市场汇率变动使外汇供应量正好等于外汇需求量时，所有潜在的出售和购买愿望都得到了满足，外汇市场处于平衡状态之中。这样，外汇市场提供了一种购买力国际转移机制。同时，由于发达的通信工具已将外汇市场在世界范围内连成一个整体，使货币兑换和资金汇付能够在极短时间内完成，购买力的这种转移变得迅速和方便。

▶ 2. 提供资金融通

外汇市场向国际间的交易者提供了资金融通的便利。外汇的存贷款业务集中了各国的社会闲置资金，从而能够调剂余缺，加快资本周转。外汇市场为国际贸易的顺利进行提供了保证，当进口商没有足够的现款提货时，出口商可以向进口商开出汇票，允许延期付款，同时以贴现票据的方式将汇票出售，拿回货款。外汇市场便利的资金融通功能也促进了国际借贷和国际投资活动的顺利进行。美国发行的国库券和政府债券中很大部分是由外国官方机构和企业购买并持有的，这种证券投资在脱离外汇市场的情况下是不可想象的。自 20 世纪 50 年代起，几乎不受任何金融管制的离岸金融市场的形成和发展，促进了资金跨国界的自由运动，使外汇市场的上述联结作用得以进一步发挥。

▶ 3. 提供外汇保值和投机的市场机制

在以外汇计价成交的国际经济交易中，交易双方都面临着外汇风险。由于市场参与者对外汇风险的判断和偏好的不同，有的参与者宁可花费一定的成本来转移风险，而有的参与者则愿意承担风险以实现预期利润。由此产生了外汇保值和外汇投机两种不同的行为。

外汇保值是指外汇交易商通过即期外汇交易和远期外汇交易来避免或消除汇率变动风险的买卖外汇行为。保值仅仅是为了消除或避免外汇风险，把由外汇风险所带来的损失降到最低限度，不是利用外汇风险赚取利润。

外汇投机是指以赚取利润为目的的外汇交易，投机者利用汇率差异，贱买贵卖，从中赚取差价。投机者预计某种货币汇率将上升，就在外汇市场上买进该种货币远期，到期若该货币汇率上升，投机者就可按上升的汇率卖出该货币现汇来交割远期，从而获得投机利润，这种先买后卖的投机交易称为"做多头"或"买空"。当投机者预计某种货币汇率将下跌时，就在外汇市场上卖出该种货币远期，到期若该货币汇率下跌，投机者可按下跌的汇率买进现汇来交割，赚取投机利润，这种先卖后买的投机交易称为"做空头"或"卖空"。

在金本位和固定汇率制下，外汇汇率基本上是平稳的，因此就不会形成外汇保值和投机的需要及可能。而浮动汇率制下，外汇市场的功能得到了进一步的发展，外汇市场的存在既为套期保值者提供了规避外汇风险的场所，又为投机者提供了承担风险、获取利润的机会。

拓展阅读 4-2
离岸金融市场

第二节 外汇市场的构成

外汇市场是全球最大的金融市场，巨大的交易量表明它属于世界上资产最多的市场，也是世界上流动性最好的市场之一，因此被称为全球最好的金融投资市场之一。在传统印象中，一般认为外汇交易仅适合银行、财团及财务经理人，但是，外汇市场持续发展，已联结了全球的外汇交易人，包括政府机构、中央银行、商业银行、经纪商及公司组织如进出口从业者及个别投资人，许多机构组织包括美国联邦银行都通过外汇赚取丰厚的利润。现今，外汇市场不仅为银行及财团提供了获利的机会，也为个别投资者带来了获利的契机。

一、外汇市场参与主体

（一）外汇银行

外汇银行是指由各国中央银行或货币当局指定或授权经营外汇业务的银行。外汇银行是外汇汇集的中心，集中了外汇的供给和需求，并最终决定汇率水平。外汇银行起着组织和创造外汇市场的作用。外汇银行通常是商业银行，可以是专门经营外汇的本国银行，也可以是兼营外汇业务的本国银行或者是在本国的外国银行分行。外汇银行是外汇市场上最重要的参加者，其外汇交易构成外汇市场活动的主要部分。

外汇银行在两个层次上从事外汇业务活动。第一个层次是零售业务，银行应客户的要求进行外汇买卖，并收兑不同国家的货币现钞。第二个层次是批发业务，这是银行为了平衡外汇头寸，防止外汇风险而在银行同业市场上进行的轧差买卖。外汇银行在为客户提供外汇买卖的过程中，难免会在营业日内出现各种外汇头寸的"多头"或"空头"，统称"敞开头寸"，即一些币种的出售额少于购入额，而另一些币种的出售额多于购入额。为了避免因各种币种之间汇率变动而产生的汇率风险，银行就需要借助同业交易及时进行外汇头寸的调拨，轧平各种头寸，即将多头抛出，将空头补进。然而，银行在同业市场上进行外汇买卖并不一定都是为了消除头寸进而免除汇率风险。在有些情况下，某些外汇银行会以"风险爱好者"的姿态，在该市场积极制造头寸。这实际上是一种以谋取风险利润为目的的外汇投机活动。但无论如何，同业外汇交易占外汇交易总额的 90% 以上。值得指出的是，外汇银行同业的外汇买卖差价一般要低于银行与客户之间的买卖差价。

外汇银行是外汇市场上最重要的参与者。在美国，十几家设在纽约，以及几十家设在别的主要城市的大型商业银行，实际上充当着"做市商"的角色。由于它们经常在外汇市场上大规模地进行各种货币的买卖，外汇市场得以形成并顺利运转。

外汇指定银行办理结售汇业务时执行外汇管理法规的力度和严肃性，会直接影响到外汇市场的平稳运行，并对国际收支平衡产生重大影响。所以，各外汇指定银行一方面要增强守法合规经营意识，加强内部管理，在遵守法规的前提下促进银行外汇业务的健康发展；另一方面要加强与外汇局的沟通，及时反馈意见，以便于进一步完善各项外汇管理政策法规。

（二）外汇客户

在外汇市场中，凡是与外汇银行有外汇交易关系的公司或个人，都是外汇银行的客户，他们是外汇市场上的主要供求者，其在外汇市场上的作用和地位，仅次于外汇银行。这些参与者有的为实施某项经济交易而买卖外汇，如经营进出口业务的国际贸易商，到外国去投资的跨国公司，发行国际债券或筹借外币贷款的国内企业等；有的为调整资产结构或利用国际金融市场的不均衡状况而进行外汇交易，如买卖外国证券的投资者，在不同国家货币市场上赚取利差、汇差收益的套利者和套期保值者，对市场汇率进行打赌以赚取风险利润的外汇投机者等。除此之外，还有其他零星的外汇供求者，如国际旅游者、出国留学生、汇出或收入侨汇者、提供或接受外币捐赠的机构和个人等。在上述各种外汇供求者中，最重要的是跨国公司，因为跨国公司的全球经营战略涉及许多种货币的收入和支出，所以它进入外汇市场非常频繁。

（三）外汇经纪人

外汇经纪人是指介绍客户进行外汇交易的中介，其本身并不买卖外汇，只是连接外汇买卖双方，促成交易。外汇经纪人的收入是靠收取外汇买卖点差和手续费来获得的，他们自身不承担交易风险。

与外汇银行一样，外汇经纪商也必须经过所在国中央银行的核准方可参与市场。外汇经纪人在外汇市场上的作用主要在于提高外汇交易的效率，这主要体现在成交的速度与价格上。由于外汇经纪人本身汇集了外汇市场上外汇买卖双方的信息，所以，经纪人在接受客户的委托后，一般总能在较短的时间内替委托人找到相应的交易对象，而且能在多家交易对象的报价中找到最好的成交价格，从而提高外汇交易的效率。外汇经纪人除了提高外汇交易效率外，还能够从客户利益角度出发，以科学的专业知识和技术为其提供专业的理财投资规划，为客户提供合理的意见和建议，帮助其进行汇率风险规避，并定期回访客户，维护存量客户。

（四）中央银行及其他官方机构

外汇市场上另一个重要的参与者是各国的中央银行。各国的中央银行都持有相当数量的外汇余额作为国际储备的重要构成部分，并承担着维持本国货币金融稳定的职责，所以中央银行经常通过购入或抛出某种国际性货币的方式来对外汇市场进行干预，以便把本国货币的汇率稳定在一个所希望的水平上或幅度内，从而实现本国货币金融政策的意图。

中央银行干预外汇市场的范围与频率在很大程度上取决于该国政府实行什么样的汇率制度。假如一国货币与别国货币（或特别提款权、"一篮子货币"）挂钩，实行固定汇率制，那么，该国中央银行的干预程度显然要比实行浮动汇率制的国家要大得多。一般情况下，中央银行在外汇市场上的交易数量并不很大，但其影响却非常广泛。这是因为外汇市场的参与者都密切地关注着中央银行的一举一动，以便能及时获取政府宏观经济决策的有关信息，所以，中央银行即使在外汇市场上的一个微小举措，有时也会对一国货币汇率产生重大影响。而且有时候，甚至会由几个国家的中央银行联手进行外汇干预，其效果就更为显著。除了中央银行以外，其他政府机构为了不同的经济目的，有时也进入外汇市场进行交易，如财政部、商业部等，但中央银行是外汇市场上最经常、最重要的官方参与者。

二、外汇市场的结构层次

对外汇市场的参与者进行划分，是从横向上对外汇市场结构的剖析。如果从纵向上进行观察，上述参与者可分为四个层次：第一层次（也是最低层）是进出口商，它们是外汇的最终使用者和供应者；第二层次是外汇银行，它们在外汇供应者和使用者之间起着媒介作用；第三层次是外汇经纪商，外汇银行通过其平衡银行内部外汇的流入与流出；第四层次（也是最高层次）是中央银行，它在一国总的外汇供求失衡时，运用国家外汇储备，起着"最后贷款者"的作用。根据上述对外汇市场的纵向分析，外汇市场的交易可以分为银行与顾客之间的外汇交易、银行同业之间的外汇交易，以及银行与中央银行之间的外汇交易。在这些交易中，外汇经纪人往往起着中介作用。外汇市场结构纵向分析如图 4-1 所示。

（一）外汇银行与客户间的交易

客户出于交易、保值等不同的目的，需要与外汇银行进行外汇买卖。银行在与客户的外汇交易中，一方面从客户手中买入外汇；另一方面又将外汇卖给其他客户，实际上是在外汇的最终需求方和最终供给方之间起到中介作用，并从中赚取外汇的买卖差价。

（二）外汇银行间的交易

银行在每个营业日，都会与其客户进行大量的外汇交易，难免产生各种多头外汇头寸或者空头外汇头寸，统称敞开头寸。若银行所持某种外汇具有多头头寸，表示银行该种外

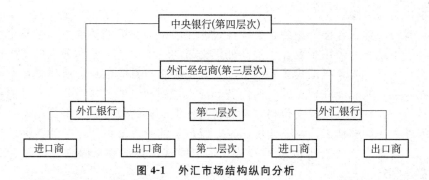

图 4-1 外汇市场结构纵向分析

汇的购入额大于出售额；若银行所持某种外汇是空头头寸，表示银行该种外汇的出售额多于购入额。当银行各种外汇头寸处于不平衡时，银行便承担了外汇风险。若银行要回避外汇风险，就需通过银行同业间的交易，"轧平"外汇头寸，即将多头抛出、空头补进，使其所承诺的某种货币的出售数量与所承诺的同种货币的购进数量相平衡。此外，银行还出于投机、套利、套期保值等目的从事同业间的外汇交易。因此，银行同业间的外汇交易构成了绝大部分的外汇交易，占外汇市场交易总额的 90% 以上。

外汇银行同业市场是外汇市场供求流量的汇集点，因此它决定着外汇汇率的高低。在外汇市场上，有些实力雄厚的大银行处于"做市商"的地位，其雄厚的实力和巨额的外汇交易，使其报价对市场汇价的形成有很大的影响。

（三）外汇银行与中央银行的交易

中央银行为了使外汇市场上自发形成的供求关系所决定的汇率能相对地稳定在某一期望的水平上，可通过其与外汇银行之间的交易对外汇市场进行干预。例如，如果中央银行认为该外币的汇率高于期望值，就会向外汇银行出售该种外汇的储备，促使其汇率下降；相反，如果中央银行认为某种外币兑换本币的汇率低于期望值，中央银行就会向外汇银行购入该种外币，增加市场对该外币的需求量，促使外汇银行调高其汇率。

拓展阅读 4-3
索罗斯狙击
英镑一战成名

第三节　外汇市场的汇率决定理论

汇率是影响各类交易者交易行为的重要因素。保值者为了防范汇率变动的风险而从事外汇交易，投机者根据自己对汇率变动的预测进行外汇交易，并从中牟利。因此，了解和把握决定汇率及其变动的因素就显得十分重要。

一、外汇汇率的影响因素

（一）国际收支平衡状况

任何一种外汇的汇率都取决于反映发行国经济金融环境的多个因素，其中最为重要的一个因素是该国的国际收支平衡的状况。当一个国家国际收支出现赤字时，就成为外汇的净需求者，并被迫出售大量的本国货币以支付进口的商品和劳务。所以，国际收支赤字经常会导致一国货币相对于其他货币发生贬值；相反，当一个国家有大量的贸易顺差时，他国都需要该国货币以进口商品，国际收支顺差会使一国货币相对于其他货币升值。

（二）投机交易

汇率同样会受到货币期货的投机交易的深刻影响。外汇交易商每天关注货币市场，寻找有利的交易机会。一种被暂时低估的货币会迅速产生大量买单，使其价格相对于其他货币变得更高。当投机者介入的时候，一种被高估的货币则会被大量抛售，其价格会下降。

（三）一国政治经济情况

一国货币市场同样会在很大程度上受到本国政治和经济情况的影响，一方面，战争、革命、通胀、萧条以及罢工都曾经对所在国的货币有负面影响；另一方面，经济增长的表现、股票和债券价格的上升、成功控制通胀和解决失业的经济政策会使一国货币在外汇市场上更坚挺。而且，具有更高实际利率的国家经常会出现本国货币的汇率上升的情况。

（四）购买力平价

每个国家的货币在国际市场上的价格与该国的通胀率之间的理论联系被经济学家们广泛研究。购买力平价理论提出两种货币之间的汇率反映了这两个国家通胀率的差异。例如，假如美国的年通胀率为 4％，而日本通胀率仅为 1％，美元的价格将在年度的基础上相对于日元的价格下降 3％，这反映了日本商品的相对廉价。当然，其他因素也可能会干扰这种预测联系。

（五）央行的干预

当今，牢牢控制货币市场一直是中央银行积极努力的目标。世界上的几个主要中央银行，包括美国的联邦储备系统、英国央行、日本央行和代表整个欧盟的欧洲中央银行，可能会在某一天认为其货币价格相对于其他主要货币下降过快。如果欧元对美元的价格急剧下降，欧洲央行就会采取措施大量卖出美元，并相应地买入大量欧元以稳定欧元汇率。通常，中央银行的干预只是暂时的，是促使货币价格进行平稳调节以达到新的均衡，而不是为了永久性地支撑一种弱势货币。原因在于，无论中央银行是如何重要，它所拥有的资源相对整个外汇市场所拥有的资源来说都是不足的，虽然足够用来进行短期调节，但不可能在长期内有效。只要货币在不同国家间自由流动，那么央行干预的作用就可能不会持久。这种干预同样也不会给任何一个国家持续性的贸易优势。

中央银行的干预不仅影响相关货币价格，而且会影响私营银行持有的储备和货币供应。这是因为中央银行通常通过提高私人银行的存款数额来支付其货币购买。因此，中央银行干预外汇市场的决定同时具有货币市场效应和货币供给效应，除非采用了货币冲销。例如，当中央银行购买货币导致储备和存款增加时，可以通过使用货币政策工具吸纳银行体系里的储备和存款。

二、汇率决定理论

长期以来，各国经济学家致力于研究和探讨汇率决定基础，产生了各种各样的汇率理论。下面对几种较具影响的汇率理论进行简要的介绍和评价。

（一）购买力平价理论

购买力平价理论的渊源可追溯到 16 世纪。1914 年，第一次世界大战爆发，金本位制崩溃，各国货币发行摆脱羁绊，导致物价飞涨，汇率出现剧烈波动。1922 年，瑞典学者卡塞尔（Cassel）出版了《1914 年以后的货币和外汇》一书，系统地阐述了购买力平价学说。

该理论的基本思想是：本国人之所以需要外国货币或外国人需要本国货币，是因为这两种货币在各发行国均具有对商品的购买力。以本国货币交换外国货币，其实质就是以本国的购买力去交换外国的购买力。因此，两国货币购买力之比就是决定汇率的基础，而汇率的变化也是由两国购买力之比的变化而引起的。购买力平价又表现为两种形式，即绝对购买力平价和相对购买力平价。

▶ 1. 绝对购买力平价

假设 R_e 为该时点的均衡汇率，则 $R_e = P_a / P_b$。式中，P_a 和 P_b 分别为 A 国和 B 国的一般物价水平。绝对购买力平价理论是以一价定律为基础的，即它假设：在自由贸易条件下，同一种商品在世界各地以同一种货币表示的价格是一样的，只不过按汇率折合成不同货币的价格形态。若在某些国家出现商品价格的不一致，则会出现国际间的商品套购活动，直到现实汇率调整到与绝对购买力平价相等，两国商品以同一种货币表示的价格一样为止。将上式变形为 $P_a = R_e \cdot P_b$，即为一价定律的表达式。

▶ 2. 相对购买力平价

相对购买力平价理论将汇率在一段时期内的变动归因于两个国家在这段时期中的物价或货币购买力的变动。这就是说，在一定时期内，汇率的变化与同一时期内两国物价水平的相对变动成比例，用公式表示为

$$R_1 = \frac{(P_{a1} - P_{a0})/P_{a0}}{(P_{b1} - P_{b0})/P_{b0}} \times R_0 \tag{4-1}$$

式中，R_1 和 R_0 分别代表计算期和基期的均衡汇率，P_{a1} 和 P_{a0} 分别代表 A 国计算期和基期的物价水平，P_{b1} 和 P_{b0} 分别代表 B 国计算期和基期的物价水平。

与绝对购买力理论相比，相对购买力平价理论更富有意义，因为它从理论上避开了一价定律的严格假设。如果相对购买力平价理论是正确的，绝对购买力平价理论却不一定是正确的；但如果绝对购买力平价理论是正确的，则相对购买力平价理论也一定是正确的。

▶ 3. 对购买力平价理论的评价

购买力平价理论是最有影响力的汇率理论之一。这是因为，首先，它是从货币的基本功能(具有购买力)角度分析货币的交换问题，符合逻辑，易于理解，表达形式最简单，对汇率决定这样一个复杂问题给出了最简洁的描述；其次，购买力平价理论所涉及的一系列问题都是汇率决定中非常基本的问题，处于汇率理论的核心位置；最后，购买力平价理论被普遍作为汇率的长期均衡标准而被应用于其他汇率理论的分析中。

但是，许多经济学家认为，购买力平价理论并不是一个完整的汇率决定理论，并没有阐述清楚汇率和价格水平之间的因果关系。购买力平价理论存在的缺陷主要有以下几点。

(1) 忽略了国际资本流动对汇率的影响。尽管购买力平价理论在揭示汇率长期变动的根本原因和趋势上有其不可替代的优势，但在中短期内，国际资本流动对汇率的影响越来越大。

(2) 购买力平价理论忽视了非贸易品因素，也忽视了贸易成本和贸易壁垒对国际商品套购的制约。一价定律的基础必须是所有商品都是国际贸易商品，这样国际市场上的套购活动才会使国际贸易商品的价格趋于一致。但事实上，对世界绝大多数国家来讲，非贸易商品在国民生产总值中所占的比重大于贸易商品所占的比重。一价定律的存在是以自由贸易和无贸易成本为前提的。但在现实的国际贸易中，却存在种种人为的障碍(如关税壁垒、进口配额和许可证制、外汇管制等)，再加上本身所涉及的运输成本和其他交易费用，贸易商品的价格也不可能完全趋同。

(3) 计算购买力平价的诸多技术性困难使其具体应用受到了限制。购买力平价理论把汇率的变动完全归结于购买力的变化，既忽视了其他因素，如国民收入、国际资本流动、生产成本、市场结构、贸易条件、技术水平以及政治经济局势等对汇率变动的影响，也忽

视了汇率变动对购买力的反作用。实际上，货币购买力是影响汇率变化的因素，但绝不是唯一的因素。

（二）利率平价理论

▶ 1. 利率平价理论的主要内容

利率平价理论的渊源可追溯到 19 世纪下半叶，由凯恩斯于 1923 年系统地阐述。

利率平价理论认为，两国之间的即期汇率和远期汇率与两国的利率有密切的联系。该理论的主要出发点就是投资者投资于国内所得到的短期利率收益应该与按即期汇率折成外汇在国外投资并按远期汇率买回该国货币所得到的短期投资收益相等。一旦出现由于两国利率之差引起的投资收益的差异，投资者就会进行套利活动，其结果是使远期汇率固定在某一特定的均衡水平。同即期汇率相比，利率低的国家的货币的远期汇率会下跌，而利率高的国家的货币的远期汇率会上升。远期汇率同即期汇率的差价约等于两国间的利率差。利率平价理论可分为套补的利率平价和非套补的利率平价。

▶ 2. 对利率平价理论的评价

利率平价理论研究的对象是因利率差异而引起的资本流动与汇率决定之间的关系，它从一个侧面阐述了短期汇率变动的原因——资本在国际间的流动。因此利率平价理论于 20 世纪 20 年代首次提出后，就得到不少西方经济学家的重视。但这一理论也存在一些缺陷，主要表现在以下方面。

（1）利率平价理论没有考虑交易成本。然而，交易成本却是很重要的因素。如果各种交易成本过高，就会影响套利收益，从而影响汇率与利率的关系。如果考虑交易成本，国际间的抛补套利活动在达到利率平价之前就会停止。

（2）利率平价理论假定不存在资本流动障碍，假定资金能顺利、不受限制地在国际间流动。但实际上，资金在国际间流动会受到外汇管制和外汇市场不发达等因素的阻碍。目前，只有在少数国际金融中心才存在完善的期汇市场，资金流动所受限制也少。

（3）利率平价理论还假定套利资金规模是无限的，故套利者能不断进行抛补套利，直到利率平价成立。但实际情况并非如此，在跨国投资中存在一些额外风险和费用，如政治风险、各种交易费用、税收差异和流动性差异等。这些因素都会影响到套利收益，使国际间的抛补套利活动在达到利率平价之前就会停止。

（4）利率平价理论没有区分经济正常状态下的情况与经济危机下的情况。在发生货币危机情况下，不是利率平价决定汇率，而是即期汇率与远期汇率之间的差距反过来决定利率的水平。

（三）国际收支理论

▶ 1. 国际收支理论的主要内容

1944—1973 年布雷顿森林体系实行期间，各国实行固定汇率制度。这一期间的汇率决定理论主要是从国际收支均衡的角度来阐述汇率的调节，即确定适当的汇率水平，这些理论统称为国际收支学说。它的早期形式就是国际借贷学说。这一期间，有影响的汇率理论主要有局部均衡分析的弹性论、一般均衡分析的吸收论、内外均衡分析的蒙代尔—弗莱明模型以及注重货币因素在汇率决定中重要作用的货币论。

国际收支理论通过说明影响国际收支的主要因素，进而分析了这些因素如何通过国际收支作用到汇率上。假定 Y、Y' 分别是该国及外国的国民收入；P、P' 分别表示该国及外国的一般物价水平；i、i' 分别是该国及外国的利率；e 是该国的汇率；Ee_f 是预期汇率。假定国际收支仅包括经常账户（CA）和资本与金融账户（K），所以国际收支的均衡条件为

CA＋K＝0。CA 由该国的进出口决定，主要由 Y、Y'、P、P'、e 决定。因此，CA＝ $f_1(Y, Y', P, P', e)$。K 主要由 i、i'、e、Ee_f 决定，因此 $K＝f_2(i, i', e, Ee_f)$。所以 CA＋K＝$f_1(Y, Y, P, P', e)+f_2(i, i', e, Ee_f)＝f(Y, Y', P, P', i, i', e, Ee_f)$

如果将除汇率以外的其他变量均视为已经给定的外生变量，则汇率将在这些因素的共同作用下变化到某一水平，从而起到平衡国际收支的作用，即

$$e=g(Y, Y', P, P', i, i', Ee_f) \tag{4-2}$$

由上式可知，影响均衡汇率变动的因素有国内外国民收入、国内外价格水平、国内外利息率以及人们对未来汇率的预期。

（1）当其他条件不变时（下同），本国国民收入增加，将导致进口增加，从而引起国际收支赤字，由此出现对外汇的超额需求，使外汇汇率上升；反之，若外国国民收入增加，则会使本国出口增加，并使国际收支出现盈余，从而导致对外汇的超额供给，使外汇汇率下跌。

（2）若本国物价水平相对于外国物价水平下跌，则会引起出口增加，进口减少，从而导致外汇汇率的下跌；反之，本国物价的相对上升则使外汇汇率上升。

（3）若本国利息率相对于外国利息率上升，则会增加国外资金的流入，减少本国资金的流出，从而导致外汇汇率的下跌；反之，本国利率的相对降低则使外汇汇率上升。

（4）若人们预期未来外汇汇率的走势看涨，就会在外汇市场上抛本币、购外币，从而也会导致外汇汇率的上扬；反之，则使外汇汇率下跌。

▶ **2. 对国际收支理论的评价**

国际收支理论是从国际收支供求的角度解释汇率的决定，将影响国际收支的各种重要因素纳入汇率的均衡分析，这对于短期外汇市场的分析具有一定的意义。但该理论同样也存在许多不足之处：首先，该理论是以外汇市场的稳定性为假设前提的；其次，该理论的分析基础是凯恩斯主义宏观经济理论、弹性论、利率平价说，因此与这些理论存在着同样的缺陷，故其结论往往与现实相背离。

阅读专栏

布雷顿森林体系

两次世界大战之间的 20 年中，国际货币体系分裂成几个相互竞争的货币集团，各国货币竞相贬值，动荡不定。在第二次世界大战后期，美英两国政府出于本国利益的考虑，构思和设计战后国际货币体系，分别提出了"怀特计划"和"凯恩斯计划"。"怀特计划"和"凯恩斯计划"同是以设立国际金融机构、稳定汇率、扩大国际贸易、促进世界经济发展为目的，但运营方式不同。由于美国在世界经济危机和第二次世界大战后登上了资本主义世界盟主地位，美元的国际地位因其国际黄金储备的实力得到稳固，双方于 1944 年 4 月达成了反映"怀特计划"的"关于设立国际货币基金的专家共同声明"。

建立布雷顿森林体系的关键人物是美国前财政部助理部长哈里·怀特，凭借"二战"后美国拥有全球四分之三黄金储备和强大军事实力的大国地位，他力主强化美元地位的提议力挫英国代表团团长、经济学大师凯恩斯，"怀特计划"成为布雷顿森林会议最终通过决议的蓝本。

"布雷顿森林体系"建立了国际货币基金组织和世界银行两大国际金融机构。前者负责向成员国提供短期资金借贷，目的为保障国际货币体系的稳定；后者提供中长期信贷来促进成员国经济复苏。

"布雷顿森林体系"的主要内容包括以下几点。

（1）美元与黄金挂钩。各国确认 1944 年 1 月美国规定的 35 美元一盎司的黄金官价，

每一美元的含金量为 0.888 671 克黄金。各国政府或中央银行可按官价用美元向美国兑换黄金。为使黄金官价不受自由市场金价冲击，各国政府需协同美国政府在国际金融市场上维持这一黄金官价。

(2) 其他国家货币与美元挂钩。其他国家政府规定各自货币的含金量，通过含金量的比例确定同美元的汇率。

(3) 实行可调整的固定汇率。《国际货币基金协定》(以下简称《协定》)规定，各国货币对美元的汇率，只能在法定汇率上下各 1% 的幅度内波动。若市场汇率超过法定汇率 1% 的波动幅度，各国政府有义务在外汇市场上进行干预，以维持汇率的稳定。若会员国法定汇率的变动超过 10%，就必须得到国际货币基金组织的批准。1971 年 12 月，这种即期汇率变动的幅度扩大为上下 2.25% 的范围，决定"平价"的标准由黄金改为特别提款权。布雷顿森林体系的这种汇率制度被称为"可调整的钉住汇率制度"。

(4) 各国货币兑换性与国际支付结算原则。《协定》规定了各国货币自由兑换的原则：任何会员国对其他会员国在经常项目往来中积存的本国货币，若对方为支付经常项货币换回本国货币。考虑到各国的实际情况，《协定》做了"过渡期"的规定。《协定》规定了国际支付结算的原则：会员国未经基金组织同意，不得对国际收支经常项目的支付或清算加以限制。

(5) 确定国际储备资产。《协定》中关于货币平价的规定，使美元处于等同黄金的地位，成为各国外汇储备中最主要的国际储备货币。

(6) 国际收支的调节。国际货币基金组织会员国份额的 25% 以黄金或可兑换成黄金的货币缴纳，其余则以本国货币缴纳。会员国发生国际收支逆差时，可用本国货币向基金组织按规定程序购买(即借贷)一定数额的外汇，并在规定时间内以购回本国货币的方式偿还借款。会员国所认缴的份额越大，得到的贷款也越多。贷款只限于会员国用于弥补国际收支赤字，即用于经常项目的支付。

(四) 资产市场理论

▶ 1. 资产市场理论的主要内容

资产市场理论是 20 世纪 70 年代中期以后发展起来的一种重要的外汇决定理论。该理论是在国际资本流动不断增加的背景下产生的，因此特别重视金融资产市场均衡对汇率变动的影响。资产市场理论的一个重要分析方法是一般均衡分析，它较之传统理论的最大突破在于它将商品市场、货币市场和证券市场结合起来进行汇率决定的分析。在这些市场中，国内外市场有一个替代程度的问题。而在一国的三种市场之间，则有一个受到冲击后均衡调整的速度问题，由此引出了各种资产市场理论的模型。资产市场理论包括货币论和资产组合平衡论。

资产市场理论有助于补充利率平价理论和购买力平价理论的缺陷。此理论的基本假定是：资本流入一个国家的金融市场(即购买该国金融资产，如股票、债券等)，将会增加该国货币的需求量。此理论的支持者们指出，投放于投资产品(如股票、债券)的资金已经远远超过进出口商品和服务所需的货币兑换量。这有助于解释 20 世纪 90 年代的货币现象，即日本股市和日元同时下跌，而美元和美国股市同时获利，这与根据利率平价理论预测的结论恰恰相反。在该理论中，利率并非最关键的因素，商品间的相对价格也不是最关键的，最关键的是流入投资产品市场的净资金量，它直接影响货币需求，带动货币的买卖。

▶ 2. 对资产市场理论的评价

就整个资产市场理论而言，其可取之处在于：①对传统的汇率研究方法进行了重大的改革，以一般均衡分析代替了局部均衡分析，以存量分析代替流量分析，以动态分析代替比较静态分析，并将长短期分析有机地结合起来，因此能较好地分析现实汇率变动的原因；②强调了货币因素和预期因素对当期汇率变动的影响作用，具有一定的现实意义。

但资产市场理论也有不足之处：首先，它仅仅是在新的经济条件下，对传统的汇率理论进行的调整，并没有从根本上把握汇率决定和变动的内在原因；其次，该理论是以金融市场高度发达，各国资产具有完全流动性为假设前提的，这显然不符合当今世界经济发展的现实。

阅读专栏

不可能三角：三元悖论

根据蒙代尔的三元悖论，一国的经济目标有三种：各国货币政策的独立性、汇率的稳定性和资本的完全流动性。在这三者中，一国只能三选其二，而不可能三者兼得。例如，1944—1973 年的布雷顿森林体系中，各国货币政策的独立性和汇率的稳定性得到实现，但资本流动受到严格限制。而 1973 年以后，货币政策独立性和资本自由流动得以实现，但汇率稳定不复存在。"永恒的三角形"的妙处在于它提供了一个一目了然地划分国际经济体系各形态的方法。

根据三元悖论原则，资本自由流动、固定汇率制和货币政策独立性三者的组合是一个可行的选择，但是这一组合在假设一国外汇储备无上限的条件下才能成立。实际上，现实中一国的外汇储备不可能无上限，一国的外汇储备总量再巨大，与规模庞大的国际游资相比也是力量薄弱的，一旦中央银行耗尽外汇储备仍无力扭转国际投资者的贬值预期，则其在外汇市场上将无法继续托市，固定汇率制也将彻底崩溃。因此，一国即使放弃货币政策的独立性，在巨大的国际游资压力下，往往也很难保证固定汇率制能够得以继续。

三元悖论原则是国际经济学中的一个著名论断。但是，该理论是高度抽象的，只考虑了极端的情况，即完全的货币政策独立、完全的固定汇率和完全的资本自由流动，并没有论及中间情况。正如弗兰克尔指出的，"并没有令人信服的证据说明，为什么不可以在货币政策独立性和汇率稳定两个目标的抉择中各放弃一半，从而实现一半的汇率稳定和一半的货币政策独立性。"这不能不说是"三元悖论"理论在具体目标选择问题分析方面的局限。

第四节 外汇市场的交易方式

外汇市场上的各种交易可按不同的标准进行不同的种类划分。若按合同的交割期限或交易的形式特征来区分，可分为即期外汇交易和远期外汇交易两大类；若按交易的目的或交易的性质来区分，那么除了因国际结算、信贷融通和跨国投资等所引起的一般商业性外汇交易以外，外汇买卖还可分成套利交易、掉期交易、互换交易、套期保值交易、投机交易以及中央银行的外汇干预交易等。此外，随着国际金融业的竞争发展与金融工具的创新，外汇市场上还出现了许多新的交易方式，如外汇期货、期权交易。本节主要介绍即期、远期、掉期、套汇等传统外汇市场上常见的外汇交易。

一、即期外汇交易

即期外汇交易亦称现汇交易，是买卖双方约定于成交后的两个营业日内办理交割的外汇交易方式。在国际外汇市场上，即期外汇交易的交割日定于成交后的两个营业日内，是因为全球外汇市场需要 24 小时才能运行一周，这样，各市场因时差问题给交割带来的障碍就可得以消除。目前，全球两大电子即时汇率报价系统（路透社、美联社）所报出的汇率都是即期汇率。

（一）即期外汇交易的交割日

所谓交割日就是买卖双方将资金交付给对方的日期。交割日必须是收款地和付款地共同的营业日，因为只有这样才可以将货币交付给对方。即期交割日的规则如下。

（1）即期外汇交易的标准交割日为成交后的第二个营业日（加拿大规定为成交后的第一个营业日）。根据需要，交易双方也可将交割日约定为成交当日或成交次日，两者均为超短期的即期交易。

（2）交割日必须是收款地和付款地共同的营业日，至少应该是付款地市场的营业日。

（3）若第一、第二日不是营业日，则即期交割日必须顺延。

（二）即期外汇交易的汇价

即期汇率是外汇市场最基本的汇率，其他交易的汇率都是以即期汇率为基础计算出来的。全球各外汇市场一般采用美元标价法，在路透社、美联社等主要系统报出的即期行情中，除了英镑等少数货币对美元汇率是完整报出基准货币、报价货币名称之外，其他汇率均只报出报价货币名称。

（三）即期汇率的套算

由于国际外汇市场的报价大都采用美元标价法，因此产生了其他国家货币之间的汇率需要通过美元进行套算的问题。

▶ 1. 美元为基准货币

例如，1 美元＝1.268 0/1.269 0 瑞士法郎，1 美元＝7.792 0/7.794 0 港币，瑞士法郎对港币的汇率计算方法如下。

瑞士法郎的买入汇率＝7.792 0/1.269 0＝6.140 3（港币）。

瑞士法郎的卖出汇率＝7.794 0/1.268 0＝6.146 7（港币）。

即 1 瑞士法郎＝6.140 3/6.146 7 港币。

▶ 2. 美元为标价货币

例如，1 英镑＝1.508 0/1.509 0 美元，1 加元＝0.728 0/0.728 5 美元，英镑对加元的汇率计算方法如下。

英镑的买入汇率＝1.508 0/0.728 5＝2.070 0（加元）。

英镑的卖出汇率＝1.509 0/0.728 0＝2.072 8（加元）。

即 1 英镑＝2.070 0/2.072 8 加元。

▶ 3. 美元既为标准货币，也为标价货币

例如，1 英镑＝1.508 0/1.509 0 美元，1 美元＝1.268 0/1.269 0 瑞士法郎，英镑对瑞士法郎的汇率计算方法如下。

英镑的买入汇率＝1.508 0×1.268 0＝1.912 1（瑞士法郎）。

英镑的卖出汇率＝1.509 0×1.269 0＝1.914 9（瑞士法郎）。

即 1 英镑＝1.912 1/1.914 9 瑞士法郎。

（四）即期外汇交易的方式

即期外汇交易可分为电汇、信汇和票汇三种方式。

▶ 1. 电汇

电汇即汇款人用本国货币向外汇银行购买外汇时，该行用电报或电传通知国外分行或代

理行立即付出外汇。电汇方式下，银行在国内收进本国货币，在国外付出外汇的时间相隔不过一两天。由于银行不能利用顾客的汇款，而国际电报费又较贵，所以电汇汇率最高。

▶ 2. 信汇

信汇是指汇款人用本国货币向外汇银行购买外汇时，由银行开具付款委托书，用航邮方式通知国外分行或代理行办理付出外汇业务。信汇方式下，由于信汇委托书的传递时间较长，银行有机会利用这部分资金来谋利，因此，其汇率要比电汇汇率低。

▶ 3. 票汇

票汇是指外汇银行开立由国外分行或代理行付款的汇票交给购买外汇的客户，由其自带或寄给国外收款人办理结算的方式。同信汇一样，票汇也需花费邮寄时间或旅行时间，银行同样可占用客户的资金，因此其汇率也较电汇汇率低。

随着电子计算机的广泛应用和国际通信的计算机化，邮期也就大为缩短，几种汇款方式之间的差别正在逐渐消除。目前，电汇汇率已成为外汇市场的基本汇率，其他汇率都以电汇汇率作为计算标准。

二、远期外汇交易

远期外汇交易又称期汇交易，是指外汇买卖成交后，当时（第二个营业日内）不交割，而是根据合同的规定，在约定的日期按约定的汇率办理交割的外汇交易。最常见的远期交易交割期限一般有1个月、2个月、3个月、6个月，长的可达12个月，如果期限再长，则称为超远期交易。

（一）远期外汇交易的交割日

（1）任何外汇交易都以即期外汇交易为基础，所以远期交割日是即期交割日加上月数或星期数，若远期合约是以天数计算的，其天数以即期交割日后的日历日的天数为基准，而非营业日。例如，星期三做的远期合约，合约天数为3天，则即期交割日为星期五，远期交割日是星期一（即从星期五算起，到星期一正好3天）。

（2）远期交割日若不是营业日，则顺延至下个营业日。

（3）若顺延之后，跨月到了下个月份，则必须提前至当月的最后一个营业日为交割日。

（二）远期外汇交易的汇价

远期汇率的标价方法主要有两种：一种直接标出远期外汇的实际汇率，采用这种标价方法的外汇市场较少；另一种是只标出远期汇率与即期汇率的差额。在外汇市场上以升水、贴水和平价来表明远期汇率与即期汇率的差额。升水表示远期外汇比即期外汇贵，贴水表示远期外汇比即期外汇贱，平价表示两者相等。

汇率的标价方法不同，计算远期汇率的原则也不相同。在直接标价法下，远期外汇汇率等于即期汇率加上升水数字或即期汇率减去贴水数字。例如，在苏黎世外汇市场，即期汇率为1美元＝1.268 0瑞士法郎，3个月美元远期外汇升水0.25生丁，则3个月美元远期汇率为1美元＝1.270 5（1.268 0＋0.002 5）瑞士法郎；又如，3个月美元远期外汇贴水0.25生丁，则3个月美元远期汇率为1美元＝1.265 5（1.268 0－0.002 5）瑞士法郎。

在间接标价法下，远期外汇汇率等于即期汇率减去升水数字或即期汇率加上贴水数字。例如，在伦敦外汇市场，即期汇率为1英镑＝1.508 0美元，3个月美元远期外汇升水0.46美分，则3个月美元远期汇率为1英镑＝1.503 4（1.508 0－0.004 6）美元；又如，3个月美元远期外汇贴水0.46美分，则3个月美元远期汇率为1英镑＝1.512 6（1.508 0＋

0.004 6）美元。

此外，在银行间远期汇率还有一种标价方法，通过点数来表示。点数表示的是汇率中的小数点后第 4 位数字。无论何种标价法，凡是点数前高后低，即远期汇率等于即期汇率减去点数；凡是点数前低后高，即远期汇率等于即期汇率加上点数。远期汇率与即期汇率的差额称为远期汇率，例如，在伦敦外汇市场，即期汇率为 1 英镑＝1.508 0/1.509 0 美元，3 个月远期汇水 20/40，则 3 个月远期汇率为 1 英镑＝1.510 0/1.513 0[（1.508 0＋0.002 0）/（1.509 0＋0.004 0）]美元；又如，3 个月远期汇水 40/20，则 3 个月远期汇率为 1 英镑＝1.504 0/1.507 0[（1.508 0－0.004 0）/（1.509 0－0.002 0）]美元。

决定远期汇率的主要因素是两国同期利率高低的差异，利率高的货币远期贴水，利率低的货币远期升水。

例如，在纽约外汇市场上即期汇率 1 美元＝100 日元，假设 3 个月定期美元利率为 8%（年利率），同期日本的日元利率为 3%（年利率）。如果客户要买入 3 个月远期日元，其标准的操作方法是：银行首先借入美元并在市场上卖出即期美元，买进即期日元，并把日元存在银行；3 个月后，银行执行与客户的远期合约，把日元卖给客户，买进美元，然后如数还清贷款银行。由于美元利率要高于日元利率，因此银行借入 3 个月美元，换成日元存放 3 个月会损失利息，所以银行付给客户的远期日元数比即期日元少，即远期日元升水。计算公式为

$$升贴水数＝即期汇率×两种货币的利差×月数/12 \tag{4-3}$$

（三）远期外汇交易的动机

人们从事远期外汇交易的目的是多种多样的，但其主要动机归纳起来无非是套期保值和投机获利。

▶ 1. 套期保值

套期保值是指预计将来某一时间要支付或收入一笔外汇时，买入或卖出同等金额的远期外汇，以避免因汇率波动而造成经济损失的交易行为。套期保值可分为买入套期保值和卖出套期保值。买入套期保值是指将来有一定债务者，先于外汇市场买入与该负债金额相等、期限相同的远期外汇，以避免因计价货币汇率上升，负债成本增加而造成实际损失的交易行为。卖出套期保值，是指将来有一定债权者，先于外汇市场卖出与该应收外汇资产金额相等、期限相同的远期外汇，以防止因债权的计价货币对本币贬值而蒙受损失的交易行为。无论是买入套期保值还是卖出套期保值，其目的都是用远期头寸抵补将来的现货头寸，将买卖外汇的汇率固定下来，以规避汇率波动对将来的收付款项造成收益或成本方面的影响。

▶ 2. 投机获利

外汇投机是指外汇市场参与者根据对汇率变动的预测，有意保留（或持有）外汇的空头或多头，希望利用汇率变动谋取利润的行为。外汇市场的投机绝不是完全意义上的贬义词，现代外汇投机是外汇交易的重要组成部分，没有适度的投机也不能使外汇市场日交易量达到 1 万亿美元以上。从某种意义上来说，投机活动在引起国际汇率不稳定的同时，也迫使一些国家健全金融市场机制。有的观点认为，20 世纪 70 年代以来的金融工具创新使投机活动加剧，但 1997 年亚洲金融危机中，国际投机家们并没有利用复杂的金融工具，而是采用最常规的交易——即期交易。这就说明，任何一项交易业务既可用于实际的需要，也可以用于投机。远期外汇交易也是如此。

当预测某种货币的汇率将上涨时，即在远期市场买进该种货币，等到合约期满再在即

期市场卖出该种货币，这种交易行为称为"买空"；相反，当预测某种货币的汇率将下跌时，即在远期市场卖出该种货币，等到合约期满，再在即期市场买进该种货币，这种交易行为称为"卖空"。"买空"和"卖空"交易是利用贱买贵卖的原理谋取远期市场与即期市场的汇差。当然，如果预测失误，会给交易者带来损失。

例如，东京外汇市场6个月的美元期汇汇价为1美元＝132日元，某交易者预测6个月后美元汇率会上涨，于是按此汇率买进500万美元。到交割日，即期市场美元汇率果真上涨到1美元＝142日元，则此客户支付66 000万日元，收进500万美元，按现汇价卖出500万美元，收进71 000万日元，赚取利润5 000万日元。如果到交割日，美元不仅没有上涨，反而下跌至1美元＝122日元，则投机者损失5 000万日元。

三、掉期交易

掉期交易又称时间套汇，是指同时买进和卖出相同金额的某种外汇，但买与卖的交割期限不同的一种外汇交易，进行掉期交易的目的也在于避免汇率变动的风险。掉期交易可分为以下三种形式。

▶ **1. 即期对远期**

即期对远期，即在买进或卖出一笔现汇的同时，卖出或买进相同金额该种货币的期汇。期汇的交割期限大都为1星期、1个月、2个月、3个月、6个月。这是掉期交易中最常见的一种形式。

▶ **2. 明日对次日**

明日对次日，即在买进或卖出一笔现汇的同时，卖出或买进同种货币的另一笔即期交易，但两笔即期交易交割日不同，一笔是在成交后的第二个营业日（明日）交割，另一笔反向交易是在成交后第三个营业日（次日）交割。这种掉期交易主要用于银行同业的隔夜资金拆借。

▶ **3. 远期对远期**

远期对远期，指同时买进并卖出两笔相同金额、同种货币不同交割期限的远期外汇。这种掉期形式多为转口贸易中的中间商所使用。

四、套汇交易

套汇交易是套利交易在外汇市场上的表现形式之一，是指套汇者利用不同地点、不同货币在汇率上的差异进行贱买贵卖，从中套取差价利润的一种外汇交易。由于空间的分割，不同的外汇市场对影响汇率诸因素的反应速度和反应程度不完全一样，因此在不同的外汇市场上，同种货币的汇率有时可能出现较大差异，这就为异地套汇提供了条件。套汇交易又可分为直接套汇和间接套汇。

▶ **1. 直接套汇**

利用两个外汇市场之间某种货币汇率的差异进行的套汇，称为直接套汇，也叫两点套汇或两地套汇。例如，在伦敦市场上，汇率为GBP1＝USD1.948 0，同时，纽约外汇市场上汇率为GBP1＝USD1.950 0，可见，英镑在纽约市场上的汇率高于伦敦市场上的汇率，套汇者就可在伦敦市场上用194.8万美元买入100万英镑，同时在纽约市场上卖出100万英镑，收入195万美元，从而获得2 000美元的收益。

▶ **2. 间接套汇**

间接套汇又称三点套汇或三角套汇，是指套汇者利用三个不同外汇市场中三种不同货币之间交叉汇率的差异，同时在这三个外汇市场上贱买贵卖，从中赚取汇率差额的一种套汇交易。

例如，纽约外汇市场汇率为 1GBP＝USD1.618 0/96，伦敦外汇市场汇率为 1GBP＝JPY195.59/79，东京外汇市场汇率为 1USD＝JPY119.63/65。现有投资者先在纽约外汇市场上卖出 1 000 000 美元以取得英镑，其次在伦敦外汇市场卖出英镑以购入日元，最后在东京外汇市场抛出日元购回美元。最终该套汇者可以收回的美元数额为：1 000 000÷1.619 6×195.59÷119.65＝1 009 300 美元。扣除 1 000 000 美元本金，此次套汇实际可获得 9 300 美元的收益（其中不含套汇费用）。

为了把握三地之间的套汇机会，可依据下述原则进行判断：将三地外汇市场的汇率均以直接标价法（或间接标价法）表示，然后相乘，如果乘积等于 1 或接近等于 1，说明没有套汇机会，如果乘积不等于 1 且与 1 的偏差较大，说明有套汇机会（在用同一标价法表示汇率时，被标值的货币单位皆为 1）。

目前，由于通信技术的高度发达，不同外汇市场上的汇率差异日益缩小，因此，套汇交易的机会已大大减少。

本章小结

外汇有广义上的概念和狭义上的概念。广义上的外汇，指的是一国拥有的一切以外币表示的资产。狭义上的外汇，指的是以外国货币表示的，为各国普遍接受的，可用于国际间债权债务结算的各种支付手段。它必须具备三个特点：可支付性、可获得性和可换性。

汇率亦称外汇牌价、外汇行市或汇价等，其表示的含义是一种货币兑换另一种货币的比率，是以一种货币表示另一种货币的价格。由于世界各国（各地区）货币的名称不同，币值不一，所以一种货币对其他国家（或地区）的货币要规定一个兑换率，即汇率。汇率主要有两种标价方式：直接标价法和间接标价法。

外汇市场是指进行外汇买卖的场所。外汇市场的功能主要表现在三个方面：一是实现购买力的国际转移；二是提供资金融通；三是提供外汇保值和投机的市场机制。

国际收支平衡状况、投机交易、一国政治经济情况、通货膨胀、央行的干预都会影响汇率的变动。长期以来，各国经济学家致力于研究和探讨汇率决定基础，产生了各种各样的汇率理论，具有影响力的汇率理论有购买力平价理论、利率平价理论、国际收支理论、资产市场理论等。

外汇市场上的各种交易可按不同的标准进行不同的种类划分。若按合同的交割期限或交易的形式特征来区分，可分为即期外汇交易和远期外汇交易两大类；若按交易的目的或交易的性质来区分，那么除了因国际结算、信贷融通和跨国投资等所引起的一般商业性外汇交易以外，外汇买卖还可分为套利交易、掉期交易、互换交易、套期保值交易、投机交易，以及中央银行的外汇干预交易等。

本章重要概念

外汇市场　外汇　汇率　直接标价法　间接标价法　即期汇率　远期汇率　绝对购买力平价　相对购买力平价　利率平价理论　国际收支理论　资产市场理论　套期保值　外汇投机

思考题和在线自测

本章复习思考题

在线自测

第五章　金融远期、期货和互换市场

案例导入

国信期货：服务乡村振兴　为农户提供切实保障

国信期货总经理余晓东表示，自 2016 年"保险＋期货"首次写入中央一号文件以来，期货公司第一时间响应号召积极投入到"保险＋期货"项目试点中来，这些年来已经积累了相当丰富的实战经验，专业能力得到迅速提升。与此同时，近年来交易所纷纷上市了红枣、苹果、花生等农产品期货，这也为"保险＋期货"创新发展提供了更广阔的空间。

"共同富裕是中国特色社会主义的本质要求，也是人民群众的共同期盼。无论是之前的脱贫攻坚，还是现在的乡村振兴，都是我们通往共同富裕的重要路径之一。期货公司在这中间发挥的作用，就是让期货充分发挥其本身的功能即可。因为期货的起源就是保护农民的生产经营活动免遭价格风险干扰。而期货公司作为期货市场的参与主体之一，应该尽其所能将一个个具体的项目贯彻落地，完成期货助力乡村振兴的闭环。"

他最后表示，国信期货将持续深化推进期货服务乡村振兴战略方面的工作，一方面，继续踏实做好各项"保险＋期货"项目，持续扩大"保险＋期货"项目规模，切实提高农业经营主体防御市场风险的能力，保护种植户生产利益；另一方面，进一步深入农村地区，指导和帮助农村地区实体企业利用期货及其他衍生工具管理价格风险，改善企业生产经营，促进产业优化升级。

资料来源：董依菲. 国信期货：服务乡村振兴　为农户提供切实保障[N]. 期货日报，2021-09-29(002).

第一节 金融衍生产品市场

一、金融衍生产品的含义

金融衍生产品可以简单地定义为价值依赖于基本标的资产价格的金融产品。在金融市场中，衍生产品（derivative instrument）也叫作衍生工具，这一术语通常用来描述这样一种金融工具或证券，这一工具（证券）的未来回报依赖于一个潜在的（underlying）证券、商品、利率或是指数的值，而这一潜在的证券、商品、利率或指数就被称为标的（基础）证券或标的资产。"衍生工具"顾名思义就是由别的金融工具"衍生"出来的，如股票期权，这个期权就是基于股票的工具，期权票面上的那张标的股票的涨跌直接影响这个期权的价值。同理还有指数期货，就是这个期货合约的价格随指数的涨跌而变化。衍生工具有期权、期货、掉期合约、认股权证、可转化债券等。衍生工具的种类极多，而且不断有新的衍生工具被发明和交易，甚至还有基于衍生工具的衍生工具。非衍生工具相对来说种类较小也固定，如股票、指数、债券、存款或外汇等，通常都是各种衍生工具的基石。

阅读专栏

衍生产品是一种金融工具，其价值取决于标的资产（如商品、货币等）的预期价格的变动，而衍生产品市场（如期货市场或期权市场）则衍生于现货市场。

资料来源：牛津商业词典，1993 年版．

金融衍生产品是"一种合约，该合约的价值直接取决于一个或多个标的证券、股价指数、债务工具、商品、其他衍生工具，或者其他任何约定的价格指数及协议的价值。衍生产品涉及基于标的资产的权利和义务的交易，但并不一定会发生标的资产的转移"。

资料来源：美国商品期货交易委员会（CFTC）．1933 年衍生产品市场报告．

金融衍生产品市场是由一组规则、一批组织和一系列产权所有者构成的一套市场机制。本章主要介绍远期、期货和互换市场。

二、金融衍生工具的分类

（一）按交易场所分类

按交易场所划分，金融衍生工具可分为交易所交易的衍生工具和场外交易市场交易的衍生工具。

交易所交易的衍生工具包括股票交易所交易的股票期权产品、期货交易所交易的期货合约和期权交易所交易的期权合约等；场外交易市场交易的衍生工具包括金融机构间的互换交易和信用衍生产品交易等。

（二）按产品形态分类

按产品形态划分，金融衍生工具可分为独立衍生工具和嵌入式衍生工具。

▶ 1. 独立衍生工具

独立衍生工具就是常见的衍生合同，包括远期合同、期货合同、互换和期权，以及具有远期合同、期货合同、互换和期权中一种或一种以上特征的工具。衍生工具具有下列特征：①其价值随特定利率、金融工具价格、商品价格、汇率、价格指数、费率指数、信用等级、信用指数或其他类似变量的变动而变动，变量为非金融变量的，该变量与合同的任一方不存在特定关系；②不要求初始净投资，或与对市场情况变化有类似反应的其他类型合同相比，要求很少的初始净投资；③在未来某一日期结算。

▶ 2. 嵌入式衍生工具

嵌入式衍生工具指嵌入非衍生工具（主合同）中，使混合工具的全部或部分现金流量随基础变量而变动的衍生工具。嵌入式衍生工具与主合同构成混合工具，如可转换公司债券、公司债券条款中的赎回条款、返售条款、转股条款，重设条款等。

一旦被确认为衍生产品或可分离的嵌入式衍生产品，就要把这部分资产归入交易性资产类别，按照公允价格计价，将浮动盈亏计入当期损益。

（三）按标的资产的不同分类

按标的资产的不同划分，金融衍生工具可分为股票衍生工具、利率衍生工具、货币衍生工具和信用衍生工具。

▶ 1. 股票衍生工具

股票衍生工具是指以股票或股票指数为基础资产的金融衍生工具，主要包括股票期货、股票期权、股票指数期货、股票指数期权，以及上述合约的混合交易合约。

▶ 2. 利率衍生工具

利率衍生工具是指以利率或利率的载体为基础资产的金融衍生工具，主要包括远期利率协议、利率期货、利率期权、利率互换，以及上述合约的混合交易合约。

▶ 3. 货币衍生工具

货币衍生工具是指以各种货币作为基础资产的金融衍生工具，主要包括远期外汇合约、货币期货、货币期权、货币互换，以及上述合约的混合交易合约。

▶ 4. 信用衍生工具

信用衍生工具是指以贷款或债券的信用状况为基础资产的衍生金融工具。具体来说，它是一种双边金融合约安排。在这一合约下，交易双方同意互换商定的现金流，而现金流的确定依赖于预先设定的未来一段时间内信用事件的发生。这里的信用事件通常与违约、破产或者信用等级降低等情况相联系，必须是可以观测到的。

信用衍生工具主要通过分解和组合技术改变资产的整体风险特征，如信用互换、信用期权及信用远期等。按照其价值的决定因素可以分为三类：第一类是基本的信用衍生工具，它的价值主要取决于违约概率的期限结构；第二类是"一揽子"信用互换（BDS），它的价值与纳入篮子中的信用主体的相关性有关；第三类是信用价差期权（CSO），它的价值取决于信用价差的波动性。下面简要介绍几种国际上常见的信用衍生工具。

（1）违约互换。在这种合约下，交易双方就基础资产的信用状况达成协议，合约购买方（一般是希望规避信用风险的市场主体）向合约出售方支付一定的费用，以换取在基础资产违约实际发生时，合约出售方向合约购买方支付全部或部分违约金额。这实际上是合约购买方以一定的费用为代价将基础资产的信用风险转移给合约出售方。

（2）总收益互换。在这种合约下，合约购买方将基础资产的总收益（包括基础资产的利率加减基础资产价值的变化）支付给合约出售方，同时作为交换，合约出售方支付给合约购买方一个以 Libor 利率为基础的收益率。这种支付的互换一般每季度进行一次，交易形式类似于利率互换。

（3）信用联系票据（CLN）。这是一种表内交易的货币市场工具，在发行时往往注明其本金的偿还和利息的支付取决于约定的参考资产的信用状况，如果参考资产出现违规，则该票据得不到全额的本金偿还。票据发行者在发行这一融资票据时，将参考资产的信用风险转嫁给票据投资者。这实际上是一个普通的固定收益证券和信用衍生工具的混合产品。

（四）按交易方法及特点分类

按交易方法及特点划分，金融衍生工具可分为金融远期合约、金融期货合约、金融期权合约、金融互换合约和结构化金融衍生工具。

金融衍生工具可以从不同的角度进行分类，但按照交易方式和特点进行分类是金融衍生工具最基本和普遍的分类方式，大多数对金融衍生工具的研究也是以此为基础展开的。

▶ 1. 金融远期合约

金融远期合约是指规定合约双方同意在指定的未来日期按约定的价格买卖约定数量的相关资产或金融工具的合约，目前主要有远期外汇合同、远期利率协议等。金融远期合约通常在两个金融机构之间或金融机构与其客户之间签署，其交易一般也不在规范的交易所内进行，所以，金融远期合约的交易一般规模较小、较为灵活、交易双方易于按各自的愿望对合约条件进行磋商。在远期合约的有效期内，合约的价值随相关资产市场价格或相关金融价值的波动而变化，合约的交割期越长，其投机性越强，风险也就越大。

▶ 2. 金融期货合约

金融期货合约是指规定交易双方在未来某一期间按约定价格交割特定商品或金融工具的标准化合约，目前主要有利率期货、外汇期货、债券期货、股票价格指数期货等。金融期货合约与金融远期合约十分相似，也是交易双方按约定价格在未来某一期间完成特定资产交易行为的一种方式。但金融期货合约的交易是在有组织的交易所内完成的，合约的内容，如相关资产的种类、数量、价格、交割时间、交割地点等，都是标准化的。金融期货的收益决定与金融远期合约一致。

▶ 3. 金融期权合约

金融期权合约是指规定期权的买方有权在约定的时间或约定的时期内，按照约定价格买进或卖出一定数量的某种相关资产或金融工具的权利，也可以根据需要放弃行使这一权利的合约，目前主要有外汇期权、外汇期货期权、利率期权、利率期货期权、债券期权、股票期权、股票价格指数期权等。为了取得这样一种权利，期权合约的买方必须向卖方支付一定数额的费用，即期权费。期权分为看涨期权和看跌期权两个基本类型。看涨期权的买方有权在某一确定的时间以确定的价格购买相关资产；看跌期权的买方则有权在某一确定时间以确定的价格出售相关资产。

▶ 4. 金融互换合约

金融互换也称为金融掉期，是指交易双方约定在合约有效期内，以事先确定的名义本金额为依据，按约定的支付率（利率、股票指数收益率等）相互交换支付的合约，目前主要有外汇互换、利率互换、货币互换、债券互换、抵押贷款互换等。互换合约实质上是可以分解为一系列远期合约的组合。互换是指两个或两个以上的当事人按共同商定的条件，在约定的时间内，交换一定支付款项的金融交易，主要有货币互换和利率互换两类。

▶ 5. 结构化金融衍生工具

结构化金融衍生工具是指运用前4种"建构模块工具"组合成结构化产品，如股票交易所交易的各类结构化票据、商业银行推出的挂钩不同标的资产的理财产品。结构化金融衍生工具是国际金融衍生品市场的重要组成部分,增加了资本市场的完备性、深化了市场的风险配置功能、增强了资本的流动性以及提高了金融衍生市场的信用水平,是运用金融工程结构化的方法,将若干种基础金融商品和金融衍生品相结合设计出的新型金融产品。

目前,通过各种派生技术进行组合设计,市场中已出现了数量庞大、特性各异的衍生产品,主要有以下几类。

(1)衍生工具与基础工具的组合。例如,期货衍生产品与基础工具的结合,即有外汇期货、股票期货、股票指数期货、债券期货、商业票据期货、定期存单期货等形形色色的品种。

(2)衍生工具之间的组合,构造出再衍生工具。例如,期货除了以基础工具为标的物之外,也可和其他衍生工具进行组合,可构造出再衍生工具。又如,期权除了以基础工具为标的物之外,也可和其他衍生工具进行组合,可构造出期货期权、互换期权一类新的衍生工具。

(3)直接对衍生工具的个别参量和性质进行设计,产生与基本衍生工具不同的衍生工具。例如,期权除了标准期权之外,通过一些附加条件,可以构造出所谓的特种衍生工具,如两面取消期权、走廊式期权等。金融衍生工具中具有无数种创造派生产品的技术。

三、金融衍生工具的基本特征

(一)跨期交易

衍生工具是为了规避或防范未来价格、利率、汇率等变化风险而创设的合约,合约标的物的实际交割、交收或清算都是约定在未来的时间进行。跨期可以是即期与远期的跨期,也可以是远期与远期的跨期。

(二)杠杆效应

衍生工具具有以小博大的能量,借助不到合约标的物市场价值 5%～10% 的保证金,或者支付一定比例的权益费而获得一定数量合约标的物在未来时间交易的权限。无论是保证金还是权益费,与合约标的物价值相比都是很小的数目,衍生工具交易相当于以 0.5～1 折买到商品或金融资产,具有 10～20 倍的交易放大效应。

(三)高风险性

衍生工具价格变化具有显著的不确定性,由此给衍生工具的交易者带来的风险也是很高的,无论是买方或者卖方,都要承受未来价格、利率、汇率等波动造成的风险。

(四)合约存续的短期性

衍生工具的合约都有期限,从签署到失效的这段时间为存续期,衍生工具的存续期一般不超过 1 年。

四、金融衍生工具的其他特征

(一)衍生工具的价值受制于基础工具

金融衍生工具或者衍生产品是由传统金融产品派生出来的,由于它是衍生物,不能独立存在,其价值在相当程度上受制于相应的传统金融工具。这类能够产生衍生物的传统产品又称为基础工具。根据目前的发展,金融基础工具主要有三大类:外汇汇率、债务或利率工具,以及股票和股票指数等。虽然基础工具种类不多,但是借助各种技术在此基础上都可以设计出品种繁多、特性不一的创新工具来。

由于是在基础工具上派生出来的产品，因此金融衍生工具的价值主要受基础工具价值变动的影响，股票指数的变动影响股票指数期货的价格，认股权证跟随股价波动，这是衍生工具最为独到之处，也是其具有避险作用的原因所在。

（二）衍生工具具有规避风险的作用

金融创新能够衍生出大量的各种新型金融产品和服务并投放在金融市场上，强有力地促进了整个金融市场的发展。传统的金融工具滞后于现代金融工具，表现为其都带有原始发行这些金融工具的企业本身的财务风险。而且，在这些传统的金融工具中，所有的财务风险都是捆绑在一起的，处理分解难度相当大。随着将这些财务风险松绑分解，进而再通过金融市场上的交易使风险分散化并能科学地重新组合，来达到收益和风险的权衡。

（三）衍生工具的构造具有复杂性

相对于基础工具而言，金融衍生工具的特性显得较为复杂。这是因为，一方面，金融衍生工具对期权、互换的理解和运作已经不易；另一方面，由于采用多种组合技术，使得衍生工具的特性更为复杂，所以说，衍生工具的构造具有复杂性。这种情况导致金融产品的设计要求高深的数学方法，大量采用现代决策科学方法和计算机科学技术，它能够仿真模拟金融市场的运作，在开发、设计金融衍生工具时，采用人工智能和自动化技术。同时这也导致大量金融衍生新产品难以被一般投资者所理解，难以明确风险所在，更不容易完全正确地运用。

（四）衍生工具的设计具有灵活性

金融衍生工具在设计和创新上具有很强的灵活性，这是因为可以通过对基础工具和金融衍生工具的各种组合，创造出大量的特性各异的金融产品。机构与个人参与衍生工具的目的有三方面：一是买卖衍生工具为了保值；二是利用市场价格波动风险进行投机谋以暴利；三是利用市场供求关系的暂时不平衡套取无风险的额外利润。出于各种复杂的经营目的，就要有各种复杂的经营品种，以适应不同市场参与者的需要。所以，衍生工具的设计可根据各种参与者所要求的时间、杠杆比率、风险等级、价格等参数的不同进行设计、组合。因此，相对其他金融工具而言，衍生工具的设计具有更大的灵活性。

（五）衍生工具的运作具有杠杆性

金融衍生工具在运作时多采用财务杠杆方式，即采用交纳保证金的方式进入市场交易，市场参与者只需动用少量资金，即可控制资金量巨大的交易合约。期货交易的保证金和期权交易中的期权费即是这一种情况。财务杠杆的作用一方面可显著提高资金利用率和经济效益，但是另一方面也不可避免地带来巨大风险。近年来，一些国际大机构在衍生工具交易方面的失利，很大程度上与这种杠杆的"放大"作用有关。

（六）衍生工具的交易具有特殊性

金融衍生工具交易的特殊性主要表现在两个方面：一是集中性，从交易中介机构看，主要集中在大型投资银行等机构进行。目前，美国的金融衍生产品交易在全球金融衍生产品交易中占了相当比重，但是在美国3 000多个金融机构中，只有300多个从事此类交易，而且其中10家大型机构即占了交易量的90%，可见交易的集中性。二是灵活性，从市场分布看，部分交易活动是通过场外交易方式进行的，即用户主要通过投资银行作为中介方参与衍生工具交易，投资银行代为寻找对家或直接作为交易对手个别进行，这些交易是非标准化的，这说明金融衍生工具具有很强的灵活性。

五、金融衍生产品市场的功能

（一）从微观角度来看

▶ 1. 规避风险

规避风险是金融衍生产品市场赖以存在和发展的基础，而防范风险的主要手段是套期保值。

▶ 2. 价格发现

金融衍生产品市场集中了各方面的参与者，带来了成千上万种关于衍生品基础资产的供求信息和市场预期，通过交易所类似拍卖方式的公开竞价，形成了市场均衡价格。金融衍生品的价格形成有利于提高信息的透明度，金融衍生产品市场与基础市场的高度相关性，提高了整个市场的效率。

▶ 3. 套利

金融衍生产品市场存在大量具有内在联系的金融产品，在通常情况下，一种产品总可以通过其他产品分解组合得到。因此，相关产品的价格应该存在确定的数量关系，如果某种产品的价格偏离这种数量关系时，总可以低价买进某种产品，高价卖出相关产品，从而获取利润。

▶ 4. 投机

市场上总存在一些人希望利用对特定走势的预期来对未来的变化进行赌博，构造出一个原先并不存在的风险。投机者通过承担风险获取利润，只要是在透明公开的条件下进行，投机是有利于促进市场效率的。

▶ 5. 构造组合

利用金融衍生品可以对一项特定的交易或风险暴露的特性进行重新构造，实现客户所预期的结果。

（二）从宏观角度来看

以上功能都是从金融衍生产品市场本身的角度讨论的，属于微观方面的功能。微观功能的发挥必定导致其宏观效应。因此，从宏观角度看，金融衍生品市场具有以下三个功能。

▶ 1. 资源配置功能

金融衍生产品市场的价格发现机制有利于全社会资源的合理配置：一方面，衍生品市场近似于完全竞争市场，其价格接近于供求均衡价格，这一价格用于配置资源的效果，优于用即期信号安排下期生产和消费。所以，衍生品市场形成的价格常常成为一个国家，甚至全世界范围内的价格。另一方面，金融衍生产品市场的价格是基础市场价格的预期，能反映基础市场未来预期的收益率。当基础市场预期收益率高于社会资金平均收益率时，社会资金就会向高收益率的地方流动。

▶ 2. 降低国家风险功能

国家风险包括政治风险、经济风险和金融风险，这三种风险是密切相关的，具有极强的互动关系。例如，1997 年的东南亚金融危机，首先，出现金融风险，进而引发经济风险和政治风险。金融衍生产品市场对降低国家风险具有重要作用，它首先体现在衍生品市场可以降低金融风险，提高金融体系的效率。金融衍生产品市场的发展增加了金融产品的多样性，扩大了金融体系的流动性，为借款人提供了进入新市场的途径和规避风险的方法，从总体上降低了融资成本。其次，金融衍生产品市场对降低国家经济风险、政治风险也有重要作用。如一个国家能否对其外汇储备进行套期保值，如何规避由于汇率变动造成的外债风险等，都将影响国家的经济风险。相对而言，对政治风险的影响是间接的。

▶ 3. 容纳社会游资功能

金融衍生产品市场的出现为社会游资提供了一种新的投资渠道，不仅使一部分预防性货币需求转化为投资性货币需求，而且产生了新的投资性货币需求。在经济货币化、市场化、证券化、国际化日益提高的情况下，不断增加的社会游资有了容身之处，并通过参与金融衍生产品市场发挥作用。

第二节　金融远期合约和期货合约

一、金融远期合约

（一）金融远期交易的含义

金融远期交易可以划分为商品类远期交易和金融类远期交易两种类型。

金融远期合约是最基础的金融衍生产品。它是交易双方在场外市场上通过协商，按约定价格(称为远期价格)在约定的未来日期(交易日)买卖某种标的金融资产(或金融变量)的合约。

任何衍生工具都有标的资产(underlying asset)，标的资产的价格直接影响衍生工具的价值，即由标的资产衍生。在将来买入标的物的一方称为多方(long position)，而在未来卖出标的物的一方称为空方(short position)。合约中规定的未来买卖标的物的价格称为交割价格(delivery price)。

如果信息是对称的，而且合约双方对未来的预期相同，那么合约双方所选择的交割价格应使合约的价值在签署合约时等于零。这意味着无需成本就可处于远期合约的多头或空头状态。我们把使得远期合约价值为零的交割价格称为远期价格(forward price)。

远期价格是跟标的物的现货价格密切相关的。例如，小麦远期与小麦现货，可以把它们作为两种商品对待。而远期价值则是指远期合约本身的价值，它是由远期实际价格与远期理论价格的差距决定的。在合约签署时，若交割价格等于远期理论价格，则此时合约价值为零。一旦理论价格与实际价格不相等，就会出现套利机会。若交割价格高于远期价格，套利者就可以通过买入标的资产现货、卖出远期并等待交割来获取无风险利润，从而促使现货价格上升、交割价格下降，直至套利机会消失；反之类似。我们所说的对金融工具的定价，实际上都是指确定其理论价格。随着时间推移，远期理论价格有可能改变，而原有合约的交割价格则不可能改变，因此原有合约的价值就可能不再为零。远期合约是适应规避现货交易风险的需要而产生的。远期合约是非标准化合约，灵活性较大是其主要优点。在签署远期合约之前，双方可以就交割地点、交割时间、交割价格、合约规模、标的物的品质等细节进行谈判，以便尽量满足双方的需要。

由于采用了一对一的交易方式，交易事项可以协商确定，较为灵活，金融机构或大型工商企业通常利用远期交易作为风险管理手段，它通常是在两个金融机构之间或金融机构与其公司客户之间签署的，一般不在规范的交易所内交易。但是非集中交易也带来了搜索困难、交易成本较高、存在对手违约风险等缺点。

（二）远期合约的优缺点

▶ **1. 远期合约的优点**

远期合约的特点及优点主要体现在以下三个方面。

（1）远期合约是非标准化合约，灵活性较大是其主要优点。交易双方可以就交割地点、交割时间、交割价格、合约规模、标的物的品质等细节进行谈判，实现"按需定制"。

（2）远期合约可以弥补期货合约的不足。期货的交易品种相对有限，且期货的到期日可能与套期保值对象的期限不匹配。

（3）远期交易在买卖成交时并不发生现金流动，双方只是将交易的各项条件（如交易标的物的质量、交易的数量、交易的价格及交割结算日等）用合约的形式确定下来，而实际交割则在预约的某一个特定日期进行。

▶ **2. 远期合约的缺点**

远期合约的缺点主要体现在以下几个方面。

（1）由于远期合约没有固定的、集中的交易场所，不利于信息交流和传递，不利于形成统一的市场价格，市场效率较低。

（2）由于每份远期合约千差万别，这就给远期合约的流通造成较大不便，因此远期合约的流动性较差。

（3）远期合约的履约没有保证，当价格变动对一方有利时，对方有可能无力或无诚意履行合约，因此远期合约的违约风险较高。

阅读专栏

远期合约主要应用在外汇交易上，通常是由银行和客户互相协议交收货币和到期日交收汇率，用以降低外汇风险。举例来说，陈先生有一笔100万澳元的应收账款，这笔钱将于三个月后收款，现时澳元兑港元汇价是1澳元兑6.5港元。假设陈先生什么都不做，三个月后澳元可能大升大跌，对陈先生来说，外汇风险很大。陈先生大可和A银行进行远期外汇合约，以锁定到期日的外汇价格。假设A银行愿意用1澳元兑6.6港元的汇价，在三个月后去购入陈先生手上的100万澳元，那么不管三个月后澳元的汇价有多大变化，陈先生都可确保收到660万港元。当然，天下没有免费午餐，陈先生和A银行进行远期外汇合约，陈先生要付银行手续费。陈先生为什么不选择使用外汇期货？相对期货合约，远期合约的自由度比较大，例如在到期日，合约确定的货币和交收数量等都可以由买卖双方协商，与期货合约相比，远期合约是一种量身定做的金融产品。而且，有些货币、商品没有期货市场，远期合约提供了另一种可供对冲的途径。再者，由于一些货币不能自由兑换，所以市场也可以将货币交收改为替补差价，由亏的一方给予赚钱的一方现金补偿，即远期不交收合约（non-deliverable forward，NDF）。我们时常听到新闻说人民币远期不交收合约现时的价格是多少，其实就是指这种独特的远期合约，现在人民币的NDF主要是场外交易，新加坡和我国香港是主要的人民币NDF市场。

（三）金融远期合约的各类

在衍生金融工具的远期合约中，常见的远期合约有远期利率协议（forward rate agreement，FRA）、远期外汇合约和远期股票合约。金融远期合约与金融期货较为相似，两者的区别在于：标准化和灵活性不一样；场内场外交易、二级市场发展不一样。

▶ 1. 远期利率协议

1）远期利率协议的概念

远期利率协议是指交易双方为了规避未来的利率波动风险，或者为了在未来利率波动时进行投机而在订立协议时预先商定，在将来的某一特定日期，按规定的币种、数额、期限和利率进行交割的一种协议。实际上，远期利率协议的买方相当于名义借款人，而卖方则相当于名义贷款人，双方签订远期利率协议，相当于同意从未来某一商定日期开始，按协定利率借贷一笔数额期限已确定的名义本金，双方在清算日并不实际交换本金，而是根据协议利率和参照利率之间的差额及名义本金额，由交易一方支付给另一方结算金。

2）重要术语和交易流程

为了规范远期利率协议，英国银行家协会于 1985 年颁布了远期利率标准化文件（FRABBA）作为市场实务的指导原则。目前，世界上大多数远期利率协议都是根据该标准化文件签订的。该标准化协议使每一笔远期利率交易仅需一个电传确认即可成交，大大提高了交易速度和质量。

在实践中，远期利率协议一般遵守 1985 年由英国银行家协会起草的"FRABBA 词汇"。该文件定义的相关 FRA 词汇有：合同金额——借贷的名义本金额；合同货币——合同金额的货币币种；交易日——远期利率协议成交的日期；结算日——名义借贷开始的日期，也是交易一方向另一方交付结算金的日期；确定日——确定参照利率的日期；到期日——名义借贷到期的日期；合同期——结算日至到期日之间的天数；合同利率——在协议中双方商定的借贷利率；参照利率——在确定日用以确定结算金的在协议中指定的某种市场利率；结算金——在结算日，根据合同利率和参照利率的差额计算出来的由交易一方付给另一方的金额。

为了进一步了解这些概念之间的相互关系，下面以一个实例来说明远期利率的交易流程。

2020 年 1 月 6 日星期一，双方同意成交一份"3×6"名义金额为 100 美元、协定利率为 4.75% 的远期利率协议。其中，"3×6"是指起算日和结算日之间为 3 个月，起算日至名义贷款最终到期日之间的时间为 6 个月。交易日与起算日时隔一般 2 个交易日。在本例中，起算日是 2020 年 1 月 8 日星期三，而结算日则是 2020 年 4 月 8 日星期三，到期时间为 2020 年 7 月 8 日星期三，合同期为 2020 年 4 月 8 日至 2020 年 7 月 8 日。在结算日之前的 2 个交易日（即 2020 年 4 月 7 日星期二）为确定日，确定参照利率，通常为确定日的伦敦银行同业拆放利率。假定参照利率为 5.5%，这样，在结算日，由于参照利率高于合同利率，名义贷款方就要支付结算金给名义借款方（具体计算方法见下文）。上述流程可用图 5-1 表示。

图 5-1 远期利率协议流程

3）远期利率协议结算金的计算

在远期利率协议下，如果参照利率超过合同利率，那么卖方（即名义贷款人）就要支付买方（即名义借款人）一笔结算金，以补偿买方在实际借款中因利率上升而造成的损失。一般来说，实际借款利息是在贷款到期时支付的，而结算金则是在结算日支付的，因此结算金并不等于因利率上升而给买方造成的额外利息支出，而等于额外利息支出在结算日的贴现值，具体计算公式为：

$$S = \frac{(i_r - i_c) \cdot A \cdot D/B}{1 + i_c \cdot D/B} \tag{5-1}$$

式(5-1)中，S 为结算金；i_r 为参考利率；i_c 为合约利率；A 为合约金额；D 为合约期；B 为 360（如美元为 360 天，英镑为 365 天）。

在式(5-1)中，分子表示由于合同利率与参照利率之间的差异所造成的额外利息支出，而分母是对分子进行贴现，以反映结算金的支付是在合同期开始之日而非结束之时。$S > 0$，卖方支付买方；$S < 0$，买方支付卖方。

我们把上节例子中的数字代入式(5-1)，就可算出卖方应向买方支付的结算金为：

结算金 $= (0.055 - 0.047\ 5) \times 1\ 000\ 000 \times 91/360/(1 + 0.055 \times 91/360) = 1\ 869.84$（美元）

同理，假定一个公司预期三个月后将借款 1 000 万美元，时间为 6 个月。该品种应表示为"3×9"FRA。假定借款者将能以 Libor 的水平等借到资金，现在的 6 个月 Libor 是 5% 左右。借款者担心三个月后市场利率会上升。若借款者不采取任何措施，三个月内可能会在借款时付出更高的利率。为了避免这种利率风险，今天借款者就可购买一份"3×9"FRA。如果市场 6 个月 Libor 在三个月后上升到 7%，若没有远期利率协议，借款者将被迫以市场利率借款，即 7%，借款 6 个月后，借款者不得不多支付 10 万美元利息。现在该公司买了 FRA，3 个月后在交割日，由于利率上涨，该公司将收到卖方支付的约 10 万美元交割额，以作补偿。这样，该公司就避开了利率上涨的风险。

根据上例，远期利率协议的支付方式如表 5-1 所示。

表 5-1　远期利率协议支付

利 息 差 额	Libor<FRA 价格	Libor>FRA 价格
支付方	买方	卖方
收入方	卖方	买方

4）远期利率协议的功能

远期利率协议最重要的功能在于通过固定将来实际交付的利率而避免了利率变动风险。签订远期利率协议后，不管市场利率如何波动，协议双方将来收付资金的成本或收益总是固定在合同利率水平上。例如，当参照利率上升时，表明协议购买方的资金成本加大，但由于购买方可以从协议出售方得到参照利率与协议利率的差价，正好可弥补其加大了的资金成本，而协议出售方则固定了资金收益。反之，则反理。

另外，由于远期利率协议交易的本金不用交付，利率是按差额结算的，所以资金流动量较小，这就给银行提供了一种管理利率风险而无须通过大规模的同业拆放来改变其资产负债结构的有效工具，这对于增加资本比例、改善银行业务的资产收益率十分有益。

与金融期货、金融期权等场内交易相比，远期利率协议具有简便、灵活、不需支付保证金等特点，更能充分满足交易双方的特殊需求。但与此同时，其信用风险和流动性风险也较场内交易的金融期货合约要大。但其市场风险较金融期货小，因为它最后实际支付的只是利差而非本金。

阅读专栏

2020 年 4 月 14 日成交一份 1 个月（递延期限）对 3 个月（贷款期限）的远期利率协议（"1×4"FRA）的各个日期为：交易日——2020/4/14；即期日——2020/4/16；基准日——2020/5/14；交割日——2020/5/16；到期日——2020/8/17；合约期限为 94 天。

"1×4"指即期日与交割日之间为 1 个月，从即期日到贷款的最后到期日为 4 个月。由于 2020 年 8 月 16 日是星期日，顺延到下一个工作日就是 8 月 17 日（星期一）。递延期限为 1 个月，协议期限为 3 个月。

▶ **2. 远期外汇合约**

1）远期外汇合约的概念

远期外汇合约是指双方约定在将来某一时间按约定的汇率买卖一定金额的某种外汇的合约。远期汇率是指两种货币在未来某一日期交割的买卖价格。远期外汇合约是一种外汇衍生工具，其结算基于合约起始日的远期汇率与结算时的即期汇率之差。远期外汇合约是指外汇买卖双方在成交时先就交易的货币种类、数额、汇率及交割的期限等达成协议，并用合约的形式确定下来，在规定的交割日双方再履行合约，办理实际的收付结算。远期外汇合约的主要目的就是规避汇率风险，无论是有远期外汇收入的出口企业，还是有远期外汇支出的进口企业，都可以与银行订立远期外汇合约，按预约的价格，在将来到期时进行交割，避免进口产品成本上升和出口销售收入减少的损失，以控制结算风险。

2）远期汇率的报价方法

远期交易的标的一般是指利率或汇率，所以远期一般指远期利率或远期汇率，也可以说，远期利率指的是资金融通的远期价格，远期汇率指的是现在确定的未来外汇交易的汇率。汇率报价一般有两种方法：

汇率直接报价是以一个单位的外国货币表示若干本国货币的方法，如美元/人民币＝6.82，美元为外币。

汇率间接报价是以一定单位的本国货币为标准，来计算应该收取多少单位的外国货币，如 EUR/USD＝1.34，欧元为外币。

远期汇率的报价方法一般有两种：一是直接标出远期汇率的实际价格；二是标出远期汇水（差价）即远期汇率与即期汇率的差价。这部分内容在第四章中有阐述。

3）远期外汇合约的分类

按照远期开始的时期划分，远期外汇合约可以分为直接远期外汇合约（outright forward foreign exchange contracts）和远期外汇综合协议（synthetic agreement for forward exchange，SAFE）。

远期外汇综合协议是指双方约定买方在结算日按照合同中规定的结算日直接远期汇率用第二货币（本币）向卖方买入一定名义金额的原货币（外币），然后在到期日再按合同中规定的到期日直接远期汇率把一定名义金额的原货币出售给卖方的协议。

SAFE 的要素如下。

（1）交易双方同意进行名义上的远期——远期货币互换，并不涉及实际的本金兑换。

（2）名义上互换的两种货币分别称为第一货币（primary currency）和第二货币（secondary currency）。名义上在结算日进行首次兑换，在到期日进行第二次兑换。

（3）在交易日确定两次互换的金额，确定合约汇率和到期日汇率；在确定日确定两次兑换日实际的市场汇率。

（4）买方指首次兑换买入第一货币的一方，也是第二次交易出售第一货币的一方；卖方则相反。

4）远期外汇合约的主要特点

（1）远期外汇合约的交易地点并不固定，通常是通过现代通信手段进行，交易时间也不受限制，可以 24 小时交易，因此属于无形市场。

（2）远期外汇合约是交易双方经协商后达成的协议，在交易币种、汇率、交割方式、金额等方面能够灵活地满足交易双方的偏好，因此是非标准化的合约。

（3）远期外汇合约双方当事人都要承担信用风险。

▶ 3. 远期股票合约

远期股票合约（equity forwards）是指在将来某一特定日期按特定价格交付一定数量单个股票或"一揽子"股票的协议。

由于目前远期股票合约出现不久，仅在小范围内有交易记录，这里不做详述。

二、金融期货合约

(一) 金融期货合约的概念

早在公元前的希腊和罗马已有带期货性质的交易活动。农产品收获前，城市商人往往先向农民预购农产品，等到收割完成后，农民才把农产品交付给商人。这是最原始的远期合约交易，是现代期货交易的雏形。随着各地交通条件的改善和现代化城市的兴起，地方性的期货交易逐步发展成为集中的市场交易中心。19 世纪以后，主要进行谷物交易的芝加哥期货交易所于 1848 年成立，先签订合同后交割的交易方式开始盛行，现代意义的期货交易制度在历史上是逐步完善的，芝加哥期货交易所在完善这些制度方面走在世界的前列，至今也是世界上最有影响的商品交易所之一。

期货交易（futures transaction）是指交易双方在集中性的市场以公开竞价的方式进行的期货合约的交易。金融期货合约（financial futures contracts）是指协议双方同意在约定的将来某个日期按约定的条件（包括价格、交割地点、交割方式）买入或卖出一定标准数量的某种金融工具的标准化协议。合约中规定的价格就是期货价格（futures price）。期货市场是进行期货合约交易场所的统称。

一般说来，金融期货合约包含以下内容。

▶ 1. 交易的标的物

每份合约都必须指明以何种金融工具作为标的物。如外汇期货的标的物是外汇，具体又有美元、英镑、欧元、日元、澳大利亚元、加拿大元等不同币种之分。

▶ 2. 交易单位

期货交易每份合约的交割数量都是确定的，但对于不同的交易所又有不同的规定。例如，一张英镑期货合约，在芝加哥国际货币市场为 25 000 英镑，在中美洲商品交易所为 12 500 英镑，在阿姆斯特丹欧洲期权交易所则为 10 000 英镑。

交易单位的大小视期货市场交易规模、参与者资金实力、合约商品价格波动性等因素而定。交易单位的标准化极大地简化了期货交易的过程，提高了市场效率，使期货交易成为一种只记录期货合约买卖数量的交易。

▶ 3. 最小变动价位

最小变动价位也称为刻度或最小波幅，是期货交易所公开竞价过程中商品或金融期货价格报价的最小变动数值。最小变动价位乘以合约交易单位，就可得到期货合约的最小变动金额。期货品种不同，最小变动价位亦不同。例如，英镑期货为 0.000 5 美元，即 5 个基本点；而加拿大元期货为 0.000 1 美元，即 1 个基本点。最小变动价位大小的确定一般取决于该金融工具的种类、性质、市场价格波动状况及商业习惯等因素。有了最小变动价位，期货交易就以最小变动价位的整数倍上下波动，便于交易者核算盈亏。

▶ 4. 每日最高波动幅度

每日最高波动幅度即期货交易所规定的单个交易日内期货价格的最高允许涨跌幅度，在我国又称涨跌停板制度。当单日期货价格波动幅度超过这一限制时，期货交易所将停止当天交易，进一步的交易将在第二天进行。

设置每日最高波动幅度的主要目的是限制风险，防止期货价格出现猛涨或猛跌，从经济效率上讲，它阻止了市场及时恢复均衡，限制了价格发现功能的实现。

每日最高波动幅度的大小主要取决于期货价格波动的频繁程度和波幅的大小。目前，在美国一些成熟的期货交易所已不设涨跌停板，以便期货价格能真实地反映商品供求关系，迅速发现价格。

▶ 5. 标准交割时间

标准交割时间包括标准交割月份和标准交割日期。

(1) 标准交割月份，指各个交易所规定的期货合约交割的未来月份，又称合约月份。不同的交易所对交割月份的规定也不同，如伦敦国际金融期货交易所(LIFFE)规定货币期货合约的交割月份为 3 月、6 月、9 月和 12 月；芝加哥国际货币市场(IMM)规定除上述月份外，还有少量货币期货合约的交割月份在 1 月、4 月和 10 月。

(2) 标准交割日期，指交割月份的具体交割日，又称最后交易日。伦敦国际金融期货交易所规定为交割月份的第二个星期三；芝加哥国际货币市场则规定为交割月份的第三个星期三，合约的交易在交割日前两个营业日(星期一)停止。在芝加哥商品交易所，股票期货合约的最后交易日为交割月份的第三个星期五，抵押证券期货合约则为交割月份第三个星期三之前的星期五。

▶ 6. 初始保证金

初始保证金又称原始保证金，是指期货交易双方为保证合约得以履行而向清算会员存储的保证金，以保证价格变化时亏损一方能及时支付。

设置初始保证金是为了有效控制期货市场风险，为在交易所内进行的期货交易提供履约担保，保证交易所的财务安全性、完整性和健全性。因此，初始保证金是期货保障机制的最重要环节。

除初始保证金外，交易所一般还规定了维持保证金制度，即交易者为维持自己的交易部分所必须持有的保证金最低限额，低于此限，交易所就会向交易者发出保证金通知，要求交易者于次日开盘前补交至初始保证金水平。维持保证金金额一般为初始保证金金额的 $75\% \sim 80\%$。

金融期货从诞生之日起，在短短的几十年时间里风靡全球，很快成为期货市场的主角，商品期货排到次要地位，使世界期货市场发生了划时代的变革，这是由期货市场的特点决定的。期货交易是通过在商品期货交易所买进或卖出标准化的期货合约而进行的，在规定的时间和地点交割一定品质规格标准的商品，也可以在到期前将交易对冲，即合约的一买一卖就了结了这笔交易。许多期货交易者并不对实物交割感兴趣，而是为了利用期货市场价格的波动进行保值或投机获利。期货交易一般并不涉及实物所有权的转让，只是期货所有权的转移，以便转嫁与这种所有权有关的商品价格变动的风险，或在这种价格变动中进行风险投机。金融期货交易成为全球商品生产经营者和金融机构最重要、最有效的风险管理工具和投资工具之一，并通过货币市场金融传导机制影响世界经济发展，在国际金融市场上发挥着巨大的作用。

（二）金融期货交易的特征

期货合约均在交易所进行，交易双方不直接接触，而是各自通过经纪人在交易所及其清算部或专设的清算公司交易结算。对期货交易的买方而言，卖方是期货交易所的结算公司；对期货交易的卖方而言，买方是期货交易所的结算公司。清算公司充当所有期货买者的卖者和所有卖者的买者，因此期货交易双方无须担心对方违约。由于所有买者和卖者都集中在交易所交易，因此就克服了远期交易所存在的信息不对称和违约风险高的缺陷。期货交易所是一个买卖期货合约的场所，它本身并不参与期货交易，不拥有任何商品，不买卖期货合约，也不参与期货价格的形成。期货交易所主要保证期货交易的顺利实施，为交易者提供各种便利的服务。期货交易所通过收集、传播在交易所内所形成的期货价格，为在交易所内达成的期货合约提供合约履行及财务责任方面的担保，调解交易纠纷，监督、管理交易所内进行的交易活动，为交易的顺利进行提供各种服务。

期货合约的买者或卖者可在交割日之前采取对冲交易以结束其期货头寸（即平仓），而无须进行最后的实物交割。这相当于买者可把原来买进的期货卖掉，卖者可把原来卖出的期货买回，这就克服了远期合同必须履约的问题。由于通过平仓结束期货头寸比起实物交割既省事又灵活，因此目前大多数期货交易都是通过平仓来结清头寸。据统计，最终进行实物交割的期货合约不到 2%。尽管如此，我们也不应忽视交割的重要性，正是因为具有最后交割的可能性，期货价格和标的物的现货价格之间才具有内在的联系。随着期货交割月份的逼近，期货价格将收敛于标的资产的现货价格。当到达交割期限时，期货的价格等于或非常接近于现货的价格，否则就存在无风险的套利机会。

期货合约的合约规模、交割日期、交割地点等都是标准化的，即期货合约的合同要素除交割价格以外均由交易所事先在合约上有明确的规定，无须交易双方再商定。交易双方所要做的唯一工作是选择适合自己的期货合约，并通过交易所竞价确定成交价格。交割价格是期货合约的唯一变量。当然，这并不是说所有期货合约的交割月份、交割地点等都是一样的，同种金融工具的期货合约可以有不同的交割月份，由交易所事先确定，并在合约中事先载明，而不是由交易双方商定后载入合约的。因此，期货交易克服了远期交易流动性差的缺点。

期货交易是每天进行结算的，而不是到期一次性进行的，买卖双方在交易之前都必须在经纪公司开立专门的保证金账户。投资者须存入一定数量的保证金，即初始保证金。每天交易结束时，保证金账户都要根据期货价格的升跌而进行调整，以反映交易者的盈亏变化，这就是所谓的盯市。盈亏变化是根据结算价格计算的。结算价格的确定由交易所决定，它可能是当天的加权平均价，也可能是收盘价，还可能是最后几秒钟的平均价。当天结算价格高于昨天的结算价格（或当天的开仓价）时，高出部分就是多头的盈利和空头的亏损。这些盈利和亏损就在当天分别加入多头的保证金账户和从空头的保证金账户中扣除。当保证金账户的余额低于交易所规定的维持保证金水平时，经纪公司就会通知交易者限期把保证金水平补足到初始保证金水平，否则就会被强制平仓。维持保证金水平通常是初始保证金水平的 75%～80%。交易所允许期货合约的空方（即卖方）在可供选择的标的物（主要适用于利率期货和商品期货）和交割地点（主要适用于商品期货）中选择适合自己的交割方式。交易所将根据空方的选择按事先规定的公式对其收取的价款进行调整。因为直接交割标的物非常不方便或者是不可能的。有些金融期货，如标的物为股价指数的期货，在交割时是以现金结算的。交易所规定期货合约的交割月份，指定在交割月份中可以进行交割的确切时间。对于许多期货合约来说，交割日期可以是整个交割月，至于具体在哪一天交割，由空方选择。

（三）金融期货合约的种类

按标的物不同，金融期货可分为利率期货、股价指数期货和外汇期货。

▶ **1. 利率期货**

利率期货是指标的资产价格依赖于利率水平的期货合约，如长期国债期货、短期国债期货和欧洲美元期货。

利率期货一般可分为短期利率期货和长期利率期货，前者大多以银行同业拆借市场3月期利率为标的物，后者大多以5年期以上长期债券为标的物。利率波动使得金融市场上的借贷双方均面临利率风险，特别是越来越多持有国家债券的投资者，急需回避风险、套期保值的工具，在此情形下，利率期货应运而生。最早开办利率期货业务的是美国。20世纪70年代末，由于受两次石油危机的冲击，美国和西方各主要资本主义国家的利率波动非常剧烈，使借贷双方面临着巨大的风险。为了降低或回避利率波动的风险，1975年9月，美国芝加哥商品交易所首先开办了利率期货——美国国民抵押协会（GMNA）抵押证期货，随后又分别推出了短期国库券、中长期国库券、商业银行定期存款证、欧洲美元存款等金融工具的利率期货。进入80年代，英国、日本、加拿大、澳大利亚、法国、德国、中国香港等国家和地区分别推出了各自的利率期货。

▶ **2. 股价指数期货**

股价指数期货（share price index futures，SPIF）全称是股票价格指数期货，也可称为期指，是指以股价指数为标的物的标准化期货合约，双方约定在未来的某个特定日期，可以按照事先确定的股价指数的大小，进行标的指数的买卖，到期后通过现金结算差价来进行交割。作为期货交易的一种类型，股指期货交易与普通商品期货交易具有基本相同的特征和流程。股指期货是期货的一种，期货可以大致分为两大类：商品期货与金融期货。世界主要股指期货合约及其上市交易所如表5-2所示，芝加哥商品交易所的S&P 500指数期货的单位价格（即每份合约的价格）规定为指数点数乘以500美元。

表 5-2 世界主要股指期货合约及其上市交易所

股指期货合约	上市交易所
道琼斯工业平均指数	芝加哥期货交易所（CBOT）
标准普尔 500 指数（S&P500）	芝加哥商业交易所（CME）
纽约证券交易所综合股价指数	纽约证券交易所（NYSE）
主要市场指数	芝加哥商业交易所
金融时报指数期货（FT-SE100）	伦敦国际金融期货期权交易所（LIFFE）
日经 225 指数期货（NK225）	新加坡交易所（SGX）、芝加哥商业交易所、大阪证券交易所（OSE）
东京证券交易所股价指数（TOPIX）	东京证券交易所（TSE）
恒生指数	香港期货交易所（HKFE）

▶ **3. 外汇期货**

1）外汇期货的概念

外汇期货，又称货币期货，是一种在最终交易日按照当时的汇率将一种货币兑换成另外一种货币的期货合约。一般来说，两种货币中的一种货币为美元，这种情况下，期货价格将以"×美元每另一货币"的形式表现。一些货币的期货价格的表示形式可能与对应的外汇现货汇率的表示形式不同。外汇期货的标的物是外汇，如美元、欧元、英镑、日元、澳元、加元等。外汇期货交易则是指在期货交易所中通过喊价成交的外汇合约买卖。

外汇期货产生于 1972 年，由芝加哥商品交易所的国际货币市场分部(IMM)首创，最初的交易货币包括英镑、德国马克、瑞士法郎、加拿大元、日元等。此后，美国中美洲商品交易所、费城期货交易所等相继推出外汇期货交易。1982 年 9 月，伦敦国际金融期货交易所开张营业。1984 年，新加坡国际金融期货交易所也开始进行外汇期货交易。目前，世界上主要的期货市场大多都进行外汇期货交易。

2) 外汇期货交易的基本常识

外汇期货的主要交易币种包括美元、日元、英镑、欧元、澳大利亚元、加拿大元等。除澳大利亚元以外，交易货币均以每单位货币值多少美元来标价。

在外汇期货交易市场上，一般都已确定了统一的交易单位(也就是合约单位)。例如，芝加哥国际货币市场上除加拿大元和墨西哥比索外，其他货币单位每笔合同为 12.50 万美元。

在外汇期货交易中，每一份期货合同都必须有保证金来保证作为合同一方的付款人履行交易合同。

一般规定外汇期货合同的交割日期为一年中的 3 月、6 月、9 月、12 月的第 3 个星期的星期三。如果交割日银行不营业则顺延一天。

(四) 金融期货市场的功能

一般来讲，成功运作的金融期货市场具有风险转移和价格发现两大功能。

▶ 1. 风险转移功能

在日常金融活动中，市场主体常面临利率、汇率和证券价格风险(通称价格风险)。期货市场具有一种风险转移机制，它可以提供套期保值业务，最大限度地减少价格波动带来的风险。套期保值就是买进或卖出与现货头寸数量相当、方向相反的期货合约，以期在将来某一时间通过卖出或买进期货合约而补偿因现货市场价格变动所带来的价格风险。有了期货交易后，就可利用期货多头或空头把价格风险转移出去，从而实现避险的目的。这是期货市场最主要的功能，也是期货市场产生的最根本原因。20 世纪 70 年代以来，世界经济急剧波动，金融风险骤增，金融机构和公司都寻求金融期货市场规避风险，这正是金融期货市场得以产生发展的内在动因。金融期货市场之所以具有风险转移的功能，主要是因为期货市场上有大量的投机者参与，他们根据市场供求变化的种种信息，对价格走势做出预测，靠低买高卖赚取利润。正是这些投机者承担了市场风险，制造了市场流动性，使期货市场风险转移的功能得以顺利实现。

▶ 2. 价格发现功能

所谓价格发现，是指在交易所内对多种金融期货商品合约进行交易的结果能够产生这种金融商品的期货价格体系。期货市场发现的金融资产价格具有以下两个特点。

(1) 公正性，由于期货交易是集中在交易所进行的，而交易所作为一种有组织、规范化的统一市场，集中了大量的买者和卖者，通过公开、公平、公正的竞争形成价格。它基本上反映了真实的供求关系和变化趋势。

(2) 预期性，与现货市场相比，期货市场价格对未来市场供求关系变动有预测作用，它可以把国内市场价格与国际市场价格有机地结合在一起。期货市场大大改进了价格信息质量，使远期供求关系得到显示和调整，期货市场信息是企业经营决策和国家宏观调控的重要依据。期货价格是所有参与期货交易的人，对未来某一特定时间的现货价格的期望或预期。无论期货合约的多头还是空头，都会依其个人所持立场或所掌握的市场资讯，并对过去的价格表现加以研究后，做出买卖委托。而交易所通过电脑撮合公开竞价出来的价格即为此瞬间市场对未来某一特定时间现货价格的平均看法。

三、金融远期合约和期货合约的比较

远期合约和期货合约虽然都是在交易时约定在将来某一时间按约定的条件买卖一定数量的某种标的物的合约，但它们存在诸多区别，主要有以下几点。

▶ 1. 标准化程度不同

远期合约中的相关合同要素如标的物的质量、数量、交割地点和交割月份等都是根据双方的需要确定的。由于各交易者的需要千差万别，远期合约条款的具体内容也五花八门，因此远期合约虽具有灵活性的优点，但却给合约的转手和流通造成很大麻烦，这就决定了远期合约二级市场的不发达。

期货合约则是标准化的，期货交易所为各种标的物的期货合约制订了标准化的数量、质量、交割地点、交割时间、交割方式、合约规模等条款，只有价格是在成交时根据市场行情确定。由于开展期货交易的标的物有限，相关条件又是固定的，因此期货合约满足人们各种需要的能力不如远期合约，但标准化却大大便利了期货合约的订立和转让，使期货合约具有极强的流动性。

▶ 2. 交易场所不同

远期交易并没有固定的场所，属于场外交易形式。交易双方各自寻找合适的交易对方，因此是一个无组织的、效率较低的、分散的市场。在金融远期交易中，银行充当重要角色。由于金融远期合约交割较方便，标的物同质性较好，因此很多银行都提供重要标的物的远期买卖报价供客户选择，从而有力地推动了远期交易的发展。

期货合约则在交易所内交易，属于场内交易形式。交易所不仅为期货交易提供了交易场所，而且还为期货交易提供了许多严格的交易规则，如涨跌停板制、最小价格波动幅度、报价方式、最大持仓限额、保证金制度等，并为期货交易提供信用担保。因此，期货市场是一个有组织的、有秩序的、统一的市场。

▶ 3. 违约风险不同

远期合约的履行仅以签约双方的信誉为担保，一旦一方无力或不愿履约时，另一方就得蒙受损失。即使在签约时，签约双方采取交纳定金、第三方担保等措施，仍不足以保证远期合约到期一定能得到履行，违约、毁约的现象时有发行，因此远期交易的违约风险很高。

期货合约的履行则由交易所或清算公司提供担保。交易双方直接面对的都是交易所，即使一方违约，另一方也不会受到丝毫影响。交易所之所以能提供这种担保，主要是依靠完善的保证金制度和结算会员之间的连带无限清偿责任来实现的。可以说，期货交易的违约风险几乎为零。

▶ 4. 价格确定方式不同

远期合约的交割价格是由交易双方直接谈判并私下确定的。由于远期交易没有固定的场所，因此在确定价格时信息是不对称的，不同交易双方在同一时间所确定的类似远期合约的价格可能相差甚远，因此远期交易市场的定价效率很低。

期货交易的价格则是在交易所中由很多买者和卖者通过其经纪人在场内公开竞价确定的，有关价格的信息较为充分、对称，由此产生的期货价格较为合理、统一，因此期货市场的定价效率较高。

▶ 5. 履约方式不同

由于远期合约是非标准化的，转让相当困难，并要征得对方同意（由于信用度不同），因此绝大多数远期合约只能通过到期实物交割来履行。实物交割对双方来说都是费时又费力的事。

由于期货合约是标准化的，期货交易又在交易所内，因此交易十分方便。当交易一方的目的（如投机、套期保值和套利）达到时，无须征得对方同意即可通过平仓来结清自己的头寸并把履约权利和义务转让给第三方。在实际中，绝大多数期货合约都是通过平仓来了结的。

▶ 6. 合约双方关系不同

由于远期合约的违约风险主要取决于对方的信用度，因此签约前必须对对方的信誉和实力等方面做充分的了解。

期货合约的履行完全不取决于对方而只取决于交易所或清算公司，因此可以对对方完全不了解。在期货交易中，交易者甚至根本不知道对方是谁，极大地方便了期货交易。

▶ 7. 结算方式不同

远期合约签订后，只有到期才进行交割清算，期间均不进行结算。期货交易则是每天结算的。当同品种的期货市场价格发生变动时，就会对所有该品种期货合约的多头和空头产生浮动盈余或浮动亏损，并在当天晚上就在其保证金账户体现出来。因此，当市场价格朝有利于自己的方向变动时，交易者不必等到到期就可逐步实现盈利。当然，若市场朝不利于自己的方向变动时，交易者在到期之前就得付出亏损的金额。

第三节　金融远期和期货的定价

衍生金融工具的定价指的是确定衍生证券的理论价格，它既是市场参与者进行投机、套期保值和套利的依据，也是银行对场外交易的衍生金融工具提供报价的依据。下面分别介绍与远期、期货相关的衍生金融工具的定价方法。更复杂的衍生金融工具的定价可以据此推导出来。

一、远期利率的决定

远期利率是由一系列即期利率决定的。例如，如果一年期的即期利率为 10%，两年期的即期利率为 10.5%，那么其隐含的一年到两年的远期利率就约等于 11%，因为 $(1+10\%)(1+11\%) \approx (1+10.5\%)^2$。

一般地说，如果现在时刻为 t，T 时刻到期的即期利率为 r，T^* 时刻（$T^* > T$）到期的即期利率为 r^*，则 t 时刻的 T^*-T 期间的远期利率 $\hat{r}$ 为

$$(1+r)^{T-t}(1+\hat{r})^{T^*-T} = (1+r^*)^{T^*-t} \tag{5-2}$$

应注意的是，式（5-2）仅适用于每年计一次复利的情形。

为了更精确地计算出即期利率和远期利率之间的关系，必须引入连续复利的概念。连续复利在衍生证券定价中有相当广泛的应用。

假设数额 A 以利率 R 投资了 n 年，如果利息按每一年计一次复利，则上述投资的终值为

$$A(1+R)^n \tag{5-3}$$

如果每年计 m 次复利，则终值为

$$A\left(1+\frac{R}{m}\right)^{mn} \qquad (5\text{-}4)$$

当 m 趋于无穷大时，就称为连续复利（continuous compounding），此时的终值为

$$\lim_{m\to\infty}A\left(1+\frac{R}{m}\right)^{mn}=Ae^{Rn} \qquad (5\text{-}5)$$

提高复利频率所带来的效果如表 5-3 所示，可以看出，连续复利（精确到小数点后两位）与每天计复利得到的效果一样。因此，从实用目的来看，通常可以认为连续复利与每天计复利等价。

表 5-3　复利频率对终值的影响（利率为每年 10%）　　　　　　　　　单位：元

复 利 频 率	100 元在一年末的终值（取两位小数）
每一年($m=1$)	110.00
每半年($m=2$)	110.25
每季度($m=4$)	110.38
每月($m=12$)	110.47
每周($m=52$)	110.51
每天($m=365$)	110.52
连续复利	110.52

假设 R_c 是连续复利的利率，R_m 是与之等价的每年计 m 次复利的利率，由式(5-4)和式(5-5)可得

$$e^{R_c n}=\left(1+\frac{R_m}{m}\right)^{mn} \text{ 或 } e^{R_c}=\left(1+\frac{R_m}{m}\right)^{m}$$

这意味着：

$$R_c=m\ln\left(1+\frac{R_m}{m}\right) \qquad (5\text{-}6)$$

$$R_m=m\left(e^{R_c/m}-1\right) \qquad (5\text{-}7)$$

通过式(5-6)和式(5-7)可以实现每年计 m 次复利的利率与连续复利之间的转换。

特别地，当 $m=1$ 时，

$$R_c=\ln(1+R_m) \qquad (5\text{-}8)$$

$$R_m=e^{R_c}-1 \qquad (5\text{-}9)$$

当即期利率和远期利率所用的利率均为连续复利时，即期利率和远期利率的关系为

$$\hat{r}=\frac{r^*\left(T^*-t\right)-r(T-t)}{T^*-T} \qquad (5\text{-}10)$$

这是因为：

$$e^{r(T-t)}\times e^{\hat{r}(T^*-T)}=e^{r(T^*-t)} \qquad (5\text{-}11)$$

所以，

$$r(T-t)+\hat{r}(T^*-T)=r^*\left(T^*-t\right) \qquad (5\text{-}12)$$

例如，当一年期和两年期的连续复利年利率分别为 10% 和 10.5% 时，一年到两年的连续复利远期年利率就等于 11%，这是因为 $e^{0.10}\times e^{0.11}=e^{0.105\times2}$。

二、外汇远期和期货的定价

外汇属于支付已知收益率的资产，其收益率是该外汇发行国连续复利的无风险利率，

用 r_f 表示。

我们用 S 表示以本币表示的一单位外汇的即期价格，K 表示远期合约中约定的以本币表示的一单位外汇的交割价格，即 S、K 均为用直接标价法表示的外汇的汇率。外汇远期合约的价值为

$$f = Se^{-r_f(T-t)} - Ke^{-r(T-t)} \tag{5-13}$$

根据公式(5-13)，可得到外汇远期和期货价格(F)的确定公式：

$$F = Se^{(r-r_f)(T-t)} \tag{5-14}$$

这就是国际金融领域著名的利率平价关系。它表明，若外汇的利率大于本国利率($r_f > r$)，则该外汇的远期和期货汇率应小于现货汇率；若外汇的利率小于本国的利率($r_f < r$)，则该外汇的远期和期货汇率应大于现货汇率。

三、远期利率协议的定价

由于远期利率协议是空方承诺在未来的某个时刻(T 时刻)将一定数额的名义本金(A)按约定的合同利率(r_K)在一定的期限($T^* - T$)贷给多方的远期协议，本金 A 在借贷期间会产生固定的收益率 r，因此其属于支付已知收益率资产的远期合约。远期利率协议(FRA)的定价可以用更直截了当的方式表示，远期利率协议多方(即借入名义本金的一方)的现金流为：

T 时刻：A

T^* 时刻：$-Ae^{r_K(T^*-T)}$

这些现金流的现值即为远期利率协议多头的价值。为此，要先将 T^* 时刻的现金流用 $T^* - T$ 期限的远期利率($\hat{r}$)贴现到 T 时刻，再贴现到现在时刻 t，即

$$f = Ae^{-r(T-t)} - Ae^{r_K(T^*-T)} \times e^{\hat{r}}(T^*-T) \times e^{-r(T-t)}$$
$$Ae^{-r(T-t)} \times [1 - e^{(r_K - \hat{r})(T^*-T)}] \tag{5-15}$$

这里的远期价格就是合同利率。根据远期价格的定义，远期利率就是使远期合约价值为 0 的协议价格(这里为 r_K)。

因此，理论上的远期利率(r_F)应为

$$r_F = \hat{r} \tag{5-16}$$

将式(5-10)代入式(5-16)得

$$r_F = \frac{r^*(T^*-t) - r(T-t)}{T^* - T} \tag{5-17}$$

[**例 5-1**] 假设 2 年期即期年利率(连续复利，下同)为 10.5%，3 年期即期年利率为 11%，本金为 100 万美元的 2 年×3 年远期利率协议的合同利率为 11%，请问该远期利率协议的价值和理论上的合同利率等于多少？

该合约理论上的合同利率 $r_F = \hat{r} = \dfrac{0.11 \times 3 - 0.105 \times 2}{3-2} = 12.0\%$。该合约价值 $f = 100 \times 10^4 \times e^{-0.105 \times 2} \times [1 - e^{(0.11-0.12)(3-2)}] = 8\ 065.31$(美元)。

四、远期外汇综合协议的定价

远期外汇综合协议是指双方在现在时刻(t 时刻)约定买方在结算日(T 时刻)按照合同中规定的结算日直接远期汇率(K)用第二货币向卖方买入一定名义金额(A)的原货币，然后在到期日(T^* 时刻)再按合同中规定的到期日直接远期汇率(K^*)把一定名义金额(在这

里假定也为 A)的原货币出售给卖方的协议。在这里，所有的汇率均指用第二货币表示的一单位原货币的汇率。为论述方便，我们把原货币简称为外币，把第二货币简称为本币。

根据该协议，多头的现金流为：

T 时刻：A 单位外币减 AK 本币。

T^* 时刻：AK^* 本币减 A 单位外币。

这些现金流的现值即为远期外汇综合协议多头的价值(f)。为此，我们要先将本币和外币分别按相应期限的本币和外币无风险利率贴现成现值，再将外币现金流现值按 t 时刻的汇率(S)折成本币。令 r_f 代表在 T 时刻到期的外币即期利率，r_f^* 代表在 T^* 时刻到期的外币即期利率，则：

$$f = ASe^{-r_f(T-t)} - AKe^{-r(T-t)} + AK^* e^{-r^*(T^*-t)} - ASe^{-r_f^*(T^*-t)}$$
$$= Ae^{-r(T-t)}[Se^{-r_f(T-t)} - K] + Ae^{-r^*(T^*-t)}[K^* - Se^{r^*-r_f^*(T^*-t)}] \qquad (5\text{-}18)$$

由于远期汇率就是合约价值为零的协议价格（这里为 K 和 K^*），因此 T 时刻交割的理论远期汇率(F)和 T^* 时刻交割的理论远期汇率(F^*)分别为

$$F = Se^{(r-r_f)(T-t)} \qquad (5\text{-}19)$$

$$F^* = Se^{(r-r_f)(T^*-t)} \qquad (5\text{-}20)$$

将式(5-19)和式(5-20)代入式(5-18)得：

$$f = Ae^{-r(T-t)}(F-K) + Ae^{-r^*(T^*-t)}(K^* - F^*) \qquad (5\text{-}21)$$

有的远期外汇综合协议直接用远期差价规定买卖原货币时所用的汇率，我们用 W^* 表示 T 时刻到 T^* 时刻的远期差价，即 $W^* = F^* - F$。将式(5-18)和式(5-19)代入，可以得到

$$W^* = Se^{(r-r_f)(T-t)} - Se^{(r^*-r_f^*)(T^*-t)} = Se^{(r-\hat{r}_f)(T-t)}[e^{(\hat{r}-\hat{r}_f)(T^*-T)} - 1] \qquad (5\text{-}22)$$

式中，$\hat{r}$ 和 $\hat{r}_f$ 分别表示 T 时刻到 T^* 时刻本币和外币的远期利率。我们用 W 表示 t 时刻到 T 时刻的远期差价，可以得到

$$W = F - S$$
$$W = S[e^{(r-r_f)(T-t)} - 1] \qquad (5\text{-}23)$$

[例 5-2] 假设美国 2 年期即期年利率（连续复利，下同）为 8%，3 年期即期年利率为 8.5%，日本 2 年期即期利率为 6%，3 年期即期利率为 6.5%，日元对美元的即期汇率为 0.008 3 美元/日元。本金 1 亿日元的 2 年×3 年远期外汇综合协议的 2 年合同远期汇率为 0.008 9 美元/日元，3 年合同远期汇率为 0.009 2 美元/日元，请问该合约的多头价值、理论上的远期汇率和远期差价等于多少？

2 年期理论远期汇率 $F = 0.008\ 3 \times e^{(0.08-0.06)\times 2} = 0.008\ 6$（美元/日元）。3 年期理论远期汇率 $F^* = 0.008\ 3 \times e^{(0.085-0.065)\times 3} = 0.008\ 8$（美元/日元）。

2 年×3 年理论远期差价 $W^* = F^* - F = 0.000\ 2$（美元/日元）。

2 年期理论远期差价 $W = F - S = 0.008\ 6 - 0.008\ 3 = 0.000\ 3$（美元/日元）。

该远期外汇综合协议多头价值 $f = 100\ 000\ 000 \times e^{-0.008\times 2} \times (0.008\ 6 - 0.008\ 9) + 100\ 000\ 000 \times e^{-0.008\ 5\times 3} \times (0.009\ 2 - 0.008\ 8) = 9\ 469$（美元）。

五、期货价格与现货价格的关系

期货价格和现货价格之间的相互关系可从两个角度来考察：一是期货价格和现在的现货价格的关系；二是期货价格与预期的未来现货价格的关系。

（一）期货价格和现货价格的关系

决定期货价格的最重要因素是现货价格。现货价格对期货价格的升跌起着重要的制约

作用，正是这种制约决定了期货是不能炒作的。但是，如果现货市场不够大，导致现货价格形不能对期货价格有效制约，期货市场就迟早会因恶性炒作而出问题。

那么，期货价格和现货价格到底存在什么关系呢？期货价格和现货价格的关系可以用基差(basis)来描述。所谓基差，是指现货价格与期货价格之差，即

$$基差＝现货价格－期货价格 \tag{5-24}$$

基差可能为正值也可能为负值，但在期货合约到期日，基差应为零，这种现象称为期货价格收敛于标的资产的现货价格，如图 5-2 所示。

当标的证券没有收益，或者已知现金收益较小、已知收益率小于无风险利率时，期货价格应高于现货价格如图 5-2(a)所示；当标的证券的已知现金收益较大，或者已知收益率大于无风险利率时，期货价格应低于现货价格，如图 5-2(b)所示。

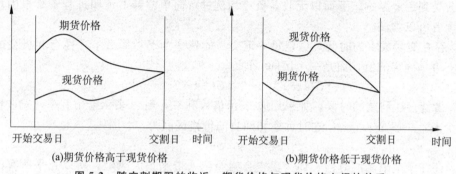

图 5-2　随交割期限的临近，期货价格与现货价格之间的关系

期货价格收敛于现货价格的过程并不是一帆风顺的，也就是说，基差会随着期货价格和现货价格变动幅度的差距而变化。当现货价格的增长大于期货价格的增长时，基差也随之增加，称为基差增大。当期货价格的增长大于现货价格增长时，称为基差减少。

期货价格收敛于标的资产现货价格是由套利行为决定的。假定交割期间期货价格高于标的资产的现货价格，套利者就可以通过买入标的资产、卖出期货合约并进行交割来获利，从而促使现货价格上升，期货价格下跌。相反，如果交割期间现货价格高于期货价格，那么打算买入标的资产的人就会发现，买入期货合约等待空头交割比直接买入现货更合算，从而促使期货价格上升。

（二）期货价格与预期的未来现货价格的关系

下面以无收益资产为例来说明期货价格与预期的未来现货价格之间的关系。根据预期收益率的概念，有

$$E(S_T)＝Se^{y(T-t)} \tag{5-25}$$

其中，$E(S_T)$ 表示现在市场上预期的该资产在 T 时刻的市价，y 表示该资产的连续复利预期收益率，t 为现在时刻。

$$F＝Se^{r(T-t)} \tag{5-26}$$

由式(5-26)可知，y 和 r 的大小就决定了 F 和 $E(S_T)$ 孰大孰小。而 y 值的大小取决于标的资产的系统性风险。根据资本资产定价原理，若标的资产的系统性风险为 0，则 $y＝r$，$F＝E(S_T)$；若标的资产的系统性风险大于零，则 $y＞r$，$F＜E(S_T)$；若标的资产的系统性风险小于零，则 $y＜r$，$F＞E(S_T)$。在现实生活中，大多数标的资产的系统性风险都大于零，因此在大多数情况下，F 都小于 $E(S_T)$。

对于有收益资产也可以得出同样的结论。

六、远期与期货价格的一般结论

我们可以用持有成本的概念来概括远期和期货价格与现货价格的关系，持有成本的构成如下：

$$持有成本＝保存成本＋利息成本－标的资产在合约期限内提供的收益 \qquad (5\text{-}27)$$

对于不支付红利的股票，没有保存成本和收益，所以持有成本就是利息成本 r，股票指数的持有成本是 $r-q$，货币的持有成本是 $r-r_f$。

如果用 c 表示持有成本，那么

$$F=Se^{c(T-t)} \qquad (5\text{-}28)$$

不过这些结论是建立在完全市场的假设上的。实际运用中，由于市场的不完全性，定价公式会受到一定影响。下面以无收益资产为例进行简单解释，证明过程不是很困难，有兴趣的读者可以尝试。

（1）存在交易成本的时候，假定每一笔交易的费率为 Y，那么不存在套利机会的远期价格就不再是确定的值，而是一个区间，即

$$\left[S(1-Y)e^{r(T-t)}, \ S(1+Y)e^{r(T-t)} \right]$$

（2）借贷存在利差的时候，如果用 r_b 表示借入利率，用 r_l 表示借出利率，对非银行的机构和个人，一般是 $r_b>r_l$，这时远期和期货的价格区间为

$$\left[Se^{r_l(T-t)}, \ Se^{r_b(T-t)} \right]$$

（3）存在卖空限制的时候，因为卖空会给经纪人带来很大风险，所以几乎所有的经纪人都扣留卖空客户的部分所得作为保证金。假设这一比例为 X，那么均衡的远期和期货价格区间应该是

$$\left[(1-X)Se^{r(T-t)}, \ Se^{r(T-t)} \right]$$

如果上述三种情况同时存在，远期和期货价格区间应该是

$$\left[(1-X)S(1-Y)e^{r_l T}, \ S(1+Y)e^{r_b T} \right]$$

完全市场可以看成是 $X=0$，$Y=0$，$r_L=r_b=r$ 的特殊情况。

第四节　金融互换合约

金融互换市场是 20 世纪 70 年代末世界汇率和利率剧烈波动条件下的产物，是国际金融衍生市场的重要组成部分。当今，全球金融互换市场已集外汇市场、证券市场、短期货币市场和长期资本市场于一身，既是融资工具的创新，又是金融风险管理的新手段。金融互换是迄今为止最为成功的场外交易金融衍生工具。

一、金融互换的概念

按照国际清算银行（BIS）的定义，金融互换（financial swaps）是买卖双方在一定时间内交换一系列现金流的合约。具体来说，金融互换是指两个（或两个以上）当事人按照商定的条件，在约定的时间内交换不同金融工具的一系列支付款项或收入款项的合约。

互换交易被称为"金融业务链条中的集成电路"，是全部金融产品交易中的一个重要因素。表面上看，互换是一种新型的衍生工具，但实际上，互换可以分解为衍生工具的组合，例如利率互换可以看成是几个远期合约的组合，所以金融互换市场兼具传统衍生工具

市场的一些特征，但也有自身的特点。互换合约是一种为交易双方签订的在未来某一时期相互交换某种资产的合约。更为准确地说，互换合约是当事人之间签订的在未来某一期间内相互交换他们认为具有相等经济价值的现金流的合约。

互换交易的基本特点如下。

（1）比较优势，某一投资人在其擅长或有优势的金融领域里，利用其技巧和优势筹集和运用资金，以提高财务收益。

（2）分享利益，因为比较优势而产生的经济利益，由交易参与者共同分享。这是互换交易的本质。

金融互换产生的理论基础是比较优势理论。该理论是英国著名经济学家大卫·李嘉图提出的。他认为，在两国都能生产两种产品且一国在这两种产品的生产上均处于有利地位而另一国均处于不利地位的条件下，如果前者专门生产优势较大的产品，后者专门生产劣势较小（即具有比较优势）的产品，那么通过互换交易正是利用交易双方在筹资成本上的比较优势而进行的。具体而言，互换产生的条件可以归纳为两个方面：一是交易双方对对方的资产或负债均有需求；二是双方在这两种资产或负债上存在比较优势。例如在 1981 年，世界银行需要用瑞士法郎或德国马克这类绝对利率水平较低的货币进行负债管理，与此同时，IBM 公司则希望筹集美元资金以便同其美元资产相匹配，避免汇率风险。由于世界银行在欧洲债券市场上信誉卓著，筹集美元资金的成本低于 IBM 公司，而 IBM 公司发行瑞士法郎债券的筹资成本低于世界银行。在存在比较优势的情况下，世界银行和 IBM 公司分别筹集自己具有优势的资金，并通过互换获得自己所需的资金，从而降低了筹资成本。

二、金融互换交易合约的内容

一般来说，互换交易合约的内容在场外市场上，由交易的双方根据各自所需协商具体的交易条件，因此，不是标准化合约。互换交易合约主要包括以下内容。

▶ 1. 交易主体

交易主体是签订互换合同的双方，有时会有多个主体参加一笔互换交易，也可以有中介机构介入。

▶ 2. 名义本金数量

这是合约中一个非常重要的内容。虽然互换协议一般不交换合约的本金，但名义本金数量确实是决定交易双方应支付利息金额的基本依据之一。

▶ 3. 交易的币种

利率互换合约不涉及不同货币之间的交换，而货币互换合约则要说明交易的是不同货币。

▶ 4. 互换的利率种类或者参考利率

固定利率支付者和浮动利率支付者希望借助不同种类利率的特征来有效降低融资或经营风险。常见的进入互换市场的利率包括固定利率、Libor、国库券利率、存单利率、银行承兑票据利率、优惠利率、商业票据利率等。如果互换涉及股权，则还需要标明参考的股票市场指数种类。

▶ 5. 合约期限

由于是非标准化合约，交易的双方自行决定合约的时间，一般为中长期交易。

▶ 6. 互换价格

利率互换价格是由信用套利以及与信用级别相关的融资市场的条件决定的。货币互换价格主要以政府债券利率作为参考依据。此外，互换协议的价格还受到通货膨胀预期、工具的流动性以及交易双方各自的信用级别等因素的影响。利率互换中，交易双方的信用级别往往不同，信用级别高的交易方担心信用级别低的一方不能履约，往往向中介机构支付费用，由其监督交易对手方履行合约，以减少信用风险带来的损失。

三、金融互换与掉期

掉期是指在外汇市场上买进即期外汇的同时又卖出同种货币的远期外汇，或者卖出即期外汇的同时又买进同种货币的远期外汇，也就是说在同一笔交易中将一笔即期和一笔远期业务合在一起做，或者说在一笔业务中将借贷业务合在一起做。在掉期交易中，把即期汇率与远期汇率之差，即升水或贴水叫作掉期率。互换和掉期的英文均为 swap，因此很多人误把它们混为一谈，实际上，两者有很大区别。

▶ 1. 性质不同

外汇市场上的掉期是指对不同期限但金额相等的同种外汇做两笔反方向的交易。它只是外汇买卖的一种方法，并无实质的合约，更不是一种衍生工具。互换则是两个或两个以上当事人按照商定的条件在约定的时间内交换一系列现金流的合约。因此，互换有实质的合约，它是一种重要的衍生工具。

▶ 2. 市场不同

掉期在外汇市场上进行，本身并未形成独立的市场；而互换则在单独的互换市场上交易。

▶ 3. 期限不同

掉期以短期为主，极少超过 1 年；而互换交易多是 1 年以上的中长期交易。

▶ 4. 形式不同

互换有两种基本形式：货币互换和利率互换中的货币互换包含一系列利息和支付（或收取）的交换；而掉期并不包含利息支付及其交换。

▶ 5. 汇率不同

掉期的前后两笔交易涉及不同的汇率，而互换中的货币交换前后两笔交易的汇率是一样的。

▶ 6. 交易目的不同

掉期的主要目的是管理资金头寸，消除汇率风险；互换的主要目的则是降低筹资成本，进行资产负债管理，转移和防范中长期利率和汇率变动风险。

阅读专栏

1981 年，IBM 公司和世界银行进行了一笔瑞士法郎和德国马克与美元之间的货币掉期交易。当时，世界银行在欧洲美元市场上能够以较为有利的条件筹集到美元资金，但是实际需要的却是瑞士法郎和德国马克。此时持有瑞士法郎和德国马克资金的 IBM 公司，正好希望将这两种货币形式的资金换成美元资金，以回避利率风险。所罗门兄弟公司充当中介，世界银行将以低息筹集到的美元资金提供给 IBM 公司，IBM 公司将自己持有的瑞士法郎和德国马克资金提供给世界银行。通过这种掉期交易，世界银行以比自己筹集资金更为有利的条件筹集到了所需的瑞士法郎和德国马克资金，IBM 公司则回避了汇率风险，低成本筹集到美元资金。这是迄今为止正式公布的世界上第一笔货币掉期交易。通过这项掉期交易，世界银行和 IBM 公司在没有改变与原来的债权人之间的法律关系的情况下，以低成本筹集到了自身所需的资金。

　　1982 年，德意志银行进行了一项利率掉期交易。德意志银行对某企业提供了一项长期浮动利率的贷款。当时，德意志银行为了进行长期贷款需要筹集长期资金，同时判断利率将会上升，以固定利率的形式筹集长期资金可能更为有利。德意志银行用发行长期固定利率债券的方式筹集到了长期资金，通过进行利率掉期交易把固定利率变换成了浮动利率，再支付企业长期浮动利率贷款。这笔交易被认为是第一笔正式的利率掉期交易。

　　在国际金融市场一体化潮流的背景下，掉期交易作为一种灵活、有效的避险和资产负债综合管理的衍生工具，越来越受到国际金融界的重视，用途日益广泛，交易量急速增加。这种交易形式已逐步扩展到商品、股票等汇率、利率以外的领域。由于掉期合约内容复杂，多采取由交易双方一对一进行直接交易的形式，缺少活跃的二级市场和交易的公开性，具有较大的信用风险和市场风险。因此，从事掉期交易者多为实力雄厚、风险控制能力强的国际性金融机构，掉期交易市场基本上是银行同业市场。国际清算银行(BIS)和掉期交易商的国际性自律组织国际掉期交易商协会(ISDA)先后制定了一系列指引和准则来规范掉期交易，其风险管理越来越受到交易者和监管者的重视。

四、金融互换与平行贷款、背对背贷款

　　金融互换是 20 世纪 80 年代在平行贷款和背对背贷款的基础上发展起来的，它们之间既有联系又有区别。

　　▶ 1. 平行贷款

　　20 世纪 70 年代初，由于国际收支恶化，英国因此实行外汇管制，并采取了对外投资扣税的办法，以控制资金的外流。于是一些银行为满足企业逃避外汇管制的需求，推出了平行贷款，两个母公司分别在国内向对方公司在本国境内的子公司提供金额相当的本币贷款，并承诺在指定到期日各自归还所借货币。例如，英国母公司向美国母公司在英国境内的子公司贷款，美国母公司相对应地贷款给英国母公司在美国境内的子公司，其流程如图 5-3 所示。

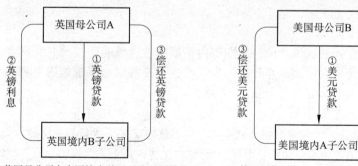

(a)英国母公司向本国境内美国子公司提供贷款　(b)美国母公司向本国境内英国子公司提供贷款

图 5-3　平行贷款流程

　　平行贷款既可满足双方子公司的融资需要，又可逃避外汇管理，因此深受欢迎。但平行贷款存在信用风险问题，这是因为平行贷款包含两个独立的贷款协议，它们分别具有法律效力，其权利义务不相联系，当一方出现违约时，另一方仍不能解除履约义务。

　　▶ 2. 背对背贷款

　　背对背贷款是为了解决平行贷款中的信用风险问题而产生的。它是指两个国家的公司相互直接贷款，贷款币种不同但币值相等，贷款到期日相同，各自支付利息，到期各自偿

还原借款货币，其流程如图 5-4 所示。

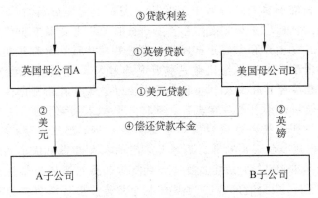

图 5-4 背对背贷款流程

背对背贷款尽管有两笔贷款，但只签订一个贷款协议，协议中明确若一方违约另一方有权抵消应尽的义务。这就大大降低了信用风险，向货币互换大大迈进了一步。但是，背对背贷款涉及跨国借贷问题，这就存在外汇管制问题。因此，背对背贷款只有在英国取消外汇管制后才作为一种金融创新工具而出现。

背对背贷款虽然已非常接近现代货币互换，但两者仍有本质的区别。前者是一种借贷行为，在法律上会产生新的资产和负债（双方互为对方的债权人和债务人）；而后者则是不同货币间负债或资产的互换，是一种表外业务，并不产生新的资产与负债，因此也就不改变一个公司原有的资产负债结构。这也是互换交易之所以受到人们青睐并得以飞速发展的一个重要原因。

五、金融互换的种类

金融互换的发展历史虽然较短，但品种不断创新。根据基础产品的不同，互换可以分为利率互换、货币互换、股票互换和商品互换，最常见的是利率互换和货币互换。

（一）利率互换

▶ 1. 利率互换的含义

利率互换是指双方同意在未来的一定期限内根据同种货币的同样的名义本金交换现金流，其中一方的现金流根据浮动利率计算出来，而另一方的现金流根据固定利率计算。互换的期限通常在 2 年以上，有时甚至在 15 年以上。

▶ 2. 利率互换的交易过程

最基本的利率互换是固定利率对浮动利率的互换，这种交换一般是债务交换，交易的双方在各自的市场（固定利率市场和浮动利率市场）上有比较优势。以下举例说明互换的交易过程。

假定 A、B 公司都想借入 5 年期的 1 000 万美元的借款，A 公司想借入与 6 个月期相关的浮动利率借款，B 公司想借入固定利息借款，但两家公司信用等级不同，故市场向它们提供的利率也不同，如表 5-4 所示。

表 5-4　市场提供给 A、B 两公司的借款利率

	固 定 利 率	浮 动 利 率
A 公司	10.00%	6 个月期 Libor＋0.30%
B 公司	11.20%	6 个月期 Libor＋1.00%

从表 5-4 可以看出，A 公司的借款利率均比 B 公司低，即 A 公司在两个市场都具有绝对优势。在固定利率市场上，A 公司比 B 公司的绝对优势为 1.2％；而在浮动利率市场上，A 公司比 B 公司的绝对优势为 0.7％。这就是说，A 公司在固定利率市场上有比较优势，而 B 公司在浮动利率市场上有比较优势。这样，双方就可利用各自的比较优势为对方借款，然后互换，从而达到共同降低筹资成本的目的。即 A 公司以 10.00％的固定利率借入 1 000 万美元，而 B 公司以 Libor＋1.00％的浮动利率借入 1 000 万美元。由于本金相同，故双方不必交换本金，而只交换利息的现金流，即 A 公司向 B 公司支付浮动利息，B 公司向 A 公司支付固定利息。

通过发挥各自的比较优势并互换，双方总的筹资成本降低了 0.5％（即 11.20％＋6 个月期 Libor＋0.30％－10.00％－6 个月期 Libor－1.00％），这就是互换利益。互换利益是双方合作的结果，理应由双方分享，具体分享比例由双方谈判决定。我们假定双方各分享一半，则双方都将使筹资成本降低 0.25％，即双方最终实际筹资成本分别为：A 公司支付 Libor＋0.05％浮动利率，B 公司支付 10.95％的固定利率。

这样双方就可根据借款成本与实际筹资成本的差异（A 公司为 9.95％－Libor；B 公司为 Libor－9.95％）计算各自向对方支付的现金流，即 A 公司向 B 公司支付按 Libor 计算的利息，B 公司向 A 公司支付按 9.95％计算的利息。

在上述交换中，每隔 6 个月为利息支付日，因此互换协议的条款应规定每 6 个月一方向另一方支付固定利率与浮动利率的差额。假定某一支付日的 Libor 为 11.00％，则 A 公司应付给 B 公司 5.25 万美元[即 1 000 万美元×0.5×（11.00％～9.95％）]。利率互换的流程如图 5-5 所示。

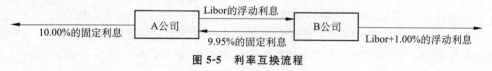

图 5-5 利率互换流程

由于利率互换只交换利息差额，因此信用风险很小。

阅读专栏

原计划甲企业欲以浮动利率融资 1 000 万元，乙企业欲以固定利率融资 1 000 万元，如表 5-5 所示。

表 5-5 甲乙企业融资利率

企 业	信用等级	固定利率融资（％）	浮动利率融资
甲	AAA	10	Libor＋0.25％
乙	BBB	11	Libor＋0.75％

现实际甲企业以固定利率融资，乙企业以浮动利率融资，再达成利率互换协定：甲支付乙 Libor 利率，甲支付甲 10％的固定利率，则：

$$甲企业融资成本＝10％＋Libor－10％＝Libor$$
$$乙企业融资成本＝Libor＋0.75％＋10％－Libor＝10.75％$$

各自成本都比直接按原计划去融资的成本低。

（二）货币互换

▶ **1. 货币互换的含义**

货币互换是将一种货币的本金和固定利息与另一货币的等价本金和固定利息进行交换。货币互换和利率互换很相似，但是有两个不同点：首先，货币互换通常在合同开始与期满时都有本金的交换（这些交换大多按即期汇率进行），而利率互换是没有本金交换的；其次，货币互换的利息是以不同货币进行交换的，而利率互换使用同一货币。

▶ **2. 货币互换的交易过程**

货币互换的主要原因是双方在各自国家中的金融市场上具有比较优势。假定英镑和美元的汇率为 1 英镑＝1.500 0 美元。A 公司想借入 5 年期的 1 000 万英镑借款，B 公司想借入 5 年期的 1 500 万美元借款。但由于 A 公司的信用等级高于 B 公司，两国金融市场对 A、B 两公司的熟悉状况不同，因此市场向它们提供的固定利率也不同，如表 5-6 所示。

表 5-6　市场提供给 A、B 两公司的借款利率　　　　　　　　单位:%

	美　元	英　镑
A 公司	8.0	11.6
B 公司	10.0	12.0

从表 5-6 可以看出，A 公司的借款利率均比 B 公司低，即 A 公司在两个市场都具有绝对优势，但绝对优势大小不同。A 公司在美元市场上的绝对优势为 2%，在英镑市场上只有 0.4%。这就是说，A 公司在美元市场上有比较优势，而 B 公司在英镑市场上有比较优势。这时，双方就可利用各自的比较优势借款，然后通过互换得到自己想要的资金，并通过分享互换收益（1.6%）来降低筹资成本。

于是，A 公司以 8.0% 的利率借入 5 年期的 1 500 万美元借款，B 公司以 12.0% 的利率借入 5 年期的 1 000 万英镑借款。然后双方先进行本金的交换，即 A 公司向 B 公司支付 1 500 万美元，B 公司向 A 公司支付 1 000 万英镑。

假定 A、B 公司商定双方平分互换收益，则 A、B 公司都将使筹资成本降低 0.8%，即双方最终的实际筹资成本分别为：A 公司支付 10.8% 的英镑利率，而 B 公司支付 9.2% 的美元利率。

这样双方就可根据借款成本与实际筹资成本的差异计算各自向对方支付的现金流，进行利息互换，即 A 公司向 B 公司支付 10.8% 的英镑借款的利息计 108 万英镑，B 公司向 A 公司支付 8.0% 的美元借款的利息计 120 万美元。经过互换后，A 公司的最终实际筹资成本降为 10.8% 英镑借款利息，而 B 公司的最终实际筹资成本变为 8.0% 美元借款利息加 1.2% 英镑借款利息。若汇率水平不变的话，B 公司最终的实际筹资成本相当于 9.2% 美元借款利息。若担心未来汇率水平变动，B 公司可以通过购买美元远期或期货来规避汇率风险。B 公司向 A 公司支付 1 500 万美元，到此货币互换结束。若不考虑本金问题，上述货币互换的流程如图 5-6 所示。

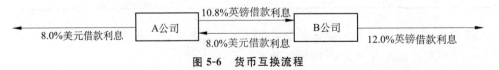

图 5-6　货币互换流程

由于货币互换涉及本金互换，因此，当汇率变动很大时双方就将面临一定的信用风险，当然这种风险仍比单纯的贷款风险小得多。

（三）其他互换

从最普遍的意义来说，互换实际上是现金流的交换。由于计算或确定现金流的方法有很多，因此互换的种类就很多。除了上述最常见的利率互换和货币互换外，其他主要的互换品种如下。

▶ 1. 交叉货币利率互换

交叉货币利率互换是利率互换和货币互换的结合，它是以一种货币的固定利息交换另一种货币的浮动利率。

▶ 2. 增长型互换、减少型互换和滑道型互换

在标准的互换中，名义本金是不变的，而在这三种互换中，名义本金是可变的。其中增长型互换的名义本金在开始时较小，而后随着时间的推移逐渐增大。减少型互换则正好相反，其名义本金随时间的推移逐渐变小。近年来，互换市场又出现了一种特殊的减少型互换，即指数化本金互换，其名义本金的减少幅度取决于利率水平，利率越低，名义本金的减少幅度越大。滑道型互换的名义本金则在互换期内时而增大，时而变小。

▶ 3. 基点互换

在普通的利率互换中，互换一方是固定利率，另一方是浮动利率。在基点互换中，双方都是浮动利率，只是两种浮动利率的参照利率不同，如一方为 Libor，另一方为基准利率。

▶ 4. 可延长互换和可赎回互换

在标准的互换中，期限是固定的。可延长互换的一方有权在一定限度内延长互换期限，可赎回互换的一方则有权提前中止互换。

▶ 5. 零息互换

零息互换是指固定利息的多次支付流量被一次性的支付所取代，该一次性支付可以在互换期初也可在期末。

▶ 6. 后期确定互换

在涉及浮动利率的互换中，每次浮动利率都是在该计息期开始之前确定的。后期确定互换的浮动利率则是在每次计息期结束之后确定的。

▶ 7. 差额互换

差额互换是对两种货币的浮动利率的现金流量进行交换，只是两种利息现金流量均按同种货币的相同名义本金计算。例如，互换一方按 6 个月期美元的 Libor 对 100 万美元的名义本金支付利息，另一方按 6 个月期欧元的 Libor 减去 1.90% 的浮动利率对 100 万美元的名义本金支付以美元表示的利息。

▶ 8. 远期互换

远期互换是指互换生效日是在未来某一确定时间开始的互换。

▶ 9. 互换期权

互换期权从本质上属于期权而不是互换，该期权的标的物为互换。例如，利率互换期权本质上是把固定利率交换为浮动利率或把浮动利率交换为固定利率的权利，但许多机构在统计时都把互换期权列入互换的范围。

▶ 10. 股票互换

股票互换是以股票指数产生的红利和资本利得与固定利率或浮动利率交换。投资组合管理者可以用股票互换把债券投资转换成股票投资，反之则相反。

六、金融互换的功能

金融互换市场作为金融创新工具市场中发展最快的市场之一，其主要功能如下。

（一）空间填充

所谓空间填充（spectnlm-filling），从理论上讲是指金融机构依靠创新工具提供金融中介，以弥合总体空间中存在的缺口和消除在此范围内的不连续性，形成一个理想的各种工具特征的不同组合，创造一个平滑连续的融资空间，如发行形式间（证券筹措和银行信贷间）存在的差异、工具运用者信用级别差异、市场进行资格限制等。事实上，这种缺口的存在正是互换能够进行的基础。

从本质上讲，互换就是对不同融资工具的各种特征进行交换，它就像融资空间中的一架梭机，有人称之为金融交易中的"集成电路"。货币互换可以把一种通货负债换为另一种通货负债，从而弥合了两种通货价值间的缺口；利率互换如将浮动利率负债换为固定利率负债，等于在浮动利率债券市场上筹措资金，而得到固定利率债券的效益。受到进入某一特定市场限制的机构或信用级别较低的机构可以通过互换，得到与进入受限制或信用级别要求较高的市场的同等机会，从而消除了业务限制和信用级别差异而引起的市场阻隔。互换交易具有明显的对融资工具不同特征的"重新组合"的特征。

（二）规避风险

当某种货币的币值极不稳定，而该货币又是某交易者想要的货币时，通过通货互换足以用一种货币换得想要的币值相对稳定的货币，结果避免了因币值易变风险而带来的损失。由于交易者们对币值变动预测不同，且有甘愿承担风险的投机者参与，这种为保值、规避风险而进行的互换是能够完成的。在利率互换中，为避免利率上升带来的损失，有浮动利率负债的交易者与负债数额相同的名义本金的固定额互换，所收的浮动利率与原负债相抵，而仅支出固定利率，从而避免利率上升的风险。

（三）降低筹资成本

互换交易是基于比较优势而成立的。交易双方最终分配由比较优势而产生的全部利益是互换交易的主要动机。当一家企业或机构在某一市场具有筹资优势，而该市场与该企业或机构的所需不符时，通过互换可以利用具有优势的市场地位筹措而得到在另一个市场上的所需。例如，具有信用级别差异的双方，作数额、币别、期限相同的负债互换，以伦敦银行同业拆借利率成本筹资，信用级别差的一方也可用低于自己单独筹资的利率成本获得资金，这样双方均可以较低的成本满足其最终的需求。

（四）加强负债管理

互换是以名义本金为基础进行的。利率互换在对资产和负债利率暴露头寸进行有效操作中具有比利用货币市场和资本市场进行操作的优势，它可以不经过真实资金运动而对资产负债额及其利率期限结构进行表外重组。

在负债的利率互换中，付固定利率相当于借入一笔名义浮动利率债务，会延长负债利率期限；付浮动利率相当于借入一笔名义浮动利率债务，会缩短负债利率期限。而在资产利率互换中，收固定利率等于占有一笔名义浮动利率债权，会延长资产的利率期限，而收浮动利率等于占有一笔名义浮动利率债权，会缩短资产的利率期限。

拓展阅读 5-1
住友商事

本章小结

金融衍生工具是由金融基础工具衍生出来的各种金融合约及其各种组合形式。如金融远期、金融期货、金融期权和金融互换等。金融衍生工具性质复杂、交易成本较低、具有高度的财务杠杆作用，是一种高风险的投资工具，易于形成所需要的资产组合。

金融远期合约是指交易双方约定在未来某一确定时间按照事先商定的价格（如汇率、利率或股票价格等）以预先确定的方式买卖一定数量的某种金融资产的合约。主要有远期外汇合约、远期利率协议和远期股票合约。

远期利率协议是买卖双方同意在未来一定时间（清算日），以商定的名义本金和期限为基础，由一方将协定利率与参照利率之间差额的贴现额度付给另一方的协议。远期利率协议最重要的功能在于通过固定将来实际交付的利率而避免了利率变动风险。

金融期货合约是指协议双方约定在将来某一特定的时间按约定的条件（包括价格、交割地点、交割方式）买入或卖出一定标准数量的某种特定金融工具的标准化协议。期货交易实行每日清算制，所有清算均通过清算公司进行。合约双方均可单方通过平仓结束合约。

金融期货主要可分为利率期货、外汇期货和股票指数期货三种，其主要功能是转移价格风险和价格发现。

金融互换是指两个（或两个以上）当事人按照商定的条件在约定的时间内交换不同金融工具的一系列支付款项或收入款项的合约。它有利率互换和货币互换两种基本类型，并可派生出众多品种。

本章重要概念

金融衍生工具　金融远期合约　远期利率协议　金融期货合约　保证金　金融互换　平行贷款　背对背贷款　利率互换　货币互换

思考题和在线自测

本章复习思考题

在线自测

第六章 期权市场及应用

学习目标

1. 掌握期权、权证和可转换债券的功能及构成要素，期权的类型。
2. 了解金融衍生产品市场工具的形成和发展。
3. 了解金融衍生产品市场的发展趋势。

学习要点

1. 期权的概念、分类，期权与期货的比较。
2. 权证的概念、类型，权证与期权的比较。
3. 可转换债券的概念、要素、价值分析。

案例导入

菜籽粕期权上市两周年　护航产业行稳致远

2020年1月16日，菜籽粕期权在郑州商品交易所（简称郑商所）成功上市。菜籽粕期权的上市，丰富了菜系企业的风险管理工具，提高了企业的风险管理能力和市场竞争力，助力企业持续稳定发展。

菜籽粕期权上市两年来，交易规模逐步扩大，市场运行平稳。从市场成交、持仓的统计数据来看，菜籽粕期权上市两年来累计成交837.06万手（单边，下同），日均成交约1.73万手，日均持仓约4.81万手。2021年，菜籽粕期权日均成交量为1.97万手，较上市首年增加35.9%；日均持仓量为5.03万手，较上市首年增加10.6%。菜籽粕期权成交及持仓主要集中于平值附近及虚值期权合约，与国际期权市场惯例相符合。从期权市场波动率来看，平值期权合约隐含波动率上市以来的均值为21.77%，与60日历史波动率均值基本持平，期权市场充分反映了市场参与者的交易情绪。菜籽粕期权价格与标的期货价格的关联性较强，期权合成期货价格与菜籽粕期货合约价格相关性约为0.99，期权价格能够充分反映标的价格变化。总体来看，菜籽粕期权上市两年来，市场运行质量较高，价格合理有效。

菜籽粕期权上市两年来，郑商所不断创新期权市场培育形式。通过主办和支持会员单位举办期权专题线上线下活动，以及举办实盘大赛等形式，郑商所持续宣传普及期权知识；开展"产业基地"建设，帮助产业企业学好、用好期权工具；征集并汇编期权案例，持续开展市场宣传工作，营造市场良好氛围。

据了解，菜籽粕是我国第二大饲用蛋白来源，是水产饲料的重要原料。近两年，受全球油籽供需形势和水产养殖利润变化影响，菜籽粕价格波动频繁，而菜籽粕期权有效发挥其功能，为产业企业提供了更精细化、个性化的风险管理工具。

例如，金枫叶（天津）国际贸易有限公司是一家主营粮油、饲料贸易的现货贸易公司。2021年4月初，在国内养殖行业景气度恢复的大背景下，国内水产养殖旺季临近，而美国和加拿大干旱天气引发了市场对未来大豆、油菜籽供给的担忧。金枫叶预判国内菜籽粕价格总体维持强势，但受国内外供需节奏不同以及宏观政策等其他因素影响，预计菜籽粕价格及基差波动将加剧。基于此判断，金枫叶决定入场使用期权工具优化套保效果。

2021年4月6日，金枫叶判断未来菜籽粕期货RM109合约价格有上涨趋势，采购端选择进行点价，但又担心价格下跌导致库存跌价，因此买入RM109-P-2950看跌期权进行保护，同时保留现货价格大幅上涨的收益；2021年5月6日，企业判断RM109合约价格短期内处于相对高位，大概率将下跌修复基差，因此卖出RM109-C-3200看涨期权，对库存进行高价预售，同时放弃价格大幅上涨带来的超额收益。由此，企业通过期权端的操作，既对库存价格下跌风险进行了保护，做到"下有底"，同时在价格高位对库存进行预销售，做到"上有顶"，提前锁定库存利润。

到2021年5月21日，随着现货库存销售定价，企业同时平仓期权仓位。通过本次操作，企业期权和现货结合获得盈利243元/吨，利润率8.24%；若不参与期权保值，则现货贸易将产生6元/吨的亏损，期权工具有效帮助企业进行了风险管理。

郑商所相关负责人表示，下一步，郑商所将加大期权市场培育力度，进一步提升产业企业利用期货、期权综合管理风险的能力，助力产业行稳致远。

资料来源：张建光. 菜籽粕期权上市两周年 护航产业行稳致远［N］. 粮油市场报，2022-01-18(001).

第一节　期　权

1973年4月26日，芝加哥期权交易所（CBOE）成立，开始了买权交易，标志着期权合约标准化、期权交易规范化。20世纪70年代中期，美洲交易所（AMEX）、费城股票交易所（PHLX）和太平洋股票交易所等相继引入期权交易，使期权获得了空前的发展。1977年，卖权交易开始了。与此同时，芝加哥期权交易所开始了非股票期权交易的探索。

期权交易是在期货交易的基础上产生和发展的。金融期权是以期权为基础的金融衍生产品。期权市场指某一特定未来时期内，以某一特定敲定价格买进或卖出某一特定商品和金融证券期权合约的有组织的集中交易场所或空间。期权是一种应用十分广泛的衍生工具。

一、金融期权合约

（一）金融期权合约的概念

期权（option）又称选择权，是指赋予其购买者在规定期限内按双方约定的价格（以下简称协议价格或执行价格）购买或出售一定数量某种金融资产（称为基础金融资产或标的资产）的权利的合约。

期权是与期货和远期合同有很大不同的一种衍生工具。任何一种交易中都既有购买方又有出售方，期权交易也不例外。期权购买也称为持有者（holder）或期权多头。期权的持有者拥有在一定条件下买入或卖出某种商品的权利，但却并无此义务。不过，与此相对应，为获得这种权利，投资者必须支付一定的费用，而期货远期合同的交易者在协议达成时不需付出任何费用。在支付期权费之后，期权的持有者就拥有了在合约规定的时间行使其购买或出售标的资产的权利，也可以不行使这个权利，但不承担任何义务。相反，期权的出售方(seller)也叫作签发者或期权空头。在收取买方所支付的期权费之后，就承担了在规定时间内根据买方要求履行合约的义务。金融期权是买卖双方订立合约，并在合约中规定，由买方向卖方支付一定数额的权利金后，即赋予了买方在规定时间内按双方事先约定的价格购买或出售一定数量的某种金融资产的权利。

对期权买方来讲，合约赋予的只有权利而无义务，在合约有效期内，既可到期行使这个权利，也可放弃而不执行这个权利，甚至转让给第三者，条件是在购买时支付一定数额的期权费给卖方。

对期权的卖方来讲，合约赋予的只有义务而无权利，在收取买方付给的期权费后，则有义务按买方行使权利提出的要求履约，当然，这种履约须按合约事先规定的时间和履约价格来执行。

（二）金融期权的四大构成要素

▶ 1. 期权价格(option premium)

期权的买方为获取期权合约所赋予的权利而必须支付给卖方的费用，又称期权费，权利金。

▶ 2. 执行价格(exercise price)

期权的买方依据合约规定，买进或卖出相关商品或期货合约的价格，又称履约价格，敲定价格(strike price)或协议价格。

▶ 3. 到期日(expired date)

根据合约约定期权买方可以行使期权的最终有效期限。超过这一天，期权合约将宣布作废，同时未执行的期权视为自动放弃。

▶ 4. 标的资产(underlying assets)

每一期权合约对应一个标的资产，标的资产可以是众多产品中的一种，如各种类型大宗商品、股票、股价指数、期货合约、债券、外汇等。

（三）期权合约的构成要素

期权合约是一种标准化合约。所谓标准化合约，指除了期权的价格是在市场上公开竞价形成的之外，合约的其他条款都是事先规定好的，具有普遍性和统一性。

一般来说，标准化的期权合约通常包含以下六方面的要素。

▶ 1. 标的资产的种类及数量

期权合约指明以何种金融资产作为标的资产，并规定买卖该种资产的数量。不同交易所均对不同资产期权合约的数量做出明确规定。

▶ 2. 执行价格

执行价格一旦敲定，不容更改。同一种期权合约商品在期权市场上往往有多种敲定价格，敲定价格不同的期权合约，按照当时市价差别而有不同的标价(即权利金)，而且这一标价又考虑是看涨期权还是看跌期权、合约剩余有效期的长短等因素。

▶ 3. 合约有效期限

合约有效期限一般不超过9个月，以3个月和6个月最为常见。其表示方法是按月份标示，形成三个循环：1月循环(1—4—7—10)、2月循环(2—5—8—11)和3月循环(3—6—9—12)，意即1月份推出的合约，标准到期月份为4月、7月和10月，其余类推。

但不同的合约也有不同的标准有效期限，如对于股票期权、股票指数期权来说，由于股票价格变化十分频繁，走势难以预期，合约有效期也比较短，一般为1个月、2个月和3个月。

▶ 4. 期权交易地点

标准化的期权合约一般在专门的期权交易所内进行。但由于现代期权发展历史短，种类繁多，一些期货交易所、商品交易所、证券交易所也会附设期权交易场所，交易标准化期权合约。至于场外非标准化期权合约，则一般由银行或一些投资公司安排，交易地点可由交易双方商定。

▶ 5. 权利金

权利金是期权买方为购买选择权利所付出的那笔金额，是标准化期权合约中的唯一变量，也称期权价格、期权费、保证金、保险金等。

▶ 6. 合约格式

一般规定合约的交易单位、最小变动价格、每日最高波动幅度、合约月份、最后交易日、履约日的选定、交割方式等。

由于期权合约的标准化，期权合约可以方便地在交易所里转让给第三人，使交易过程变得非常简单，最后的履约也得到了交易所的担保，这样不但提高了交易效率，也降低了交易成本。

二、金融期权交易的场所要求

金融期权交易有场内期权交易与场外期权交易之分。场内期权交易是指在固定交易场所对标准化的期权合约进行交易；场外期权交易又称柜台交易或店头交易，是在交易所以外的众多金融机构、中间商和客户之间，通过买卖双方磋商来进行的交易。这种交易是在一种无形、松散的市场中通过电话、电传等现代通信设备的联系来完成的。

期权合同在交易所内进行交易的时间要比期货合同短得多。早期的买入和卖出期权的交易活动于18世纪即已出现在欧洲和美国等地。进入20世纪之后，美国出现了一种较为有序的期权交易市场。

场内期权交易与场外期权交易两者之间的联系表现为：场外期权交易的产品大部分是以场内期权、期货交易相对应的产品为基础的，最初的期权交易是在场外市场上进行的，在场外交易的基础上产生了场内期权交易。场内期权交易的产生使得银行同业期权交易向高标准化方面发展得十分迅速，也给场外期权交易以极大的竞争，从而又推动着场外期权交易的活跃和方式的不断创新。两者的主要区别表现在以下方面。

▶ 1. 标准化程度

场内交易的合约内容是标准化的，合约的各项规定都是由交易所制定的；而场外交易期权合约则完全由客户根据其特殊需要经协商签订，合约的各项条款都可以灵活协商。

▶ 2. 价格确定的方式

场内交易合约的买卖均是在交易所的交易大厅进行，并以公开拍卖的方式决定合约的价格；而场外交易主要是通过电话、电传等现代化通信设备进行，由交易双方经过协商确定合约的价格。

▶ 3. 交易方式

场内交易合约的买卖双方须通过交易所成员的经纪人代为交易，作为经纪人既能替第三者交易，也可以为他们自己交易；而场外交易主要是在银行与银行、银行与客户之间直接进行，也可由买卖双方的场内经纪人在场外进行交易。

▶ 4. 清算方式

场内交易合约的买卖双方互不认识，交割清算是通过交易所的清算公司完成的；而场外交易是由买卖双方直接见面，对合约条款进行磋商，一经达成协议，意味着交易双方都接受了对应风险。

▶ 5. 保证金和费用的收取

场内交易市场规定有严格的保证金制度，所有参加者都必须缴纳保证金；现金结算在每日市场标价的基础上进行，交易所经纪人向第三者收取经纪人费用，以抵补经手费用。场外交易不需要保证金，而由买方付给卖方一定的期权费，作为购买期权合约所付出的费用。

阅读专栏

1973 年 4 月，芝加哥期货交易所开设一个新的交易所，即芝加哥期权交易所（Chicago Board Options Exchange，CBOE），专门进行股票期权交易，使期权合约在交割数额、时间以及交易程序等方面实现了标准化。期权交易的技术也日益完善，使之成为投资者日益熟悉的一种交易。在芝加哥期权交易所之后，美国及其他国家的一些大的期货交易所先后开展了期权交易，一些专门的期权交易所也相继成立。期权交易的种类也不断增多，从最初的、最基本的股票期权，发展到包括商品期权、股票、股指期权、利率、债券期权以及各种各样的期货期权的巨大族群，期权方面的创新更是不断出现。同期货交易一样，期权交易不仅为投资者提供了一个套期保值、规避风险的工具，也为投机者所喜爱，其重要性日益提高。

2002 年 12 月，国内金融创新产品"外汇期权"面世。外汇期权业务的诞生，填补了国内实盘单向交易的不足，充实了国内外汇理财工具；同时，作为风险管理工具，外汇期权具有套期保值和投机的功效。

从理论上讲，期权买方的风险仅限于固定的期权费，获得的收益则可能无限大；而客户在向银行卖出期权时，在收取期权费的同时还能获得约定时间定期存款的利息收入，减少潜在风险。

三、金融期权的分类

（一）按期权的权利划分

按期权的权利不同，可划分为看涨期权和看跌期权两种类型。

看涨期权（call options）是指期权的买方向期权的卖方支付一定数额的权利金后，即拥有在期权合约的有效期内，按事先约定的价格向期权卖方买入一定数量的期权合约规定的特定商品的权利，但不负有必须买进的义务。而期权卖方有义务在期权规定的有效期内，应期权买方的要求，以期权合约事先规定的价格卖出期权合约规定的特定商品。

看跌期权（put options）是指期权的买方向期权的卖方支付一定数额的权利金后，即拥有在期权合约的有效期内，按事先约定的价格向期权卖方卖出一定数量的期权合约规定的特定商品的权利，但不负有必须卖出的义务。而期权卖方有义务在期权规定的有效期内，应期权买方的要求，以期权合约事先规定的价格买入期权合约规定的特定商品。

（二）按期权的交割时间划分

按期权的交割时间不同，可划分为美式期权和欧式期权两种类型。

美式期权是指在期权合约规定的有效期内任何时候都可以行使权利。欧式期权是指在期权合约规定的到期日方可行使权利，期权的买方在合约到期日之前不能行使权利，过了期限，合约则自动作废。目前，中国新兴的外汇期权业务类似于欧式期权。

（三）按期权合约上的标的划分

按期权合约上的标的不同，可划分为股票期权、股指期权、利率期权、商品期权以及货币（外汇）期权等种类。

（四）按行权价与标的资产价格的相关关系划分

按行权价与标的资产价格的相关关系，可划分为实值期权、虚值期权和平值期权。

实值期权，也叫价内期权，是指行权价与标的资产的当前市场价格相比较为有利（即如果立即行权可以获得相应收益）的期权。如果是认购期权，那么行权价小于标的资产价格的期权为实值期权；如果是认沽期权，那么行权价大于标的资产价格的期权为实值期权。

虚值期权，也叫价外期权，是指行权价与标的资产的当前市场价格相比较为不利（即如果立即行权将会导致亏损）的期权。如果是认购期权，那么行权价大于现行标的资产价格的期权为虚值期权；如果是认沽期权，那么行权价小于现行标的资产价格的期权为虚值期权。

平值期权，也叫价平期权，是指行权价与标的资产的当前市场价格一致的期权。

四、金融期权与其他金融产品的比较

（一）期权交易和股票、期货及国内外汇实盘交易相比的区别

从买卖的标的上比较，股票交易买卖的是所有权，期货交易买卖的是期货合约，外汇实盘交易买卖的是外汇现金，而期权交易买卖的是一种选择权，是一种权利。

从功能上比较，股票市场的功能是优化资源配置，期货市场的功能是对现货交易套期保值，外汇市场的功能是满足国际支付的需要，而期权市场的功能最主要的是为期货交易或远期交易对冲保值。

从买卖双方的权利义务上比较，股票、外汇实盘和期货的买卖双方的权利义务是对等的；而期权的买方拥有买入或者卖出的权利而没有义务，期权的卖方只有应期权买方卖出或者买入的义务，而没有相应的权利。

（二）期权交易与期货交易的比较

▶ 1. 权利和义务方面

期货合约的双方都被赋予相应的权利和义务，除非用相反的合约抵消，这种权利和义务在到期日必须行使，也只能在到期日行使，期货的空方甚至还拥有在交割月选择在哪一天交割的权利。期权合约只赋予买方权利，卖方则无任何权利，只有在对方履约时进行对应买卖标的物的义务。特别是美式期权的买者可在约定期限内的任何时间执行权利，也可以不行使这种权利；期权的卖者则须准备随时履行相应的义务。

▶ 2. 标准化方面

期货合约都是标准化的，因为它都是在交易所中交易的，而期权合约则不一定。在美国，场外交易的现货期权是非标准化的，但在交易所交易的现货期权和所有的期货期权则是标准化的。

▶ 3. 盈亏风险方面

期货交易双方所承担的盈亏风险都是无限的。期权交易卖方的亏损风险可能是无限的

（看涨期权），也可能是有限的（看跌期权），盈利风险是有限的（以期权费为限）；期权交易买方的亏损风险是有限的（以期权费为限），盈利风险可能是无限的（看涨期权），也可能是有限的（看跌期权）。

▶ 4. 保证金方面

期货交易的买卖双方都须交纳保证金。期权的买者则无须交纳保证金，因为买方的亏损不会超过已支付的期权费。而在交易所交易的期权卖者则也要交纳保证金，这跟期货交易一样。场外交易的期权卖者是否需要交纳保证金则取决于当事人的意见。

▶ 5. 买卖匹配方面

期货合约的买方到期必须买入标的资产，期权合约的买方在到期日或到期前则有买入（看涨期权）或卖出（看跌期权）标的资产的权利。期货合约的卖方到期必须卖出标的资产，期权合约的卖方在到期日或到期前则有根据买方意愿相应卖出（看涨期权）或买入（看跌期权）标的资产的义务。

▶ 6. 套期保值方面

运用期货进行的套期保值，在把不利风险转移出去的同时，也把有利风险转移出去。运用期权进行的套期保值，只把不利风险转移出去而把有利风险留给自己。

五、金融期权价格的决定

（一）金融期权的价值分析

一份期权合约的价值等于其内在价值与时间价值之和用 PV 表示，其数学表达式为

$$PV=IV+TV \tag{6-1}$$

式中，IV 为内在价值又称内涵价值，是指在履行期权合约时可获得的总利润，当总利润小于零时，内在价值为零。内在价值反映了期权合约中预先约定的敲定价格与相关基础资产市场价格之间的关系。在看涨期权中，$IV=S-X$；在看跌期权中，$IV=X-S$。其中，S 为标的资产的市价；X 为敲定价格（实施价格）。

TV 为期权的时间价值，是指期权买方随着期权时间的延续和相关商品价格的变动而有可能使期权增值时，愿意为购买这一期权所付出的权利金额。从动态上看，期权的时间价值有一个变化规律：伴随期权合约剩余有效期缩短而衰减。发生衰减的原因也很简单，对于期权买方而言，有效期越长，市况发生有利于他的变化的可能性也就越大，获利的机会也就越多，他愿意付出的时间价值也就越高。与此同时，卖方亏损的风险也越大。伴随合约剩余有效期限的缩短，买方获利的机会在减少，卖方承担的风险也在减少，因此时间价值也将逐步减少。

期权的时间价值还取决于标的资产市价与敲定价格之间的差额的绝对值。当差额为零时，期权的时间价值最大。当差额的绝对值增大时，期权的时间价值是递减的，如图 6-1 所示。

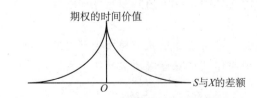

图 6-1　期权的时间价值及 S 与 X 差额之间的关系

按照有无内涵价值，期权可呈现三种状态：实值期权（ITM）、虚值期权（OTM）和平价期权（ATM）。

$S>X$ 时的看涨期权称为实值期权，$S<X$ 时的看涨期权称为虚值期权，$S=X$ 时的看涨期权称为平价期权。

同样，把 $X>S$ 时的看跌期权称为实值期权，把 $X<S$ 时的看跌期权称为虚值期权，把 $X=S$ 时的看跌期权称为平价期权。

实值期权的内在价值大于零，而虚值期权和平价期权的内在价值均为零。

（二）权利金、内在价值、时间价值三者之间的关系

期权合约的权利金是由期权价值所决定的，即由内在价值和时间价值所决定。从静态的角度来看，期权价值在任一时点都是由内在价值和时间价值两部分组成。在虚值期权（即看涨期权 $S<X$，看跌期权 $S>X$）时，权利金完全由时间价值组成；在平价期权（即 $S=X$）时，权利金完全由时间价值组成，且时间价值达到最大；在实值期权（即看涨期权 $S>X$，看跌期权 $S<X$）时，权利金由内在价值和时间价值组成，内在价值与市价等比例增减。从动态的角度来看，期权的时间价值在衰减，伴随合约剩余有效期的减少而减少，期满时时间价值为零，权利金全部由内在价值组成。

（三）影响期权价格的因素

上面所讨论的只是期权价格理论上的价值构成，在实际的期权定价中，还要考虑一些能够量化的因素。在众多的影响因素中，最重要的有以下几个，如表6-1所示。

▶ 1. 标的资产的市场价格与期权合约的行权价格

由于看涨期权在执行时其收益等于标的资产当时的市价与协议价格之差，对于看涨期权，行权价格越低，期权的内在价值越大，价格应该越高。因此，看涨期权价格与行权价格负相关。对于看跌期权，行权价格越高，期权的内在价值越大，价格应该越高。因此，看跌期权价格与行权价格正相关。

▶ 2. 期权合约的有效期

对于美式期权而言，由于它可以在有效期内的任何时间执行，有效期越长，多头获利机会就越大，而且有效期长的期权包含了有效期短的期权的所有执行机会，因此有效期越长，期权价格越高。对于欧式期权而言，由于它只能在期末执行，有效期长的期权就不一定有有效期短的期权的所有执行机会，这就使欧式期权的有效期与期权价格之间的关系显得较为复杂。例如，同一股票的两份欧式看涨期权，一个有效期为1个月，另一个为2个月，假定在6周后标的股票将有大量红利支付，由于支付红利会使股价下降，在这种情况下，有效期短的期权价格甚至会大于有效期长的期权价格。

但在一般情况下（即剔除标的资产支付大量收益这一特殊情况），由于有效期越长，标的资产的风险就越大，空头亏损的风险也越大，因此，即使是欧式期权，有效期长的其期权价格也越高，即期权的边际时间价值为正值。

▶ 3. 标的资产价格的波动率

波动率分为历史波动率和隐含波动率，前者是从标的证券价格的历史数据中计算出的收益率的标准差，后者是通过期权现价反推出来的波动率，反映的是市场对未来存续期内标的证券价格波动的判断。就像在股票市场中，投资者习惯用市盈率判断股票价格一样，在期权市场中，可以用隐含波动率来判断期权价格。例如，投资者可以通过比较隐含波动率和历史波动率，判断期权价格被高估还是低估，从而进行卖出或买入的操作。

波动率是期权投资中一个非常重要的指标，一名专业投资者对于波动率的关注往往高

于对期权价格本身的关注，这就是为什么期权交易也被称为"波动率"交易。简单地说，标的资产价格的波动幅度是用来衡量资产未来价格变动不确定性的指标。由于期权多头的最大亏损额仅限于期权价格，而最大盈利额取决于执行期权时标的资产市场价格与协议价格的差额，因此，波动幅度越大，对期权多头越有利，期权价格也应越高。

▶ 4. 市场无风险利率

无风险利率（一般指银行利率）是购买期权的机会成本。在看涨期权中，利率越高，机会成本越大，要求期权的收益率就越高，所以与权利金呈正相关关系。在看跌期权中，利率越高，履约时的收入越低，故与权利金呈负相关关系。

▶ 5. 标的资产的收益

由于资产分红付息等将降低基础资产的价格，而协议价格并未进行相应调整，因此，在期权有效期内基础资产产生收益将使看涨期权价格下降，而使看跌期权价格上升。

表 6-1　影响期权价格的因素

影 响 因 素	变 动 方 向	看涨期权价格	看跌期权价格
标的资产的市场价格	上涨↑	上涨↑	下跌↓
	下跌↓	下跌↓	上涨↑
期权合约的行权价格	上涨↑	下跌↓	上涨↑
	下跌↓	上涨↑	下跌↓
期权合约的有效期	上涨↑	上涨↑	上涨↑
	下跌↓	下跌↓	下跌↓
标的资产价格的波动率	上涨↑	上涨↑	上涨↑
	下跌↓	下跌↓	下跌↓
市场无风险利率	上涨↑	上涨↑	下跌↓
	下跌↓	下跌↓	上涨↑
标的资产收益率	上涨↑	下跌↓	上涨↑
	下跌↓	上涨↑	下跌↓

六、期权和期货的区别

▶ 1. 标的物不同

期货交易的标的物是商品或期货合约，而期权交易的标的物则是一种商品或期货合约选择权的买卖权利。

▶ 2. 投资者权利与义务的对称性不同

期权是单向合约，期权的买方在支付保险金后即取得履行或不履行买卖期权合约的权利，而不必承担义务；期货合同则是双向合约，交易双方都要承担期货合约到期交割的义务，如果不愿实际交割，则必须在有效期内对冲。

▶ 3. 履约保证不同

期货合约的买卖双方都要交纳一定数额的履约保证金；而在期权交易中，买方不需交纳履约保证金，只要求卖方交纳履约保证金，以表明卖方具有相应的履行期权合约的财力。

▶ 4. 现金流转不同

在期权交易中，买方要向卖方支付保险费，这是期权的价格，大约为交易商品或期货合约价格的 5%～10%；期权合约可以流通，其保险费则要根据交易商品或期货合约市场价格的变化而变化。在期货交易中，买卖双方都要交纳期货合约面值 5%～10%的初始保证金，在交易期间还要根据价格变动对亏损方收取追加保证金，盈利方则可提取多余保证金。

▶ 5. 盈亏的特点不同

期权买方的收益随市场价格的变化而波动，是不固定的，其亏损则只限于购买期权的保险费；卖方的收益只是出售期权的保险费，其亏损则是不固定的。期货的交易双方则都面临着无限的盈利和无止境的亏损。

▶ 6. 套期保值的作用与效果不同

期货的套期保值不是对期货而是对期货合约的标的金融工具的实物（现货）进行保值，由于期货和现货价格的运动方向会最终趋同，故套期保值能收到保护现货价格和边际利润的效果。期权也能套期保值，对买方来说，即使放弃履约，也只损失保险费，对其购买资金保了值；对卖方来说，要么按原价出售商品，要么得到保险费也同样保了值。

阅读专栏

各地的期权交易所

目前，世界上最大的期权交易所是芝加哥期权交易所，欧洲最大的期权交易所是欧洲期货与期权交易所（Eurex），由德意志期货交易所（DTB）和瑞士期权与金融期货交易所（Swiss Options & Financial Futures Exchange，SOFFEX）合并而成。亚洲，韩国的期权市场发展迅速，并且其交易规模巨大，目前是全球期权发展最好的国家。我国可以进行期权交易的场所有上海证券交易所，深圳证券交易所、大连商品交易所、上海期货交易所、郑州商品交易所、中国金融期货交易所，以及中国香港地区和中国台湾地区的交易所。2021 年 6 月，我国首个引入境外交易者参与交易的期权合约——棕榈油期权正式在大连商品交易所上市交易。此次上市棕榈油期权并引入境外交易者参与交易，能够与期货形成合力，提高市场运行质量，助推人民币国际化。

第二节　期权交易策略

期权投资以获得资本增益为主要目的，主要通过期权策略完成。在期权标的物的资产市场中，可供投资者选择的投资策略只有两个：买入和卖出。投资者能否获得投资利润，关键在于对市场未来走势方向的预测是否正确。但是，对于期权市场的投资者而言，其面对的情况要复杂得多。具体来讲，期权的价值包括内在价值和时间价值，前者由标的物的资产市场价格未来走势的方向所决定，而后者由波动率及时间因素等决定。因此，期权市场的投资者除了可以通过对标的资产市场价格变化方向的正确预测获得收益，还可以利用波动率的变化规律胜人一筹。这就是说，期权投资不仅要把握标的资产市场价格未来走势的方向，而且要考虑该市场未来波动率的可能变化。在具体设计投资策略时，投资者对这两大因素可能各有侧重。有的把市场方向性因素放在首位，有的则更多地考虑波动率因素。因此，期权策略相应地可以分成两大类，即方向性投资策略和波动率投资策略。

所谓方向性投资策略，是在进行期权投资决策时，以对标的物的资产市场价格未来走势方向的预测为主，同时兼顾市场波动率的可能变化。根据标的物的资产市场价格未来走势方向的不同，这类策略又可分为牛市看涨策略和熊市看跌策略。

与方向性投资策略相对应，波动率投资策略主要根据对波动率变化的预测做出相应的投资决策。由于买入期权相当于买入了波动率，而卖出期权相当于卖出波动率。因此，如果预测未来波动率会增加，应买入期权；如果预期波动率会下降则应卖出期权。不过上述方法只是最简单的波动率投资策略。进一步，投资者可以利用买入期权和卖出期权构造不同的期权组合并以其作为波动率投资的工具。

期权能给投资者带来很多投资的灵活性，理论上讲，期权策略有无穷多个，这些期权策略可以从不同的角度对其进行分类。上面提到的方向性投资策略和波动率投资策略就是按照市场情况进行的划分。除此之外，按照投资者交易的熟练程度，可将期权策略分为初级期权交易策略、中级期权交易策略、高级期权交易策略以及专家级期权交易策略，在一些情况中，有的策略并不复杂，但对于初级和中级投资者而言却具有难以接受的高风险性，因此这类策略也被归到高级和专家级交易策略。按照策略的风险和收益水平，可将期权策略分为有限风险/收益策略和无限风险/收益策略，具有无限风险的策略不一定都是不好的，具有无限潜在收益的策略也不一定是好的，但通过这种划分至少可以让投资者意识到可能的风险和收益。期权交易策略基本上可分为基本交易策略和组合投资策略两种。

一、期权的基本交易策略

期权的基本交易策略主要有四种：做多（购买）看涨期权、做空（出售）看涨期权、做多（购买）看跌期权和做空（出售）看跌期权。

▶ 1. 做多看涨期权

投资者预计标的证券将要上涨，但是又不希望承担下跌带来的损失，或者投资者希望通过期权的杠杆效应放大上涨所带来的收益，如图 6-2 所示。

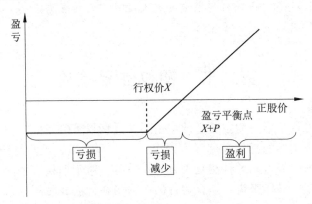

盈亏平衡点：执行价+期权费
最大收益：无限
最大损失：期权费
到期损益：MAX（0，到期标的证券价格−执行价）−期权费

图 6-2 做多看涨期权示意图

假设投资者买入 50ETF（交易型开放式指数基金）看涨期权，当前最新价为 2.842 元，执行价为 2.842 元，期限为 1 个月，期权成交价为 0.15 元。

情形 1：期权到期后，50ETF 价格为 3.5 元，则投资者的收益＝3.5－2.842－0.15＝0.508（元）（不考虑交易费用），投资收益率＝0.508/0.15＝338.6％，而投资正股的收益率仅为 23.15％。

情形 2：期权到期后，50ETF 的最新价格为 2.5 元，则投资者选择不行权，亏损全部期权费，亏损率为 100％，而投资正股的亏损率为 12.03％。

▶ 2. 做空看涨期权

投资者预计标的证券价格可能要略微下降，也可能在近期维持现在价格水平，如图 6-3 所示。

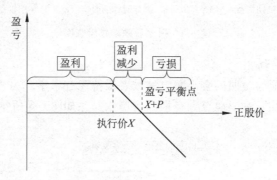

盈亏平衡点：执行价+期权费
最大收益：期权费
最大损失：无限
到期损益：期权费－MAX（到期标的股票价格－执行价，0）

图 6-3 做空看涨期权示意图

假设投资者卖出 50ETF 看涨期权，当前最新价为 2.842 元，执行价为 2.782 元，期限为一个月，期权成交价为 0.13 元。

情形 1：期权到期时，50ETF 价格为 3.5 元，期权将被购买者执行，因此投资者必须以 2.782 元的执行价格进行股票交割，并承受潜在的损失。损益为 0.13－(3.5－2.782)＝－0.588，即投资者损失 0.588 元。

情形 2：期权到期时 50ETF 的价格为 2.5 元，则期权购买者将不会执行期权，投资者收益为 0.13 元，收益全部期权费。

▶ 3. 做多看跌期权

投资者预计标的证券价格下跌幅度可能会比较大。如果标的证券价格上涨，投资者也不愿意承担过高的风险，如图 6-4 所示。

假设投资者买入股票看跌期权，当前最新价为 5.425 元，执行价为 5.425 元，期限为两个月，期权成交价为 0.26 元。

情形 1：期权到期时，股票价格为 6.2 元，投资者不会行权，因此亏损全部期权费 0.26 元，亏损率为 100％。

情形 2：期权到期时，股票价格为 4.6 元，投资者应该执行期权。获利(5.425－4.6)－0.26＝0.565 元，收益率 217.31％。

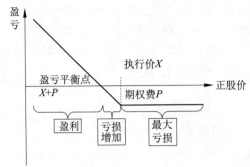

盈亏平衡点：执行价−期权费
最大收益：执行价−期权费
最大损失：期权费
到期损益：MAX（执行价−到期时标的股票价格，0）−期权费

图 6-4　做多看跌期权示意图

▶ **4. 做空看跌期权**

投资者预计标的证券短期内会小幅上涨或者维持现有水平。另外，投资者不希望降低现有投资组合的流动性，希望通过做空期权增厚收益，如图 6-5 所示。

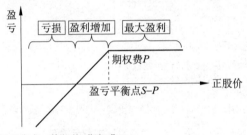

盈亏平衡点：执行价−期权费
最大收益：期权费
最大损失：执行价−期权费
到期损益：期权费−MAX（执行价−到期标的股票价格，0）

图 6-5　做空看跌期权示意图

假设投资者卖出股票看跌期权，当前最新价为 5.425 元，执行价为 5.425 元，期限为两个月，期权成交价为 0.26 元。

情形 1：期权到期时，股票价格为 6.2 元，投资者卖出的期权不会被执行，投资者获利全部期权费 0.26 元。

情形 2：期权到期时，股票价格为 4.6 元，投资者卖出的期权会被买家执行，投资者损益为 0.26−（5.425−4.6）＝−0.565，即亏损 0.565 元。而投资正股亏损为 0.825 元。

二、期权的组合投资策略

在上述基本交易策略的基础上，交易者还可根据期权种类、期限，以及敲定价格的不同构造不同的组合策略，主要有以下三种组合套利策略。

（一）水平套利

水平套利是指交易者按相同的协定价格同时买卖不同到期月份的同类型期权合约以套取水平价差的期权交易策略。由于近期期权合约的时间价值衰减速度快于远期合约的时间价值衰减速度，因此，水平套利通常是在买进一个远期权合约的同时卖出一个近期权合约。

这样，两种期权间的期权费差额就会扩大，交易者盈利的机会也相应增大。水平套利可分别通过看涨期权和看跌期权进行，当交易者预测长期价格稳中趋涨时，运用看涨期权进行水平套利交易；当交易者预测长期价格稳中趋降时，运用看跌期权进行水平套利交易。

（二）垂直套利

垂直套利是指交易者按照不同的协定价格同时买卖相同期限的期权合约以套取垂直价差的期权交易策略。垂直套利交易的特点是利润和亏损都有限。亏损限于出售期权时得到的期权费与买入期权时支付的期权费的差额，利润则最多为期权费。垂直套利又包括买空套利和卖空套利，当交易者预测市场价格上升时运用买空套利，当交易者预测市场价格下降时运用卖空套利。每种套利方式又包括看涨期权和看跌期权两种，因此，垂直套利共包括以下四种形式。

（1）买空看涨期权套利：交易者按某个协定价格买进看涨期权，同时按更高的协定价格卖出相同期限的看涨期权。

（2）卖空看涨期权套利：交易者按某个协定价格卖出看涨期权，同时按更低的协定价格买进相同期限的看涨期权。

（3）买空看跌期权套利：交易者按某个协定价格买进看跌期权，同时按更低的协定价格卖出相同期限的看跌期权。

（4）卖空看跌期权套利：交易者按某个协定价格卖出看跌期权，同时按更高的协定价格买进看跌期权。

（三）对角套利

对角套利是指利用相同标的资产、不同协议价格、不同有效期的看涨期权或看跌期权的价格差异赚取无风险利润的行为。任何套利中买进期权的合约期长于卖出期权的合约期，并且有着不同的定约价。

阅读专栏

实 物 期 权

实物期权是存在最为普遍的一种期权，它的标的资产是各种实物资产。实物资产指的是可以创造财富的资产，同金融资产市场一样，实物资产的价格也反映实物资产的供应和需求。资产数量取决于价格，而价格又趋向于市场的出清水平。但实物资产较差的流动性和可逆性决定了实物资产市场中许多交易都是非连续的，甚至是非市场化的。因此，投资时机的选择权对实物资产而言有着非常重要的意义，投资时机选择权也就成为实物期权的基本类型之一。影响实物期权价值的不确定因素的来源比较复杂，既有标的资产的市场风险（价格变动的风险），又有非市场风险。由于实物资产、实物资产市场和实物期权的上述特性，实物期权比金融期权更难以估价。标准的金融期权定价公式应用于实物期权有时是无效的。B-S模型和两叉树模型建立的前提条件是可以运用标的资产和无风险借贷资产构造等价资产组合来复制期权的现金流，这个条件在金融市场上成立，在实物资产市场上却不充分，因为在实物资产市场上套利是不可行的。套利的前提是资产必须是可交易的，并且必须是可连续交易的，市场上也必须有丰富的资产品种。这些前提实物资产市场都不完全具备，套利也就不能有效进行，而不能套利就无法形成无套利均衡，不具备均衡价格的形成机制。反过来说，这一结论也要视资产类型和市场状况的具体情况而定，在有的情况下，标准的金融期权定价方法，特别是针对离散状态的两叉树模型，可以较好地应用于实物期权。

第三节 权 证

一、权证的概念和分类

权证（warrants）是发行人与持有者之间的一种契约，其发行人可以是上市公司，也可以是上市公司股东或投资银行等第三者。

权证允许持有人在约定的时间（行权时间），可以用约定的价格（行权价格）向发行人购买或卖出一定数量的标的资产。权证是指标的证券发行人或其以外的第三方发行的，约定持有人在规定期间内或特定到期日，有权按约定价格向发行人购买或出售标的证券，或以现金结算方式收取结算差价的有价证券。权证本质上是证明持有人拥有特定权利的契约。

权证有很多种分类方法，具体如下。

（一）按照未来权利的不同分类

按照未来权利的不同，权证可分为认购权证和认沽权证。其中认购权证是指发行人发行的，约定持有人在规定期间内或特定到期日，有权按约定价格向发行人购买标的证券的有价证券；认沽权证是指发行人发行的，约定持有人在规定期间内或特定到期日，有权按约定价格向发行人出售标的证券的有价证券。

（二）按照权证存续期内可否行权分类

按照权证存续期内可否行权，权证分为欧式、美式和百慕大式。欧式权证的持有人只有在约定的到期日才可以行权（即行使买卖标的股票的权力），如宝钢 JTB1；而美式权证的持有人在到期日前的相当一段时期内随时都可以行权，如 2005 年 12 月 23 日上市的机场 JTP1，在 2006 年 3 月 23 日—12 月 22 日期间，投资者随时都可以行权；百慕大式权证则可以在存续期内的若干个时间段行权，如马钢 CWB1 设定了 2007 年 11 月 15—28 日和 2008 年 11 月 17—28 日两段行权期。

（三）按照发行人的不同分类

按照发行人的不同，还可分为公司权证和备兑权证。公司权证是指标的证券发行人所发行的权证，备兑权证是指标的证券发行人以外的第三方（如大股东、券商等金融机构）发行的权证。股本权证的行权结果是认购权证行权使公司股份增加，认沽权证行权使公司股份减少。股本权证与备兑权证的差别如表 6-2 所示。

表 6-2 股本权证与备兑权证的差别

比 较 项 目	股 本 权 证	备兑（衍生权证）
发行人	标的证券发行人	标的证券发行人以外的第三方
标的证券	需要发行新股	已在交易所挂牌交易的证券
发行目的	为筹资或高管人员激励用	为投资者提供避险、套利工具
行权结果	公司股份增加、每股净值稀释	不造成股本增加或权益稀释

阅读专栏

2005 年 8 月 22 日，我国第一只股改权证——宝钢权证上市交易。之后，随着股权分置改革工作的推进，武钢 JTP1、宝钢 JTB1、机场 JTP1 等股改权证陆续上市；伴随公司分离交易可转债的发行，马钢 CWB1、云化 CWB1 等公司权证也相继登台。

实际上，以上涉及的分类指标在权证名称中都有反映。以"宝钢 JTB1"为例，"宝钢"代表约定的未来行权标的证券是宝钢股份，"JT"代表发行人是宝钢集团（"JT"是"集团"的拼音首字母）发行的，"B"代表持有人拥有未来"买入"（buy）的权利，该权证为认购权证［如果字母为"P"则表示持有人拥有未来"卖出"（put）的权利，该权证为认沽权证］，"1"代表第 1 只权证。"宝钢 JTB1"即表示"宝钢集团发行的第 1 只宝钢股份认购权证"。与认购权证对应的则是标明卖出权利的认沽权证，如南航 JTP1，即"南航集团发行的第 1 只南方航空认沽权证"。

而"马钢 CWB1"这样包含 CW（company warrant，公司权证）字段的权证，是上市公司自身发行，用于融资的公司权证，当这些权证行权时，公司相应的增发新股，股本会被摊薄。

二、权证的基本要素

▶ 1. 发行人

公司权证的发行人为标的上市公司；备兑权证的发行人为标的公司以外的第三方，一般为券商。

▶ 2. 到期日

到期日是权证持有人可行使认购（或出售）权利的最后日期。该期限过后，权证持有人便不能行使相关权利，权证的价值也变为零。

▶ 3. 执行方式

在美式执行方式下，持有人在到期日以前的任何时间内均可行使认购权；而在欧式执行方式下，持有人只有在到期日当天才可行使认购权（或出售权）。

▶ 4. 认股价（执行价）

认股价是发行人在发行权证时所订下的价格，持证人在行使权利时以此价格向发行人认购（或出售）标的股票。

▶ 5. 交割方式

交割方式包括实物交割和现金交割两种形式，其中，实物交割指投资者行使认股权利时从发行人处购入标的证券，而现金交割指投资者在行使权利时，由发行人向投资者支付市价高于执行价的差额。

▶ 6. 认购比率

认购比率是每张权证可认购正股的股数，如认购比率为 0.1，就表示每十张权证可认购一股标的股票。

▶ 7. 杠杆比率

杠杆比率（leverage ratio）是正股市价与购入一股正股所需权证的市价之比，即

$$杠杆比率＝正股股价/（权证价格÷认购比率）$$

杠杆比率可用来衡量"以小博大"的放大倍数，杠杆比率越高，投资者盈利率也越高，当然，其可能承担的亏损风险也越大。

三、权证的交易和行权

权证作为一种衍生产品，在交易规则上与股票有很多不同之处，如表 6-3 所示。

表 6-3　权证与股票的交易规则比较

品　　种	权　　证	股　　票
交易方式	T＋0	T＋1
交易费用	佣金	交易印花税、佣金、过户费等
涨跌限制	根据股票的价格计算涨跌幅价格	±10％的涨跌停板
可交易期	仅在权证存续期内可以交易，一般不超过两年，具体以该权证的相关条款为准	无限期，除非因不满足上市条件而退市

根据《上海证券交易所权证业务管理暂行办法》第 22 条规定，权证交易实行价格涨跌幅限制，涨跌幅按下列公式计算：

权证涨幅价格＝权证前一日收盘价格＋(标的证券当日涨幅价格标的证券前一日收盘价)×125％×行权比例

权证跌幅价格＝权证前一日收盘价格－(标的证券前一日收盘价－标的证券当日跌幅价格)×125％×行权比例

当计算结果小于等于零时，权证跌幅价格为零。

公式应用中，有两点需要特别注意："标的证券当日涨幅价格""标的证券当日跌幅价格"是指标的证券的当日涨跌幅限制的最高、最低价；

在计算价格时，每一步计算结果需先四舍五入至最小价格单位。

以某公司权证在 20×7 年 11 月 2 日涨幅价格为例，其在前一交易日（11 月 1 日）为 1.122 元，标的证券的前一交易日收盘价格为 21.61 元，涨跌幅限制为 10％，行权比例为 2∶1(行权比例数值上是 0.5，即 2 份认沽权证可以向该公司出售 1 份股票)。

标的证券当日涨幅价格＝标的证券前一日收盘价×(1＋10％)＝21.61×1.1≈23.77(元)（计算结果先四舍五入至最小价格单位）

因此，该权证的涨幅限制价格＝1.122＋(23.77－21.61)×125％×0.5＝2.47(元)。

另外，需要强调说明的是权证的最后交易日、行权期、到期日。权证最后交易日是权证在二级市场上交易的最后一天，这之后投资者再无法从市场上买进或者卖出该权证，只能选择放弃或者行权，权证存续期满前 5 个交易日权证终止交易，投资者可以推算出权证最后一个交易日。一些深度价外的权证，通常会在最后交易日大幅下跌。权证的行权期是供权证行权的日期，行权期的交易时段内，投资者按照各权证公告的说明进行行权申报即可行权。有些权证的行权期为 5 个交易日(如武钢 CWB1)，有些只有 1 个交易日(如宝钢 JTB1)，有些则有两个时间段(如马钢 CWB1)。到期日是指行权截止日，此日后该权证就退出市场，既不能买卖，也不能行权，不再有任何价值。

阅读专栏

股票期权与股本权证的区别

(1) 有无发行环节：股本权证在进入交易市场之前，必须由发行股票的公司向市场发行；而期权无须经过发行环节，只要买卖双方同意，就可直接成交。

(2) 是否影响总股本：股本权证行权后，影响总股本；而备兑权证行权不影响总股本，期权行权不影响总股本。

四、权证的价格

权证的合理价格是在权证的理论价值附近变动，两者并不是完全相同的。权证的理论价值是按照国际通行的定价公式，通过选取股票价格、权证条款（行权价格、存续期、行使比例等）和股票价格波动率等参数计算得出的，如很多机构都采用的著名的"B-S模型"。

简单地说，权证的理论价值包含两部分：第一部分称作"内在价值"，是股票现价减去行权价格得到的差价与零之间的较大值（认购权证），或行权价格减去股票现价得到的差价与零之间的较大值（认沽权证），它的直观含义是马上行权可以获得的差价；第二部分称作"时间价值"，是权证的理论价值减去内在价值，它的直观含义是由于权证到期前股票价格存在朝有利方向变动的可能，从而使得权证具有或有价值。显然，随着到期时间的临近，这部分价值是逐渐减少的，直至到期时降低为0，这也就是它被称作"时间价值"的原因。

所以说，只要权证没有到期，股票价格就有可能朝着对权证持有人有利的方向变动，其时间价值就大于零。例如，某日某公司股票的收盘价格为15.55元，行权价格10.20元，其权证的内在价值为5.35元（15.55－10.20），若该权证的当日收盘价为6.735元，表明市场认可的时间价值大于零。

那么，影响权证理论价值的主要因素具体有哪些呢？"B-S模型"中包括了标的资产价格、标的资产价格波动性、权证有效期、权证行权价格、无风险利率以及预期股息等因素，下面我们从直观上予以解释。

▶ 1. 标的资产价格

由于权证是以标的资产为基础而产生的衍生产品，标的资产价格也就成了确定权证发行价格及其交易价格走势的最主要因素。标的资产价格越高，意味着认购（沽）权证持有人执行权证所获收益越大（小）。因此，标的资产价格越高的认购（沽）权证，其发行或交易价格往往越高（低）。

▶ 2. 标的资产价格波动性

标的资产价格波动性越大，标的资产价格出现异常高的可能性越大，那么权证处于价内的机会也就越多，因此权证发行价格或交易价格一般也就越高。

▶ 3. 权证有效期

权证有效期越长，权证的时间价值越高，因此权证发行价格或交易价格一般也就越高。

▶ 4. 权证行权价格

与标的资产价格相反，权证所约定的行权价格越高的认购（沽）权证，其发行或交易价格往往越低（高）。

▶ 5. 无风险利率

无风险利率的高低，决定着标的资产投资成本的大小。无风险利率越高，投资于标的资产的成本越大，因此认购权证变得较具吸引力，而认沽权证的吸引力则相应变小，故认购（沽）权证的发行或交易价格就会越高（低）。

▶ 6. 预期股息

我国权证管理暂行办法中规定，标的派息将调整行权价，调整公式为

新行权价格＝原行权价格×（标的证券除息日参考价/除息前一日标的证券收盘价）

除了以上影响权证理论价值的因素外，市场中供求关系的影响，可能会使权证价格和理论价值产生一定的偏离。为了对权证价格的合理性进行初步的判断，下面介绍一种简单明了、易被掌握的方法。为了表述方便，用符号 ST 表示权证到期日标的股票的价格，X 表示权证的行权价格。我们知道，认购权证的未来收益为 $Max(ST-X,0)$，认沽权证的未来收益为 $Max(X-ST,0)$，其中，$Max(\ )$ 为最大值函数。可见，权证的未来收益主

要取决于标的证券的未来价格。显然，如果权证的价格接近于该权证未来收益的现值，该权证就是合理定价的；如果权证的价格小于该权证未来收益的现值，则该权证是被低估的。因此，判断一张权证的定价是否合理，主要取决于对其标的证券未来价格判断的准确程度。

当然，也可以从权证的价格去倒推权证到期时其标的证券的价格。

例如，某公司权证在20×7年11月2日的收盘价为1.048元，行权价为7.43元，行权比例为2：1，也就是说，20×8年6月20日该公司股票的价格必须低于5.334(7.43－1.048×2)元，行权才是有意义的。这在理论上也许是可能的，但实际上该公司股票在最后交易日能否跌到这一价格以下却有很大的不确定性。

对于欧式认购权证，权证最后交易日前(包含最后交易日)标的证券价格越高，则权证的内在价值越大。假如某公司股份的收盘价为15.55元，那么其认购权证、当日的价格上限即为15.55元。对于欧式认沽权证而言，权证最后交易日前(包含最后交易日)标的股票的价格越低，则权证的内在价值越大。

由于权证产品固有的特征，权证价格波动较大。而权证存续期的有限性和涨跌停幅的限制，导致其剧烈波动的幅度背后蕴含着极大的风险，在权证交易出现单边行情的情况下，极有可能无法及时平仓，投资者进行权证投资时对这些风险应有清醒的认识。

20×7年8月15日，某公司权证以0.15元开盘，单日大涨242％之后，8月17日又以47.1％的跌幅收于0.356元，而在其最后交易日，跌幅达98.58％。如此剧烈的波动以及其中隐含的风险，与传统的现货品种形成了较大的对比。

虽然有投资者基于T＋0的交易制度，并抱着当日平仓的心态去参与权证的交易，但是，如果绝大部分权证交易者都有这样的心态，就会出现日内一旦出现下跌就持续暴跌，甚至跌停乃至连日跌停，届时投资者根本无法实现当日平仓的初衷。因此，投资者对权证的高风险性应有清醒的认识，并且认真对待相关监管机构对权证异常交易状况所可能采取的规范措施。

五、权证的作用和风险

（一）权证的作用

▶ 1. 套期保值和风险管理

根据高风险、高预期收益原则，套期保值的目标是使风险降幅大于预期收益率应有的降幅。风险管理的目标是使风险水平降到可以承受的水平。权证的最大作用，就是可以和投资者手里的标的资产构成避险组合。例如，股票投资者担心手里的股票价格下跌，就可以买入该股票的认沽权证来对冲风险。

▶ 2. 套利

在考虑了交易成本和税收之后，只要权证现实的价格不符合资产定价公式，就存在无风险套利机会。基于同一标的资产、到期日和执行价格均相同的认购权证和认沽权证以及标的资产之间存在一个平价关系，如果权证的市场价格不服从这个平价关系，就可以通过"卖高买低"进行无风险套利。

▶ 3. 投机

权证具有较高的杠杆率，权证投资的成本仅为标的证券投资的几分之一，且由于权证T＋0交易，因此这也就放大了投机者的投机能力和投机收益。当然，高收益伴随着高风险，权证投机的损失也相应地被放大，甚至有可能损失全部的投资成本。

(二) 权证的风险

▶ **1. 杠杆效应风险**

权证是一种高杠杆投资工具，其价格只占标的资产价格的较小比例。投资者投资于权证，有机会以有限的成本获取较大的收益，一旦判断失误，投资者也有可能在短时间内蒙受全额或巨额的损失。

▶ **2. 时间风险**

与其他一些有价证券不同，权证有一定的存续期限，且其时间价值会随着时间消逝而快速递减。到期以后(不含到期日)，权证将成为一张废纸。

▶ **3. 错过到期日风险**

除了现金结算型权证交易在到期日会自动将有执行价值的权证进行结算外，采用证券给付形式结算的权证均必须由投资者主动提出行权要求，因此投资者必须留意所投资权证的行权期。

如果在行权期，标的股票价格远远低于行权价，认购权证将"一钱不值"；如果行权期标的股票价格远远高于行权价，认沽权证也将"一钱不值"。所以，对价格远远高于其理论价值的高风险权证品种，缺乏专业知识或风险承受能力有限的散户要想参与的话，要特别谨慎。

以某权证为例，20×7年11月2日收盘价格为1.048元，行权价为7.43元，行权比例为2∶1。对于以1.048元买入该权证的投资者，如果一直持有不动直至到期，在最后交易日20×8年6月19日，标的股票的收盘价格必须低于5.334元才可以获利，否则投资者就是亏损的，其持有的权证将变成"一张废纸"。

因为权证属于高风险、高收益的投资品种，适宜风险偏好型的投资者参与。但由于广大中小投资者还缺乏对这一创新产品的认识，特别是缺乏对其中所含风险(如创设机制可能影响权证交易价格等)的了解，所以，上证所要求权证投资者参与交易前都须书面签署《权证投资风险揭示书》。

六、期权与权证的区别

期权与权证的区别具体如表6-4所示。

表6-4 期权与权证的区别

	期　权	权　证
发行主体	没有发行人，只要缴纳足够保证金都可以卖出期权	通常是由标的证券上市公司、投行(证券公司)或大股东等作为其发行人
合约当事人	买卖双方	发行人与持有人
合约特点	标准化合约，条款由交易所统一确定	非标准化合约，要素由发行人确定，包括合约序列、行权方式、交割方式等
合约供给量	理论上供给无限	供给有限，由发行人确定
持仓类型	投资者既可以买入开仓，也可以卖出开仓	普通投资者只能买入
履约担保	开仓一方因承担义务需要缴纳保证金	发行人以其资产或信用担保履行

第四节　可转换债券

一、可转换债券的概念

可转换债券是可转换公司债券的简称。可转换债券起源于美国，已经成为创业企业早期融资的重要形式，但这种融资方式通常只有境外架构的公司才会用到，而境内架构的公司则较少采用。1843 年，美国 New York Erie 铁道公司发行第一张可转换公司债券，但此后 100 多年，可转换债券一直在证券市场中处于非常不清晰的地位，没有得到市场的认同和重视，直到 20 世纪 70 年代，美国经济极度通货膨胀使得债券投资人开始寻找新的投资工具，可转换债券由此进入人们的视野，并在此后 30 年在全球迅速发展起来。

可转换债券是可转换证券的一种。从广义上来说，可转换证券是一种证券，其持有人有权将其转换成另一种不同性质的证券，如期权、认股权证等都可以称为是可转换证券，但从狭义上来看，可转换证券主要包括可转换公司债券和可转换优先股。

可转换债券是一种公司债券，它赋予持有人在发债后一定时间内，可依据本身的自由意志，选择是否依约定的条件将持有的债券转换为发行公司的股票或者另一家公司股票的权利。换言之，可转换债券持有人可以选择持有至债券到期，要求公司还本付息；也可选择在约定的时间内转换成股票，享受股利分配或资本增值。可转换优先股虽然与可转换公司债券一样可以转换成普通股股票，但是它毕竟是股票，固定所得不是债息，而是股票红利；它的价格随着公司权益价值的增加而增加，并随着红利派现而下跌，而且破产时对企业财产的索赔权落后于债权人。由此看来，它与可转换公司债券还是有本质的不同。

二、可转换债券的特征

可转换债券兼有债券和股票的特征，具有以下三个特点：

▶ 1. 债券性

与其他债券一样，可转换债券也有规定的利率和期限，投资者可以选择持有债券到期，收取本息。

▶ 2. 股权性

可转换债券在转换成股票之前是纯粹的债券，但在转换成股票之后，原债券持有人就变成了公司的股东，可参与企业的经营决策和红利分配，这也在一定程度上会影响公司的股本结构。

▶ 3. 可转换性

可转换性是可转换债券的重要标志，债券持有人可以按约定的条件将债券转换成股票。转股权是投资者享有的、一般债券所没有的选择权。可转换债券在发行时就明确约定，债券持有人可按照发行时约定的价格将债券转换成公司的普通股票。如果债券持有人不想转换，则可以继续持有债券，直到偿还期满时收取本金和利息，或者在流通市场出售变现。如果持有人看好发债公司股票增值潜力，在宽限期之后可以行使转换权，按照预定转换价格将债券转换成为股票，发债公司不得拒绝。正因为具有可转换性，可转换债券利率一般低于普通公司债券利率，企业发行可转换债券可以降低筹资成本。

可转换债券持有人还享有在一定条件下将债券回售给发行人的权利，发行人在一定条件下拥有强制赎回债券的权利。

可转换债券兼有债券和股票双重特点，对企业和投资者都具有吸引力。1996年，我国政府决定选择有条件的公司进行可转换债券的试点，1997年颁布了《可转换公司债券管理暂行办法》，2001年4月中国证监会发布了《上市公司发行可转换公司债券实施办法》，极大地促进了可转换债券的规范发展。2006年证监会颁布《上市公司证券发行管理办法》，2015年1月15日证监会颁布《公司债券发行与交易管理办法》，2020年2月14日，证监会颁布修订后《上市公司证券发行管理办法》，2020年12月证监会发布《可转换公司债券管理办法》，自2021年1月31日起施行。

可转换债券具有双重选择权的特征：一方面，投资者可自行选择是否转股，并为此承担转债利率较低的机会成本；另一方面，转债发行人拥有是否实施赎回条款的选择权，并为此要支付比没有赎回条款的转债更高的利率。双重选择权是可转换公司债券最主要的金融特征，它的存在使投资者和发行人的风险、收益限定在一定的范围以内，并可以利用这一特点对股票进行套期保值，获得更加确定的收益。

三、可转换债券的要素

▶ 1. 标的股票

可转换债券的标的物，为发行公司自己的普通股股票或者是其他公司的股票。

▶ 2. 转换价格

转换价格是指可转换债券转换为每股股票时发行公司所支付的价格。转换价格并不保持不变，公司为促使投资者尽早进行转换，可以规定转换价格递增。可转换债券发行之时，明确了以怎样的价格转换成普通股，这一规定的价格就是转换价格，即将可转换债券转换为普通股的每股普通股价格。

▶ 3. 转换比率

可转债过程中涉及转换比率和转换溢价的计算过程。转换比率是每张可转换债券能够转换的普通股的股数。可转换债券的面值、转换价格、转换比率存在以下关系：

$$K = M/P_C \tag{6-2}$$

式中，K代表转换比率；M代表可转换债券的面值；P_C代表可转换债券的转换价格。

转换溢价是指转换价格超过可转换债券的转换价值的部分。转换溢价率是指转换溢价与转换价值的比率。

$$R = (P_C - P)/P \tag{6-3}$$

式中，P代表标的股票的市场价格；R代表转换溢价率。

▶ 4. 票面利率

可转换债券利率一般低于普通债券利率，这是因为可转换债券价值除了利息部分外，还包含了认购权证部分，而认购权证部分的价值一般足以弥补利率差价。

▶ 5. 转换期

转换期是指可转换债券持有者行使转换权的有效期限。

▶ 6. 赎回条款

赎回条款是指可转换债券的发行企业可以在债券到期日之前提前赎回债券的规定。该条款一般规定，如果公司股票的价格在若干个交易日内满足赎回条件，那么公司有权按照赎回价格赎回公司剩余的可转换债券。由于公司的赎回价格一般要远远小于转换价值，所以这个条款最主要的作用就是实现强制性转股，缩短可转换债券的期限。

▶ 7. 回售条款

回售条款是当发行公司的股票价格在一段时间内连续低于转股价格并达到某一幅度时，债券持有者有权按事先约定的价格将所持债券卖给发行公司的规定。对投资者而言，是否要回售，取决于可转债价值和回收价格的大小。

▶ 8. 转换调整条款或保护条款

转换调整条款也称为向下修正条款，是在发行可转换债券后，如果公司股票价格满足转股价格调整条件时，公司董事会有权在一定幅度内调整转股价格，有的还规定超过一定幅度需要股东大会通过。

四、可转换债券价值的分析

可转换债券可以看作一种嵌入期权，它给予债券持有者这样一种权利，在债券到期时，可以得到本金的偿还或者可以在一定期限内按预定的转换比例将债券转换成股票。因此，可转换债券的价值与标的证券的价值有关。

可转换公司债券是公司债券的特殊形式，也是一种混合型的金融产品，它兼有债权性和期权性的特点。其债权性体现在转股之前，持有人是发行企业的债权人，享有定期获得利息和到期要求偿还本金的权利。而期权性表现在它赋予持有人一种选择的权利，即在规定的时期内，投资人具有选择是否转股的权利。这种选择权实质上是一种买入期权，在规定的转换期内，投资人可以行使或者放弃转换权。可转债的债权性价值体现在普通债券的价值上，期权性价值则体现在买入期权的价值上。因此，可转债的价值可以由普通债券价值和买入期权的价值两部分构成。

五、可转换债券的几种权利

▶ 1. 回售权

该期权规定，在回售期内如果公司股票的价格满足回售条件，则投资者有权按照回售价格将可转债回售给公司，它实际上是一个由可转债的投资者持有的看跌期权。对投资者而言，是否要回售，取决于可转债价格与回售价格的大小。如果可转债价格大于回售价格，则投资者仍然会持有债券；如果可转债价格小于回售价格，则投资者就会进行回售。

▶ 2. 转股价格调低权

该期权规定，在一定期限内，如果公司股票价格满足转股价格调整条件时，公司董事会有权在一定幅度内调整转股价格。一般还规定超过这个幅度则需要股东大会通过。该期权实际上是为了避免投资者发生回售行为而制定的，因为回售时公司将面临大量的现金流出，因此它要和回售权结合起来分析。为了避免回售发生，可转债发行公司会在股票价格下跌到一定幅度时调低转股价格来增加可转债的转股价值，从而让投资者继续持有可转债。由于转股价格调低权的存在，回售行为基本不可能发生。转股价格调低权的行使权虽然在公司，但当公司行使该权利时，对投资者是有利的，因此该期权的空头价值为正。

▶ 3. 赎回权

该期权规定，在一定期限内，如果公司股票的价格在若干个交易日内满足赎回条件，公司有权按照赎回价格赎回公司的剩余可转债，同时在公司宣布赎回至实际赎回这一段时间内，投资者仍然可以执行转股权。可转债是为融资而发行的，发行公司并不希望赎回发生，所以设定的赎回价格一般会远远小于转股价值，这样公司宣布要赎回时投资者一般会执行转股权，因此公司设计赎回条款的主要目的是强制性转股。

▶ **4. 转股权**

转股权赋予可转债的持有者在一定时间内按照一定比率(转股比率)将债券转换成公司普通股股票的权利，它可以看成一个由可转债的投资者持有的美式看涨期权，其标的是转股价值(转股价值＝100×股票价格/转股价格)，执行价格为可转债中内嵌债券的价值。我们也可以把转股权看成一个资产交换期权，它赋予投资者用可转债内嵌的债券交换一定数额的公司股票的权利。

在创投圈，可转债是一种短期债务，期限通常为 12～24 个月，通常用于创业公司在以明确估值或价格进行股权融资(定价股权融资)之前采用的一种融资方式，或者在两轮定价股权融资之间进行过渡性融资方式，在创业公司完成下一轮定价股权融资等重要里程碑时，则会自动转换成为公司股权。

可转债作为创业投资的方式是在 2005 年前后开始流行起来的，在此之前，创业企业的早期天使投资人通常购买公司的普通股，而大规模的风险投资基金则往往在公司更靠后的阶段投资，取得公司的优先股。如果公司在发展过程中出现资金紧张的情形，则可能通过"过桥贷款"，也就是可转债的方式从现有投资人中间获得新一轮资金注入前的过桥资金。

在 2004—2005 年，可转债已经开始成为早期投资人进行创业投资的重要架构。一方面，技术的发展尤其是云计算的兴起，让创业的成本大幅下降，原本用来作为"过桥贷款"的可转债已经不再凸显之前的过渡作用；另一方面，在 2000 年互联网泡沫破灭后，与创始人一样持有普通股的天使投资人"惨遭血洗"，一直在寻求新的投资架构方式。随着创业投资潮的兴起，可转债逐渐演变成创业企业早期融资的另外一种重要形式。

拓展阅读 6-1
上证 50ETF 期权
的交易策略与风险

据 Pitchbook 统计，2015 年美国风险投资交易中约 19% 包含了可转债，比 2014 年的 13% 有明显上升，而此前最高峰值出现在 2008 年金融危机前后，2015—2016 年有明显上升的趋势，与 2006 年相比已经增加了一倍以上。2020 年是美国可转债发行创纪录的一年，共有 186 家公司发行了总计 1 112 亿美元的可转债。

本章小结

金融期权是指赋予其购买者在规定期限内按双方约定的价格购买或出售一定数量某种金额资产的权利的合约。期权分看涨期权和看跌期权两大类，这两大类期权又有欧式期权和美式期权之分。

期权买方只有权利没有义务，卖方只有义务没有权利。因此买方要向卖方支付权利金。期权买方不需要交纳保证金，卖方则可能需要交纳保证金，其做法与期货相似。

期权合约的权利金由内在价值和时间价值之和所决定。内在价值是指在履行期权合约时可获得的总利润。按照有无内在价值，期权可呈现三种状态：实值期权、虚值期权和平价期权。实值期权的内在价值大于零，而虚值期权和平价期权的内在价值均为零。期权的时间价值是指期权买方随着期权时间的延续和相关商品价格的变动有可能使期权增值时，愿意为购买这一期权所付出的权利金额。

影响期权价格的主要因素是标的资产的市场价格与期权的协议价格、期权的有效期、标的资产价格的波动、无风险利率、标的资产的收益等。

权证是发行人与持有者之间的一种契约，其发行人可以是上市公司，也可以是上市公司股东或投资银行等第三者。

权证允许持有人在约定的时间（行权时间），可以用约定的价格（行权价格）向发行人购买或卖出一定数量的标的资产。

可转换公司债券是可转换证券的一种。从广义上来说，可转换证券是一种证券，其持有人有权将其转换成另一种不同性质的证券，如期权、认股权证等都可以称为是可转换证券；但从狭义上来看，可转换证券主要包括可转换公司债券和可转换优先股。可转换公司债券是一种公司债券，它赋予持有人在发债后一定时间内，可依据本身的自由意志，选择是否依约定的条件将持有的债券转换为发行公司的股票或者另外一家公司股票的权利。

本章重要概念

金融期权　看涨期权　看跌期权　内在价值　时间价值　实值期权　虚值期权
平价期权　权证　可转换债券

思考题和在线自测

本章复习思考题　　　　　在线自测

第七章 利 率

学习目标

1. 掌握利率的含义与种类、利率水平与结构，以及利率的期限结构。
2. 能够计算单利、复利和远期利率。
3. 掌握利率风险的计量和规避利率风险的金融工具。

学习要点

1. 利率的含义与分类。
2. 利率水平与结构。
3. 利率的期限结构。
4. 利率风险。

案例导入

新冠肺炎疫情动了谁的"奶酪"

新冠肺炎疫情发生前，美联储采取的量化宽松货币政策使美国股市节节攀升，道琼斯指数在 2020 年 2 月 12 日曾上升到 29 551 的高点。新冠肺炎疫情暴发后，道琼斯指数经过多次熔断，曾跌到 18 591 的低点。为刺激美国经济尽快复苏，美国联邦政府继续实施量化宽松货币政策，并大幅降息，使持有大量廉价资本的投资者涌入资本市场，道琼斯指数迅速上升，在 2021 年 8 月 16 日攀升到 35 625 点的新高点。但是，美国资本市场持股结构极不平衡，资本市场中 54% 的价值由最富有的 1% 的人群持有，而收入较低的 50% 的民众仅拥有 0.6% 的价值。这说明，美国资本市场无论多么高涨，投资收益的绝大部分仍然落入富人手中，量化宽松货币政策使富人财富急剧增加。

英国的贫富差距问题同样严峻。新冠肺炎疫情暴发后，为缓解流动性问题，英国政府采取了低利率货币政策，但几乎和美国一样，向市场投放的货币并没有均匀地进入各个经济实体，而是被对资本市场操控能力强的富人控制，这些资金的绝大部分没有帮助经营困难且真正需要资金的中小企业，而是进入到了能赚"快钱"的资本市场，通过炒买炒卖股票获取高额短期收益。截至 2021 年 8 月 13 日，英国富时 100 指数从新冠肺炎疫情期间的最低点 5 671.96 点上升到 7 218.71 点，涨幅达 27.3%。因此，资本市场的快速上涨导致了英国原有贫富差距的进一步加大。

资料来源：陈立兵. 新冠肺炎疫情动了谁的"奶酪"[N]. 中国财经报，2021-09-25(006).

在日常生活中，利率是一个与我们息息相关的经济变量。对于个体消费者来说，利率水平的变动会影响消费支出和投资决策的取舍，例如，是把钱存入银行还是增加消费，是购买股票还是购买债券，是现在贷款购房还是攒钱全额支付等。对于企业而言，利率水平的变动会影响其融资成本，而成本的变动往往对企业的投资决策会产生非常重要的影响。此外，利率水平的高低也是衡量经济形势好坏、信用状况松紧的一个重要经济指标，而基准利率更是作为一个基本的货币政策工具，被中央银行用来控制和调整货币供给量。可以毫不夸张地说，利率问题是金融市场最基础、最核心的问题之一，几乎所有的金融现象都与利率有着或多或少的联系。

第一节 利率概述

一、利率的含义

就表现形式来说，利率是指一定时期内利息额同借贷资本总额的比率。利息是借贷资本的价格，利率是单位货币在单位时间内的利息水平，表明利息的多少。利率通常由国家的中央银行控制，在我国是由中国人民银行统一管理，在美国由联邦储备委员会管理。至今，所有国家都把利率作为宏观经济调控的重要工具之一。当经济过热、通货膨胀加剧时，便提高利率、收紧信贷；当经济衰退和通货紧缩时，便会把利率适当地调低，以刺激经济。

二、利率的分类

在金融学中，经济学家使用的利率概念通常是各种利率的统称。利率可以按不同的方法和角度来分类，以便更清楚地表明不同种类利率的特征。根据与通货膨胀的关系，利率可以分为名义利率和实际利率；根据与市场利率供求关系，利率可分为固定利率和浮动利率；根据确定方式不同，利率可分为官定利率和市场利率；根据计算频率的不同，利率可分为单利和复利；根据时间点的不同，利率可分为即期利率和远期利率。

（一）名义利率和实际利率

在实际生活中，物价水平是会随着经济的波动而变化。当物价提升，意味着人们手中货币的购买力下降。在借贷过程中，债权人除了要承担债务人到期违约不能偿还本金的风险，还要承担物价上涨、货币贬值的通货膨胀风险。名义利率（nominal interest rate），是央行或其他提供资金借贷的机构所公布的未调整通货膨胀因素的利率，是包括补偿通货膨胀（包括通货紧缩）风险的利率，即利息（报酬）的货币额与本金的货币额的比率；实际利率（real interest rate）是指剔除通货膨胀率后储户或投资者得到利息回报的真实利率。如果 r 代表名义利率，r' 代表真实利率，π^e 代表预期通货膨胀率，那么真实利率、名义利率与预期通货膨胀率之间的关系可以由费雪方程式给出：

$$r = r' + \pi^e \Rightarrow r' = r - \pi^e \tag{7-1}$$

因此，即使名义利率水平保持相对稳定，实际利率也会随着通货膨胀（紧缩）的变动而不断改变。实际利率反映投资者所获得的实际收益率水平，它的变化会对货币资金的供求关系以及人们的资产选择产生影响。

（二）固定利率和浮动利率

固定利率与浮动利率是以货币资金借贷关系持续期间内利率水平是否可变来划分的。固定利率（fixed interest rate）是指在借贷期内不做调整的利率，固定利率对于借贷双方准确计算成本与收益十分方便，是传统采用的方式；浮动利率（floating interest rate）是指在借贷期内可定期调整的利率。浮动利率通常是以基准利率为中心在一定幅度内上下浮动的。国际上一般是以伦敦银行同业拆借利率作为浮动利率定价的基准利率。浮动利率的调整期间可以是 1 周，1 个月、3 个月、6 个月、1 年等，国际上通常以 3 个月和 6 个月调整一次为主。采取浮动利率还是固定利率会对借贷双方产生重大影响。例如，一笔三年期贷款若实行 5% 的固定利率定价，则在整个借贷期间内，无论市场利率如何发生调整，该笔贷款的利率都保持 5% 不变。若按照基准利率加 100 个基本点、6 个月浮动一次的浮动利率定价，目前市场基准利率为 4%，则贷款利率为 5%。若 6 个月后市场基准利率上浮至 6%，贷款利率则随之上浮至 7%；若 6 个月后市场基准利率下浮至 3%，贷款利率随之下浮至 4%。由市场利率变动的不确定性而给借贷双方造成的利率风险将在这一章的后半部分进行阐述。

(三) 官定利率和市场利率

官定利率(official interest rate)是由政府金融管理部门或者中央银行确定的利率，也称为官方利率或者法定利率，是国家为实现政策目标采取的一种经济手段，它反映了非市场的强制力量对利率形成的干预。市场利率(market interest rate)是指由资金市场上供求关系决定的利率。在改革开放政策实施前，我国的利率基本上都是由政府管制的，属于官定利率。随着利率市场化改革的推进，资金分配和融资格局发生着变化，市场利率在利率体系中的比例已逐渐加大。实际上，一国是否实行严格的利率管制，是衡量该国金融自由度的重要指标。以往实行计划经济的国家，其利率都是受政府严格管控，大部分发展中国家的利率也存在较为严格的管制。而在发达国家中，利率虽然经常被中央银行作为调节经济的手段，但是市场资金供求关系是决定利率的主要因素，由货币当局制定的利率起到指导性调节作用。我国目前正在逐渐稳步推进利率市场化，并取得了一些阶段性成果。

阅读专栏

1993 年，中国共产党的十四大《关于金融体制改革的决定》提出，中国利率改革的长远目标是：建立以市场资金供求为基础，以中央银行基准利率为调控核心，由市场资金供求决定各种利率水平的市场利率体系的市场利率管理体系。从此，我国利率市场化开始了稳健有序的改革进程：

1996 年，放开银行间同业拆借利率；

1997 年，放开银行间债券回购利率；

1998—1999 年，放开贴现利率及再贴现利率；

2004 年，完全放开金融机构人民币贷款利率上限；

2015 年 10 月 25 日，中国人民银行决定对商业银行和农村合作金融机构等不再设置存款利率浮动上限，标志我国利率市场化改革又向前迈进了重要一步。

中国利率市场化改革的进程主要分为银行间同业拆借利率和债券利率的市场化，贷款利率、贴现利率的市场化，存款利率的市场化三个阶段。当前利率市场化的推进已经走到了最后阶段，即存款利率市场化的放开。

(四) 单利和复利

根据利息的计算频率不同，利率可分为单利和复利。简单地说，单利(simple rate)就是利不生利，即本金固定，到期后一次性结算利息，而本金所产生的利息不再计算利息。例如，第 1 年年初存入银行现金 100 元，年利率为单利 3%，那么从第 1 年年末到以后各年年末的终值计算如下：

第 1 年年末终值 = 100 × (1 + 3% × 1) = 103(元)

$$第 2 年年末终值＝100×(1＋3\%×2)＝106(元)$$

单利终值的计算公式为

$$F＝P(1＋rt) \tag{7-2}$$

式中，P 代表本金；F 代表本利和即终值；r 代表年利率；t 代表计算时间。

复利(compound rate)其实就是利滚利，即把上一期的本金和利息作为下一期的本金来计算利息。同样，第 1 年年初存入银行现金 100 元，但是年利率为复利 3\%，那么：

$$第 1 年年末终值＝100×(1＋3\%×1)＝103(元)$$

$$第 2 年年末终值＝100×(1＋3\%)＋100×(1＋3\%)×3\%＝100×(1＋3\%)^2＝106.09(元)$$

复利终值的计算公式为

$$F＝P\left(1＋\frac{r}{n}\right)^{nt} \tag{7-3}$$

式中，n 表示一年中计算复利的频率(次数)；其余参数与式(7-2)意义相同。

若不断提高一年中复利的计算频率 n，则当 n 趋于无穷大时，就得到连续复利，即

$$\lim_{n\to\infty}P\left(1＋\frac{r}{n}\right)^{nt}＝Pe^{rt} \tag{7-4}$$

有效利率(effective rate)是按复利计算的实际收益率。当每年复利计算频率为 n 时，有效利率可表示为

$$r_e＝\left(1＋\frac{r}{n}\right)^{n}-1 \tag{7-5}$$

例如，当年利率为 5\%，复利计算频率为每季度一次，则有效利率为

$$r_e＝\left(1＋\frac{5\%}{4}\right)^{4}-1＝5.094\%$$

提高复利频率所带来的效果如表 7-1 所示，可以看出，连续复利(精确到小数点后两位)与每天计复利得到的效果一样。因此，从实用目的来看，通常可以认为连续复利与每天计复利等价。

表 7-1　复利频率与终值(利率为每年 10\%)　　　　　　　　单位：元

复利频率	100 元在一年年末的终值(取两位小数)
每一年($n＝1$)	110.00
每半年($n＝2$)	110.25
每季度($n＝4$)	110.38
每月($n＝12$)	110.47
每周($n＝52$)	110.51
每天($n＝365$)	110.52
连续复利	110.52

(五) 即期利率和远期利率

所谓即期利率(spot rate)，是指某个给定时点上无息债券的到期收益率。顾名思义，即期利率可以看作与一个即期合约有关的利率水平。这种合约一旦签订，资金立即从债权人转移到借款人手里，由借款人在将来某个特定时点按照合约中标明的利率水平连本带利全部还清，这一利率水平就是即期利率。

如果投资者以 P_1 的价格购买期限为 n 年的无息债券，在债券到期后可以从发行人那

里获得的一次性现金支付为 M_n，那么 n 年期即期利率 r_n 的计算公式为

$$P_1 = M_n/(1+r_n)^n \tag{7-6}$$

对于期限较长的附息债券，即期利率的确定方式有所不同。如果某投资者以 P_2 的价格购买期限为 2 年、面值为 F 的附息债券，每年的利息支付为 C。在这种情况下，通常用一年期无息债券来计算一年期即期利率 r_1，那么两年期即期利率 r_2 的计算公式为

$$P_2 = \frac{C}{(1+r_1)^2} + \frac{C+F}{(1+r_2)^2} \tag{7-7}$$

所谓远期利率(forward rate)，是指未来两个时点之间的利率水平。顾名思义，远期利率可以看作与一个远期合约有关的利率水平。这种合约一旦签订，规定资金在将来某个时点从债权人转移到借款人手里，由借款人在到期后按照合约规定的利率水平偿付。因此，远期利率相当于从现在起将来某个时点以后通行的一定期限的借款利率，也就是将来的即期利率。一个远期利率在现在签订的合约中规定，但与未来一段时期有关，也就是说，远期合约的利率条件现在已经确定，但实际交割将在以后进行。远期利率是由一系列即期利率决定的，例如，如果一年期的即期利率为 10%，两年期的即期利率为 10.5%，那么其隐含的一年到两年的远期利率就约等于 11%，这是因为 $(1+10\%)(1+11\%) \approx (1+10.5\%)^2$。

一般地说，如果现在时刻为 t，T 时刻到期的即期利率为 r，T^* 时刻 $(T^* > T)$ 到期的即期利率为 r^*，则时刻的 $T^* - T$ 期间的远期利率 $\hat{r}$ 可以通过下式求得：

$$(1+r)^{T-t}(1+\hat{r})^{T^*-T} = (1+r^*)^{T^*-t} \tag{7-8}$$

应注意的是，式(7-8)仅适用于每年计一次复利的情形。

当即期利率和远期利率所用的利率均为连续复利时，即期利率和远期利率的关系可表示为

$$\hat{r} = \frac{r^*(T^*-t) - r(T-t)}{T^*-T} \tag{7-9}$$

这是因为 $e^{r(T-t)} \times e^{\hat{r}(T^*-T)} = e^{r^*(T^*-t)}$，所以 $r(T-t) + \hat{r}(T^*-T) = r^*(T^*-t)$。

例如，当一年期和两年期的连续复利年利率分别为 10% 和 10.5% 时，一年到两年的连续复利远期年利率就等于 11%，这是因为 $e^{0.10} \times e^{0.11} = e^{0.105 \times 2}$。

由即期利率计算远期利率如表 7-2 所示。

表 7-2 由即期利率计算远期利率

到期期限(年)	即期利率(%)	远期利率(%)
0.5	5.01	5.01
1	4.93	4.85
1.5	4.86	4.73
2	4.89	4.95
2.5	4.89	4.89

当远期利率高于即期利率时，即期利率处于上升阶段；当远期利率小于即期利率时，即期利率处于下跌阶段，如图 7-1 所示。

阅读专栏

利率水平对外汇汇率有着非常重要的影响，利率是影响汇率最重要的因素。我们知道，汇率是两个国家的货币之间的相对价格，和其他商品的定价机制一样，它由外汇市场

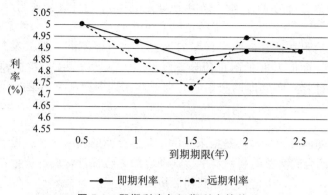

图 7-1　即期利率与远期利率的关系

上的供求关系所决定。外汇是一种金融资产，人们持有它，是因为它能带来资本的收益。

人们在选择是持有本国货币，还是持有某一种外国货币时，首先也是考虑持有哪一种货币能够带来较大的收益，而各国货币的收益率首先是由其金融市场的利率来衡量的。

某种货币的利率上升，则持有该种货币的利息收益增加，吸引投资者买入该种货币，因此，对该货币有利好(行情看好)支持；如果利率下降，持有该种货币的收益便会减少，该种货币的吸引力也就减弱了。因此，可以说"利率升，货币强；利率跌，货币弱"。

第二节　利率的水平与结构

由于各种各样的原因，在金融市场上，利率水平总是在不断变动的。由于宏观经济状况的客观要求，一国货币当局也常常通过货币政策工具对利率水平进行调整。到底是哪些因素决定了这些变动或调整？或者说，投资者可以根据哪些因素来预期利率水平的变动？通过分析利率水平的影响因素，投资者可以预先调整自己的资产组合，使既定的收益率目标得以顺利实现。在本节，我们将着重介绍四种流行的理论——古典利率理论、流动性偏好理论、可贷资金理论和利率的理性预期理论。这四种理论阐述了利率水平是如何决定的。

一、古典利率理论

在利率决定理论中，出现最早的是古典利率决定理论(Classic Theory of Interest Rate)，是在 18、19 世纪由一些英国的经济学家提出来的，并由欧文·费雪对其进行完善和发展。古典利率理论认为利率是由两个重要因素所决定：①储蓄的供给，是指来自家庭的储蓄；②投资资本的需求，主要指企业部门的投资需求。

古典理论经济学家认为金融市场的利率是由储蓄供给和投资需求的相互影响来决定的。特别地，当市场的储蓄供给量正好等于投资资金需求量的时候，此时的利率就是利率的均衡点。在图 7-2 中，经济中的储蓄量随利率的上升而增加(S 曲线)，而对投资的需求则随着利率的上升而下降(I 曲线)。均衡点为 E 点，此时均衡利率为 i_E，金融市场的资金均衡量为 Q_E。

假设利率为 10% 时，企业、家庭和政府的总储蓄量是 2 000 亿美元(S 曲线)。而在同一利率水平下，企业对投资资金的需求为 2 000 亿美元(I 曲线)。所以 10% 是均衡的利率

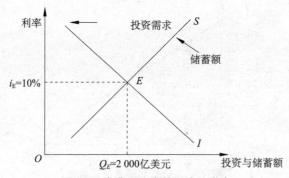

图 7-2 古典理论中的利率均衡点

水平，而 2 000 亿美元就是货币资本市场中的均衡资金量。

市场利率是向其均衡水平移动的。在任何时候，利率可能是高于或者低于其均衡水平但是总是会向着均衡点变化。如果市场利率暂时高于均衡利率，那么储蓄量就会超过投资资本的需求量。此时出现了超额的储蓄供给，储蓄者所要求的利率也会越来越低直到利率达到均衡水平。相似地，如果市场利率暂时低于均衡利率，投资需求就会超过储蓄量，那么企业为了得到资金，它们所接受的利率会越来越高直到利率达到均衡水平，使储蓄量等于投资资金需求量。

古典利率理论有其自身的局限性，该理论的主要问题是忽略了除储蓄和投资以外的其他影响利率的因素。例如，金融机构可以通过向公众发放贷款来创造货币，而当借款者归还贷款的时候，货币收缩。货币的创造和收缩会影响金融系统中可利用的信贷总量，所以这些货币量也是影响利率的因素。此外，古典利率理论假设储蓄量是利率的主要决定因素，但是现代经济学家认为在决定储蓄量的因素中，收入和财富更加重要。古典利率理论指出贷款的需求主要来自企业，但是现在的消费者和政府同样是重要的借款者。

二、流动性偏好理论

利率的古典理论解释的是长期利率，因为它着眼于人们的储蓄习惯——这是一个缓慢变化的因素。20 世纪 30 年代，英国著名的经济学家约翰·梅纳德·凯恩斯提出了一个解释利率的理论，该理论即利率的流动性偏好理论，凯恩斯认为这种理论更适合政策制定者并更利于解释短期利率的变化。

流动性偏好理论认为利率实际上是使用稀缺资源——货币的补偿。虽然持有货币的收益率接近于零，但是企业和个人仍偏好持有货币以从事日常交易并作为对将来现金需求的准备。根据流动性偏好理论，公众对货币的需求有三个动机：交易动机表示需要货币购买货物和服务；预防动机是为了应对将来可能发生的紧急情况和意外支出；投机动机使对货币的需求能够对利率的短期变化产生回应，该动机来自未来债券价格的不确定性。

在图 7-3 中，横轴代表货币量，纵轴代表利率水平。为了使分析简化，我们假定货币供给完全由中央银行控制，那么货币供给曲线是一条与横轴垂直的直线。货币需求曲线向右下倾斜，表明货币需求量随着利率水平的上升而减少。货币市场在货币需求曲线 M^d 和货币供给曲线 M^s 的交点实现均衡，E 点为均衡点，r_0 为均衡利率，M_0 为均衡货币量。在货币市场中，利率同样也有趋于均衡的趋势。如果利率高于均衡利率，即 $r_1 > r_0$ 的情形，此时 A 点的货币需求量为 OM_1，而 B 点的货币供给量为 OM_0，在这一利率水平上，$OM_0 > OM_1$，即存在货币的超额供给，人们希望将持有的多余货币数量购买债券，因此债

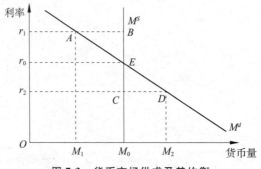

图 7-3 货币市场供求及其均衡

券价格将会上升而利率水平下降；反之，如果利率低于均衡利率，即 $r_2 < r_0$ 的情形，此时 C 点的货币供给量为 OM_0，而 D 点的货币需求量为 OM_2，在这一利率水平上，$OM_2 > OM_0$，即存在货币的超额需求，人们希望抛售部分债券以满足货币需求，因此债券价格将会下跌而利率水平则会上升。无论在哪种情形下，随着利率水平从 r_1（或 r_2）趋向 r_0，货币的超额供给（或超额需求）将会逐步减少，直至利率回到均衡水平 r_0，货币供给量与货币需求量相等，货币市场实现均衡。

阅读专栏

流动性陷阱(liquidity trap)是凯恩斯提出的一种假说，当利率降低到无可再降低的地步时，任何货币量的增加，都会被单位以"闲资"的方式吸收，因此对总体需求、所得及物价均不产生任何影响。

在市场经济条件下，人们一般是从利率下调刺激经济增长的效果来认识流动性陷阱的。按照货币—经济增长（包括负增）原理，一个国家的中央银行可以通过增加货币供应量来改变利率。想货币供应量增加（假定货币需求不变），那么资金的价格即利率就必然会下降，而利率下降可以刺激出口、国内投资和消费，由此带动整个经济的增长。如果利率已经降到极低水平，那么单靠货币政策就达不到刺激经济的目的，国民总支出水平和利率都不会发生变动。此时，货币政策失效。

日本是首个陷入流动性陷阱和长期通缩的主要工业国。日本在资产泡沫破灭后曾持续减息以期提振经济，却在 20 世纪 90 年代陷入流动性陷阱，名义利率在 1999 年下降至零，但物价进入通货紧缩状态，日本央行此时已无法通过减息降低实际利率，经济陷入十余年的长期低迷，失业率持续上行。日本经济前景恶化，而货币量化宽松政策效果不佳、空间有限，长期陷入低利率、低增长、低通胀的"流动性陷阱"当中，其无担保隔夜拆借目标利率在 2008 年已低至 0.1%。降无可降，促使日本央行在 2016 年 1 月开启负利率，其意在改变通胀预期、刺激信贷并引导日元贬值，带动日本经济。然而，负利率对于人们来说仍属于"无知之域"，在日本之前，世界上只有 4 个国家和地区使用负利率。

负利率还能降多低？从理论上讲，储存现金的成本率就是负利率所能达到的极限了。可以很清晰地看到，无论是"量化宽松"，还是"负利率"政策，仅仅能起到短期活跃市场的作用，对于唤醒企业投资、培育经济增长点，仍是心有余力不足。

流动性偏好理论对于投资者的行为以及政府政策对于经济的影响提出了比较有用的见解。例如，这个理论指出在特定时间内公众会储藏货币，而在其他时间则减少储存过多的现金，这种行为是理性的。若公众通过购买证券来减少现金，那么这种行为会增加货币资本市场中可利用信用的数量。假设其他变量不变，那么利率就会下降。另外，如果公众开始储存更多的货币，可贷资金就会减少，在其他条件不变的情况下，利率就会上升。

正如利率的古典理论一样，流动性偏好理论也有局限性，它解释的是短期利率的决定因素，而无法对长期现象进行解释。就长期而言，利率会受到收入水平以及通货膨胀预期变化的影响。实际上，如果没有均衡的收入水平、均衡的储蓄和经济中的投资，那么要达到稳定的均衡利率是不可能的。同样地，流动性偏好理论仅仅考虑了货币的需求和供给，但是企业、消费者和政府对信贷的需求也会明显地影响信贷的成本。所以，我们需要一个更加全面的利率理论，而这个理论需要考虑到金融系统中所有的参与者：企业、家庭和政府。

三、可贷资金理论

有一个理论可以克服之前理论的很多局限性，即利率的可贷资金理论（Loanable Funds Theory of Interest Rate），这个理论是目前最为市场参与者所接受的理论。可贷资金的观点认为利率是由两个因素相互影响的结果：可贷资金的需求和供给。

可贷资金的总需求由各方面的贷款需求所组成，包括国内企业、消费者、政府，以及需要在国内市场借款的外国人。高利率使得一些企业、消费者和政府减少借款计划，而低利率则会带来更多的信贷需求，因此需求曲线相对于利率是向右下方倾斜的。可贷资金的供给来源于国内储蓄、国外贷款、货币的非窖藏以及国内银行系统的信贷创造，随着贷款收益率的上升，会吸引更多的可贷资金的供给流入货币资本市场，因此供给曲线随着利率的上升而上升，是向右上方倾斜。

可贷资金的需求和供给既决定了经济中借贷的数量，也决定了利率。而利率则会向可贷资金的供给等于可贷资金的需求的均衡点 i_E 移动，如图 7-4 所示。一方面，如果利率暂时高于均衡点，来自国内储蓄者、国外贷款者、银行系统和非窖藏货币的可贷资金的供给就超过了可贷资金的需求，利率就会下降。另一方面，如果利率暂时低于均衡点，可贷资金的需求就大于供给。借款者对利率的报价就会上升，直到利率再次达到均衡点。

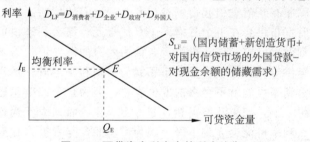

图 7-4 可贷资金利率中的利率均衡

然而图 7-4 中所描述的均衡只是局部均衡，这是因为利率同时受到国内因素以及世界经济状况的影响。如果要经济达到均衡，那么整个经济的计划储蓄量必须等于计划投资量。例如，如果计划投资量超过了利率均衡点处的计划储蓄量，那么投资的需求就会在短期内把利率推高。但是，随着额外的投资支出的出现，收入会增加，也产生了更大量的储蓄，最终利率会下降。类似地，如果美元、日元和其他国家货币之间的汇率没有达到均衡，那么国内外的贷款者就可以把可贷资金从一个国家投放到另外一个国家，这就存在进一步获利的机会。

只有当经济（包括产品及服务市场和劳动力市场）、货币市场、可贷资金市场和外币市场都同时达到均衡时，利率才会保持稳定。所以，一个长期的完全稳定的均衡利率需要以下条件：

（1）在整个经济系统中，计划储蓄量＝计划投资量（包括企业、家庭和政府的投资），即经济的均衡包括产品市场、服务市场和劳动力市场。

（2）货币供给＝货币需求，即货币市场的均衡。

（3）可贷资金供给量＝可贷资金需求量，即可贷资金市场的均衡。

（4）国外可贷资金需求量与国外对国内经济的可贷资金供给量之差＝国内经济的当期出口与进口之差，即国际收支与外币市场的均衡。

四、利率的理性预期理论

近几年来，有关利率决定因素的第四种主要理论出现了，即利率的理性预期理论（Rational Expectations Theory of Interest Rates）。研究表明，货币资本市场在消化影响利率和证券价格的新信息方面是非常高效的，而理性预期理论正是以这一研究结果为主体建立起来的。

这个预期理论假设所有的企业和个人都是理性的，也就是说，他们能够利用市场所提供的所有的信息来对未来的资产价格和利率做出最优的预测。理性人能够最有效地分配拥有的资源，从而使收益率达到最大化。而且理性人对于未来资产价格、利率和其他变量的预测是无偏差的，即理性人不会犯系统性的预测错误，能够很容易地发现过去模式中的预测错误并迅速地改正。

如果货币资本市场真如所描述的那么高效的话，这就意味着利率会始终非常接近均衡点，所有由需求和供给引起的利率对均衡点的偏离都会被迅速消除。在长期上，证券交易者如果想通过准确地估计利率是否"过高"或"过低"来赚取超常利润，那么这是不可能成功的。利率围绕均衡点的波动是随机而又迅速的，而且关于以往利率的消息在预测未来利率变化的时候是不可靠的。实际上，理性预期理论指出：如果没有新的信息，对下期利率的最优预测可能就等于当期的利率，即 $E(r_{i+1})=r_i$，因为没有任何因素使得下期利率高于或者低于当期利率，除非有新信息引起市场参与者改变他们的预期。

例如，如果政府宣布将会在下个月借入 100 亿美元，那么利率很可能就会在这条消息刚出现的时候就立刻做出反应。许多投资者会认为政府的额外信贷需求会增加经济中的信贷总需求量，而资金供给保持不变，那么市场就会预测利率上升。然而，如果政府重复宣布同样的消息，那么利率可能就不会再次发生变化，因为这个旧信息已经被反映在当期的利率上了。现在设想一下，如果政府突然宣布，由于税收收入大于当初的预测，不再需要进行新的借款，那么利率可能会立刻下降，因为市场的参与者被迫在新情况下修改他们的借款和贷款计划。

利率的变化方向取决于市场参与者的预测，所以，如果市场参与者预测信贷的需求会上升（而供给不变），如果突然间宣布了一个预测之外的信贷需求减少的消息，那就意味着未来的利率会下降。同样地，如果市场预测未来的信贷需求会减少（供给不变），一个预测之外的信贷需求增加的信息会使利率上升。

目前，理性预期理论仍然处于发展阶段，其中一个主要的困难就是我们不太清楚公众是如何形成他们的预测的——用什么样的数据、对各种数据用什么权重，以及人们需要多长时间来发现他们的错误。另外，真实市场的某些特征与预期理论的假设前提是不一致的，这些困难都给运用理性预期理论预测利率带来不小的挑战。

阅读专栏

理性预期经济学派是 20 世纪 70 年代在美国出现的一个经济学流派，它是从货币学派中分化出来的。

穆斯在《理性预期与价格变动理论》一文中首次提出理性预期。他假定：预期总是以尽可能收集到的信息作为依据。这一假定很快被一些年轻学者接受并被传播。穆斯的理性预期假说理论在当时曾被用于金融市场动态行为的分析，但从未被作为宏观经济动态分析的前提，所以对一般经济思想并未产生广泛影响。直至 20 世纪 70 年代，经济学家卢卡斯发表了《预期与货币中性》一文，将穆斯的理性期假说同货币主义模型结合起来分析。之后，卢卡斯又和明尼苏达大学经济学家萨金特、华莱士等人发表了一系列论文，对理性预期假说做了进一步阐述，同时把理性预期引入宏观经济模型，并且用于理性预期整个理论体系的分析，最终形成以卢卡斯为首的理性预期学派。

第三节　利率的期限结构

收益率曲线是描述利率期限结构的重要工具。一般而言，在风险、流动性、税收特征等方面相同的债券，由于债券的期限不同，利率也会有所不同。收益率和期限的关系被称为利率期限结构。根据这些债券的收益率绘成的曲线即收益率曲线。收益率曲线是分析利率走势和进行市场定价的基本工具，也是进行投资的重要依据。在金融期货交易中，交易者往往根据收益率曲线的形状来预测利率变动的方向。收益率曲线在分析基差变动、确定置存成本时具有非常重要的作用。收益率曲线的形状主要有向上倾斜、平缓或向下倾斜三种情况。当收益率曲线向上倾斜时，表明长期利率高于短期利率，借款者要为长期贷款支付比短期贷款更高的利率；当收益率曲线平缓时，表明长期利率等于短期利率；当收益率曲线向下倾斜时，表明长期利率低于短期利率，期限较长的金融资产比期限较短的金融资产的利率更低。一般来讲，收益率曲线大多是向上倾斜的，偶尔也会呈水平状或向下倾斜。

我国不同信用评级债券随期限不同的收益率如表 7-3 所示，收益率曲线如图 7-5 所示。

表 7-3　我国不同信用评级债券随期限不同的收益率

关键期限（年）	国债（%）	企业债 AAA（%）	企业债 AA（%）	企业债 A（%）
1	2.79	2.30	4.61	9.39
3	2.91	2.56	4.85	9.62
5	2.95	2.57	4.25	9.91
7	3.2	2.83	4.69	10.17
10	3.85	2.96	4.95	10.41

资料来源：中国债券信息网（http://www.chinabond.com.cn），数据时间：2022 年 2 月 8 日

从图 7-5 中可以看出，虽然不同债券信用评级不同，但是收益率曲线基本上都是向上倾斜的，且信用等级越低的债券，收益率越高。

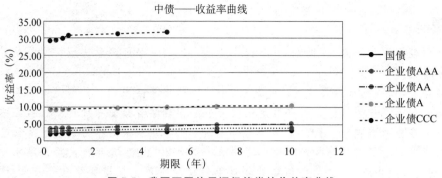

图 7-5　我国不同信用评级债券的收益率曲线

阅读专栏

市场中存在信息不对称，使投资者不可能全面了解市场上交易的各种债券的具体情况，所以一些专业评级机构应运而生。世界上比较权威的评级机构包括穆迪投资者服务公司（Moody's Investors Services）和标准普尔公司（Standard & Poor's Finacial Services LLS）。评级对象主要是债券，地方债券和企业债券在公开发行前一般都要经过评级后才能发行。不同评级机构使用的表示方法不同，具体评级表示方法如表 7-4 所示。

表 7-4　评级机构的评级表示方法

穆　　迪	标准普尔	含　　义
Aaa	AAA	最高质量
Aa	AA	高质量
A	A	中上级
Baa	BBB	中级
Ba	BB	具有投机成分
B	B	整体缺乏理想投资特征
Caa	CCC	易于违约
Ca	CC	高投机等级
C	C	极恶劣
	D	处于违约之中

为了解释收益率与期限的关系，人们提出了如下几种理论。

一、预期假说理论

预期假说理论（expectation hypothesis）是一种对未来短期利率的不同的预期值的一种理论。该理论提出了一个常识性的命题：长期债券的到期收益率等于长期债券到期之前人们短期利率预期的平均值。例如，如果人们预期在未来 5 年里，短期利率的平均值为 10%，那么 5 年期限债券的到期收益率为 10%。如果 5 年后，短期利率预期上升，从而未来 20 年内短期利率的平均值为 11%，则 20 年期限债券的到期收益率就将等于 11%，高于 5 年期限债券的到期收益率。预期假说理论对不同期限债券到期收益率不同的解释在于对未来短期利率不同的预期值。

预期假说理论假设投资者在证券计划持有期中追求利润最大化，且无到期偏好。同一风险等级的金融资产，不管其到期如何，在投资者看来都是完全可以替代的。在该理论下，投资者都是风险中性的，这意味着他们并不关心某一证券可能收益的分布特征，而只关心它的预期收益。每个投资者都在寻求那些能够提供最高预期收益率的证券或证券组合。例如，对于一个计划投资 10 年的投资者来说，选择买入一份 10 年期债券，还是两份 5 年期债券，抑或是 10 年内每年买入一份 1 年期债券，这些都并不重要，他们只会选择在其计划投资年限中能为他们提供最高预期收益率的投资组合。成千上万的投资者追寻利润最大化的行为在市场上相互作用，确保了所有证券的持有期收益趋于相等。在假设没有交易成本的前提下，一旦市场均衡达成，则投资者买入一份长期证券所获得的收益率等于买入一系列短期证券所获得的收益率。

根据以上假设，预期理论认为无论人们投资的债券期限长短，投资者取得的单一时期的预期收益率都相同。例如，计划在未来 2 年将 1 000 元投资于政府债券，2 年后需要把这笔资金用于其他用途。目前，有以下两个选择。

（1）采用滚动投资策略，今天买入一份 1 年期（零息）债券，到期收益率为 r_t，到期以后再购买另一份 1 年期债券，预期利率水平为 r_{t+1}^e。

（2）采用购买并持有策略，今天买入 2 年期（零息）债券，其到期收益率为 r_{2t}。

投资决策（1）的预期收益 $= (1+r_t)(1+r_{t+1}^e)-1$

$$\approx r_t + r_{t+1}^e \quad (r_t \cdot r_{t+1}^e \text{ 的值较小，可以忽略不计})$$

投资决策（2）的预期收益 $= (1+r_{2t})(1+r_{2t})-1 \approx 2r_{2t}$（$r_{2t}^2$ 的值较小，可以忽略不计）

推而广之，如果债券的期限更长，那么可得到

$$r_{nt} = \frac{r_t + r_{t+1}^e + r_{t+2}^e + \cdots + r_{t+n-1}^e}{n} \tag{7-10}$$

由式（7-10）可以看出，n 期债券的利率等于在 n 期债券的期限内出现的所有一期债券利率的平均数，由此可以得出以下几个结论。

（1）收益率曲线向上倾斜时，短期利率预期在未来呈上升趋势。由于长期利率水平在短期利率之上，未来短期利率的平均数预计会高于现行短期利率，这种情况发生在预计短期利率上升。

这可以从式（7-10）中看出，由于 $r_{t+1}^e > r_t$，$r_{t+2}^e > r_t$，$\cdots$，$r_{t+n-1}^e > r_t$，所以必定有 $r_{nt} > r_t$。例如，如果 2 年期债券的利率为 10%，而 1 年期债券的现行利率为 9%，那么 1 年期债券的利率预期明年会上升到 11%。

（2）收益率向下倾斜时，短期利率预期在未来呈下降趋势。由于长期利率水平在短期利率之下，未来短期利率的平均数预计会低于现行短期利率，这种情形只有在短期利率预计下降时才会发生。

明显地，在式（7-10）中，由于 $r_{t+1}^e < r_t$，$r_{t+2}^e < r_t$，$\cdots$，$r_{t+n-1}^e < r_t$，所以必定有 $r_{nt} < r_t$。例如，如果 2 年期债券的利率为 10%，而 1 年期债券的现行利率为 11%，那么，1 年期债券的利率预期明年会下降到 9%。

（3）当收益率曲线呈水平状态时，短期利率预期在未来保持不变。

式（7-10）中，由于 $r_{t+1}^e = r_t$，$r_{t+2}^e = r_t$，$\cdots$，$r_{t+n-1}^e = r_t$，则必定有 $r_{nt} = r_t$，即未来短期利率的平均数等于现行短期利率，长期利率水平与短期利率水平相等。

此外，预期假说也解释了长期利率与短期利率一起变动的原因。一般而言，短期利率有这样一个特征，即短期利率水平如果今天上升，那么往往在未来会更高。因此，短期利率水

平的提高会提高人们对未来短期利率的预期。由于长期利率相当于预期的短期利率的平均数，因此短期利率水平的上升也会使长期利率上升，从而导致短期利率与长期利率同方向变动。

按照预期假说的解释，在金融市场上，有固定利息收入的参与者是理性的投资人，其投资组合的内容会随着他们对市场利率变动的预测进行调整。如果预期利率水平上升，由于长期债券的价格比短期证券的价格对利率更加敏感，下降幅度更大，所以投资人会在其投资组合中减少长期证券数量、增加短期证券的持有量，从而导致短期证券价格上升，长期证券价格下跌。反之，如果预期利率下降，投资人会在其投资组合中增加长期证券数量、减少短期证券的持有量，从而导致短期证券价格下降，长期证券价格上升。

预期假说对于公共政策有着非常重要的意义。该理论意味着除非投资者的预期受到影响，否则长期证券数量的相对变动并不会影响收益率曲线的形状。例如，中央银行频繁地在货币和资本市场上买进或卖出政府债券，以实现一国的经济目标。中央银行通过买卖不同到期债券可以影响收益率曲线形状吗？除非能够影响投资者的利率预期，否则答案是否定的。因为根据预期假说理论，在投资者看来，无论到期如何，所有证券都是完全可替代的，因此长短期债券之间的相对数量变化并不重要。

思考：假设美国财政部决定发行1 000亿美元长期债券为其到期的短期IOU再融资，政府的这一行为会影响收益率曲线的形状吗？

二、市场分割假说理论

市场分割假说(segmented markets hypothesis)的基本命题是：期限不同的证券的市场是完全分离的或独立的，每一种证券的利率水平在各自的市场上，由对该证券的供给和需求所决定，不受其他不同期限债券预期收益变动的影响。该假说中隐含着这样几个前提假定：

(1) 投资者对不同期限的证券有较强的偏好，因此只关心他所偏好的那种期限的债券的预期收益水平；

(2) 在期限相同的证券之间，投资者将根据预期收益水平的高低决定取舍，即投资者是理性的；

(3) 理性的投资者对其投资组合的调整有一定的局限性，许多客观因素使这种调整滞后于预期收益水平的变动；

(4) 期限不同的证券是不可以完全替代的。这一假定和预期假说的假定正好截然相反。

为何一些投资者会对某一资产的期限产生偏好呢？不像预期假说中假设投资者是利润最大化者，市场分割理论假定投资者，特别是金融中介如银行、养老基金等投资集团是风险最小化的追求者，它们更愿意做的是通过平衡其负债的到期结构和资产的到期结构，对证券价格和收益率的波动进行套期保值。

我们知道，养老基金的特点是持有长期稳定的、可预测的长期负债，为了与其负债的期限相匹配，这类金融中介机构更倾向于投资长期债券、股票等长期资产。类似地，商业银行通常持有的货币市场债务波动性较大，因此商业银行会将大部分投资集中在短期资产上。从这些投资行为中可以看到，投资集团运用资产组合管理保值的基本原则：使负债的到期与资产的到期相关，从而保证资金需要时的及时流动性。这种对于到期的偏好，使金融市场不再仅仅是一个单一的市场，而是由不同到期分割出来一系列分市场。例如，中期金融资产市场(5~10年期)吸引着与长期资本市场(10年以上)不同的投资者。每个到期范围内的利率水平和利率结构是由该到期范围内的供给和需求曲线决定的，并且一个到期范围内的现行利率很少受到其他到期范围内供需因素的影响。

因此，收益率曲线形式之所以不同，是由于对不同期限债券的供给和需求不同。收益率曲线向上倾斜表明对短期证券的需求相对高于对长期证券的需求，结果是短期证券具有较高的价格和较低的利率水平，长期利率高于短期利率；收益率曲线向下倾斜表明对长期证券的需求相对高于对短期证券的需求，结果是长期证券有较高的价格和较低的利率水平，短期利率高于长期利率。通常情况下，大多数人宁愿持有短期证券而非长期证券，因此收益率曲线通常向上倾斜。

市场分割假说理论对于公共政策同样具有重要意义。投资者如果对于不同到期有不同偏好，不同到期的市场间相互独立，那么政府可以通过影响一个或者多个分市场的供需从而改变收益率曲线的形状。例如政府如果期望一条向上倾斜的收益率曲线，它可以通过从市场大量购买短期债券，并向市场提供大量长期债券来实现。短期债券的需求增加推动短期债券价格升高利率下降，而长期债券供给的扩张使长期债券价格降低抬升长期利率。需要注意的是，市场分割假说的这一结论与预期假说的结论是冲突的。

三、偏好停留假说理论

预期假说与市场分割假说都有其局限性。按照预期假说的解释，收益率曲线通常向上倾斜意味着短期利率在未来预计会上升，然而现实中短期利率既有可能上升也有可能下降，导致短期利率变动的市场预期就与其实际变动不一致。因此，预期假说不能很好地解释收益率曲线通常向上倾斜的事实。市场分割假说认为不同期限债券的市场是完全独立的，一个市场中期限债券利率的变动并不影响另一个市场中期限债券的利率，然而现实中我们往往发现不同期限债券的利率往往是共同变动的。因此，市场分割假说也不能解释这一经验事实。

20世纪六七十年代，人们试图用一个扩展模型，将预期假说理论、市场分割理论纳入一个理论中，从而使该理论能够解释前者无法解释的利率现象。这个在预期假说理论和市场分割假说理论基础上发展起来的理论叫作偏好停留假说理论（preferred habitat hypothesis）。偏好停留假说的基本命题是：长期债券的利率水平等于在整个期限内预计出现的所有短期利率的平均数，再加上由债券供给与需求决定的时间溢价。长短期利率之间的关系可以表示为

$$r_{nt} = K_{nt} + \frac{r_t + r_{t+1}^e + r_{t+2}^e + \cdots + r_{t+n-1}^e}{n} \tag{7-11}$$

式中，K_{nt} 代表 n 期债券在第 t 期时的时间溢价。

偏好停留假说有以下几个前提假设：第一，期限不同的债券是可以互相替代的，一种债券的预期收益率确实会影响其他不同期限债券的利率水平；第二，投资者对不同期限的债券具有不同的偏好，投资者出于对某种期限的债券的特殊偏好而愿意停留在该债券的市场上，这种属性被称为偏好停留（preferred habitat）；第三，投资者的决策依据是债券的预期收益率，而不是他偏好的某种债券的期限；第四，不同期限债券的预期收益率不会相差太多。因此，在大多数情况下，投资人更倾向于喜欢短期债券胜过长期债券；第五，当只有能获得一个正的时间溢价时，投资人才愿意转而持有长期债券。

根据偏好停留假说，可以得出以下几点结论。

（1）由于投资者一般更倾向于投资短期债券，因此只有加上一个正的时间溢价作为补偿时，投资者才会愿意持有长期债券。这解释了为何收益率曲线通常向上倾斜：时间溢价大于零，即使短期利率在未来的平均水平保持不变，长期利率仍然会高于短期利率。

（2）不同期限债券的利率总是共同变动的，这是因为在时间溢价水平一定的前提下，

短期利率的上升意味着平均看来短期利率水平将来会更高，从而长期利率也会随之上升。

（3）收益率曲线有时向下倾斜，但是这一事实与时间溢价水平大于零并不矛盾。因为在预期短期利率未来会大幅度下降的情况下，预期的短期利率的平均数即使再加上一个正的时间溢价，长期利率仍然会低于现行的短期利率水平。

（4）当短期利率水平较低时，投资者总是预期利率水平将来会上升到某个正常水平，未来预期短期利率的平均数会相对高于现行的短期利率水平，再加上一个正的时间溢价，使长期利率大大高于现行短期利率，收益率曲线往往比较陡峭地向上倾斜。相反，当短期利率水平较高时，投资者总是预期利率将来会回落到某个正常水平，未来预期短期利率的平均数会相对低于现行的短期利率水平。在这种情况下，尽管时间溢价是正的，长期利率也有可能降到短期水平以下，从而使收益率曲线向下倾斜。

偏好停留假说理论的支持者认为投资者是基于历史经验来建立他们对未来利率的预期。因此，按照偏好停留假说的解释，根据实际收益率曲线的斜率，可以判断出未来短期利率的市场预期。例如，短期内大多数投资者都预期当前利率趋势持续到将来，因此最近几周的利率上升通常会引发利率将在近期持续上升的预期，即陡峭上升的收益率曲线表明短期利率预期将来会上升。类似地，平缓的收益率曲线表明短期利率预期将来不会变动很多，而向下倾斜的收益率曲线表明短期利率预期将来也会下降。当然，投资者也会预期到，在充分的时间内，利率将会回落到其历史平均水平。这里的重要意义在于，利率的近期波动与利率的过去表现相联系。这一结论与解释金融市场如何运作的预期理论和有效市场理论相矛盾。

第四节　利率风险

纵观银行的发展史，不乏出现银行倒闭事件。银行的倒闭，有些是因为银行自身的信贷问题，而有些是因为银行对利率风险缺乏有效的管理而造成的。许多银行利用短期负债为利率固定的长期贷款提供资金，这种做法在存贷款利率均受管制的情况下不会出现问题，然而一旦利率出现大幅上升，则会导致银行的盈利严重受损。例如，1976 年当 10 年期的财政部债券收益率达到 8％时，位于费城的第一宾夕法尼亚银行主管人员认为利率已经到达顶点，于是迅速将银行资产结构的平均成熟期延长，以便将利率锁定。结果，决策者对市场利率走势估计错误，上述债券收益率上升到两位数，使这家曾是同行业中佼佼者的银行发生巨额亏损并最终导致破产。在残酷的事实面前，商业银行开始越来越重视对利率风险的研究。

一、利率风险的定义、分类与表现

（一）利率风险的定义

利率风险是指市场利率变动的不确定性给商业银行造成损失的可能性。巴塞尔银行监管委员会在 1997 年发布的《利率风险管理原则》中将利率风险定义为：利率变化使商业银行的实际收益与预期收益或实际成本与预期成本发生背离，使其实际收益低于预期收益，或实际成本高于预期成本，从而使商业银行遭受损失的可能性。

（二）利率风险的分类

巴塞尔银行监管委员会将利率风险分为重新定价风险、基差风险、收益率曲线风险和期权性风险四类。

▶ 1. 重新定价风险

重新定价风险(repricing risk)是最主要的利率风险，它产生于银行资产、负债和表外项目头寸重新定价时间(对浮动利率而言)和到期日(对固定利率而言)的不匹配，也称为期限错配风险。通常，把某一时间段内对利率敏感的资产和对利率敏感的负债之间的差额称为"重新定价缺口"，只要该缺口不为零，则利率变动时，会使银行面临利率风险。20 世纪 70 年代末和 80 年代初，美国储贷协会危机主要就是由于利率大幅上升而带来重新定价风险。例如，如果银行以短期存款作为长期固定利率贷款的融资来源，一旦利率上升，那么在贷款期限内银行的贷款利息收入是固定的，但是融资的利息支出是随利率的上升而大幅上涨的，因此银行面临着未来收入的减少和内在价值的降低。重新定价风险是普遍存在的，中国商业银行也面临着重新定价风险。

阅读专栏

巴塞尔银行监管委员会(Basel Committee on Banking Supervision，以下简称巴塞尔委员会)，原称银行法规与监管事务委员会，是由美国、英国、法国、德国、意大利、日本、荷兰、加拿大、比利时、瑞典十大工业国的中央银行于 1974 年年底共同成立的，作为国际清算银行的一个正式机构，以各国中央银行官员和银行监管当局为代表，总部在瑞士的巴塞尔。每年定期集会 4 次，并拥有近 30 个技术机构，执行每年集会所定目标或计划。由于受到 2008 年全球金融危机的直接催生，巴塞尔委员会于 2010 年提出《巴塞尔协议Ⅲ》草案，并在短短一年时间内就获得了最终通过。这是一项极为重要的协议，因为它第一次建立了一套完整的国际通用的、以加权方式衡量表内与表外风险的资本充足率标准，有效地遏制了与债务危机有关的国际风险。

▶ 2. 基差风险

基差风险在国内也称为基准风险(basis risk)。当一般利率水平的变化引起不同种类的金融工具的利率发生程度不等的变动时，银行就会面临基差风险。即使银行资产和负债的重新定价时间相同，但是只要存款利率与贷款利率的调整幅度不完全一致，银行就会面临风险。例如，当利率发生变动时，一家金融机构按照 1 个月美国国库券利率对 1 年期贷款融资每月重新定价一次，而 1 年期存款按照伦敦同业拆借市场利率每月重新定价一次。以该 1 年期存款作为 1 年期贷款的资金来源，虽然重新定价的期限相同，不面临重新定价风险，但是该金融机构仍面临两种基准利率的利差发生意外变化的基准风险。

中国商业银行贷款所依据的基准利率一般都是中央银行所公布的利率，因此，基差风险比较小，但随着利率市场化的推进，特别是与国际接轨后，中国商业银行因业务需要，可能会以 Libor 为参考，到时产生的基差风险也将相应增加。

▶ 3. 收益率曲线风险

收益曲线是将各种期限债券的收益率连接起来而得到的一条曲线，当银行的存贷款利率都以国库券收益率为基准来制定时，由于收益曲线的意外位移或斜率的突然变化而对银行净利差收入和资产内在价值造成的不利影响就是收益曲线风险(yield curve risk)。

下面举例说明收益曲线斜率的变动是如何影响一家银行的净利差收入的。假定某银行使用 90 天期的定期存款为每年调整一次利率的浮动利率抵押贷款提供资金。如果该银行按高于 90 天期国库券收益率(5.60%)的 100 个基本点设定它的 90 天期的定期存款利率，并按高于 1 年期国库券收益率(7.00%)的 250 个基本点设定它的可调整的抵押贷款利率，则它的净利差收入为 290 个基本点。在未来某一天，收益率曲线的斜率由原来的正数变为负数：90 天期国库券收益率为 8.12％，1 年期国库券收益率为 7.70％。如果银行仍按照原来设定的存贷款利率与国库券收益率关系保持不变，即存款利率高于 90 天期的定期存款利率 100 个基本点，贷款利率高于 1 年期国库券收益率 250 个基本点，那么该银行的净利差收入就会降至－108 个基本点，如表 7-5 所示。

表 7-5　收益率曲线风险　　　　　　　　　　　　　　单位：％

不同情形	正的收益率	负的收益率
每年调整一次的抵押贷款利率	9.50	10.20
90 天期定期存款利率	6.60	9.12
净利差	2.90	1.08

▶ 4. 期权性风险

另一种越来越重要的利率风险来源于很多银行资产、负债和表外业务中所包含的期权。当利率变化时，银行客户行使隐含在银行资产负债表内业务中的期权给银行造成损失的可能性，被称为期权性风险（optionality risk）。这种风险具体表现为客户提前归还贷款本息或者提前支取存款。下面仍通过具体例子来解释这一风险。

假设一银行 90 天期贷款固定利率为 10％，90 天期定期存款利率为 8％。30 天后利率下降，如果借款者不会因为提早偿还贷款而面临很多罚款，则他们会在利率下降的情况下用 9％的利率获得的新贷款偿还早先以 10％的利率从银行获取的贷款。因此银行只能在前 30 天的时间里获得 200 个基本点的净利差收入，而在剩余的 60 天时间里只获得 100 个基本点的净利差收入。如果在贷款期间内利率保持不变，银行原本可以一直赚取 200 个基本点的净利差，如表 7-6 所示。

表 7-6　市场利率下降时银行面临的期权性风险　　　　　　单位：％

不同情形		最初 30 天的资产收益和负债成本	第二个 30 天的资产收益和负债成本	第三个 30 天的资产收益和负债成本
按时偿还贷款	90 天期固定利率贷款	10	10	10
	90 天期定期存款	8	8	8
	净利差	2	2	2
提早偿还贷款	90 天期固定利率贷款	10	9	9
	90 天期定期存款	8	8	8
	净利差	2	1	1

类似地，当市场利率提高，银行会受到来自存款者选择风险的影响。如果存款者不会因为提前取款而面临很多罚款，那么当市场利率提高时，他们会在定期存款到期日之前取出他们的存款，并再以较高的利率将这笔资金重新存入一个新的 90 天期的存款账户。假定存款利率在 30 天之后提高 100 个基本点，存款户会立即关闭其原来利率为 8％的 90 天期存款账户，同时再以 9％的利率开立一个新的 90 天期存款账户。存款户的这种选择使得银行在接下来的 60 天时间里净利差收入下降 100 个基本点。如果利率一直保持不变，银行 90 天的平均净利差收入本可以维持在 200 个基本点，如表 7-7 所示。

表 7-7　市场利率上升时银行面临的期权性风险　　　　　单位:%

不同情形		最初 30 天的资产收益和负债成本	第二个 30 天的资产收益和负债成本	第三个 30 天的资产收益和负债成本
按时取出存款	90 天期固定利率贷款	10	10	10
	90 天期定期存款	8	8	8
	净利差	2	2	2
提早取出存款	90 天期固定利率贷款	10	10	10
	90 天期定期存款	8	9	9
	净利差	2	1	1

(三) 利率风险的表现

利率风险主要来自两个方面:一是利率的变动使资产或负债的市场价值发生变化,而导致收益的不确定;二是由于利率的变动,使与资产或负债相关的净利息收入或支出发生变化,导致收益或成本的不确定。

在第一种情况下,资产或负债的价值直接受利率变动的影响,这一般又表现为有价证券价格的变动。例如当利率上升时,证券价格下跌;而利率下降时,证券价格上升,资产或负债的市场价值随利率的变动而变动。在第二种情况下,利息收入或支出因利率的变动而发生改变。例如,对于某一重新定价的负债来说,若到期日利率上升,则面临利息支出上升的风险;而对某种重新定价的资产来说,若到期日利率下降,则面临利息收入下降的风险。对于支付固定利率的资产或负债来说,尽管利息收支是确定的,但利率的变动仍可能带来损失。这是因为,按固定利率支付利息的债务人可能面临市场利率低于原先确定的利率水平的风险,从而使实际利息支出增加。类似地,按固定利率收取利息的债权人将面临市场利率可能高于原先确定的利率水平的风险,因此实际的利息收入可能减少。

二、利率风险的衡量

(一) 利率敏感性缺口分析法

利率敏感性缺口(interest rate sensitive gap)分析法是计量银行利率风险的最早方法之一,该方法目前在银行界仍被广泛使用。需要注意的是,当市场利率发生变化时,并非所有的资产和负债都受到影响。首先,那些不计息的资产和负债不受利率变动的影响;其次,在一定的考察期内利率固定的资产和负债虽然计息,但其利息收入和支出在考察期内不受利率变动的影响。因此在分析利率风险时,我们只需考察那些直接受利率变动影响的资产和负债,这类资产和负债被称为利率敏感性资产(interest rate sensitive assets,IR-SA)和利率敏感性负债(interest rate sensitive liabilities,IRSL)。

利率敏感性资产和利率敏感性负债是指在一定期限内到期的或需要重新确定利率(重新定价)的资产和负债。这类资产和负债的差额被定义为资金缺口或利率缺口,公式为

利率敏感性缺口＝利率敏感性资产－利率敏感性负债　　　　　(7-12)

可以看到,当利率敏感性资产大于利率敏感性负债时利率敏感性缺口为正,也称资产敏感性缺口;当利率敏感性资产小于利率敏感性负债时利率敏感性缺口为负,也称负债敏感性缺口;当利率敏感性资产等于利率敏感性负债时,利率敏感性缺口为零。用利率缺口乘以利率变动,即可得出这一利率变动对净利息收入变动的大致影响,公式为

$$净利息收入变动＝利率缺口×利率变动 \qquad (7\text{-}13)$$

在利率变化一定时，缺口越大，对净利息收入的影响也就越大，即利率风险越大。正缺口意味着银行资产主要由利率期限短的资产组成，而负债则主要由利率期限长的负债组成。这是因为短期资产即将到期时，可以按市场行情重新定价或重新确定利率，此时负债因为并未到期无须重新定价，所以需要重新定价的资产大于需要重新定价的负债，此时市场利率下降会导致银行的净利息收入下降。负缺口的情况则相反，银行在某一时段内负债大于资产，此时市场利率上升会导致净利息收入下降。

在利率敏感性缺口的基础上，我们还可以用利率敏感系数(λ)来衡量银行的利率风险，即

$$利率敏感系数(\lambda)＝\frac{利率敏感性资产(IRSA)}{利率敏感性负债(IRSL)} \qquad (7\text{-}14)$$

利率敏感性缺口表示的是利率敏感性资产和利率敏感性负债绝对量的差额，利率敏感系数表示的是两者之间的相对量的大小。当 $\lambda>1$ 时，表示利率缺口为正；当 $\lambda<1$ 时，表示利率缺口为负。利率敏感性缺口、利率变动以及净利息收入之间的关系如表 7-8 所示。

表 7-8 利率敏感性缺口、利率变动与净利息收入之间的关系

利率敏感性缺口	利率敏感系数	利息变动	利息收入变动	利息收入与利息支出的关系	利息支出变动	净利息收入变动
正值	>1	上升	增加	$>$	增加	增加
正值	>1	下降	减少		减少	减少
负值	<1	上升	增加	$<$	增加	减少
负值	<1	下降	减少	$<$	减少	增加
零值	$=1$	上升	增加	$=$	增加	不变
零值	$=1$	下降	减少	$=$	减少	不变

缺口分析法的优势在于原理易懂、思路清晰、计算简单，并且操作简便，但其缺点也很明显。第一，利率敏感性缺口管理的关键是对利率走势的准确预测。缺口策略通过表内调整有一定难度，也需要一定的调整成本。第二，利率敏感性缺口分析是一种静态分析方法，并且忽视了资金的时间价值。由于缺口状况与考察期的长短有关，所以缺口状况可能随着考察期的变化而变化。利率敏感性缺口管理也忽视了利率潜在选择权风险。第三，缺口分析法假定同一时间段内的所有头寸到期时间或者重新定价时间相同，因此忽略了同一时段内不同头寸的到期时间或利率重新定价期限的差异。在同一时间段内的加总程度越高，对计量结果精确性的影响就越大。第四，目前非利息收入和费用越来越成为银行收益的重要来源，然而大多数缺口分析不能反映利率变动对非利息收入和费用的影响。此外，利率敏感性缺口分析主要衡量利率变动对银行当期收益的影响，未考虑到利率变动对银行经济价值的影响，所以只能反映利率变动的短期影响。因此，利率敏感性缺口分析法是一种初级的、较为粗略的衡量利率风险的方法。

（二）久期分析法

另一种衡量利率风险的方法是使用久期(duration)计量。久期最早由英国学者 F. R. 麦考雷于 1938 年提出，当时他提出这一概念是想通过衡量债券的平均到期期限来研究债券的时间结构。麦考雷认为通过计算各种资产、负债的持续期就可以找到资产和负债对利率的敏感程度，从而可以进行利率风险管理，以便最大限度地提高债券的盈利。麦考雷将

久期定义为债券支付的加权到期日，每一次支付的权重为该次支付现金流现值的一定比例，久期的计算公式为

$$D = \frac{\text{债券本息的现值按其支付的时间加权}}{\text{债券承诺的一系列利息及本金支付的现值}} = \frac{\sum\limits_{t=1}^{n} \dfrac{C_t t}{(1+y)^t}}{\sum\limits_{t=1}^{n} \dfrac{C_t}{(1+y)^t}} \qquad (7\text{-}15)$$

式中，C_t 表示预期的每一期支付的本金和利息收入，t 表示每次支付的时间段，y 是每期现金流的折现率，n 是债券到期时间。久期反映了某一债券对其到期收益率变化的价格弹性。如同公式所表示的，久期是一个加权平均到期，每次的利息和本金支付乘以投资者预期获得收入的时期。

下面通过一个具体例子来说明久期是如何计算的。假设有一个面值为 1 000 元期限为 10 年的债券，它的年票面利率为 10%，根据其当前价格 887.10 元，其到期收益率为 12%，则该债券的久期为

$$久期(D) = \frac{\dfrac{100 \times 1}{1.12^1} + \dfrac{100 \times 2}{1.12^2} + \cdots + \dfrac{100 \times 10}{1.12^{10}} + \dfrac{1\,000 \times 10}{1.12^{10}}}{\dfrac{100}{1.12^1} + \dfrac{100}{1.12^2} + \cdots + \dfrac{100}{1.12^{10}} + \dfrac{1\,000}{1.12^{10}}}$$

可得 $D = \dfrac{5\,810.90}{887.10} = 6.55(年)$。

我们可以通过建立表格来检查数据。利用上面 10 年期、12% 的到期收益率的债券建立更直观的表格，如表 7-9 所示。

表 7-9　久期的计算　　　　　　　　　　　　　　　单位：元

时期	预期证券的现金流	预期现金流的现值（12% 的贴现率）	获得现金的时期（t）	预期现金流的现值 $\times t$
1	100	89.30	1	89.30
2	100	79.70	2	159.40
3	100	71.20	3	213.60
4	100	63.60	4	254.40
5	100	56.70	5	283.50
6	100	50.70	6	304.20
7	100	45.20	7	316.40
8	100	40.40	8	323.20
9	100	36.10	9	324.90
10	100	32.20	10	322.00
11	1 000	322.00	10	3 220.00
		887.10		5 810.90

根据表 7-9，该债券的久期计算为

$$久期(D) = \frac{(\text{现金流现值} \times t)\text{之和}}{\text{现金流现值之和}} = \frac{5\,810.90}{877.10} = 6.55(年)$$

通过这个例子，可以得出久期的几个性质。

（1）付息债券的久期一般小于其到期期限。零息债券的久期等于到期期限。

（2）久期与到期收益率呈反向关系，到期收益率越高，久期越短。

（3）久期与债券到期日呈正向关系，久期随未来支付到期的延长而增长，但是久期的增长率随着到期的增长而减缓。

（4）久期与债券息票率呈反向关系，息票率越高，久期越短。

利用久期与价格的关系可以对债券价格的利率敏感性（利率弹性）进行测量。债券价格是债券所有未来现金流的贴现加总，即 $P = \sum C_t/(1+r)^t$，对其进行微分可得

$$\frac{\mathrm{d}P}{\mathrm{d}r} \doteq \sum_{t=1}^{T} \frac{-t \times C_t}{(1+r)^{t+1}} = -\frac{1}{1+r} \sum_{t=1}^{T} \frac{t \times C_t}{(1+r)^t} = -\frac{1}{1+r} P \times D$$

$$(7\text{-}16)$$

所以，债券价格对利率的敏感性可表示为

$$\eta = \frac{\mathrm{d}P/P}{\mathrm{d}r/r} = \frac{r}{p} \times \frac{\mathrm{d}P}{\mathrm{d}R} = \frac{r \times D}{1+r} \tag{7-17}$$

可以看出债券价格变动与市场利率变动呈反向关系，当市场利率每上升 1%，债券价格就会下跌 $\left(\frac{r \times D}{1+r}\right)$%；当市场利率每下降 1%，则债券价格会上升 $\left(\frac{r \times D}{1+r}\right)$%。

如令修正久期 $D^* = \frac{D}{1+r}$，则有

$$\frac{\mathrm{d}P}{\mathrm{d}r} \Big/ \frac{P}{r} = -D^* \times r \tag{7-18}$$

与利率敏感性缺口分析法相比较，久期分析法是一种更为先进的利率风险计量方法。缺口分析侧重于衡量银行短期收益受市场利率变动的影响；而久期分析能够估算利率变动对银行所有头寸的未来现金流现值的潜在影响，这是对利率变动的长期影响进行评估，衡量利率风险对银行经济价值的影响，因此久期分析法估算出来的利率风险更为准确。但是，久期分析法仍然存在一定的局限性。

首先，在计算久期的过程中，现金流都采取了同一个折现率，即采取了水平的利率期限结构。然而现实中，大部分利率期限结构并非水平的，而是呈现上升趋势；其次，久期分析法测量利率风险的敏感性是建立在价格变化和收益率变化之间是线性关系的基础上，但是实际经济生活中，价格与收益率之间的变化关系很可能是非线性的，只有当收益率变化幅度非常小（小于 1%）时，久期分析的结果才会精确；最后，久期分析法仍然只能反映重新定价风险，不能反映基准风险，以及因利率和支付时间的不同而导致的头寸的实际利率敏感性差异，因此也不能很好地反映期权性风险。

（三）利率风险的现代管理

若银行、企业持有较大的利率敏感性缺口，利率的波动会给经营造成极大的风险，因此商业银行、企业等越来越重视利率风险的日常管理。以稳健经营为目的的企业通常会选择对利率风险进行对冲。20 世纪 70 年代后期，随着金融创新的推陈出新，金融市场中出现了许多用来减小或规避利率风险的金融工具，常用的有远期利率协议、利率期货、利率期权和利率互换。

▶ 1. 远期利率协议

远期利率协议（forward rate agreements，FRAs）是指签订该协议的双方同意交易将来

某个预先确定时间的短期利息支付，用以锁定利率和对冲风险暴露为目的的衍生工具之一。其中，远期利率协议的买方支付以合同利率计算的利息，卖方支付以参考利率计算的利息。远期利率协议是用现金结算的合约，现金结算额反映了合约签订时所约定的远期利率与固定日的参考利率的差异，因此，现金结算额可以看成用现行利率代替最初的约定利率所需的补偿金额。

远期利率协议交易具有以下特点：一是具有极大的灵活性，作为一种场外交易工具，远期利率协议的合同条款可以根据客户的要求"量身定做"，以满足个性化需求；二是并不进行资金的实际借贷，尽管名义本金额可能很大，但由于只是对以名义本金计算的利息的差额进行支付，因此实际结算量可能很小；三是在结算日前不必事先支付任何费用，只在结算日发生一次利息差额的支付。

在境外，远期利率协议的参考范本是英国银行家协会（British Bankers' Association，BBA）1985 年颁布的远期利率标准化文件（British Bankers' Association London Interbank Forward Rate Agreements Recommended Terms and Conditions，FRABBA）。该范本规定了远期利率合约中的几个重要内容。

（1）合同金额，是指借贷的名义金额。

（2）合同货币，是指合同标的货币币种。

（3）合同利率，是指缔约双方确定的借贷利率。

（4）参照利率，是指协议中指定的在确定日用以确定结算金额的某种市场利率，通常采用确定日的伦敦银行间拆借利率。

（5）结算金额，是指在结算日，根据合同利率和参照利率的差额计算出来的，由某一缔约方向另一方交付的金额。

（6）交易日，是指合同生效的日期。一般地，交易日与起算日间隔两个交易日。

（7）结算日，是指名义借贷开始的日期，也是某一缔约方向另一方交付结算金额的日期。

（8）到期日，是指名义借贷到期的日期。

（9）合同期，是指结算日至到期日之间的天数。天数的计算规则通常预先在协议中予以约定。

（10）确定日，是指确定参照利率的日期。一般地，确定日与结算日间隔两个交易日。

在我国，远期利率协议的参照标准常常使用上海银行间同业拆放利率。

在远期利率协议下，买方是名义上的借款人，卖方是名义上的贷款人。在交易日，双方达成 FRAs，在确定日，双方确定参考利率并且在随后几天的结算日进行结算。确定日与到期日之间的差异决定了利率的类型。图 7-6 所示是一个典型的 FRAs 时间轴。

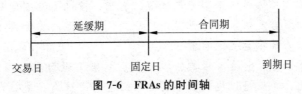

图 7-6　FRAs 的时间轴

远期利率结算金的计算公式为

$$结算金 = \frac{(参考利率 - 合同利率) \times 合同金融 \times \dfrac{合同期}{年基期}}{1 + 参考利率 \times \dfrac{合同期}{年基期}} \tag{7-19}$$

当计算出来的结算金额为正时，表示远期利率合约的卖方向买方支付这个计算出来的利息差额的贴现值；当计算出来的结算金为负时，则远期利率合约的买方向卖方支付利息差额贴现值。下面以一个具体例子来解释这个公式。2020 年 4 月 10 日，某财务公司经理预测从 2020 年 6 月 16 日到 9 月 15 日的 3 个月(92 天)的远期资金需求，他认为利率可能上升，因此想对冲利率上升的风险，便于 4 月 10 日从中国银行买进远期利率协议。条件如下：

- 合约金额：10 000 000 元
- 交易日：2020 年 4 月 10 日
- 结算日：2020 年 6 月 16 日
- 到期日：2020 年 9 月 15 日
- 合约年利率：6.75%
- 年基准：360 天

如果在结算日 6 月 16 日的 3 个月全国银行业同业拆借利率(参考利率)为 7.25%，高于合约利率，则按照远期利率协议银行须补偿公司一定量的现金，运用上面的公式计算支付金额为

$$结算金 = \frac{(7.25\% - 6.75\%) \times 10\ 000\ 000 \times \frac{92}{360}}{1 + 7.25\% \times \frac{92}{360}} = 12\ 545.34(元)$$

至此，远期利率协议就终止了，该公司可以将借款成本锁定在 6.75%。

阅读专栏

在我国，中国人民银行已推出远期利率协议业务。今后，央行还将适时推出其他金融衍生产品。央行指出，作为一种典型的利率衍生产品，远期利率协议业务的推出具有非常重要的意义。

(1) 有利于增强投资者管理利率风险的能力。随着中国金融体制改革的深入，利率市场化的程度也在逐步加深，投资者开始面对更多的利率波动风险。远期利率协议可以让投资者锁定从未来某一时刻开始的利率水平，从而有效地管理短期利率风险。

(2) 有利于促进市场稳定，提高市场效率。远期利率协议通过锁定未来的利率水平实现了风险的转移和分散，能够深化市场功能，提高市场稳定性，同时可以在客观上降低投资者的交易成本，提高市场效率。

(3) 有利于促进市场的价格发现，为中央银行的货币政策操作提供参考。远期利率协议所达成的利率水平集中体现了来自套期保值、套利、投机等各方面的需求，是各种市场信息和对未来预期的综合反映，有助于促进市场的价格发现，其价格水平的变动可以为中央银行的货币政策操作提供重要的参考。

(4) 有利于整个金融衍生品市场的协调发展。我国金融衍生产品市场发展时间不长，远期利率协议的推出，不仅可以进一步丰富金融衍生产品种类，使投资者更灵活地选择适合自身需要的风险管理工具，还可以为现有的利率衍生产品提供有效的对冲手段，从而促进整个金融衍生品市场的协调发展。

▶ 2. 利率期货

利率期货(interest rate futures)是指以债券类证券为标的物的期货合约，它可以回避银行利率波动所引起的证券价格变动的风险。利率期货的种类繁多，分类方法也有多种。通常，按照

合约标的的期限，利率期货可分为短期利率期货、长期利率期货以及指数利率期货三大类。

利率期货合约最早于 1975 年 10 月由芝加哥期货交易所推出，在此之后利率期货交易得到迅速发展。虽然利率期货的产生较之外汇期货晚了三年多，但其发展速度却比外汇期货快得多，其应用范围也远较外汇期货广泛，这主要是由于 20 世纪 70 年代，西方金融市场开始逐步放宽对利率的管制，导致利率波动频繁，对冲利率风险的利率期货应运而生并且发展迅速。目前，在期货交易比较发达的国家和地区，利率期货都早已超过农产品期货而成为成交量最大的类别。在美国，利率期货的成交量甚至已占到整个期货交易总量的一半以上。

当利用利率期货构筑保值头寸时，非常重要的一点是：利率与期货价格呈反方向运动。当利率上升，以其为标的的期货合约的价格下降；当利率下跌时，以其为标的的期货合约的价格上升。因此，如果一个公司持有的头寸在利率上涨时会遭受损失，就应该采用利率期货的空头（卖出）进行保值；相反，如果一个公司持有的头寸在利率下跌时会遭受损失，就应该采用利率期货的多头进行保值。若想确保未来借款利率，则在期货市场上应该做空头；若想确保未来放款利率，则在期货市场上应该做多头。

利率期货买入套期保值示例：3 月 15 日，某公司预计 6 月 15 日将有一笔 10 000 000 美元的收入，该公司打算将其投资于美国 30 年期国债。3 月 15 日，30 年期国债的利率为 9.00%，该公司担心 6 月 15 日利率会下跌，故在芝加哥期货交易所进行期货套期保值交易，如表 7-10 所示。

表 7-10　利率期货买入套期保值

日　　期	现 货 市 场	期 货 市 场
3 月 15 日	利率为 9.00%	买入 100 张 6 月期的 30 年期国债期货合约，价格为 91—05
6 月 15 日	利率为 7.00%	卖出 100 张 6 月期的 30 年期国债期货合约，价格为 92—15
盈亏	亏损：10 000 000×（7%−9%）×90/360＝−50 000（美元）	盈利：（92−91）×100 000＋（15−5）/32×100 000＝131 250（美元）
总盈亏	81 250（美元）	

利率期货卖出套期保值示例：某公司 6 月 10 日计划在 9 月 10 日借入期限为 3 个月、金额为 1 000 000 美元的借款，6 月 10 日的利率是 9.75%，由于担心交易 9 月 10 日利率会升高，于是利用芝加哥商业交易所 3 个月国库券期货合约进行套期保值，如表 7-11 所示。

表 7-11　利率期货卖出套期保值

日　　期	现 货 市 场	期 货 市 场
6 月 10 日	利率为 9.75%	卖出 1 张 9 月期的 3 个月国库券价格为 90.25
9 月 10 日	利率为 12.00%	买入 1 张 9 月期的 3 个月国库券价格为 88.00
盈亏	亏损：10 000 000×（9.75%−12%）×90/360＝−5 625（美元）	盈利：（90.25−88.00）×100＝225 个基点，每个基点 25 美元，225×25＝5 625（美元）
总盈亏	0 美元	

从形式上看，利率期货与利率远期协议有类似的优点，都具有避免利率变动风险的功能，但它们之间也有区别，如表 7-12 所示。

表 7-12　利率期货与远期利率协议的区别

	利 率 期 货	远 期 利 率 协 议
交易形态	交易所内交易，标准化契约交易	场外交易市场成交，交易金额和交割日期都不受限制，灵活简便
信用风险	信用风险极小	双方均存在信用风险
交割前的现金流	每日保证金账户内有现金净流动	不发生现金流
适用货币	交易所规定的货币	一切可兑换货币

▶ 3. 利率期权

利率期权(interest rate options)是一项关于利率变化的权利。买方支付一定金额的期权费后，就可以获得这项权利：在到期日按预先约定的利率，按一定的期限借入或贷出一定金额的货币。这样当市场利率向不利方向变化时，买方可固定其利率水平；当市场利率向有利方向变化时，买方可获得利率变化的好处。利率期权的卖方向买方收取期权费，同时承担相应的责任。

期权的合约都是在交易所内交易的标准化合约，对交易单位、协定价格、每日价格波动限制、合约月份和最后交易日等都有统一规定。场内交易的一个特点是单位交易金额较小。每份美国中长期国债期权为 10 万美元，每份欧洲美元存款利率期货合约金额为 100 万美元。协议价格由交易所根据一种特定形式先确定一个中心协定价格，然后按照既定的幅度来设定该中心协定价格上下若干个级距。交易所对最小变动价位和每日价格波动限制也有相应的规定。一般利率期权的交割月份为每年的 3 月、6 月、9 月和 12 月。

▶ 4. 利率互换

利率互换(interest rate swap)作为一项重要的金融工具创新，是于 20 世纪 80 年代初期在平行信贷基础上发展而来的，并在 80 年代中期发展迅速，在国际金融市场上形成了专门的互换市场，后来又出现了互换二级市场。

签订利率互换合同的双方同意在未来的某一特定日期以未偿还贷款本金为基础，相互交换利息支付。利率互换的目的是减少融资成本。如一方可以得到优惠的固定利率贷款，但希望以浮动利率筹集资金，而另一方可以得到浮动利率贷款，却希望以固定利率筹集资金，通过互换交易，双方均可获得希望的融资形式。

利率互换交易的基本原理就是大卫·李嘉图的比较优势理论。根据该理论，由于筹资双方信用等级、筹资渠道、地理位置以及信息掌握程度等方面的不同，在各自的领域存在比较优势。因此，双方愿意达成协议，发挥各自优势，然后再互相交换债务，达到两者总成本的降低，进而由于利益共享，最终使互换双方的融资成本都能够得到一定的降低。下面以一个具体例子进行说明。

例如有两家企业 X 和 Y，它们在金融市场上的融资成本如表 7-13 所示。

表 7-13　企业 X 和 Y 的融资利率表

项 目	企业 X	企业 Y	利 差
信用等级	AAA	BBB	
固定利率融资	10.5%	12%	1.5%
浮动利率融资	Libor+0.5%	Libor+1.5%	1.0%

通过该表可以看出企业 X 由于信用等级较高，在固定利率和浮动利率融资都具有绝对优势。但是在固定利率融资方面，两家企业的利差为 1.5%，而在浮动利率融资的利差较小为

1.0%，因此 X 企业在取得固定利率方面具有比较优势，应通过固定利率融资并愿意支付浮动利率；而 Y 企业在获得浮动利率方面具有比较优势，应通过浮动利率融资，并愿意支付固定利率。然后两个企业再进行互换交易使双方都降低融资成本而额外获利。具体过程如下：

X 企业从金融市场获得固定利率为 10.5% 的融资，同时向 Y 企业支付(Libor＋0.5%)的浮动利率，用以交换从 Y 企业获得 10.8% 的固定利率。这样 X 企业承担浮动利率风险，融资成本为[(10.5%)＋(Libor＋0.5%)－10.8%]＝(Libor＋0.2%)，这要比 X 企业单独从金融市场获得浮动利率融资便宜 0.3%。Y 企业在金融市场以(Libor＋1.5%)的浮动利率获得融资，并向 X 企业支付 10.8% 的固定利率，相应地从 X 企业获得(Libor＋0.5%)的浮动利率，这样 Y 企业就将浮动利率融资转化为固定利率融资，融资成本为[(Libor＋1.5%)＋10.8%－(Libor＋0.5%)]＝11.8%。如果 Y 企业自己以固定利率融资，其融资成本为 12%，可见利率互换帮助 Y 企业节约 0.2% 的融资成本。两个企业互换前后的融资成本如表 7-14 所示。

表 7-14 企业 X 和企业 Y 利率互换融资成本对比

比较项目	企业 X	企业 Y
互换前的融资成本	固定利率 10.5%	浮动利率 Libor＋1.5%
互换后的融资成本	浮动利率 Libor＋0.2%	固定利率 11.8%
Y(X)直接进行固定(浮动)利率融资的成本	浮动利率 Libor＋0.5%	固定利率 12%
通过互换而节约的成本	0.30%	0.20%

需要注意的是，企业 X 和企业 Y 原本的固定利差是 1.5%，浮动利差是 1%，两者的差额是 0.5%，这正好是双方互换后节约的利息成本之和(0.3%＋0.2%＝0.5%)。所以，这 0.5% 即为互换双方能够获得的利益总和，称为套利机会。而这 0.5% 的互换利润在合约双方之间应如何分配，则取决于交易双方的资信程度、对互换要求的迫切程度以及双方的谈判能力等。在上面的例子中，X 企业获得了 60% 的互换利润，Y 企业获得了 40% 的互换利润。

利率互换具有以下优点：第一，利率互换合约风险较小。利率互换双方仅是互换利率，不涉及本金，风险也只限于应付利息这一部分，所以互换双方承担的风险相对较小；第二，利率互换对企业影响较小。这是因为利率互换对双方财务报表没有什么影响，现行的会计规则也未要求把利率互换列在报表的附注中，故可对外保密；第三，利率互换成本较低。双方通过互换能够以希望的利率形式获得融资，同时也降低了筹资成本；第四，利率互换合约手续较简单，交易迅速达成。利率互换的缺点就是该互换不像期货交易那样有标准化的合约，有时也可能找不到互换的另一方。

拓展阅读 7-1
风险的解决之道
——金融工程

本章小结

利率在货币资本市场和经济运行中发挥着极其重要的作用。利率可以为投资和经济的增长产生足够的储蓄量；利率可以被央行用来调节货币供应量；利率被政府经济政策作为达到经济目标的工具加以利用。

在西方利率决定理论发展过程中，先后出现了早期的古典利率理论、流动性偏好理论、可贷资金理论和利率的理性预期等利率决定理论。古典利率理论强调了储蓄和投资需求在决定市场利率过程中的作用；凯恩斯和他的追随者们在利率决定问题上的观点与古典学派正好相反，认为利率不是由储蓄和投资的相互作用决定的，而是认为利率决定理论是一种货币理论，是由货币供给量和货币需求量的关系决定；可贷资金理论结合了古典利率理论和流动性偏好理论，提出利率是由可贷资金的总需求和总供给决定的；利率的理性预期理论着眼于信贷的预期总供给和预期总需求，该理论是一个较新的理论，仍处于发展阶段。

收益率曲线直观地反映了金融工具的年回报率与它们到期之间的联系。尽管近年来收益率曲线大多是向上倾斜的，表明长期利率高于短期利率，但收益率曲线也可能向下倾斜或者相对水平。

预期假说理论、市场分割假说理论以及偏好停留假说理论通常用来解释收益率曲线的变动。预期假说认为收益率曲线反映了金融市场上利率预期的统治地位，上升的收益率曲线表明预期短期市场利率会上升，到期不同的金融资产的供给不能够改变收益率曲线形状；市场分割理论和偏好停留假说则认为向投资者提供不同到期的金融资产能够影响收益率的曲线形状，如长期金融工具供给的增多可能导致长期债券价格下跌而收益率增高，从而使收益率曲线向上倾斜。

利率风险分为重新定价风险、收益率曲线风险、基准风险和期权性风险。由于发达的金融市场都在逐步放宽利率的管制，使利率风险成为目前市场上主要的风险。对利率风险的识别和衡量主要通过利率敏感性缺口分析法和久期分析法，这两种方法各有利弊。银行和企业一般采用远期利率协议、利率期货、利率期权和利率互换等金融工具来对冲利率风险。

本章重要概念

名义利率　实际利率　单利　复利　即期利率　远期利率　利率期限结构
收益率曲线　流动性偏好理论　可贷资金理论　理性预期理论　市场分割理论
利率风险　利率敏感性缺口　久期

思考题和在线自测

本章复习思考题

扫描封底刮刮卡　获取答题权限

在线自测

第八章 债券价值分析

学习目标

1. 掌握债券的三种基本形式。
2. 能够熟练运用公式计算债券的价值。
3. 掌握影响债券价格的内部因素和外部因素。
4. 掌握债券定价的五个基本原理。
5. 熟悉债券久期与凸性的计算。
6. 了解债券久期与凸性的区别与联系。

学习要点

1. 债券价格的影响因素。
2. 债券定价原理。
3. 债券的久期与凸性。

案例导入

"南向通"扬帆起航 我国债券市场双向开放再上新台阶

2021年9月28日，市场期盼已久的内地与香港债券市场互联互通南向合作（以下简称"南向通"）正式上线运行。数据显示，"南向通"首个交易日，共有40余家内地机构投资者与11家香港地区做市商达成了150余笔债券交易，成交金额约合人民币40亿元，涵盖了香港市场的主要债券品种。"南向通"补全了我国债券市场流出通道，使得股票和债券对外开放都做到了"有进有出"。

招商证券宏观经济分析师罗云峰表示，"南向通"的开通，意味着债券通机制的完全建立，也标志着我国资本项目对外开放进入了一个更高层次，将便利内地居民的跨境投资；同时，也有利于加强内地与香港的经贸关系，继续支持香港金融市场发展，助力我国经济稳健增长。

截至2021年，"北向通"上线已有4年，整体运作顺畅。数据显示，"北向通"开通前，境外投资者持有我国债券约8 500亿元人民币。截至目前，这一规模已经达到3.8万亿元人民币，年均增速超过40%。其中，"北向通"的境外投资者持债规模约1.1万亿元人民币，4年来累计成交量为12.3万亿元人民币。全球前100大资产管理机构中，已有78家机构参与其中。

"南向通"的启动，被视为继正式启动粤港澳大湾区"跨境理财通"后，两地金融市场进一步互联互通的又一个重要里程碑。香港金融管理局总裁余伟文表示，针对个人理财需要的"跨境理财通"开通后，又迎来债券"南向通"，为内地金融机构新增一条多元、便捷的渠道。通过香港市场投资境外债券资产，可以满足内地市场需求，也可推动香港债券市场发展。

资料来源：马玲. 我国债券市场双向开放再上新台阶[N]. 金融时报，2021-09-28(002).

债务证券(debt securities)是对特定时期收入流的索取权，即债券。债券通常被称为固定收益证券，因为证券代表了固定的收入流或者是根据特定公式计算出的收入流的承诺。由于支付方式已经预先约定，这类证券相对而言更容易被理解。只要发行人的信誉有保障，债券的风险就是最小的。这些特征使债券成为分析全部可能投资工具的便捷起点。

第一节 债券的定价

债券是关于借贷安排的协议。借款人为一定适量的现金向出借人发行债券，债券即相当于借款人的"借据"。这种约定使发行人(借款人)有义务在既定的日期向债券持有者支付指定数额款项。典型的附息债券的发行人在债券存续期内有义务每半年向债券持有者支付一次利息。在计算机出现以前，大多数的债券都有息票，债券持有人剪下息票并拿到发行者处索取利息收益，因此被称为息票支付。当债券到期时，发行人会支付债券的面值来清偿债务。债券需要支付的利息由债券的票面利率来决定，即年支付额等于债券的票面利率乘以债券的面值。债券的票面利率、到期日以及债券面值均是债券契约的组成部分，债券契约则是发行人与债权人之间的合约。

例如，有一张面值为 1 000 元，票面利率为 8% 的债券以 1 000 元的价格出售。债券持有人则有权在债券的存续期内(假设为 30 年)每年获得 1 000 元的 8% 的收益，即每年 80 元。这 80 元一般每半年支付一次，即每次支付 40 元。在债券 30 年存续期满的时候，发行人再将 1 000 元的面值支付给债权人。

以上可以看到，债券的面值和本金偿还都发生在未来的数月或者数年之后，故投资者愿意为这些收益权支付的价格取决于未来获得的货币价值和现在持有的现金价值的比较。因此，债券的内在价值决定于投资者对持有该债券预期的未来现金流的现值。下面对不同的债券种类分别进行价值分析。

一、零息债券

顾名思义，零息债券(zero-coupon bond)是不付息的债券，这类债券通常以贴现方式发行，于到期日时按面值向投资者一次性支付本利的债券，因此零息债券也称为贴现债券，债券面值与发行价格之间的差额即为投资者的利息收入。由于零息债券的面值是投资者未来唯一的现金流，所以贴现债券的内在价值由以下公式决定：

$$D = \frac{A}{(1+r)^T} \tag{8-1}$$

式中，D 表示债券内在价值，A 表示债券面值，r 表示市场利率，T 表示债券到期期限。

假定某种贴现债券的面值为 100 万元，期限为 20 年，利率为 8%，那么它的内在价值 $D = 100/(1+0.08)^{20} = 21.454\ 8$（万元）。换言之，该贴现债券的内在价值仅为其面值的 21% 左右。

🔴 阅读专栏

剥离式债券

剥离式债券，英语为 Separate Trading of Registered Interest and Principal Securities，即将利息和本金分开交易之意，指被分离为本金和利息两部分出售的债券。本息分离国债导致两组债券的产生：一组是每半年一次的利息支付；另一组是最后的本金支付。本息分离国债中的每一部分常被人们称为"零息国债"，因为对此国债中的每一部分进行投资的投资者只能获得一笔一次性的付款（如第三个半年的息票收入）。希望在遥远的将来获得一次性收入的投资者（如人寿保险公司）会选择持有本息分离国债的本金部分。

20 世纪 80 年代初，美林公司购买国债后将其本金与息票以及各期息票之间相互分离开来，然后将每种分开后的票据作为独立的证券在市场销售，并取得成功。随后，美国财政部也采用了这种方法，但财政部并不直接向投资者发售本息分离国债，而是仍然沿用过去的办法，由政府债券经纪商和金融机构购买国债（本息分离的）。购买前，财政部将每份国债各期的息票和本金分离开来，将它们作为独立的证券计入计算机簿记系统，然后卖给这些交易商，并由这些交易商分别卖给二级市场上的投资者。

二、定息债券

定息债券（fixed rate coupon）又称直接债券或固定利息债券，这类债券按照票面金额计算利息，票面上可附有作为定期支付利息凭证的息票，也可不附息票。投资者不仅可以在债券期满时收回本金（面值），而且还可以定期获得固定的利息收入。

定息债券的内在价值公式为

$$D = \frac{C}{(1+r)} + \frac{C}{(1+r)^2} + \frac{C}{(1+r)^3} + \cdots + \frac{C}{(1+r)^T} + \frac{A}{(1+r)^T} \tag{8-2}$$

式中，C 表示债券每期支付的利息，其他变量含义与式（8-1）相同。

例如，某国政府 2018 年 9 月发行了一种面值为 1 000 美元，票面利率为 12% 的 4 年期国债。由于传统上，债券利息每半年支付一次，即分别在每年的 3 月和 9 月，每次支付利息 60（120/2）美元。那么，2018 年 9 月购买该债券的投资者未来的现金流如表 8-1 所示。

表 8-1　购买某种债券的投资者未来的现金流　　　　　　　单位：美元

时间	2018 年 3 月	2018 年 9 月	2019 年 3 月	2019 年 9 月	2020 年 3 月	2020 年 9 月	2021 年 3 月	2021 年 9 月
现金流	60	60	60	60	60	60	60	60+1 000

如果市场利率定为 12%，那么该债券的内在价值为 1 000 美元，具体过程如下：

$$D = \frac{60}{(1+0.06)} + \frac{60}{(1+0.06)^2} + \cdots + \frac{60}{(1+0.06)^8} + \frac{1\ 000}{(1+0.06)^8} = 1\ 000（美元）$$

此时，债券的内在价值正好与债券面值相等。

如果市场利率比 12% 高，我们假设为 13%，那么该债券的内在价值为 969.556 美元。计算过程如下：

$$D = \frac{60}{(1+0.065)} + \frac{60}{(1+0.065)^2} + \cdots + \frac{60}{(1+0.065)^8} + \frac{1\ 000}{(1+0.065)^8} = 969.556（美元）$$

此时，债券的内在价值低于债券的面值。

如果市场利率比 12% 低，例如设定为 11%，那么该债券的内在价值经过计算为 1 031.673 美元，计算过程如下：

$$D = \frac{60}{(1+0.055)} + \frac{60}{(1+0.055)^2} + \cdots + \frac{60}{(1+0.055)^8} + \frac{1\ 000}{(1+0.055)^8} = 1\ 031.673（美元）$$

此时，债券的内在价值高于债券的面值。

通过以上计算，可以归纳出一个非常重要的规律：当市场利率低于票面利率时，债券的价格高于债券的面值，此时债券是溢价发行；当市场利率高于票面利率时，债券的价格低于债券的面值，此时债券是折价发行；当市场利率等于票面利率时，债券的价格等于债券的面值，此时债券是平价发行。

三、统一公债

统一公债(consols)是一种没有到期日，定期发放固定债息的一种特殊债券。通过之前的学习我们知道，优先股的股东可以按照预先设定的股息收益率无限期地获得固定的股息。所以，在优先股的股东无限期地获取固定股息的条件得到满足的条件下，优先股可以被视为一种统一公债。最典型的统一公债是英格兰银行在18世纪发行的英国统一公债，英格兰银行保证对该公债的投资者永久期地支付固定的利息。时至今日，在伦敦的证券市场上仍可交易这种统一公债。统一公债的内在价值计算公式为

$$D=\frac{C}{(1+r)}+\frac{C}{(1+r)^2}+\frac{C}{(1+r)^3}+\cdots=\frac{C}{r} \tag{8-3}$$

例如，某种统一公债每年的固定利息是40美元，假定市场利率水平为8%，那么，该债券的内在价值为500美元，即

$$D=\frac{40}{0.08}=500（美元）$$

上述三种债券中，定息债券是最常见的债券形式。下面以定息债券为例，说明如何根据债券的市场价格与内在价值的差异，来判断债券的价格是被高估还是被低估。

第一种方法是比较市场利率与债券的到期收益率的大小。市场利率是根据债券的风险大小确定的到期收益率，是市场要求的回报率，用 r 来表示；债券本身承诺的到期收益率用 y 来表示。债券价格与债券本身承诺的到期收益率之间存在的关系为

$$P=\frac{C}{(1+y)}+\frac{C}{(1+y)^2}+\cdots+\frac{C}{(1+y)^n}+\frac{A}{(1+y)^n} \tag{8-4}$$

式中，P 表示债券的价格，C 为每期支付的利息，A 为债券到期偿还的面值。当 $r>y$ 时，债券价格被高估；如果 $r<y$，表现为该债券的价格被低估；当 $r=y$ 时，债券的价格等于债券价值，市场是处于均衡状态。

例如，某种三年期的债券面值为1 000美元，每年支付利息60美元，出售的价格为900美元，那么根据式(8-4)，可以计算出该债券承诺的到期收益率 y 为10.02%。如果市场利率为9%，此时，这种债券的价格是被低估的。具体计算过程如下：

$$900=\frac{60}{(1+y)}+\frac{60}{(1+y)^2}+\frac{60+1\ 000}{(1+y)^3}$$

可得 $y=10.02\%$。

另一种方法是比较债券的内在价值与债券价格的差异。我们把债券的内在价值(V)与债券价格(P)两者的差额，定义为债券投资者的净现值(NPV)。

$$\text{NPV}=V-P \tag{8-5}$$

当净现值小于零时，意味着债券内在价值低于债券价格，即债券承诺的到期收益率小于市场利率，因此债券价格被高估；反之，当净现值大于零时，说明债券的价格低于其内在价值，即债券承诺的到期收益率高于市场利率，因此债券价格被低估。

在之前的例子中，我们可以计算出债券的净现值：

$$\text{NPV}=\left[\frac{60}{(1+0.09)}+\frac{60}{(1+0.09)^2}+\frac{60}{(1+0.09)^3}+\frac{1\ 000}{(1+0.09)^3}\right]-900=24.06（美元）$$

由于该债券的净现值为正，说明市场利率高于债券承诺的到期收益率，该债券的价格被低估。

当净现值大于零时，对于投资者是一个买入信号。相反，如果市场利率 r 不是 9%，而是 11%，那么，该债券的净现值将小于零（−22.19 美元），表明它被高估了，对于投资者构成了一个卖出信号。只有当市场利率近似的等于债券承诺的到期收益率时，债券的价格处于一个比较合理的水平。

阅读专栏

债券的创新

债券的设计其实是极具灵活性的，零息债券、定息债券和统一公债只是债券的基本形式。在实际经济生活中，发行人不断开发出具有新型特征的创新债券以便满足筹资人和投资者的各项需求。以下列举了一些非常新颖的债券，便于我们了解证券设计的潜在多样性。

1. 逆向浮动债券

逆向浮动债券的票息会随着利率平均水平的上升而下降。当利率上升时，这类债券的投资者要承担双倍损失。随着贴现率的上升，不但债券产生的每一单位现金流的现值下降，而且现金流本身也在下降。当然，当利率下降时，投资者也可以获得双倍的回报。

2. 资产支持债券

迪士尼公司发行了息票与公司几部电影的收益相挂钩的债券。类似地，"David Bowie 债券"的收益与其某些专辑的版税相关联。这些都是资产支持证券的实例，它们的共性在于将某种特定资产的收益用来支付债务。更为常见的资产支持证券有按揭证券以及汽车和信用可贷款支持证券。

3. 巨灾债券

管理东京迪士尼的东方乐园株式会社在 1999 年发行过一只债券，这只债券的最终支付额取决于在迪士尼附近是否发生过地震。一家名为 Winterthur 的瑞士保险公司发行过一只债券，如果在瑞士发生了严重的冰雹灾害导致该公司过度赔付，则该债券的收益会被削减。这类债券是将公司承担的"巨灾风险"向资本市场转移的一种手段。债券投资者由于承担了风险而获得了高息票的补偿。但是在灾难事件中，债权人会放弃全部或者部分投资。"灾难"可以用全部保险损失或者是飓风的风速和地震的里氏震级之类的指标表示。随着投保人寻求将自身的风险转移到更广阔的资本市场中去，巨灾债券在近些年发展十分迅猛。

4. 指数债券

指数债券的收益与一般价格指数或者是某类大宗商品的价格相联系。例如，墨西哥发行过一只收益取决于石油价格的债券。某些债券与一般物价水平相联系。美国财政部于 1997 年 11 月开始发行名为通货膨胀保值债券（TIPS）的通货膨胀指数债券。通过将债券面值与一般价格水平相联系，债券的息票收益和最终的面值偿还会直接依据消费者价格指数升高而提高。因此，这类债券的利率是无风险的实际利率。

第二节　债券价格的影响因素

一、债券的属性

债券的价格分析与债券自身的一些属性有着密切的联系。这些属性包括债券的到期时间（期限）、债券的息票率、债券的可赎回条款、税收待遇、市场的流通性、违约风险、可转换性和可延期性。其中任何一种属性的变化都会改变债券的到期收益率水平，从而影响债券的价格。下面采用局部均衡的方法，即在假定其他属性不变的条件下，分析某一种属性的变化对债券价格的影响。

（一）债券的到期时间

从式(8-1)～式(8-4)可以看出，当市场利率 r 和债券的到期收益率 y 上升时，债券的内在价值和市场价格都将下降。当其他条件完全一致时，债券的到期时间越长，债券价格的波动幅度越大。但是当到期时间发生变化时，债券的边际价格变动率将会递减。

例如，假定存在四种期限分别是 1 年、10 年、20 年和 30 年的债券，它们的面值均为100 元，息票率均为 6%，其他的属性也完全一样。如果起初的市场利率为 6%，由于债券的票面利率与市场利率相同，因此可知这 4 种债券的内在价值都是 100 元。如果相应的市场利率上升或下降，这 4 种债券的内在价值的变化如表 8-2 所示。

表 8-2　债券价格与到期时间之间的关系　　　　单位：元

相应的市场利率	期限			
	1 年	10 年	20 年	30 年
4%	102	116	127	135
5%	101	108	112	115
6%	100	100	100	100
7%	99	93	89	88
8%	98	86	80	77

如表 8-2 所示，当市场利率由现在的 6% 下降到 4% 时，四种期限的债券的价格分别上升 2 元、16 元、27 元和 35 元；相反，当市场利率由现在的 6% 上升到 8% 时，四种期限的债券的价格分别下降了 2 元、14 元、20 元和 23 元。与此同时，可以发现，当市场利率下降为 4% 时，1 年期债券的价格上升幅度与 10 年期债券的价格上升幅度相差 14 元，10 年期和 20 年期的债券上升后的价格相差 11 元，20 年期和 30 年期的债券上升后的价格相差 8 元。同理，当市场利率上升时，不同期限的债券其价格在下降，但随着期限越长，价格下降越慢。由此可见，由单位期限变动引起的边际价格变动率在递减。

以上分析的是不同期限债券的价格与到期时间的关系。对于同一只债券来说，随着到期时间的临近，其价格也是在不断变动的，称为债券的动态价格。

例如，几年前发行的某债券的市场利率和息票率都等于 7%，面值为 1 000 美元，现在离到期日还有三年时间，市场利率变为 8%，则此时债券合理的市场价格应为

$$\frac{70}{(1+8\%)}+\frac{70}{(1+8\%)^2}+\frac{70}{(1+8\%)^3}+\frac{1\ 000}{(1+8\%)^3}=974.23（美元）$$

又过了一年，债券的价格变为

$$\frac{70}{(1+8\%)}+\frac{70}{(1+8\%)^2}+\frac{1\ 000}{(1+8\%)^2}=982.17（美元）$$

因此，在距离债券到期三年时，如果投资者以 974.23 美元的价格买入，持有债券一年后，该投资者将获得 982.17－974.23＝7.94（美元）的资本收益，投资者这一年的总收益为利息加上资本利得总计 70＋7.94＝77.94（美元），这一年的持有期收益率为77.94/974.23＝8%，正好等于市场利率。

可见，当市场利率高于票面利率时，债券折价发行，并随着到期的临近将会升值，由

于利息支付不足以补偿资金的时间价值，投资者通过获得预期的资本收益来补足息票率与市场利率的差异，最终获得相当于市场利率的收益率；相反，溢价发行的债券价格随着到期的临近将会下跌，资本损失抵消了较高的利息收入，投资者仍然获得相当于市场利率的收益率。这两种债券的价格变动轨迹如图 8-1 所示。

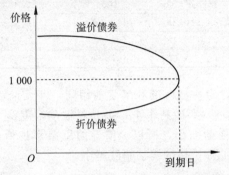

图 8-1　溢价债券和折价债券的价格变动轨迹

由图 8-1 可知，虽然利息收入与资本收益的比重有所不同，不同息票率的债券提供给投资者的收益率是相同的。在一个有效的资本市场上，经过税负调节和风险因素的调整后，各种债券的整体收益应该是相等的。否则，投资者就会卖掉收益率低的债券，买入收益率高的债券，导致相应债券价格的下降或上升，直到各种债券收益率相等为止。

零息票债券的价格变动有其特殊性。在到期日，债券价格等于面值，到期日之前，由于资金的时间价值，债券价格低于面值，并且随着到期日的临近而趋近于面值。如果利率恒定，则价格以等于利率值的速度上升。例如，30 年期的零息票债券，面值 1 000 美元，市场利率等于 10%，当前价格为 $1\,000/(1+10\%)^{30} = 57.31$（美元）。一年后，价格为 $1\,000/(1+10\%)^{29} = 63.04$（美元），比上一年增长了 10%。这种债券价格的变动轨迹如图 8-2 所示。

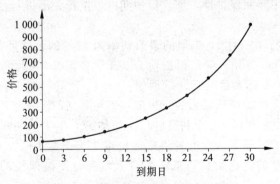

图 8-2　零息票债券的价格变动轨迹

（二）债券的息票率

债券的到期时间决定了债券的投资者取得未来现金流的时间，而息票率决定了未来现金流的大小。在其他属性不变的条件下，债券的息票率越低，债券价格的波动幅度越大。

例如，存在 5 种债券，期限均为 20 年，面值为 100 元，它们之间唯一的区别在于息票率，分别为 4%、5%、6%、7% 和 8%。假设初始的市场利率水平为 7%，那么，可以分别计算出各自的初始的内在价值。如果市场利率发生了变化（上升到 8% 和下降到 5%），相应地可以计算出这 5 种债券的新的内在价值，如表 8-3 所示。

表 8-3　债券价格波动与息票率之间的关系

息票率	市场利率（元）			价格变化率（7%～8%）	价格变化率（7%～5%）
	7%	8%	5%		
4%	68.22	60.73	87.54	−10.98%	28.32%
5%	78.81	70.55	100	−10.48%	26.89%
6%	89.41	80.36	112.46	−10.12%	25.78%
7%	100	90.18	124.92	−9.82%	24.92%
8%	110.59	100	137.39	−9.58%	24.23%

由表 8-3 可以直观地看出，当市场利率变动相同，即无论市场利率是上升还是下降，5 种债券中息票率最低的债券（票面利率 4%）其价格波动幅度最大，而随着息票率的提高，5 种债券的价格波动幅度逐渐缩小。所以，债券的息票率越低，债券价格的波动幅度越大；债券的息票率越高，债券价格的波动幅度越小。

（三）债券的可赎回条款

许多债券在发行时含有可赎回条款，该条款规定发行人有权在特定的时间按照某个价格强制从债券持有人手中将其赎回。发行这种含有可赎回条款的主体一般是公司企业，国家政府一般不发行这种债券。可赎回条款是有利于发行人的，在市场利率跌至比可赎回债券的票面利率低得多的时候，债务人如果认为将债券赎回并且按照较低的利率重新发行债券，比按现有的债券票面利率继续支付利息要划算，就会将其赎回。这种放弃高息债券，以低息债券重新融资的行为称为再融资。

赎回价格一开始可能高于债券面值，随着时间推移，逐渐与债券面值重合，但也可以一开始就与面值相等。发行人行使赎回权时，以赎回价格将债券从投资者手中收回。可赎回条款通常在债券发行几年之后才开始生效。这是因为赎回条款的存在制约了债券市场价格的上升空间，并且增加了投资者的交易成本，所以降低了投资者的投资收益率。为此，可赎回债券往往规定了赎回保护期，即在保护期内，发行人不得行使赎回权。常见的赎回保护期是发行后的 5～10 年。

例如，某企业发行了一种 10 年期的票面利率为 12% 的可赎回债券，其面值为 1 000 美元，赎回价格为 1 050 美元，赎回保护期为 5 年。如果 5 年后，5 年期的债券的息票率降低为 8%，该债券的发行人可能行使赎回权，并以 8% 的利率重新发行债券。这时，投资者的现金流发生了变化，即从原来的每年 120 美元利息（共 10 年）加第 10 年年末的本金（1 000 美元），改变为每年 120 美元利息（前 5 年）加第 5 年年末的赎回价格（1 050 美元）。假定在交易成本为零的情况下，投资者将赎回价格 1 050 美元再投资于息票率为 8% 的 5 年期债券，该投资组合的内在价值也低于发行人没有行使赎回权的内在价值，计算公式如下。

如果企业未行使赎回权，则债券的价格为（r 是市场利率）

$$D=\frac{120}{(1+r)}+\frac{120}{(1+r)^2}+\cdots+\frac{120}{(1+r)^{10}}+\frac{1\,000}{(1+r)^{10}}$$

企业行使赎回权后，投资者的投资组合价值为（r 是市场利率）

$$D=\frac{120}{(1+r)}+\frac{120}{(1+r)^2}+\cdots+\frac{120}{(1+r)^5}+\frac{84}{(1+r)^6}+\cdots+\frac{(84+1\,050)}{(1+r)^{10}}$$

所以，可赎回条款的存在降低了该类债券的内在价值，并且降低了投资者的实际收益率。一般而言，息票率越高，发行人行使赎回权的概率越大，即投资债券的实际收益率与债券承诺的收益率之间的差额越大，即投资者承担的风险越大。为弥补被赎回的风险，这种债券发行时通常有较高的息票率和较高的承诺到期收益率。含有可赎回条款的债券其利息率通常会高于不可赎回债券以补偿持有人承担的提前赎回风险，但不管怎样，多数投资者都不大接受可赎回债券，除非有诱人的补偿条款。

可用图形直观地反映可赎回条款对债券价格的影响。例如，30 年期的债券以面值 1 000 美元发行，息票率为 8%。在图 8-3 中，AA' 曲线表示不包含赎回条款的债券，其价格随市场利率的下降而上升。曲线 BB' 表示的是包含可赎回条款的债券，且赎回价格是 1 100 美元，其价格曲线存在一个拐点。这是因为当市场利率下降时，债券未来支付的现金流的现值增加，当这一现值大于赎回价格时，发行者就会赎回债券，因此债券的价格不会一直上升，投资者也会因为债券的赎回蒙受损失。当利率较高时，可赎回债券被赎回的概率很小，此时曲线 AA' 与 BB' 相交。

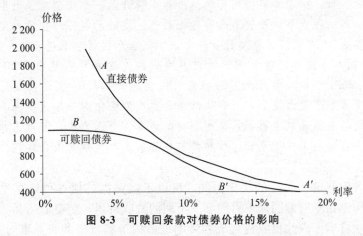

图 8-3 可赎回条款对债券价格的影响

当利率下降时，AA' 与 BB' 开始逐渐分离，它们之间的差异反映了公司实行可赎回权的价值。当利率很低时，债券最终被赎回，债券价格变成赎回价格 1 100 美元。

面对可赎回条款，投资者更关注的是可赎回债券的赎回收益率而非到期收益率。下面通过计算来说明两者的不同。例如，30 年期的可赎回债券，发行价为 1 150 美元，息票率 8%（以半年计息），赎回保护期为 10 年，赎回价格 1 100 美元，则赎回收益率为

$$1\ 150 = \frac{40}{(1+r)} + \cdots + \frac{40}{(1+r)^{20}} + \frac{1\ 100}{(1+r)^{20}}$$

可得 $r = 6.64\%$。

到期收益率即 YTM 的计算为

$$1\ 150 = \frac{40}{(1+\text{YTM})} + \cdots + \frac{40}{(1+\text{YTM})^{60}} + \frac{1\ 100}{(1+\text{YTM})^{60}}$$

可得，YTM $= 6.82\%$。

赎回收益率也称为首次赎回收益率，它假设公司一旦有权利就执行可赎回条款。但债券的溢价折价发行也会影响公司的赎回决策，如果债券折价较多，价格远低于赎回价格，当市场利率下降，即使债券价格升高也不会高于赎回价格，公司就不会赎回债券，也就是说折价债券提供了隐性赎回保护；反之，溢价债券由于发行价较高，极易被收回。所以，对溢价债券投资者主要关注赎回收益率，而对折价债券主要关注到期收益率。

阅读专栏

我国可转换债券的发展

我国发行可转换债券的探索始于 20 世纪 90 年代。1991 年 8 月，琼能源发行了 3 000 万元可转换债券，这是我国最早的可转换债券。随后，一些公司也开始在国内或国外发行可转换债券，但是整个可转换债券的发行规模并不大。1997 年 3 月 25 日国务院证券委员会发布了《可转换公司债券管理暂行办法》，该办法明确了上市公司以及非上市重点国有企业均可发行可转债。

1999 年虹桥机场可转换债券和 2000 年鞍钢新轧可转换债券成功发行并上市。2001 年 4 月 26 日，中国证监会发布《上市公司发行可转换公司债券实施办法》后，江苏阳光成为首家发行可转债的上市公司。此后，深万科、南京水运等陆续发行了可转换债券。2003 年，雅戈尔可转债的上市，标志着我国的可转换债券市场进入一个高速发展时期。可转债已经成为我国上市公司一种重要的融资工具和投资品种。我国上市公司在境内发行可转换债券的指导法规主要是《上市公司证券发行管理办法》和《证券发行与承销管理办法》。

自 2017 年始，我国可转债市场开始以井喷式的速度发展，其中 2020 年一共发行了 192 只可转债，2021 年，A 股市场可转债发行规模达 2 771.67 亿元，可见我国可转债的接受度和认可度得到了较大提高，可转债融资已然成为企业的一个重要融资工具。可转债与普通债券相比，其融资成本更低，发行公司的还本付息压力小；与股票相比，发行可转债所受的限制少，发行条件更宽松。可转债的这些优点，受到众多企业和投资者的追捧。

（四）税收待遇

由于世界各国制定和实行的法律不同，所以不同种类的债券可能享受不同的税收待遇，即使同种债券在不同的国家也可能享受不同的税收待遇。利息收入是否纳税直接影响着投资的实际收益率，因此税收待遇成为影响债券的市场价格和收益率的一个重要因素。例如，美国法律规定，地方政府债券的利息收入可以免缴联邦收入所得税，所以地方政府债券的名义到期收益率往往比类似的但没有免税待遇的债券要低 20%～40%。美国的税收当局认为，初始折价发行的债券，如零息债券，虽然没有支付利息，但在债券到期时按照面额兑付。这种价格升值对持有者来说是一种隐性的利息收入，即使没有发生债券交易或到期，也应归入该年度的税基。如果发生债券交易，由市场利率变动引起的额外的损失或收益被视为资本损益。下面通过计算来分析税收待遇对债券持有者收益的影响。

例如，某 30 年期的零息票债券，面值为 1 000 美元，市场利率 10%，则发行价为 $1\,000/(1+10\%)^{30} = 57.31$（美元）。一年后，如果市场利率不变，则债券价格为 $1\,000/(1+10\%)^{29} = 63.04$（美元），价差为 $63.04 - 57.31 = 5.73$（美元）作为利息收入来纳税；如果市场利率下降为 9%，则债券价格变为 $1\,000/(1+9\%)^{29} = 82.15$（美元）。此时，若债券被卖掉，债券持有者获得 $82.15 - 63.04 = 19.11$（美元）的资本收益，需按照相应税率纳税；若债券没有被卖掉，则 19.11 美元的价差作为未实现的资本收益无须纳税。

（五）市场的流通性

债券的流通性，是指债券投资者将手中的债券变现的能力。如果债券很容易变现，并且没有遭受变现所可能带来的损失，那么这种债券的流通性就比较高；反之，如果债券变现速度很慢，或者为了迅速变现必须为此承担额外的损失，那么这些债券的流动性就比较慢。例如，尽管凡·高的作品在世界上享有很高的声誉，但是如果某收藏家计划在一个小时内出售其收藏的凡·高作品，那么，其成交价格一定大大低于该作品应有的价值。相比之下，债券的流动性远远高于上述收藏品。

债券的流动性高低通常通过债券的买卖差价来反映。买卖差价较小的债券流动性比较高；反之，流动性较低。这是因为债券的经纪人市场是绝大多数的债券的交易场所。对于经纪人来说，流动性高的债券易于变现，因此风险低于流动性低的债券，因此买卖差价也小于流动性低的债券。所以，在其他条件不变的情况下，债券的流动性与债券的名义的到期收益率之间呈反比例关系，即流动性高的债券的到期收益率比较低，反之亦然。相应地，债券的流动性与债券的内在价值呈正比例关系，流动性高的债券其价格也较高。

（六）违约风险

债券的违约风险是指债券发行人未履行契约的规定支付债券的本金和利息，给债券投资者带来损失的可能性。债券评级是反映债券违约风险的重要指标。世界上债券市场最发达的国家是美国，其拥有的债券评级机构也最多。其中，最权威、最著名的两家评级机构当属标准普尔公司和穆迪投资者服务公司。这两家机构拥有详尽的资料，采用先进科学的分析技术，又有丰富的实践经验和大量专门人才，因此它们所做出的信用评级具有很高的权威性。标准普尔和穆迪对于债券评级分类略有不同，但是基本上都将债券分成两类：投资级和投机级。投资级的债券信誉较高，风险较小，具有投资价值。标准普尔公司和穆迪投资者服务公司分别将 AAA、AA、A、BBB 和 Aaa、Aa、A、Baa 四个级别的债券定义为投资级债券。BB 级以下（标准普尔）和 Ba 级以下（穆迪）的债券被定义为投机级债券，这类债券信誉低、风险高，投资于这类债券具有极高的投机性。有时人们将投机级的债券称为垃圾债券，将由发行时的投资级转变为投机级的债券形象地称为失落的天使。政府债券由于有政府的背书，其违约风险比包括 AAA 级在内的公司债券的违约风险要低；在政府债券内部，中央政府债券的违约风险低于地方政府债券；在公司债券内部，AAA 级的债券的违约风险最低，并随着评级的降低，违约风险不断上升。由于债券存在违约风险，投资者必然要求获得相应的风险补偿，即较高的投资收益率。所以，债券违约风险与收益率成正比，违约风险越高，债券投资收益率也应该越高。

对于有违约风险的债券，投资者更关注的是期望的到期收益率，因为债券承诺的到期收益率不一定能够实现，只是一种可能的最大收益率。例如，一家公司 20 年前发行的债券，面值为 1 000 美元，息票率为 9%（以半年计息），还有 10 年到期。公司陷入了财务困境，投资者预期公司可保证利息支付，但到期公司将被迫破产，投资者只能得到面值的 70%，则承诺的到期收益率为

$$750 = \frac{45}{(1+r)} + \cdots + \frac{45}{(1+r)^{20}} + \frac{1\ 000}{(1+r)^{20}}$$

可得，$r = 13.7\%$。

债券期望的到期收益率为

$$750 = \frac{45}{(1+r')} + \cdots + \frac{45}{(1+r')^{20}} + \frac{700}{(1+r')^{20}}$$

可得，$r' = 11.6\%$。

如果公司保持了清偿力，有风险债券就会获得比无风险债券更高的实际收益率；如果公司破产，则前者获得的收益率可能会低于后者。

阅读专栏

垃圾债券的兴起

垃圾债券最早起源于美国，在 20 世纪二三十年代就已存在。70 年代以前，垃圾债券

主要是一些小型公司为开拓业务筹集资金而发行的，由于这种债券的信用受到怀疑，问津者较少，70年代初其流行量还不到20亿美元。70年代中后期，迈克尔·米尔肯，一位年轻的证券分析师，他研究发现传统的华尔街投资者在选择贷款或投资对象的时候只看重那些过去业绩优良的企业，往往忽视了它们未来的发展势头，并由此开始了他的"垃圾债券"的投资之路。米尔肯在德雷克斯投资公司成立了专门经营低等级债券的买卖部。他四处游说，寻找愿意购买"垃圾债券"的人，德雷克斯公司再把这些人变成"垃圾债券"的发行人，很快经他推荐的机构投资者投资的"垃圾债券"的年收益率达到了50%。垃圾债券逐渐成为投资者狂热追求的投资工具。80年代中期，垃圾债券市场急剧膨胀，迅速达到鼎盛时期。在整个80年代，美国各公司发行垃圾债券1 700多亿美元，其中德雷克斯投资公司就发行了800亿美元，占47%。1988年，垃圾债券总市值已经高达2 000亿美元。1983年，德雷克斯投资公司收益仅10多亿美元，但到了1987年，该公司就成为华尔街盈利最高的公司，收益超过40亿美元。迈克尔·米尔肯也因此有了"垃圾债券之神"和"魔术师"之称。

（七）可转换性

可转换债券的持有者可用债券来交换一定数量的普通股股票。本质上讲，可转换债券是在发行公司债券的基础上，附加了一份期权，允许购买人在规定的时间范围内将其购买的债券转换成指定公司的股票。每单位债券可换得的股票股数称为转换率，可换得的股票当前价值称为市场转换价值，债券价格与市场转换价值的差额称为转换损益。例如，债券价格为1 000美元，转换率为40，当前股价每股20美元。此时若行使转换权，投资者将损失1 000－40×20＝200（美元），因此投资者不会实行转换权。如果股价升至每股30美元，投资者将获得转换收益40×30－1 000＝200（美元）。可见，投资者可以从公司股票的升值中受益。

所以，可转换债券息票率和承诺的到期收益率通常较低。但是，如果从转换中获利，则持有者的实际收益率会大于承诺的收益率。

（八）可延期性

可延期债券是一种较新的债券形式。与可赎回债券相比，可赎回债券对发行者有利，而可延期债权是对投资者有利。如果市场利率低于息票率，投资者将选择继续拥有债券；反之，如果市场利率上升，超过了息票率，投资者将放弃这种债券，收回资金并将资金投资于其他收益率更高的资产。可延期债券给予持有者一种终止或继续拥有债券的权利，这一规定有利于投资者，因此可延期债券的息票率和承诺的到期收益率较低。

综上所述，债券的属性与债券价格之间的关系如表8-4所示。

表8-4 债券属性与债券价格的关系

债券属性	与债券价格的关系
债券的到期时间	当市场利率调整时，期限越长，债券的价格波动幅度越大；随着期限的延长，单位期限的债券价格的波动幅度递减
债券的息票率	当市场利率调整时，息票率越低，债券的价格波动幅度越大
债券的可赎回条款	含有可赎回条款的债券对发行者有利，当债券被赎回时持有者蒙受损失。作为补偿，易被赎回的债券的名义收益率比较高，价格较低；不易被赎回的债券的名义收益率比较低，价格较高
税收待遇	享受税收优惠待遇的债券的收益率比较低，价格较高；无税收优惠待遇的债券的收益率比较高，价格较低
市场的流通性	流动性与收益率成反比。流动性高的债券，其收益率比较低，价格较高；流动性低的债券其收益率比较高，价格较低

续表

债券属性	与债券价格的关系
违约风险	违约风险与收益率成正比。违约风险高的债券，为弥补违约风险，其收益率比较高，价格较低；违约风险低的债券，收益率比较低，价格较高
可转换性	可转换债券对于持有者有利，其收益率比较低，价格较高；不可转换债券的收益率比较高，价格较低
可延期性	可延期债券对于投资者有利，其收益率比较低，价格较高；不可延期的债券收益率比较高，价格较低

二、影响债券价格的市场因素

债券的理论价格由债券的内在价值即现值所决定，但债券的市场价格又经常背离它的理论价格而不断变化。引起债券市场价格变动的主要因素有两个：市场利率和债券的供求关系。实际上，影响债券价格变化的具体因素有很多，因为一切影响市场利率和供求关系的因素都会引起债券价格的变化。

（一）市场利率

债券的市场价格和市场利率呈反方向变动。若市场利率上升，超过债券票面利率，债券持有人将以较低价格出售债券，将资金转向其他利率较高的金融资产，从而引起债券的需求减少，债券价格下降；反之，若市场利率下降，债券票面利率相对较高，则债券对于投资者来说更具吸引力，资金流向债券市场，引起债券价格上升。

（二）供求关系

供求关系是一切商品价格高低的直接原因，债券也不例外。债券的供给是指新债券的发行和已发行债券的出售。如果新债券的发行数量适中，发行条件合适，则它可以被顺利吸收，不会对市场构成压力；相反，如果债券发行量巨大，发行条件不适当，则会给债券市场带来压力，造成不利影响。老债券的出售和对债券的需求受投资者的投资意向影响，投资者通过对各种金融资产风险和收益的分析和比较而加以选择，当某种投资选择成为众多投资者的共识并形成群体行为时，或者当法人投资者做出重大决策时，会在很大程度上影响债券行情。

（三）社会经济发展状况

债券价格会伴随社会经济发展的不同阶段而波动。在经济景气阶段，企业会增加投资，从而增加对资金的需求。首先企业会减少持有的国债、金融债券和其他公司债券，将它们转化为现金；其次，企业会增加银行贷款，或者发行新的企业债券。银行等金融机构也会因企业贷款增加而感到资金紧张，从而减少对证券市场的投资或发行金融债券以筹措资金。因此，当经济处于发展时期时，债券的需求量减少，供应量增加，这势必会导致债券价格下降，利率上升；相反，在经济衰退时期，企业和金融机构对资金需求减少，出现资金过剩的情况。企业和金融机构会将这些闲置资金转向债券投资，并减少对债券融资的需求。因此在经济不景气阶段，债券需求增加，供给减少，导致债券价格上升，利率下降。

（四）财政收支状况

财政收支状况对债券价格亦有重大影响。当财政资金宽松时，经常会有剩余的资金，这样会增加银行存款，并有可能买入一些金融债券和企业债券以提高资金收益，因此对债券需求的增加会推动债券价格上升；当财政资金紧张并有赤字时，财政会减少结余或减少各项支出，或通过发行政府债券来弥补财政赤字，这样会带动整个社会资金紧张并大量增加债券供应，从而使债券价格下跌。

（五）货币政策

中央银行为实现货币政策目标而采取的政策手段会对金融市场产生巨大而深远的影响，债券的价格也会因此变动。各国中央银行的政策手段主要由存款准备金制度、再贴现政策以及公开市场操作等。中央银行通过调整存款准备金比率直接调节银根的松紧，当提高存款准备金率时，资金会趋于偏紧，利率会上升，债券发行增加，对债券的需求下降，债券价格也会随之下降；反之，当中央银行降低存款准备金率时，债券价格会上升。中央银行提高再贴现率同样会直接引起市场利率提高，债券价格会下降；相反，当中央银行降低再贴现率时，市场利率随之下降，导致债券价格上升。中央银行进行公开市场操作业务，会直接影响债券供求状况。当中央银行想要采取紧缩的货币政策时，会在金融市场上抛售债券，从而使债券供给增加，债券价格下降；当中央银行想要放松银根，放宽货币政策时，央行会在金融市场上大量买入债券，从而使债券需求增加，引起债券价格上升。

（六）国际间利差和汇率变化

对于开放型的金融市场来说，本国货币与外国货币间的汇率变化以及国内市场与国外市场利率的变化也是影响债券价格的重要因素。当本国货币有升值预期时，本国资本市场会更具吸引力，因此国外资金会流入本国市场，从而增加本币债券的需求；当本国货币有贬值预期时，国内资本市场由于不具有吸引力，资金会从国内转移至国外，从而使本币债券的投资减少。同样，投资者也会对本国市场利率与外国市场利率加以比较，资金会流向利率高的国家和地区，导致国内债券市场供求的变化和价格变化。

阅读专栏

人民币国际化及利率市场化对债市的影响

2015 年，我国从多个方面深入推进金融改革，利率市场化基本完成，人民币国际化更进一步，金融对外开放程度显著提高，与我国进行跨境人民币收付的国家继续增加，更多国家或地区的中央银行与我国签订人民币清算协议，更多境外机构获准进入我国银行间市场，更多央行和货币当局将人民币纳入外汇储备。人民币跨境收付规模显著扩大，人民币使用范围继续扩大，人民币跨境使用更加便利，跨境投资管制继续放松，内地资本市场与全球资本市场互动加强，加入特别提款权(SDR)货币篮子以后人民币汇率双向波动将成为新常态。利率市场化与人民币国际化相辅相成、相互促进，有助于推动境外债券市场的发展，拓展境外投资渠道。

第三节 债券定价原理

根据上一节的讨论，我们可以总结出债券定价原理，并讨论与债券定价原理有关的债券的两个重要特性：久期(duration)和凸性(convexity)。

一、债券定价原理

1962 年，麦尔齐(B. G. Malkiel)最早系统地提出了债券定价的五个原理。至今，这五个原理仍然被视为债券定价理论的经典。

（一）原理一

债券的价格与债券的收益率成反比。换句话说，当债券价格上升时，债券的收益率下降；反之，当债券价格下降时，债券的收益率上升。

例如，某 5 年期的债券 A，面值为 1 000 美元，每年支付利息 80 美元，即息票率为 8%。如果现在的市场价格等于面值，意味着它的收益率等于息票率 8%。如果市场价格上升到 1 100 美元，它的收益率下降为 5.76%，低于息票率；反之，当市场价格下降到 900 美元时，它的收益率上升到 10.98%，高于息票率。

$$1\,000 = \frac{80}{(1+0.08)} + \cdots + \frac{80}{(1+0.08)^5} + \frac{1\,000}{(1+0.08)^5}$$

$$1\,000 = \frac{80}{(1+r_1)} + \cdots + \frac{80}{(1+r_1)^5} + \frac{1\,000}{(1+r_1)^5}$$

可得，$r_1 = 0.057\,6$。

$$900 = \frac{80}{(1+r_2)} + \cdots + \frac{80}{(1+r_2)^5} + \frac{1\,000}{(1+r_2)^5}$$

可得，$r_2 = 0.109\,8$。

（二）原理二

当债券的收益率不变，即债券的息票率与收益率的差额固定不变时，债券的到期时间与债券价格的波动幅度成正比关系。换言之，到期时间越长，价格波动幅度越大；反之，到期时间越短，价格波动幅度越小。这个原理不仅适用于不同债券之间的价格波动的比较，而且可以解释同一债券的期满时间的长短与其价格波动之间的关系。其中，债券之间的比较在第二节中已有阐述。下面分析原理二在同一债券中的运用。

例如，某 5 年期的债券 B，面值为 1 000 美元，年息票率为 6%，即每年向投资者支付利息 60 美元。如果它的发行价格低于面值，为 833.31 美元，意味着收益率为 9%，高于息票率；如果一年后，该债券的收益率维持在 9% 的水平不变，它的市场价格将为 902.81 美元。这种变动说明了在维持收益率不变的条件下，随着债券期限的临近，债券价格的波动幅度从 1 000−883.31=116.69(美元)减少到 1 000−902.81=97.19(美元)，两者的差额为 19.5 美元，占面值的 1.95%。具体计算公式为

$$833.31 = \frac{60}{(1+0.09)} + \cdots + \frac{60}{(1+0.09)^5} + \frac{1\,000}{(1+0.09)^5}$$

$$902.81 = \frac{60}{(1+0.09)} + \cdots + \frac{60}{(1+0.09)^4} + \frac{1\,000}{(1+0.09)^4}$$

（三）原理三

随着债券到期时间的临近，债券价格的波动幅度减少，并且是以递增的速度减少；反之，到期时间越长，债券价格波动幅度增加，并且是以递减的速度增加。这个定理同样适用于不同债券之间的价格波动的比较，以及同一债券的价格波动与其到期时间的关系。其中，不同债券之间的价格波动的比较，同样参见第二节的"到期时间"部分，详见表 8-1。

例如，沿用上例中的债券。假定两年后，它的收益率仍然为 9%，当时它的市场价格将为 924.06 美元，该债券的价格波动幅度为 1 000−924.06=75.94(美元)。与上例中的 97.19 美元相比，两者的差额为 21.25 美元，占面值的比例为 2.125%。所以，第一年与第二年的市场价格的波动幅度 1.95% 小于第二年与第三年的市场价格的波动幅度 (2.125%)。第二年后的市场价格计算公式为

$$924.06 = \frac{60}{(1+0.09)} + \cdots + \frac{60}{(1+0.09)^3} + \frac{1\,000}{(1+0.09)^3}$$

（四）原理四

对于期限既定的债券，债券收益率的下降会引起债券价格上升，且上升幅度要超过债券收益率以同样比率上升而引起的债券价格下跌的幅度。换言之，对于同等幅度的收益率变动，收益率下降给投资者带来的利润大于收益率上升给投资者带来的损失。

例如，某 5 年期的债券 C，面值为 1 000 美元，息票率为 7%。假定发行价格等于面值，那么它的收益率等于息票率 7%。如果收益率变动幅度定为 1 个百分点，当收益率上升到 8% 时，该债券的价格将下降到 960.07 美元，价格波动幅度为 1 000－960.07＝39.93（美元）；反之，当收益率下降到 6%，该债券的价格将上升到 1 042.12 美元，价格波动幅度为 42.12 美元。很明显，同样 1% 的收益率变动，收益率下降导致的债券价格上升幅度 42.12 美元大于收益率上升导致的债券价格下降幅度 39.93 美元。具体计算如下：

$$1\ 000=\frac{70}{(1+0.07)}+\cdots+\frac{70}{(1+0.07)^5}+\frac{1\ 000}{(1+0.07)^5}$$

$$960.07=\frac{70}{(1+0.08)}+\cdots+\frac{70}{(1+0.08)^5}+\frac{1\ 000}{(1+0.08)^5}$$

$$1\ 042.12=\frac{70}{(1+0.06)}+\cdots+\frac{70}{(1+0.06)^5}+\frac{1\ 000}{(1+0.06)^5}$$

（五）原理五

对于给定的收益率变动幅度，债券的息票率与债券价格的波动幅度之间成反比关系。换言之，息票率越高，债券价格的波动幅度越小。在第二节的息票率部分，曾经分析过这种现象。下面再举一个例子。

例如，与上例中的债券 C 相比，某 5 年期的债券 D，面值为 1 000 美元，息票率为 9%，比债券 C 的息票率高 2 个百分点。如果债券 D 与债券 C 的收益率都是 7%，那么债券 C 的市场价格等于面值，而债券 D 的市场价格为 1 082 美元，高于面值。如果两种债券的收益率都上升到 8%，它们的价格无疑都将下降，债券 C 和债券 D 的价格分别下降到 960.07 美元和 1 039.93 美元。债券 C 的价格下降幅度为 3.993%，债券 D 的价格下降幅度为 3.889%。很明显，债券 D 的价格波动幅度小于债券 C。

债券 C 的价格波动幅度：

$$1\ 000=\frac{70}{(1+0.07)}+\cdots+\frac{70}{(1+0.07)^5}+\frac{1\ 000}{(1+0.07)^5}$$

$$960.07=\frac{70}{(1+0.08)}+\cdots+\frac{70}{(1+0.08)^5}+\frac{1\ 000}{(1+0.08)^5}$$

债券 D 的价格波动幅度：

$$1\ 082=\frac{90}{(1+0.07)}+\cdots+\frac{90}{(1+0.07)^5}+\frac{1\ 000}{(1+0.07)^5}$$

$$1\ 039.93=\frac{90}{(1+0.08)}+\cdots+\frac{90}{(1+0.08)^5}+\frac{1\ 000}{(1+0.08)^5}$$

阅读专栏

绿色金融与地方债市场将成为投融资改革双引擎

2016 年年初，国务院发布的《关于深入推进新型城镇化建设的若干意见》中，明确提出加快推进绿色城市的意见。稳步推进城市绿色转型，以城市群为基础，实现大中小城市和城镇的协调发展，已经成为各方共识。新型城镇化需要积极的财政政策与货币政策协调配合来推动。地方政府必然需要在基础设施、公共服务和保障性住房建设等方面进行大量投资，融资和再融资压力巨大。在推进城市绿色化转型的过程中，如何解决地方政府投资拉动经济的资金缺口问题，建立地方政府市场化的投融资机制，降低财政风险和金融风险，发展地方政府债券市场，满足政府层面和企业层面等多元化的资金保障成为关注热点。

从国际经验来看，市政债的发行可以很好地解决地方政府城镇化环保产业投融资的问题。未来我国地方政府如何通过绿色市政债的发行，引导投资进入绿色基础设施和环保等产业，创新推进绿色城市化的发展，值得我们从不同层面深入探讨。

在"新常态"经济环境下，推动"一带一路"、区域经济合作和基础设施城镇化建设，地方政府投融资与信用体系也成为发展战略中重要因素。其原因有三：一是全球财政分权化的趋势；二是全球化、资本流动以及金融市场发展等因素；三是发展中国家经济发展和快速城镇化进程下大规模基础设施融资需要。在投资、消费、出口"三驾马车"中，在投资拉动促进经济增长的同时，应将投融资责任更多地从中央政府转移至地方政府，地方政府必须强化预算管理和债务风险管理，引导民营资本投资公共服务部门和基础设施，促进地区经济的发展，而推动地方政府债券市场的发展至关重要。

考虑到我国各地方政府财政状况和金融生态环境存在巨大的差异，未来地方政府发债必须遵循渐进的原则。逐步完善以法律法规为基础，以信息披露为核心，以规模控制、信用评级、风险预警、偿债基金、危机化解等为手段的风险监控框架体系，在政府层面为有效防范市政债券风险提供源头性保障。从金融市场发展的角度，要完善发行与定价机制、机构投资者层次、投资项目管理与评估、信用增进与保险、担保机制、监管的协调机制等制度框架。

资料来源：安国俊. 绿色金融与地方债务市场将成投融资改革双引擎[N]. 证券时报，2016-7-22.

二、久期

在上一章中已经介绍过久期的概念，在这里我们再简要复习一下：久期是指以现值所表现的金融工具价值的平均期限，这可按照收到的现金流的加权平均时间来计算

$$D = \left[\sum C_t \times t (1 + R_t)^{-t} \right] / P \qquad (8-6)$$

式(8-6)表示金融工具利息收入的现值与金融工具现值之比。式中，D 表示久期；t 表示金融工具期限；C_t 表示金融工具在时期 t 中的现金流；R_t 表示贴现率，即时期 t 中的市场利率；P 表示金融工具的现值。

久期有以下几个性质：

(1) 贴现债券或者零息票债券的久期等于它们的到期时间；

(2) 到期时间相同时，息票率和债券久期呈反向关系；

(3) 当票面利率不变时，债券久期直接与到期时间长短呈正向关系；

(4) 其他因素都不变，债券的久期和到期收益率呈反方向变化；

(5) 统一公债，即无限期债券的久期为 $1 + \dfrac{1}{y}$。

从久期的计算公式中可以看出，它对于所有的现金流都采用了同一个折现率，这也意味着不同期限的利率是相同的，即利率期限结构是水平的。然而在现实生活中，水平的利率期限结构只是少数特殊的情况，大多数的利率期限结构还是呈现上升趋势的。另外，采取久期方法对债券价格利率风险的敏感性进行测量是建立在价格变化和收益率变化之间线性关系的基础上，但实际上，价格与收益率之间的变化关系很可能是非线性的，只有当收益率的变化幅度很小时，久期所代表的线性关系才成立。

三、凸性

由债券定价原理四可知，债券价格随利率下降而上升的数额要大于债券价格随利率上升同样幅度而下降的数额。由此可以说明这种关系的曲线性。这种价格反映的不对称性就是著名的凸性理论：债券价格随着利率变化而变化的关系接近于一条凸函数，而不是一条直线函数。

如图 8-4 所示，当收益率从 Y_2 下降到 Y_1 时，债券的价格上升幅度为 $P^+ - P_0 = P'$；当收益率从 Y_2 上升到 Y_3 时，债券价格的下降幅度为 $P_0 - P^- = P''$。由此可见，对于价格的相同变化 P' 与 P''，价格上升引起的收益率下降幅度要小于价格下降引起的收益率上升幅度，反映在图形上即为债券收益率与价格关系的曲线凸向原点，即债券的凸性。

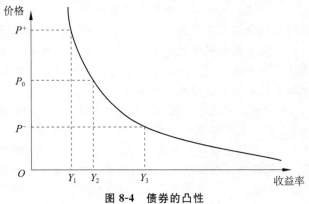

图 8-4　债券的凸性

10 年期零息票到期收益率为 10% 的债券的已得价格变化和以久期为基础对债券价格变化的预期相比较，如图 8-5 所示，说明了凸性对价格收益关系的影响。

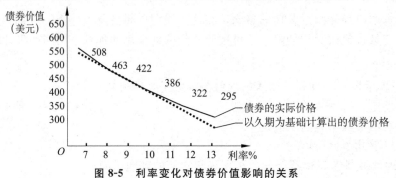

图 8-5　利率变化对债券价值影响的关系

如前所述，零息票债券的久期与其期限相同。因此图中债券的久期与期限一样也是 10年，而且其变化关系是一条直线，这条直线是当前到期收益率为 10% 时价格变化曲线的切线。需要注意的是，在利率高于或低于 10% 时，以久期为基础的估计与由利率导出的债券价格之间存在一定差异，利率偏离 10% 越远差异越大。这是因为当利率不是 10% 时，估计的直线将在债券价格变化的曲线之下。

久期可以被看作债券价格对利率小幅波动敏感性的一阶估计，而图形则是对债券价格利率敏感性的二阶估计，或是对债券久期利率敏感性的测量，它可以对久期估计的误差进行有效校正。凸性可以通过计算久期对利率的导数或债券价格对利率的二阶导数再除以债券的价格得到：

$$C = -\frac{\mathrm{d}D}{\mathrm{d}r} = \frac{1}{P} \times \frac{\mathrm{d}^2 P}{\mathrm{d}r^2} = \frac{1}{P} \times \frac{1}{(1+r)^2} \sum_{t=1}^{T} \frac{t(1+t)C_t}{(1+r)^t} \tag{8-7}$$

考虑了凸性问题后，收益率变动幅度与价格变动率之间的关系可以重新写为

$$\frac{\Delta P}{P} = -D^* \, \mathrm{d}r + \frac{1}{2} C (\mathrm{d}r)^2 \tag{8-8}$$

由债券的凸性可知，对于相同的变化幅度，收益率下降导致的债券价格上升的幅度大于收益率上升导致的债券价格下降的幅度。债券的凸性越大，上述效应越明显。因此，具有较高凸性的债券会受到市场的欢迎而具有相对较高的价格。当给定收益率和久期时，债券的息票率和凸性呈反向关系，债券的息票率越高，凸性越低。因此在同样久期的条件下，零息债券具有最低的凸性。

债券的久期和凸性都可以用来描述债券收益率与债券价格之间的反向关系。使用久期衡量时假设债券价格与收益率之间的反向关系是线性的，因此久期只是一个近似的估计。当收益率变动幅度比较小时，这种近似的估计误差也比较小，此时久期公式能够比较准确地反映债券价格的变动。实际上，债券的价格与收益率之间是非线性的反向变化关系，即债券的凸性。换言之，债券的凸性能够准确地衡量债券价格与收益率之间的非线性变动关系。

阅读专栏

凸性的应用

在定位一个有关期限的投资组合时，债券经理们习惯上采用三种方法：期限集中法、梯形法和杠铃法。

当经理们对利率有确定的看法时，使用期限集中投资组合。期限集中投资组合，即子弹型组合，就是集中投资中等期限的债券，由于中间突出，所以叫子弹型。

梯形投资法就是将全部投资资金平均投放在各种期限的证券上的一种组合方式，买入市场上各种期限的证券，每种期限购买数量相等，当期限最短的证券到期后，用所兑现的资金再购买新发的证券，这样循环往复，投资者始终持有各种到期日证券，并且各种到期日的数量都是相等的。这种情况反映在图形上，形似间距相等的阶梯，故称梯形投资法。这种方法的特点是计算简单，收益稳定，便于管理，但不便于根据市场利率变动转换证券。

杠铃投资法是集中将资金投资于债券的两个极端：为了保证债券的流动性而投资于短期债券，为确保债券的收益性而持有长期债券，不买入中期债券，并随市场利率变动不断调整资金在两者之间的分配，以保持证券头寸的一种投资组合方法。例如，当一个经理预期利率将下降时，他将集中长期限的债券，因为这种债券价格上涨最多。相反，当预期利率上升时，将集中短期限债券以防止债券价格下降。当收益率曲线扁平时，杠铃形结构具有特别的吸引力。通过侧重于期限的两个极端——长期和短期，使其回报有可能超过梯形投资组合或者集中于中间期限的债券。这种提高回报可能性的原因之一就是凸性，凸性对于长期债券最为明显。

本章小结

债券是关于借贷安排的协议。借款人为一定适量的现金向出借人发行债券，债券即相当于借款人的"借据"。这种约定使发行人（借款人）有义务在既定的日期向债券持有者支付指定数额款项。

债券有三种基本形式：零息债券是不付息的债券，这类债券通常以贴现方式发行，于到期日时按面值向投资者一次性支付本利的债券，因此零息债券也称为贴现债券；定息债券又称直接债券或固定利息债券，这类债券按照票面金额计算利息，投资者不仅可以在债券期满时收回本金（面值），而且还可以定期获得固定的利息收入；统一公债是一种没有到期日，定期发放固定债息的一种特殊债券。

当债券内在价值高于债券市场价格时，该债券的价格被低估；反之，债券的价格被高估。另一种判断债券价格高估或低估的方法是比较债券承诺的到期收益率与根据债券风险确定的到期收益率。如果前者低于后者，该债券价格被高估；反之，债券价格被低估。

债券的属性是债券价值分析中非常重要的一些因素，它包括债券的到期时间、债券的息票率、债券的可赎回条款、债券的税收待遇、债券的流通性、债券的违约风险、债券的可转换性以及债券的可延期性。债券任何一种属性的变化都会引起债券价值的变化。

当市场利率调整时，债券的期限越长，息票率越低，债券价格的波动幅度越大；可赎回的债券和无税收优惠待遇的债券的收益率较高；可转换和可延期的债券的收益率较低；债券收益率与债券的违约风险成正比，与债券的流动性成反比。

执行可赎回条款，将使债券实际收益率低于承诺收益率，所以对于易被赎回的溢价债券，投资者更为关注债券的赎回收益率。

影响债券价格变化的外部因素也有很多，因为一切影响市场利率和供求关系的因素都会引起债券价格的变化，这些因素包括市场利率、供求关系、社会经济发展状况、财政收支状况、货币政策以及国际间利差和汇率变化。

债券属性与债券价格之间的关系可以归纳为债券定价的五个原理。

债券的久期和凸性都反映了债券的价格与收益率之间的反比关系。债券的久期认为债券价格与收益率之间的反比关系是线性的。凸性的衡量是基于债券价格与收益率之间的反比关系是非线性的。

本章重要概念

债券　零息债券　定息债券　统一公债　票面利率　到期收益率　可赎回条款
赎回收益率　可转换债券　债券久期　债券凸性

思考题和在线自测

本章复习思考题

在线自测

第九章　股票价值分析

学习目标

1. 掌握影响股票价值的内部和外部因素。
2. 能够熟练运用股票贴现模型、市盈率模型和自由现金流模型计算不同股息支付形式下的股票价值，并且能够判断股票价格是否合理。
3. 理解股息增长率的影响因素和必要收益率的估计方法。

学习要点

1. 股票价值的影响因素。
2. 股息贴现模型。
3. 市盈率模型。
4. 自由现金流模型。

案例导入

经济政策不确定性对我国股票价格的影响研究

在进行各种投资行为时，人们通常会对未来的经济政策进行预测，以期做出顺应经济政策的最佳决策。然而，经济政策不确定性，即经济政策变化中无法预测的部分，对人们的投资决策带来了很大困扰。当投资者对未来经济政策的预测能力显著减弱，无法做出顺应经济政策的最佳决策时，通常会推迟或搁置投资决策。这种现象压低了资产价格，扰乱了资产市场的正常秩序。资产市场低迷一直是引发金融危机和经济衰退的重要因素。

结合 GDP 增长率数据可以发现，经济政策不确性的正向影响主要集中在高速增长时期。

2003—2007 年中国名义 GDP 季度增长率维持在一个较高的水平，EPU 影响始终维持正值。2008—2012 年，受美国金融危机和国内经济下行压力影响，中国 GDP 季度增长率变化较大。2008 年末与 2009 年年初，GDP 季度增长率跌至极低水平，随后快速上升，并保持在较高水平。2011 年和 2012 年，在"稳增长"和紧缩政策的影响下，GDP 季度增长率再次明显下滑。由此可见，在 2008—2012 年期间，GDP 增长率起伏较大，EPU 影响也变化较大，正向影响与负向影响交替出现。2013—2019 年，GDP 增速相较之前明显放缓，这一时期主要产生负面影响。可以初步判断，对投资者情绪和股票价格的影响与经济状况联系紧密。当经济状况大好、快速增长时，会对投资者情绪和股票价格产生积极影响；而在经济状况一般、增速放缓时，会对投资者情绪和股票价格产生消极影响。

随着我国经济发展进入新常态，发展方式由规模速度型转向质量效率型，曾经的高增速神话已成过去，在经济高增速环境下产生促进作用的情况难以再现。然而，合理的经济政策可以促进投资的这一发现，仍然具有较大的理论和现实意义。

资料来源：陈乐一，杨依筠. 经济政策不确定性对我国股票价格的影响研究［J］. 湖南大学学报（社会科学版），2022，36(1)：77-86.

第一节　股票价格的影响因素

股票的市场价格是处在不断变化之中的。价格是由供求关系决定的，股票的价格也不例外。在自由竞价的股票市场中，股票的供求关系在时刻改变，因此股价的变动具有极高的灵敏性。然而，股价的变动在供求关系的背后还有一系列更深层的原因。除了上市公司本身的经营情况以外，政治局势、经济环境、国际贸易、军事外交、社会舆论、消费者心理等的变动都会影响股市上的供求关系进而影响股票价格的涨跌。在影响股票价格的诸多因素中，有的是影响股市长期发展的基本因素，有的只是引起股价短期波动的暂时因素；有的因素对股价的影响长久而深远，有的则直接而火爆。下面着重分析影响股票价格的一些主要因素。一般来讲，影响股票投资价值的因素可分为内部因素和外部因素。

一、内部因素

内部因素是指影响企业自身的因素，通常包括公司净资产、公司盈利水平、公司的股利政策、股份分割、企业增资和减资，以及公司重大变动等。

（一）公司净资产

公司净资产或资产净值等于总资产减去总负债后的净值，表示全体股东的权益，是决定股票投资价值的重要基准。股票作为股东投资的凭证，每一股都代表了一定数量的净值。企业每经过一段时间的营运，其资产净值都会发生一些变动。从理论上讲，资产净值应与股票价格变动方向保持一致，即净值增加，股票价格上涨；净值减少，股票价格下跌。

（二）公司盈利水平

公司经营程度好坏主要体现在盈利水平上，股票发行公司的盈利水准是影响股票价格的主要因素之一。一般来讲，公司利润上升时，可分配的股利也会随之增加，股票价格会上升；公司盈利下降时，可分配的股利相应减少，股票价格也会随之下降，两者的变动方向是一致的。但值得注意的是，股票价格的涨跌和公司盈利的变化并非完全同时发生。

（三）公司的股利政策

股份公司的股利政策会直接影响股票的价值。一般情况下，股利水平和股票价格呈正向关系，股利水平越高，股票价格越高；反之，股利水平越低，股票价格越低。公司分发股利的消息也会对股票价格产生显著的影响。公司宣布分发红利，将会引起股价上升，公司宣布取消红利，股价将会下跌。股利来自于企业的税后利润，但企业盈利的增加只为股利分配提供了可能，并非盈利增加股利一定增加。公司为合理地在回报股东与扩大再生产之间分配股利，都会有一定的股利分配政策。股利政策体现了企业的经营情况和发展潜力，不同的股利政策对各期股利收入有不同的影响。此外，公司对股利的分配方式也会对股价的波动造成影响。

（四）股份分割

股份分割又称拆股、拆细，是将公司原有的股份均等地拆分成若干较小的股份。企业一般在年度决算的月份宣布股票分割。在股票分割时，股票持有者所保持的股份，能得到和以前相同的股利，因此会刺激一些人在公司决算期间，因指望得到分红和无偿支付而增加购买股票，股价就会相应上升。分割结束时，价格又趋于稳定。股份分割给投资者带来的不是现实的利益，因为股份分割前后投资者持有的公司净资产是一样的，得到的股利也相同。但是投资者持有的股份数量增加了，给投资者带来了今后可以多分股利和更高收益的希望，是利好消息，因此对除权日后股价上涨有刺激作用，且股利分配对股价上涨的刺激作用更大。

（五）企业增资和减资

企业因自身发展需要增加资本额而发行新股的行为，对不同的公司股票价格影响不尽相同。在没有产生相应效应前，增资可能会使每股净资产下降，因此可能会导致股价下跌。对于那些业绩优良、管理健全、财务结构完整，具有发展潜力的公司来说，增资意味着将增加企业经营实力，会给股东带来更多的回报，因此增资会使企业股票价格上涨。当公司宣布减资时，这是一个不利的信号，企业通常是因为经营不善、亏损严重，需要重新整顿时会采取减资的措施，股价会大幅度下跌。

（六）企业重大变动

在企业内部发生的一些重大变革诸如重大人事变动、企业资产重组等也会引起企业股票价值的波动。大股东一般对发行公司的管理权很重视，在董事会、监事会改选前，常会逐步买进股份，以便控制董事会和监事会，在此期间股价就可能被抬高。公司资产重组会引起公司价值的巨大变动，因此公司股价也会随之产生剧烈波动。但实际股价波动方向还由公司重组对公司是否有利，重组后是否会改善公司的经营状况等因素来决定。

二、外部因素

一般而言，影响股票价格的外部因素主要包括宏观经济因素、行业因素、政治因素和市场因素。

（一）宏观经济因素

宏观经济是影响股票投资价值的重要因素，良好的宏观经济发展水平为股票市场的有序运作提供了支持和保障。宏观经济影响股票价格的特点是波及范围广、干扰程度深、作用机制复杂，以及股价波动幅度较大。宏观经济因素主要包括经济增长、经济周期循环、市场利率、通货膨胀、汇率变动、货币政策、财政政策、国际收支状况、收入分配政策，以及对证券市场的监管政策等。

（二）行业因素

我国上市公司的行业主要分布在工业类、商业类、房地产类、公共事业类和综合类等领域。行业的发展状况和趋势对于处在该行业之中的上市公司影响是巨大的。行业的发展状况、国家的产业政策、相关产业的发展等因素都会对处在该行业的上市公司的经营产生影响，相应地其股票投资价值也会受到影响。

（三）政治因素

政治因素对股票价格的影响很大，往往很难预料。政治因素是指足以影响股票价格变动的国内外重大事件，如战争、政权更迭、领袖更替等，以及政府的政策、措施、法令的颁布等重大事件；政府的社会经济发展计划、经济政策的变化、新颁布法令和管理条例等均会影响到股价的变动。

（四）市场因素

证券市场上投资者对股票走势的心理预期会对股票价格走势产生重要的影响。市场中的散户投资者往往有从众心理，对股市产生助涨助跌的作用。

阅读专栏

世界投资大王——沃伦·巴菲特

如果你在 1956 年把 1 万美元交给沃伦·爱德华·巴菲特（Warren Edward Buffett），它今天就变成了大约 2.7 亿美元，而且是税后收入。

伯克希尔公司前身是家纺织厂，自从巴菲特在 20 世纪 60 年代廉价收购这家濒临破产的纺织厂以来，伯克希尔公司发生了质的变化。当时，伯克希尔公司只是一个"抽剩的雪茄烟头"，巴菲特把一个价格极其低廉的投资称作"仅剩一口烟"，其股票交易价格仅仅在 8 美元左右。在巴菲特接手之后，经过多次收购和投资，股价在 1970 年达到 130 美元。1977—2007 年的 30 年间，伯克希尔公司的股价年平均升幅 30.4％（标准普尔 500 指数年均升幅仅为 9.8％），30 年中有 22 年跑赢大市，升幅最大的一年是 1979 年，总共上涨了110.5％；截至 2016 年 7 月 25 日，伯克希尔纽交所 A 股以 216 805 美元股价傲视全球，成为名副其实的全球第一"贵"股。

如果在 1956 年，你的祖父母给你 1 万美元，并要求你和巴菲特共同投资，如果你非常走运或者说很有远见，你的资金就会获得 27 000 多倍的惊人回报，而同期的道琼斯工业股票平均价格指数仅仅上升了大约 11 倍。再说，道琼斯指数是一个税前数值，因此它是一个虚涨的数值。如果伯克希尔的股票价格为 7.5 万美元，在扣除各种费用，缴纳各项税款之后，起初投资的 1 万美元就会迅速变为 2.7 亿美元，其中有一部分费用发生在最初的合伙企业里。在扣除所有的费用和税款之前，起初投资的 1 万美元就会迅猛增至 3 亿多美元，无怪乎有人把伯克希尔股票称为"人们拼命想要得到的一件礼物"。

第二节　股息贴现模型

在上一章中，我们主要运用将未来利息贴现的方法计算债券的价值，这种方法被称作收入资本化法。收入资本化法同样可以适用于普通股的价值分析。由于投资股票可以获得的未来的现金流采取股息和红利的形式，所以股票价值分析中的收入资本化法又称股息贴现模型（dividend discount model，DDM）。

一、股息贴现模型的一般形式

收入资本化法认为任何资产的内在价值取决于持有资产可能带来的未来的现金流收入的现值。由于未来的现金流取决于投资者的预测，其价值采取将来值的形式，所以，需要利用贴现率将未来的现金流调整为它们的现值。在选用贴现率时，不仅要考虑货币的时间价值，而且应该反映未来现金流的风险大小。假定对于所有未来的现金流选用相同的贴现率，则

$$V = \frac{C_1}{(1+y)} + \frac{C_2}{(1+y)^2} + \frac{C_3}{(1+y)^3} + L = \sum_{t=1}^{\infty} \frac{C_t}{(1+y)^t} \tag{9-1}$$

式中，V 代表资产的内在价值，C_t 表示第 t 期的现金流，y 是贴现率。在第八章中，债券的现金流（C_t）采取利息或本金的形式，并用市场利率表示贴现率。

当我们用收入资本化法计算股票价值时，股息贴现模型的表达公式为

$$V = \frac{D_1}{(1+y)} + \frac{D_2}{(1+y)^2} + \frac{D_3}{(1+y)^3} + L = \sum_{t=1}^{\infty} \frac{D_t}{(1+y)^t} \tag{9-2}$$

式中，V 代表普通股的内在价值，D_t 是普通股第 t 期支付的股息和红利，y 是贴现率，又称资本化率。股息贴现模型假定股票的价值等于它的内在价值，而股息是投资股票唯一的现金流。然而在现实的投资过程中，绝大多数投资者并不是永远持有所投资的股票，投资者很可能买进股票一段时间之后就抛出该股票。所以，根据收入资本化法，卖出股票获得的现金流收入也应该纳入股票内在价值的计算。那么，股息贴现模型该如何解释这种情况呢？

假定某投资者在第三期期末卖出所持有的股票，根据式(9-2)，该股票的内在价值应为

$$V = \frac{D_1}{(1+y)} + \frac{D_2}{(1+y)^2} + \frac{D_3}{(1+y)^3} + \frac{V_3}{(1+y)^3} \tag{9-3}$$

式中，V_3 代表在第三期期末出售该股票时的价格。根据股息贴现模型，该股票在第三期期末的价格应该等于当时该股票的内在价值，从第四期开始的未来现金流的现值。其计算公式为

$$V_3 = \frac{D_4}{(1+y)} + \frac{D_5}{(1+y)^2} + \frac{D_6}{(1+y)^3} + \cdots = \sum_{t=1}^{\infty} \frac{D_{t+3}}{(1+y)^t} \tag{9-4}$$

将式(9-4)代入式(9-3)中，可以得到

$$V = \frac{D_1}{(1+y)} + \frac{D_2}{(1+y)^2} + \frac{D_3}{(1+y)^3} + \frac{D_4/(1+y)^1 + D_5/(1+y)^2 + \cdots}{(1+y)^3} \tag{9-5}$$

式中的最后一项可以表示为

$$\frac{D_{t+3}/(1+y)^t}{(1+y)^3} = \frac{D_{t+3}}{(1+y)^{t+3}}$$

因此，股票的内在价值公式可以表示为

$$V = \frac{D_1}{(1+y)} + \frac{D_2}{(1+y)^2} + \frac{D_3}{(1+y)^3} + \frac{D_4}{(1+y)^{3+1}} + \frac{D_5}{(1+y)^{3+2}} + \cdots$$
$$= \sum_{t=1}^{\infty} \frac{D_t}{(1+y)^t} \tag{9-6}$$

至此，我们可以发现，投资者若卖出股票，股票的内在价值公式不会发生变化，证明了股息贴现模型选用未来的股息代表投资股票唯一的现金流，并没有忽视买卖股票的资本利得对股票内在价值的影响。

但接下来的问题是，投资者必须掌握一只股票未来所有时期支付的股息，如果能够准确地预测股票未来每期的股息，就可以利用股息贴现的方式计算股票的内在价值。由于普通股股票没有一个固定的期限，在对股票未来每期股息进行预测时，关键在于预测每期股息的增长率，以便计算股票内在价值。如果用 g_t 表示第 t 期的股息增长率，其数学表达式为

$$g_t = \frac{D_t - D_{t-1}}{D_{t-1}} \times 100\% \tag{9-7}$$

若预期在 $t=3$ 时，每股股息为 5 美元，在 $t=4$ 时，每股股息为 5.2 美元，则股息增长率 $g_t = (5.2-5) \div 5 \times 100\% = 4\%$。

所有的证券理论和证券价值分析，都是为投资者投资服务的。换言之，股息贴现模型可以帮助投资者判断某股票的价格属于低估还是高估。与前一章使用的方法一样，判断股票价格高估或者低估的方法也包括两种。

第一种方法是净现值法指导股票投资。如果净现值大于零，意味着股票的预期流入的股息现值之和大于目前股票的价格，说明该股票被低估，因此可以买入这种股票；反之，

如果净现值小于零，则意味着股票的预期流入的股息现值之和小于目前股票的价格，说明该股票被高估，因此不适合买入这种股票。用公式表示为

$$NPV = V - P = \left[\sum_{i=1}^{\infty} \frac{D_t}{(1+y)^t} \right] - P \tag{9-8}$$

式中，NPV 代表净现值，P 代表购买股票的成本，即股票当前的市场价格。当 NPV 大于零时，可以逢低买入；当 NPV 小于零时，可以逢高卖出。

第二种方法是通过内部收益率法指导股票投资。内部收益率（internal rate of return, IRR），是使净现值等于零时的一个特殊的贴现率。如果贴现率小于内部收益率，证明该股票的净现值大于零，即该股票被低估，可以考虑购买这种股票；反之，当贴现率大于内部收益率时，该股票的净现值小于零，说明该股票被高估，则不要购买这种股票。用公式表示为

$$NPV = V - P = \left[\sum_{i=1}^{\infty} \frac{D_t}{(1+IRR)} \right] - P \tag{9-9}$$

二、股息贴现模型

根据对股息增长率的不同假定，股息贴现模型可以分为零增长模型、不变增长模型、三阶段增长模型和多元增长模型等形式。接下来，我们依次对这几种模型进行分析。

（一）零增长模型

▶ 1. 公式推导

零增长模型是股息贴现模型的一种特殊形式，它假定股息的增长率为零，即股息是固定不变的。零增长模型不仅可以用于普通股的价值分析，而且适用于统一公债和优先股的价值分析。股息不变的数学表达式为 $D_0 = D_1 = D_2 = \cdots = D_\infty$ 或者 $g_t = 0$。

将股息的表达形式代入股息贴现的一般公式，我们可以得到

$$V = \sum_{t=1}^{\infty} \frac{D_t}{(1+y)^t} = D_0 \left[\sum_{t=1}^{\infty} \frac{1}{(1+y)^t} \right] \tag{9-10}$$

因为 y 大于 0，按照数学中无穷级数的性质，可知

$$\sum_{t=1}^{\infty} \frac{1}{(1+k)^t} = \frac{1}{k}$$

因此，零增长模型公式为

$$V = \frac{D_0}{y} \tag{9-11}$$

我们通过一个例子来进一步说明零增长模型的应用。例如，假定投资者预期某公司每期支付的股息将永久性地固定为 1.15 美元/每股，并且贴现率定为 13.4%，那么，该公司股票的内在价值等于 8.58 美元，即

$$V = \frac{1.15}{(1+1.134)} + \frac{1.15}{(1+1.134)^2} + \frac{1.15}{(1+1.134)^3} + \cdots = \frac{1.15}{0.134} = 8.58 （美元）$$

▶ 2. 净现值法估价

零增长模型下，股票的净现值公式经变形为

$$NPV = V - P = \frac{D_0}{y} - P$$

如果该公司股票当前的市场价格等于 9.8 美元，则说明该股票的净现值等于负的 1.22 美元。由于该股票净现值小于零，因此该公司的股票被高估了 1.22 美元。如果投资者认为其持有的该公司股票处于高估的价位，他们可能选择抛售该公司的股票。

▶ 3. 内部收益率法估价

我们同样可以使用内部收益率法来判断股票的内在价值。首先需要计算出零增长股票的内部收益率，用股票的当前价格 P 代替 V，用 IRR（内部收益率）来替换 y，则可以得到

$$P = \sum_{t=1}^{\infty} \frac{D_0}{(1+\text{IRR})^t} = \frac{D_0}{\text{IRR}} \text{ 或者 } \text{IRR} = \frac{D_0}{P}$$

所以，该公司股票的内部收益率约等于 11.73%（$1.15 \div 9.8 \times 100\% \approx 11.73\%$）。由于它小于贴现率 13.4%，所以该公司的股票价格是被高估的。

（二）不变增长模型

股息贴现模型的第二种特殊形式是不变增长模型，又称戈登模型。

▶ 1. 公式推导

不变增长模型有三个假定条件：

（1）股息的支付在时间上是永久性的，即式(9-2)中的 t 趋向于无穷大（$t \rightarrow \infty$）；

（2）股息的增长速度是一个常数，即式(9-7)中的 g_t 等于常数（$g_t = g$）；

（3）模型中的贴现率大于股息增长率，即式(9-2)中的 y 大于 g（$y > g$）。

根据上述三个假定条件，可以将式(9-2)进行以下改写为

$$
\begin{aligned}
V &= \frac{D_1}{(1+y)} + \frac{D_2}{(1+y)^2} + \frac{D_3}{(1+y)^3} + \cdots = \sum_{t=1}^{\infty} \frac{D_t}{(1+y)^t} \\
&= \frac{D_0(1+g)}{(1+y)} + \frac{D_0(1+g)^2}{(1+y)^2} + \cdots + \frac{D_0(1+g)^{\infty}}{(1+y)^{\infty}} \\
&= D_0 \left[\left(\frac{1+g}{1+y}\right) + \left(\frac{1+g}{1+y}\right)^2 + \cdots + \left(\frac{1+g}{1+y}\right)^{\infty} \right] \\
&= D_0 \left[\frac{(1+g)/(1+y) - [(1+g)/(1+y)]^{\infty}}{1 - [(1+g)/(1+y)]} \right] \\
&= \frac{D_0(1+g)}{y-g} = \frac{D_1}{y-g}
\end{aligned}
\tag{9-12}
$$

式(9-12)是不变增长模型的函数表达形式，其中，D_0 是初期支付的股息，D_1 是第一期支付的股息，g 为股息增长率。当式(9-12)中的股息增长率等于零时，不变增长模型就变成了零增长模型。因此，可以说零增长模型是不变增长模型的一种特殊形式。从这两种模型来看，虽然不变增长的假设比零增长的假设有所宽松，但是在许多情况下仍然被认为是不现实的。不变增长模型是多元增长模型的基础，这种模型是十分重要的。

我们同样通过具体例子来说明不变增长模型的应用。假设某公司股票初期的股息为 1.8 美元/股。经预测该公司股票未来的股息增长率将永久性地保持在 5% 的水平，假定贴现率为 11%。那么，该公司股票的内在价值应该等于 31.50 美元，即

$$V = \frac{1.8(1+0.05)}{0.11-0.05} = \frac{1.89}{0.11-0.05} = 31.50（美元）$$

▶ 2. 净现值法估价

不变增长模型下，股票的净现值公式为

$$\text{NPV} = V - P = \frac{D_1}{y-g} - P \tag{9-13}$$

如果该公司股票当前的市场价格等于 40 美元，则该股票的净现值等于负的 8.50 美元，说明该股票处于被高估的价位，持有该公司股票的投资者可以考虑抛出所持有的该公司股票。

▶ 3. 内部收益率法估价

利用内部收益率的方法同样可以进行判断，并得出完全一致的结论。首先需要计算出

该股票的内部收益率，用股票的市场价格替换 V，用 IRR 替换 y，其结果是

$$P=\frac{D_0(1+g)}{IRR-g}$$

经过变换，可得

$$IRR=D_0\frac{1+g}{P}+g=\frac{D_1}{P}+g \qquad (9-14)$$

拓展阅读 9-1
杨百万：普通人的
创业传奇故事

根据式(9-14)计算公司股票的内部收益率，可以得出当该公司股票价格等于 40 美元时的内部收益率为 9.73%。因为，该内部收益率小于贴现率(11%)，所以，该公司股票是被高估的。如果是持有该公司股票的短期投资者应该考虑抛售该股票。

（三）三阶段增长模型

▶ 1. 普通三阶段增长模型

零增长模型和不变增长模型为了模型的简便，都对股息的增长率进行了一系列假设。但是在实际中，股息的增长一般是变化不定的，因此零增长模型和不变增长模型在对股票的价值进行估计时会产生较大的偏差。接下来，我们主要对可变增长模型中的三阶段增长模型进行介绍。

三阶段增长模型是股息贴现模型的第三种特殊形式。最早是由莫洛多斯基(N. Molodovsky)提出，现在仍然被许多投资银行广泛使用。三阶段增长模型将股息的增长分成了三个不同的阶段：在时间 A 之前为第一个阶段，期间股息的增长率为一个常数(g_a)；在时间 $A+1\sim B-1$ 为第二个阶段，此阶段是股息增长的转折期，股息增长率以线性的方式从 g_a 变化为 g_n，g_n 是第三阶段的股息增长率。如果 $g_a>g_n$，则在转折期内表现为递减的股息增长率；反之，表现为递增的股息增长率；在时间 B 之后(直到永远)为第三阶段，股息的增长率也是一个常数(g_n)，该增长率是公司长期的正常的增长率。股息增长的三个阶段可以用图 9-1 表示。

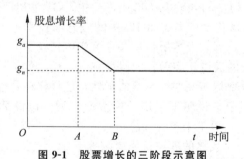

图 9-1　股票增长的三阶段示意图

在图 9-1 中，在转折期内任何时点上的股息增长率 g_t 可以用式(9-14)表示。例如，当 t 等于 A 时，股息增长率等于第一阶段的常数增长率；当 t 等于 B 时，股息增长率等于第三阶段的常数增长率。当 t 在 $A\sim B$ 时可得

$$g_t=g_a-(g_a-g_n)\frac{(t-A)}{(B-A)} \qquad (9-15)$$

在满足三阶段增长模型的假定条件下，如果已知 g_a、g_n、A、B 和初期的股息水平 D_0，就可以根据式(9-14)计算出所有各期的股息。然后，根据贴现率，计算股票的内在价值。三阶段增长模型的计算公式为

$$V = D_0 \sum_{t=1}^{A} \left(\frac{1+g_a}{1+y} \right)^t + \sum_{t=A+1}^{B} \left[\frac{D_{t-1}(1+g_t)}{(1+y)^t} \right] + \frac{D_B(1+g_n)}{(1+y)^B(y-g_n)} \tag{9-16}$$

式(9-15)中的三项分别对应于股息的三个增长阶段。

三阶段增长模型看起来似乎比较复杂，但是如果掌握了现金流贴现模型的基本原理，这个模型就变得清晰简单了。我们仍然通过一个例子来具体分析三阶段增长模型的应用。

假设某公司目前股息为每股 0.5 元，预期回报率为 10%，在今后两年的股息增长率为 6%，股息增长率从第三年开始递减，从第六年开始每年保持 3% 的增长速度。当前该股票的市场价格为 6.5 元。

运用三阶段增长模型对该公司股票进行分析，根据上面的信息可以得到 $g_a = 6\%$、$g_n = 3\%$、$t_A = 2$、$t_B = 6$、$y = 10\%$、$D_0 = 0.5$。代入式(9-14)可得

$$g_3 = 6\% - (6\% - 3\%) \times \frac{(3-2)}{(6-2)} = 5.25\%$$

$$g_4 = 6\% - (6\% - 3\%) \times \frac{(4-2)}{(6-2)} = 4.5\%$$

$$g_5 = 6\% - (6\% - 3\%) \times \frac{(5-2)}{(6-2)} = 3.75\%$$

$$g_6 = 6\% - (6\% - 3\%) \times \frac{(6-2)}{(6-2)} = 3\%$$

我们将上述数据整理列入表 9-1。

表 9-1　某公司股票的三阶段股息增长率

阶　段	年　份	增长率（%）	股息（元/股）	预期报酬率（%）	折现系数	股息现值（元/股）
第一阶段	1	6	0.53	10	0.909 1	0.481 8
	2	6	0.56	10	0.826 5	0.462 8
第二阶段	3	5.25	0.59	10	0.751 4	0.443 3
	4	4.5	0.62	10	0.683 1	0.423 5
	5	3.75	0.64	10	0.621	0.397 4
	6	3	0.66	10	0.564 2	0.372 4
第三阶段	第 6 期以后	3	9.71[①]	10	0.564 5	5.481 3

注：①根据式(9-16)第三阶段的股息终值 $D = \frac{D_6}{y-g}(1+g) = \frac{0.66 \times (1+3\%)}{10\% - 3\%} = 9.71$（元）。

将各阶段的股息现值相加，即得到该股票的内在价值 V 为 8.06 元。

利用净现值法可知，该公司股票的净现值 NPV = 8.06 - 6.5 = 1.56（元），可见该公司股票价格被低估了 1.56 元，此时购入此股票对于投资者来说有利。

我们同样可以利用内部收益率法来判断该公司股票是被高估还是被低估。在三阶段增长模型中，用股票的市场价格代替 V，用 IRR 代替 k，可以计算出内部收益率。但是我们会发现，由于三阶段增长模型相对比较复杂，不容易通过计算直接得出结果，因此主要采取试错法来计算内部收益率。

试错法的主要思路是，首先估计一个收益率水平 k_1，将其代入模型中。如果在此收益率水平下计算出来的股票理论价值高于股票的市场价格，则可以判断出实际收益率 IRR 要高于估计的收益率水平，应该将估计值提高，假设为 k_2；同理，如果在新的收益率水平下计算出来的股票理论价值低于股票的市场价格，则可以判断出实际收益率 IRR 要低于这个

新估计的收益率水平，因此应该将估计值降低。如此通过反复地试错，估计的收益率水平将逐步逼近实际的内部收益率水平。

我们仍然沿用之前的例子来计算公司股票的内部收益率。

$$P = D_0 \sum_{t=1}^{A} \left(\frac{1+g_a}{1+\text{IRR}} \right)^t + \sum_{t=A+1}^{B} \left[\frac{D_{t-1}(1+g_t)}{(1+\text{IRR})^t} \right] + \frac{D_B(1+g_n)}{(1+\text{IRR})^B(\text{IRR}-g_n)} \tag{9-17}$$

首先估计一个收益率水平 k_1，假设 k_1 等于 10%。将其代入式(9-16)，经计算可以得出理论价值为 8.06 元，高于其市场价格 6.5 元，因此能够判断出实际的内部收益率一定大于 10%。我们将收益率水平提高反复进行尝试，直到当 k_1 等于 15% 时，通过式(9-16)的计算得出理论价格为 6.6 元。该理论价值与市场价格 6.5 元较为接近，因此可以近似认为该股票的内部收益率为 15%。

由于 15%＞10%，也即该股票的内部收益率高于预期报酬率，说明该股票的价值被低估，此时是买入该股票的有利时机。

从本质上说，零增长模型与不变增长模型都可以看成是三阶段增长模型的特例：当三个阶段的股息增长率都为零时，三阶段增长模型就是零增长模型；当三个阶段的股息增长率都相等但不为零时，三阶段增长模型就成为不变增长模型。相对于零增长模型和不变增长模型对于股息增长率的假设，三阶段增长模型更为接近实际情况。然而对于股票的增长形态，我们可以给予更详细的分析，以更贴近实际情况。

▶ 2. H 模型

普通三阶段增长模型计算内部收益率很复杂，为此，佛勒（R. J. Fuller）和夏（C. C. Hsia）于 1984 年在三阶段增长模型的基础上，提出了 H 模型，大大简化了现金流贴现的计算过程。

H 模型假定：股息的初始增长率为 g_a，然后以线性的方式递减或递增；从 $2H$ 期后，股息增长率成为一个常数 g_n，即长期的正常的股息增长率；在股息递减或递增的过程中，在 H 点上的股息增长率恰好等于初始增长率 g_a 和常数增长率 g_n 的平均数。当 g_a 大于 g_n 时，在 $2H$ 点之前的股息增长率为递减，如图 9-2 所示。

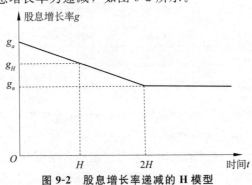

图 9-2　股息增长率递减的 H 模型

在图 9-2 中，当 $t=H$ 时，$g_H = \frac{1}{2}(g_a+g_n)$，在满足上述假定条件情况下，佛勒和夏证明了 H 模型的股票内在价值的计算公式为

$$V = \frac{D_0}{(y-g_n)} [(1+g_n) + H(g_a-g_n)] \tag{9-18}$$

图 9-3 形象地反映了 H 模型与三阶段增长模型的关系。

与三阶段增长模型的公式(9-16)相比，H 模型的公式(9-18)有以下几个特点。

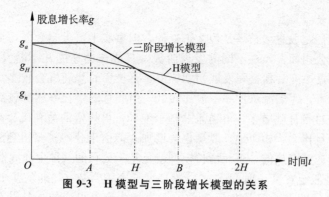

图9-3 H模型与三阶段增长模型的关系

（1）在考虑了股息增长率变动的情况下，大大简化了计算过程。

（2）在已知股票当前市场价格 P 的条件下，可以直接计算内部收益率，即

$$\text{NPP}=V-P=\frac{D_0}{(y-g_n)}[(1+g_n)+H(g_a-g_n)]-P=0$$

经过调整可得

$$\text{IRR}=\frac{D_0}{P}[(1+g_n)+H(g_a-g_n)]+g_n \tag{9-19}$$

（3）假定 H 位于三阶段增长模型转折期的中点（即 H 位于股息增长率从 g_a 变化到 g_n 的时间的中点）的情况下，H 模型与三阶段增长模型的结论非常接近。

我们继续沿用三阶段增长模型的例子来进行说明。已知 $D_0=0.5$、$g_a=6\%$、$A=2$、$B=6$、$g_n=3\%$，$y=10\%$，假定 $H=\frac{2+6}{2}=4$，代入式(9-18)，可以得出该股票的内在价值等于8.21元，即

$$V=\frac{0.5}{0.10-0.03}\times[1.03+4\times(0.06-0.03)]=8.21(元)$$

与三阶段增长模型的计算结果相比，H模型的误差率为

$$\mu=\frac{8.21-8.06}{8.06}\times100\%=1.91\%$$

这个误差在可以接受范围之内，因此说H模型的估计是可信的。

（4）当 g_n 等于 g_n 时，式(9-18)与式(9-12)相等，所以，不变股息增长模型也是H模型的一个特例。

（5）如果将式(9-18)改写为

$$V=\frac{D_0(1+g_n)}{(y-g_n)}+\frac{D_0H(g_a-g_n)}{(y-g_n)} \tag{9-20}$$

这种变形更容易让我们理解 H 模型。变形后股票的内在价值由两部分组成：式(9-20)的第一项是根据长期的正常的股息增长率决定的现金流贴现价值；第二项是由超常收益率 g_a 决定的现金流贴现价值，并且这部分价值与 H 成正比例关系。

拓展阅读9-2
"中华第一股"

（四）多元增长模型

之前介绍的零增长模型、不变增长模型、三阶段增长模型都是股息贴现模型的特殊形式。下面将介绍股息贴现模型的最一般的形式——多元增长模型，该模型是普通股价值评估中更具有普遍意义的股息贴现模型。

▶ **1. 公式推导**

不变增长模型假定股息增长率是恒久不变的，但事实上，大多数公司要经历其本身的生命周期。对于一个公司而言，在不同的发展阶段，其成长的速度在不断发生变化，相应地，其股息增长率也随之改变。在公司发展初期，由于再投资的盈利机会较多，公司会将较多的利润留存用于再投资，因此派息比率一般比较低，但股息的增长率相对较高。随着公司逐渐步入成熟期，竞争对手日益增多，市场需求趋于饱和，再投资的盈利机会越来越少。在此期间，公司会提高派息比率，相应地，股息也会增加。但由于公司扩张机会的减少，利润增长受限，股息增长的速度会放慢。多元增长模型就是基于公司的这种生命周期特征而产生的。

多元增长模型假定在某一时间 T 之后股息增长率为常数 g，即从 T 时间开始股息增长具有不变增长模型的特点；但是在 T 之前，股息增长率是可变的，且没有固定的模式。我们将 T 时间之前的股息贴现值用 V_T^- 来表示，将 T 时间之后的股息贴现值用 V_T^+ 来表示，则 V_T^- 与 V_T^+ 可分别表示为

$$V_T^- = \sum_{t=1}^{T} \frac{D_t}{(1+y)^t}$$

$$V_T^+ = V_T \left[\frac{1}{(1+y)^T} \right] = \frac{D_{T+1}}{(y-g)(1+y)^T}$$

V_T^- 与 V_T^+ 之和即为某一只股票在未来各期的所有股息的贴现值，也就是股票的内在价值。因此，多元增长模型下股票的内在价值计算公式为

$$V = V_T^- + V_T^+$$

$$V = \sum_{t=1}^{T} \frac{D_t}{(1+y)^t} + \frac{D_{T+1}}{(y-g)(1+y)^T} \tag{9-21}$$

▶ **2. 净现值法估价**

多元增长模型下，股票的净现值公式可以表示为

$$NPV = V - P$$

$$NPV = \sum_{t=1}^{T} \frac{D_t}{(1+y)^t} + \frac{D_{T+1}}{(y-g)(1+y)^T} - P \tag{9-22}$$

下面用一个案例说明多元增长模型的应用。

假设某公司 2017 年股票价格为 35.96 元，每股派发股息为 0.5 元。预计该公司 2018 年将会发放股息 1.35 元/股，2019 年将会发放股息 2 元/股。2020 年及以后，预计该公司的股息将以 10% 的不变增长率增长下去。股东要求的必要报酬率为 15%。根据以上信息判断该公司的股票价格是否正确反映了股票价值。

首先，该公司在前两年应该处于成长期，第一年的股息增长率为 $g_1 = \frac{1.35 - 0.5}{0.5} \times 100\% = 170\%$；第二年该公司的股息增长率为 $g_2 = \frac{2 - 1.35}{1.35} \times 100\% = 48\%$；从第三年开始，公司步入成熟期，股息以增长率为 10% 的速度稳定增长，$g_3 = 10\%$。根据以上数据可以计算出该公司股票的净现值为

$$NPV = \sum_{t=1}^{T} \frac{D_t}{(1+y)^t} + \frac{D_{T+1}}{(y-g)(1+y)^T} - P$$

$$= \frac{1.35}{(1+15\%)} + \frac{2}{(1+15\%)^2} + \frac{2 \times (1+10\%)}{(15\% - 10\%)(1+15\%)^2} - 35.96$$

$$= 0$$

由此可见，该公司的股票市场价格与通过多元增长模型估算出来的股票价值相等，因此该公司股票的市场价格正确反映了股票的价值。

▶ 3. 内部收益率法估价

在多元增长模型中，用股票的市场价格代替 V，用 IRR 代替 y，可以计算出内部收益率 IRR。多元增长模型的公式较为复杂，不容易将内部收益率直接计算出来。

$$P = \sum_{t=1}^{T} \frac{D_t}{(1+\text{IRR})^t} + \frac{D_{T+1}}{(\text{IRR}-g)(1+\text{IRR})^T} \tag{9-23}$$

我们继续沿用前面的例子，将各项数据代入上式，可以得出

$$35.96 = \frac{1.35}{(1+\text{IRR})} + \frac{2}{(1+\text{IRR})^2} + \frac{2\times(1+10\%)}{(\text{IRR}-10\%)\times(1+\text{IRR})^2}$$

同样运用试错法，将不同收益率依次代入上面的公式，最终得到 IRR=15% 时，上面的等式刚好成立。所以，股票的内部收益率为 15%，这也与股东要求的必要报酬率相符，因此市场上对于该公司股票的估值是正确的。

三、股息贴现模型的参数估计

从股息贴现模型的四种特殊形式可知，股票价值是由股息增长率 g 和折现率 y 共同决定的，接下来我们学习这两个变量的估计方法。

（一）股息增长率

在之前讨论的股票价值评估模型中，股利都是假设以 g 为增长率增长，增长率 g 是如何得到的呢？

假定必须要有净投资，这样才不会导致公司下一年度的盈利与今年的盈利是一样的。我们知道，一项净投资等于总投资减去折旧，如果折旧与总投资相等，那么净投资的增长就为零，公司的物质形态会维持，但盈利没有持续增长。反过来说，只有当一些盈余没有被当作股利支付给投资者时，也即当一些盈余被保留时，净投资才会为正。这一关系用公式表示出来是

$$E_1 = E_0 + (1-b)\times E_0 \times \text{ROE} \tag{9-24}$$

式中，E_1 表示未来一年的盈利，E_0 表示当前的盈利，b 为派息比率，则 $(1-b)$ 为留存收益率，$(1-b)\times E_0$ 表示今年的留存收益，ROE 表示留存收益的预期回报率。由此可见，盈利的增长是受留存收益和留存收益预期回报率共同影响的。

将式（9-24）两边同时除以 E_0，可得

$$\frac{E_1}{E_0} = 1 + (1-b)\times \text{ROE} \tag{9-25}$$

式（9-25）左端上下同时乘以 b，可以改写为

$$\frac{E_1 \times b}{E_0 \times b} = 1 + (1-b)\times \text{ROE} \tag{9-26}$$

$E_1 \times b$ 表示下一年分配给股东的股息，$E_0 \times b$ 表示今年分配给股东的股息，因此等式还可以改写为

$$\frac{D_1}{D_0} = 1 + (1-b)\times \text{ROE}$$

由于下一年增长的股息是今年分配的股息和股息的预计增长率的乘积，因此上式可以改写为

$$\frac{D_0(1+g)}{D_0}=1+(1-b)\times\text{ROE}$$

$$1+g=1+(1-b)\times\text{ROE}$$

最后，可得

$$g=(1-b)\times\text{ROE} \tag{9-27}$$

因此，对股息增长率 g 的估计就转化为对留存收益的预期回报率 ROE 的估计。估计留存收益预期回报率对于金融分析师来说是比较困难的，因为一个投资的许多投资细节都将影响未来的收益，而这些细节是金融分析师无法估计和掌控的。因此通常的做法是，对于近年选择的项目以其他年度投资项目的回报率做参考，通常用历史的权益报酬率来估计现有的留存收益的预期回报率。我们通过一个例子来具体解释。

假设某公司报告有 2 000 万元的盈利，计划保留盈余 20%。公司历史的权益报酬率为 15%，并希望在将来一直保留，那么公司下一年的盈利增长将会是多少？

首先，公司将保留盈余 $2\,000\times20\%=400$（万元），假设历史的权益报酬率是对未来留存收益回报率的适当估计，那么盈利预计增长 $400\times15\%=60$（万元）。盈利增长的百分比为（盈利的变化）/（全部盈利）$=60/2\,000=3\%$，这意味着下一年的盈利是 $2\,000\times(1+3\%)=2\,060$（万元）。

如果用式(9-24)来计算的话，可得 $g=20\%\times15\%=3\%$，与上面分析的结果是相同的。

（二）必要收益率

在股票价值估值模型中，必要收益率是用来折现某一特定股票未来现金流的比率，又称为折现率。常见的估计必要收益率的方法有三种：第一种方法是股利增长模型法，通过增长年金的现值概念得出；第二种方法是风险溢价法，根据债务成本加上一定的风险溢价估算得出；第三种方法是资本资产定价模型法，通过资本资产定价模型估算得出。

▶ 1. 股利增长模型法

不变增长的年金现值公式为

现值＝下一年的年金/（必要收益率－增长率）

如果每一期支付的股息的增长率是不变的，就可以用下一期的股息替代下一年的年金，则公式可以变为

现值＝下一期的股息/（必要收益率－增长率）

必要收益率＝下一期的股息/现值＋股息增长率

$$y=\frac{D_1}{P_0}+g \tag{9-28}$$

从式(9-28)可以看出，折现率可以分为两个部分，前一部分是 $\dfrac{D_1}{P_0}$，将股利的回报以百分比的形式表示出来，称为股利收益率；后一部分是股利的增长率 g。

假设目前某公司股票价格为 28 元，估计年增长率为 8%，本年度发放的股利为 2 元，则

$$D_1=2\times(1+8\%)=2.16\text{（元）}$$

$$y=2.16\div28+8\%=15.71\%$$

▶ 2. 风险溢价法

对于投资者来说，面对的风险越高，他们要求的投资回报率也越高。普通股股东对一个公司的投资风险要高于该公司的债券投资者，因此普通股股东要求的回报率会在债券投

资者要求的回报率基础上再加上一定的风险溢价。普通股的必要收益率公式为

$$y = y_b + \text{RP}_c \tag{9-29}$$

式中，y_b 表示债券收益率，RP_c 表示普通股股东要求的超过债务收益率部分的风险溢价。债券收益率是债券投资者从公司债券中获得的利息收入，对于公司来说是债务成本，包括长期借款成本和债券成本，这一部分是比较容易获得的。该公式的难点在于 RP_c，即风险溢价的估算，通常的做法是凭借经验估计风险溢价。一般认为，一个公司股票对自己发行的债券的风险溢价在 3%～5%。当市场利率达到历史性高点时，风险溢价通常较低，在 3% 左右；当市场利率处于历史性低点时，风险溢价通常较高，在 5% 左右。因此通常情况下，风险溢价采用平均值 4% 被认为是合理的。故普通股的必要收益率为

$$y = y_b + 4\%$$

假设一个公司的债券收益率为 8%，则其股票的必要收益率为 $y = 8\% + 4\% = 12\%$。

▶ 3. 资本资产定价模型法

根据资本资产定价模型，证券市场线的函数表达式为

$$y_i = r_f + (r_m - r_f)\beta_i \tag{9-30}$$

式中，y_i 是投资第 i 种证券期望的收益率，即贴现率；r_f 和 r_m 分别是无风险资产的收益率和市场组合的平均收益率；β_i 是第 i 种证券的贝塔系数，反映了该种证券的系统性风险的大小。所以，贴现率取决于无风险资产的收益率、市场组合的平均收益率和证券的贝塔系数等三个变量，并且与无风险资产的收益率、市场组合的平均收益率以及证券自身的贝塔系数都成正比。

假设目前市场的无风险收益率为 8%，市场平均风险股票的必要收益率为 14%，某公司股票 β 值为 1.2，则该公司的股票的必要收益率为 $y_i = 8\% + 1.2 \times (14\% - 8\%) = 15.2\%$。

由此可见，股利增长模型法仅适用于不变增长模型，风险溢价法要求公司的资本结构中同时包括债务和普通股，资本资产定价模型法则可用来计算所有股票的必要收益率，应用范围较广。因此在现实分析中，常用资本资产定价模型法来估计股票的必要收益率。

第三节　市盈率模型

一、市盈率与增长机会

现实中对股票市场估值的讨论主要集中于公司的价格收益乘数（price-earning multiple）上，该值等于每股价格与每股收益之比，通常被称为市盈率。假设有 Cash Cow 与 Growth Prospects 两家公司，它们的股票每股收益均为 5 美元。Growth Prospects 公司的再投资率为 60%，股本回报率 ROE 为 15%，而 Cash Cow 公司的所有盈利都以股利的形式发放给股东，其再投资率为零。Cash Cow 目前的股价为每股 40 美元，市盈率为 40/5 = 8，而 Growth Prospects 公司的股价为每股 57.51 美元，市盈率为 57.51/5 = 11.5。Growth Prospects 公司的市盈率要高于 Cash Cow 公司的市盈率，这个例子可以说明市盈率是预测增长机会的一个有用指标。

增长机会的重要性在对初创公司的估值中最为明显。例如，在 20 世纪 90 年代末网络公司发展最繁荣的时期，尽管许多公司仍未盈利，但是市场却认为其市值高达数十亿美元。1998 年，eBay 作为一家刚起步的网络拍卖公司，其盈利仅为 240 万美元，而传统拍

卖公司 Sotheby 的盈利高达 4 500 万美元，是 eBay 公司的 18 倍，但是 eBay 与 Sotheby 的市值分别为 220 亿美元与 19 亿美元。事实证明，市场对 eBay 的估值比 Sotheby 高出如此之多是正确的。截至 2006 年，eBay 的净利润已经高达 10 亿美元，已经是 Sotheby 的 10 倍，尽管此后 eBay 的利润有所下降，但是在 2009 年仍为 Sotheby 的数倍。2020 年，eBay 全年营收为 102.71 亿美元，同比增长 19%，净利润为 56.67 亿美元，同比增长 217%。

人们通常把市盈率当作股利或盈利增长率。事实上，华尔街的经验法则（Rule of Thumb）是增长率应大致等于市盈率。著名的投资组合经理人彼得·林奇在他的《彼得·林奇的成功投资》一书中这样写道："对于任何一家公平定价的公司而言，市盈率都应等于增长率。在这里我所说的是收益增长率……若可口可乐公司的市盈率为 15，那么你会预期公司将以每年 15% 的速度增长。但若市盈率低于增长率，你可能发现了一个很好的投资机会。"

阅读专栏

彼得·林奇投资法则之寻找沙漠之花

彼得·林奇是全球基金业历史上的传奇人物，由他执掌的麦哲伦基金 13 年间资产增长 27 倍，创造了共同基金历史上的财富神话。他对共同基金的贡献，就像是乔丹之于篮球，邓肯之于现代舞蹈。他不是人们日常认识中的那种商人，他把整个投资提升到一个新的境界，他让投资变成了一种艺术。

彼得·林奇在选择投资行业的时候，总喜欢低迷行业而不是热门行业，原因在于低迷行业成长缓慢，经营不善的弱者一个接一个地被淘汰出局，幸存者的市场份额就会随之逐步扩大。如果，一个公司能够在一个陷入停滞的市场上不断争取到更大的市场份额，而另一个公司在一个增长迅速的市场中费尽气力才能保住日渐萎缩的市场份额，那么，前者远远胜过后者，这就是彼得·林奇的投资法则之寻找沙漠之花。

彼得·林奇对于这些低迷行业中的优秀公司总结了几个共同特征：公司以低成本著称；管理层节约得像个吝啬鬼；公司尽量避免借债；拒绝将公司内部划分成白领和蓝领的等级制度；公司员工待遇相当不错，持有公司股份，能够分享公司成长创造的财富。他们从大公司忽略的市场中找到利基市场，形成独占性的垄断优势，因此这些企业虽处在低迷的行业中，却能快速增长，增长速度比许多热门的快速增长行业中的公司还要快。

寻找沙漠之花需要投资者独具慧眼，彼得·林奇投资的班达格公司就是经典案例，班达格公司从事旧轮胎翻新业务，而且公司地处穷乡僻壤，所以华尔街的股票分析师很少去调研，在他投资之前的 15 年里只有三个分析师追踪过这家公司。班达格公司管理风格非常朴实，专注于成本节约，它在其他人认为无利可图的行业中寻找到了与众不同的利基市场，形成独占的竞争优势。当时美国每年卡车和客车轮胎翻新的需求约为 1 200 万个，其中班达格的市场份额达到 500 万个。班达格公司自 1975 年以来，股息持续提高，盈利每年增长 17%，尽管收益持续增长，班达格公司的股价在 1987 年股市大崩盘和海湾战争期间也曾两次暴跌，华尔街的这种过度反应，为彼得·林奇创造了逢低买入的好机会。两次暴跌之后，股价不但全部收回失地，而且后来涨幅巨大。

用沙漠之花来形容上述这类公司非常贴切，由于低迷的行业环境使得幸存下来的公司具备顽强的生命力，而且由于市场份额的扩大而具备了一定的垄断性。这样的公司同样也符合巴菲特的核心竞争力和成长性原理。所以从美国这么长时间的证券历史来看，不管多少次的崩盘和暴跌，只要按照价值理念来选股，从长期来看，其投资收益将远远大于其他投资方式。

二、市盈率的不变增长模型

(一) 公式推导

借用股息贴现模型的不变增长模型公式 $V=\dfrac{D_1}{y-g}$，其中，D_1、y、g 分别代表第一期支付的股息，贴现率和股息增长率（常数），V 代表股票的内在价值。尽管股票的市场价格 P 可能高于或低于其内在价值，但是，当市场达到均衡时，股票价格应该等于其内在价值。所以，可以把公式改写为

$$P=V=\frac{D_1}{y-g} \tag{9-31}$$

由于每期的股息应该等于当期的每股收益（E）与派息比率 b 的乘积，即 $D=E\times b$，代入式（9-31）可得

$$P=\frac{E_1\times b_1}{y-g} \tag{9-32}$$

由于 $E_1=E_0\times(1+g)$，因此式（9-32）还可以改写为

$$P=\frac{E_0\times(1+g)\times b_1}{y-g}$$

可以推导出不变增长的市盈率模型的一般表达式为

$$\frac{P}{E_0}=\frac{b_1\times(1+g)}{(y-g)} \tag{9-33}$$

从式（9-33）中可以发现，市盈率取决于三个变量：派息比率、贴现率和股息增长率。市盈率与股票的派息比率成正比，与股息增长率正相关，与贴现率负相关。派息比率、贴现率和股息增长率还只是第一个层次的市盈率决定因素。

(二) 市盈率的决定因素

我们在第二节中我们学习了股息增长率和必要收益率（贴现率）的决定因素，影响两者的因素进而会影响市盈率的大小。决定市盈率的各种因素如图 9-4 所示，其中，括号内的正或负号表示相应的变量与市盈率是正相关或负相关。在图 9-4 中的第一层，市盈率的大小取决于派息比率、必要收益率和股息增长率；在第二层，对于必要收益率的估计采用资本资产定价模型，则市盈率取决于派息比率、无风险资产收益率、市场组合收益率、贝塔系数和股东权益收益率五个变量；在第三层，市盈率取决于派息比率、无风险资产收益率、市场组合收益率、杠杆比率、影响贝塔系数的其他因素和净资产收益率六个变量；在第四层，市盈率取决于派息比率、无风险资产收益率、市场组合收益率、杠杆比率、影响贝塔系数的其他因素、税后净利润率和总资产周转比率七个变量。

在影响市盈率的上述变量中，除了派息比率和杠杆比率之外，其他变量对市盈率的影响都是单向的，即无风险资产收益率、市场组合收益率、贝塔系数、贴现率以及影响贝塔系数的其他因素与市盈率都是负相关的；而股息增长率、股东权益收益率、净资产收益率、税后净利润率以及总资产周转率与市盈率之间都是正相关的。

(三) 市盈率法估价

在上一节介绍的股息贴现模型中，当 $V>P$ 时股价被低估，$V<P$ 时股价被高估。而市盈率模型相当于将股息贴现模型等式两端同时除以一个常数 E_0，并不改变上述性质，因此当 $\dfrac{V}{E_0}>\dfrac{P}{E_0}$ 时股价被低估，$\dfrac{V}{E_0}<\dfrac{P}{E_0}$ 时股价被高估。因此，如果股票的理论市盈率高于其真实市

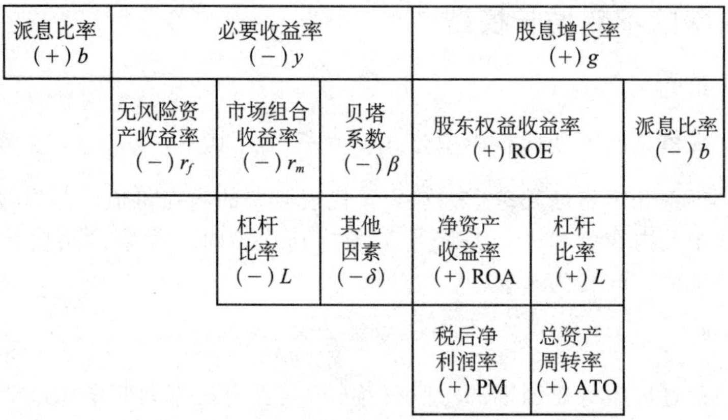

派息比率 $(+)b$	必要收益率 $(-)y$			股息增长率 $(+)g$	
	无风险资产收益率 $(-)r_f$	市场组合收益率 $(-)r_m$	贝塔系数 $(-)\beta$	股东权益收益率 $(+)$ ROE	派息比率 $(-)b$
		杠杆比率 $(-)L$	其他因素 $(-\delta)$	净资产收益率 $(+)$ ROA	杠杆比率 $(+)L$
				税后净利润率 $(+)$ PM	总资产周转率 $(+)$ ATO

图 9-4　市盈率的决定因素

盈率，该股票被低估；如果股票的理论市盈率低于其真实市盈率，该股票被高估。

假设某公司支付的每股股息为 1.8 元，预计在未来日子里该公司股票的股息按照每年 4% 的速度增长。假定必要收益率为 9%，当前该公司的股票价格为 40 元，去年该公司的每股收益为 2.7 元。我们可以运用上面的方法来判断该股票是被高估还是被低估。

运用市盈率不变增长模型可知，该公司的股息支付率 $b=1.8/2.7=66.67\%$、$g=4\%$、$y=9\%$，则该公司的理论市盈率为

$$\frac{V}{E_0}=\frac{b\times(1+g)}{(y-g)}=\frac{66.67\times(1+4\%)}{(9\%-4\%)}=13.87$$

而该公司的真实市盈率为

$$\frac{P}{E_0}=\frac{40}{2.7}=14.81$$

因为 $\frac{V}{E_0}<\frac{P}{E_0}$，所以该公司的股票是被高估的，此时投资者应该考虑出售该公司股票。运用不变增长的股息贴现模型可以得到相同的结论。

三、市盈率的零增长模型

在上一小节，我们以不变增长模型为例，分析了市盈率模型中决定市盈率的因素之后，下面简单介绍零增长模型。

(一) 公式推导

该模型假定股息增长率 g 恒等于零，换言之，每期的股息都是一样的，那么在什么情况下股息增长率会恒等于零呢？在前面的分析中，我们知道股息等于每股收益 E 与派息比率 b 的乘积。如果每股的收益 E 等于常数，那么只有在派息比率等于 100% 时，每期的股息才会等于一个常数，即在没有保留收益的条件下，每股的收益全部以股息的方式支付给股东。如果在每股收益等于常数的情况下，派息比率小于 100%，那么，每股收益中的一部分将保留在公司内部，从而可能被用于提高未来的每股收益以及每股的股息。沿用式 (9-27)，$g=\text{ROE}(1-b)$，股息增长率 g 与派息比率 b 成反比。当派息比率 b 等于 1 时，股息增长率 g 等于零；当派息比率 b 小于 1 时，股息增长率 g 大于零。所以，零增长模型假定每股收益恒等于一个常数且派息比率等于 1，即 $E=E_0=E_1=E_2=\cdots=E_\infty$、$b=1$，由此可以推出 $D_0=D_1=D_2=\cdots=D_\infty$ 或者 $g=g_0=g_1=g_2=\cdots=g_\infty=0$。

将上述假定条件代入式(9-33)，可以得到零增长市盈率模型的函数表达式为

$$\frac{P}{E_0} = \frac{b_1 \times (1+g)}{(y-g)}$$

$$\frac{P}{E} = \frac{1 \times (1+0)}{(y-0)} = \frac{1}{y} \tag{9-34}$$

与不变增长市盈率模型相比，零增长市盈率模型中决定市盈率的因素仅贴现率一项，并且市盈率与贴现率成反比关系。比较式(9-33)与式(9-34)，可以发现零增长模型是股息增长率等于零时的不变增长模型的一种特例。

(二) 应用

假设某公司股息零增长的股票的市场价格为 65 美元/股，每股股息恒等于 8 美元/股，贴现率为 10%。假定其派息比率等于 1，请判断投资者是否应该购买该公司股票。

运用零增长的市盈率模型，可知实际的市盈率，$\frac{P}{E} = \frac{65}{8} = 8.1$，正常的市盈率，$\frac{P}{E} = \frac{1}{0.10} = 10$，因为正常的市盈率大于实际的市盈率，所以，该股票价格被低估了，此时适合购入该公司股票。

四、市盈率的多元增长模型

(一) 公式推导

与多元增长的股息贴现模型一样，多元增长的市盈率模型假定在某一时点 T 之后，股息增长率和派息比率分别保持在常数 g 和 b，也即从 T 时刻开始具有不变增长的市盈率模型的特点。但是在 T 时刻之前，股息增长率和派息比率都是可变的，没有固定的模式。沿用第二节中的式(9-21)：

$$V = \sum_{t=1}^{T} \frac{D_t}{(1+y)^t} + \frac{D_{T+1}}{(y-g)(1+y)^T}$$

式中，等式右边的第一项是 T 时点之前的现金流贴现价值，第二项是 T 时点之后的现金流贴现价值。根据股息、派息比率和每股收益三者之间的关系，可以知道：

$$E_t = E_0(1+g_1)(1+g_2)(1+g_3)\cdots(1+g_t) = E_0 \prod_{i=1}^{t}(1+g_i) \tag{9-35}$$

$$D_t = b_t E_t = b_t(1+g_1)(1+g_2)(1+g_3)\cdots(1+g_t) = b_t \prod_{i=1}^{t}(1+g_i) \tag{9-36}$$

式中，E_t 是第 t 期的每股收益，D_t 是第 t 期的每股股息，b_t 是第 t 期的派息比率，g_t 是第 t 期的股息增长率。将式(9-36)代入式(9-21)，可以得到多元增长的市盈率模型的函数表达式：

$$P = \frac{E_0 b_1(1+g_1)}{(1+y)} + \frac{E_0 b_2(1+g_1)(1+g_2)}{(1+y)^2} + \cdots + \frac{E_0 b_T(1+g_1)(1+g_2)\cdots(1+g_T)}{(1+y)^T} +$$

$$\frac{E_0 b(1+g_1)(1+g_2)\cdots(1+g_T)(1+g)}{(y-g)(1+y)^T}$$

$$= E_0 \sum_{j=1}^{T}\left[b_j \prod_{i=1}^{j}(1+g_i)\right] + E_0 \frac{b(1+g)\prod_{i=1}^{T}(1+g_i)}{(y-g)(1+y)^T}$$

从而可得：

$$\frac{P}{E_0} = \sum_{j=1}^{T}\left[b_j\prod_{i=1}^{j}(1+g_i)\right] + \frac{b(1+g)\prod_{i=1}^{T}(1+g_i)}{(y-g)(1+y)^T} \tag{9-37}$$

式（9-37）表明，多元增长市盈率模型中的市盈率决定因素包括了贴现率、派息比率和股息增长率。其中，派息比率含有 T 个变量（b_1，b_2，…，b_T）和一个常数（b）。同样，股息增长率也含有 T 个变量（g_1，g_2，…，g_T）和一个常数（g）。根据上式可以算出多元增长的股票的正常的市盈率。

（二）应用

假设某公司当前 2016 年股票价格为 35.96 元，每股收益为 1.25 元，每股派发股息 0.5 元。公司预计 2017 年将会实现每股收益 3.375 元，预计股息每股发放 1.35 元。2018 年公司将会实现每股收益 4 元，预计股息每股发放 2 元。从 2019 年开始，该公司的每股收益将以 10% 的不变增长率增长下去，股息支付率保持不变，如表 9-2 所示。如果投资者要求的必要报酬率为 15%，此时该公司的股票价格是否正确反映了股票价值？

表 9-2　某公司多元增长市盈率模型的相关数据

年　　份	每股股息（元/股）	每股收益（元/股）	每股收益增长率	股息支付率
2017	$D_1=1.35$	$E_1=3.375$	$g_1=170\%$	$b_1=40\%$
2018	$D_2=2$	$E_2=4$	$g_2=18.52\%$	$b_2=50\%$
2019	$D_3=2.2$	$E_3=4.4$	$g_3=10\%$	$b_3=50\%$
2020	$D_4=2.42$	$E_4=4.84$	$g_4=10\%$	$b_4=50\%$
……	……	……	……	……

从表 9-2 的数据可知，该公司 2017 年和 2018 年处于成长期，从 2019 年开始，该公司的每股收益和股息都保持 10% 的增长率增长，股息支付率为 50% 并保持不变。根据以上数据，可以计算出该公司为

$$\frac{P}{E_0} = \frac{40\%\times(1+170\%)}{1+15\%} + \frac{50\%\times(1+170\%)\times(1+18.52\%)}{(1+15\%)^2} +$$

$$\frac{50\%\times(1+170\%)\times(1+18.52\%)\times(1+10\%)}{(15\%-10\%)\times(1+15\%)^2}$$

$$=0.093+1.21+26.615=28.76$$

该股票的实际市盈率为

$$\frac{P}{E_0} = \frac{35.96}{1.25} = 28.76$$

由此可见，该公司的股票实际市盈率与正常市盈率刚好相等，可见市场对于该股票的估值是适当的，并且得出来的结论与多元增长股息贴现模型的结论是一致的，这更加验证了市盈率模型与股息贴现模型的异曲同工之处。

（三）与股息贴现模型的综合运用

事实上，在利用股息贴现模型评估股票价值时，可以结合市盈率分析。一些分析人员利用市盈率来预测股票盈利，从而在投资初始就能估计股票的未来价格。例如，预计某公司 2022 年的市盈率为 20.0，每股盈利为 5.50 元。那么，可预测其 2022 年的股价为 110 元。假定这一价格为该公司 2022 年的股票卖出价，投资者的必要报酬率为 14.4%。从 2018 年开始，该公司今后四年的股息分别为 0.54 美元、0.64 美元、0.74 美元和 0.85 美元。根据股息贴现模型，该公司的股票内在价值为

$$V_{2018}=\frac{0.54}{1.144}+\frac{0.64}{1.144^2}+\frac{0.74}{1.144^3}+\frac{0.85+110}{1.144^4}=66.17（元）$$

（四）市盈率模型的优点和局限

市盈率模型在使用上更加简单，数据容易取得，通过价格和收益之间的联系直观地反映了投入和产出的关系，同时也弥补了股息贴现模型的一些不足。首先，股息贴现模型没有考虑到不同行业公司的收益水平相差较大，而市盈率是股票价格与每股收益的比率，即单位收益的价格，所以市盈率模型可以直接用于不同收益水平的股票价格的比较；其次，股息贴现模型要求股票必须付息，而市盈率模型对于那些在某段时间内没有支付股息的股票同样适用。

但是，市盈率模型也有其本身的局限性。首先，公司在经营过程中，可能有收益也可能亏损。当公司的收益为负时，市盈率估值就失去了意义；其次，市盈率除了受企业本身基本面的影响之外，还受到整个经济景气程度的影响。在整个经济繁荣时市盈率上升，整个经济衰退时市盈率下降。如果是一个周期性的公司，则公司价值可能被歪曲。

阅读专栏

股息支付率的估计

股息支付比率是市盈率模型中的一个重要参数，然而这一参数不像收益增长率和必要收益率一样可以用公式表示，需要根据公司的实际情况具体分析。公司的股利分配是在种种限制因素下进行的，公司不可能摆脱这些因素的影响。股息支付率的影响因素主要有如下几个。

一、经济限制

公司原股东从自身经济利益需要出发，往往会影响公司的股利支付率。因为公司支付较高的股利，就会导致留存盈余的减少，这又意味着公司将来发行新股以筹资的可能性加大。发行新股必然会稀释公司的控制权，这是公司原有的持有控制权的股东们所不愿意看到的情况。因此，若他们拿不出更多的资金购买新股以满足公司的资金需要，他们宁愿不分配股利而反对募集新股。

二、法律限制

为了保护债权人和股东的利益，有关法律法规对公司的股利支付经常做出以下限制：第一，为了保全资本，规定公司不得用资本(包括股本和资本公积)发放股利；第二，为了公司积累，规定公司必须按净利润的一定比例提取法定盈余公积金；第三，规定公司年度累计净利润必须为正数时才可发放股利，以前年度亏损必须足额弥补；第四，由于股东接受股利缴纳的所得税高于进行股票交易的资本利得税，于是许多国家规定公司不得超额累计利润，一旦公司的保留盈余超过了法律认可的水平，将被加征额外税额。我国目前法律对公司的累计利润尚未做出限制性规定。

三、财务限制

就公司的财务需要来讲，也存在一些限制股利支付的因素。

（一）盈余的稳定性

公司是否能获得长期稳定的盈余，是其股利决策的重要基础。盈余相对稳定的公司能够较好地把握自己，有可能支付比盈余不稳定的公司较高的股利；而盈余不稳定的公司一般采取低股利政策，以减少因盈余下降而造成的股利无法支付、股价急剧下跌的风险，又可以将更多的盈余再投资，以提高公司权益资本比重，减少财务风险。

（二）资产的流动性

过多地支付现金股利，会减少公司的现金持有量，使资产的流动性降低；而保持一定的资产流动性，是公司经营所必需的。

（三）举债能力

具有较强举债能力的公司因为能够及时地筹措到所需的资金，有可能采取较为宽松的股利政策；而举债能力较弱的公司则不得不多保留盈余，往往采取较紧的股利政策。

（四）投资机会

拥有良好投资机会的公司，需要有强大的资金支持，因此往往减少发放股利，将大部分盈余用于投资；缺少投资机会的公司，保留大量现金会造成资金的闲置，于是倾向于支付较高的股利。

（五）资本成本

与发行新股相比，保留盈余不需要花费筹资费用，是一种成本较低的筹资渠道，因此从资本成本的角度考虑，如果公司有扩大自己的需要，也应当采取低股利政策。

（六）债务需要

具有较高的到期债务的公司，可以通过发行新股或发行新债券来筹集资金或偿还债务，也可以直接用经营积累偿还债务。如果公司认为发行新股的资本成本较高或者受其他限制难以进入资本市场，将会减少股利支付。

第四节　自由现金流模型

无论是股息贴现模型还是市盈率模型，都遵循一个共同的前提假设，即内部保留盈余是公司唯一的融资渠道。放宽这一假设，允许公司从外部融资时会发生什么变化呢？

莫迪格利安尼（Modigliani）和米勒（Miller）的 MM 理论针对这个问题进行了比较经典的分析。MM 理论认为，如果考虑到公司的未来投资，那么该未来投资的融资方式不会影响普通股的内在价值。因此，公司的股利政策和资本结构都不会影响其股票的价值。MM 理论认为，股票的内在价值取决于股东所能得到的净现金流的现值和公司未来再投资资金的净现值。前者产生于公司现有的资产。在考虑后者时，公司的股利政策和融资政策都仅仅影响股东取得投资回报的形式（即股息或者资本利得），而不会影响投资回报的现值。

阅读专栏

现代企业资本结构理论的奠基石——MM 理论

最初的 MM 理论，来源于美国的莫迪格利安尼和米勒教授于 1958 年 6 月发表于《美国经济评论》的"资本结构、公司财务与资本"一文中所阐述的基本思想。该理论认为，在不考虑公司所得税，且企业经营风险相同而只有资本结构不同时，公司的资本结构与公司的市场价值无关。或者说，当公司的债务比率由零增加到 100% 时，企业的资本总成本及总价值不会发生任何变动，即企业价值与企业是否负债无关，不存在最佳资本结构问题。修正的 MM 理论（含税条件下的资本结构理论）是两位教授于 1963 年共同发表的另一篇与资本结构有关的论文中的基本思想。他们发现，在考虑公司所得税的情况下，由于负债的利息是免税支出，可以降低综合资本成本，增加企业的价值。因此，公司只要通过财务杠杆利益的不断增加，而不断降低其资本成本，负债越多，杠杆作用越明显，公司价值越大。当债务资本在资本结构中趋近 100% 时，才是最佳的资本结构，此时企业价值达到最大，最初的 MM 理论和修正的 MM 理论是资本结构理论中关于债务配置的两个极端看法。

米勒教授所提出的资本结构理论尽管有一定的前提和假设条件，但对于开拓人们的视野，推动资本结构理论乃至投资理论的研究，引导人们从动态的角度把握资本结构与资本成本、公司价值之间的关系以及股利政策与公司价值之间的关系，具有十分重大的意义，因此，MM理论被西方经济学界称为一次"革命性变革"和"整个现代企业资本结构理论的奠基石"。正如瑞典皇家科学院在对米勒、夏普(Sharpe)、马克维兹(Markowitz)三人(后两人亦为财务经济学家)授予诺贝尔经济学奖时的声明中所说："米勒在财务经济学方面的开创性工作，对企业财务理论贡献重大，获奖乃实至名归。"声明又说："米勒参与革新企业财务守则，将之从一系列松散的规则转化成可尽量扩大股东价值的守则，影响深远。"米勒生前曾多次到中国香港访问讲学，尤其是在亚洲金融风暴时期的精彩演讲，给人们留下了深刻的印象。正因如此，香港《情报》在评论米勒逝世的消息时说："巨星陨落，影响长存"。

一、公式推导

与股息贴现模型、市盈率模型不同，自由现金流分析法首先对公司的总体价值进行评估，然后扣除各项非股票要求权(non-equity claims)，得到总的股票价值。具体而言，公司的总体评估价值，等于完全股票融资条件下公司净现金流的现值，加上因公司使用债务融资而带来的税收节省的净现值。

假定公司今年的税前经营性现金流为PF，预计年增长率为g。公司每年把税前经营性现金流的一部分(设此比例为k)用于再投资，税率为T。今年的折旧为M，年增长率为g，资本化率为r，公司当前债务余额为B。

那么，公司今年的应税所得$Y=PF-M$，从而税后盈余$N=(PF-M)\times(1-T)$，税后经营性现金流$AF=N+M=PF(1-T)+M\times T$，追加投资额$RI=PF\times k$，自由现金流$FF=AF-RI=PF(1-T-k)+M\times T$，进而，该公司的总体价值为

$$Q=\frac{FF}{y-g}=\frac{PF(1-T-k)+M\times T}{y-g} \tag{9-38}$$

公司的股权价值为

$$V=Q-B=\frac{PF(1-T-k)+M\times T}{y-g}-B \tag{9-39}$$

当公司高层管理人员进行本公司的资本预算或者寻求并购对象时，通常使用上述方法来评估相关公司的股权价值。需要指出的是，自由现金流分析法中的资本化率与股息贴现模型、市盈率模型中的资本化率略有差异。前者适用于评估存在负债时的权益(leveraged equity)，后两者适用于评估没有负债情况下的权益(unleveraged equity)。由于杠杆率会影响股票的贝塔系数，所以两个资本化率并非完全相同。

二、应用

我们通过一个例子来展示如何运用自由现金流分析法评估公司股票的内在价值。

假定在过去的一年中，某公司的税前经营性现金流为1 000 000美元，预期以后每年增长6%。公司每年将税前经营性现金流的15%进行再投资。去年折旧为100 000美元，与其增长率为6%。所得税率为30%，资本化率为10%。公司目前债务为2 000 000美元，现有普通股1 000 000股。

为简单起见，忽略债务利息以及由此带来的税收节省，该公司的自由现金流具体分析如表9-3所示。

表 9-3　某公司的自由现金流分析　　　　　　　　　单位：美元

项　目	金　额
税前经营性现金流	1 060 000
折旧	106 000
应税所得	954 000
应交税金(税率30%)	286 200
税后盈余	667 800
税后经营性现金流(税后盈余＋折旧)	773 800
追加投资(税前经营性现金流15%)	159 000
自由现金流(税后经营性现金流－追加投资)	614 800

此外，我们还可以直接运用公式计算自由现金流：

$\mathrm{FF}=\mathrm{AF}-\mathrm{RI}=\mathrm{PF}\times(1-T-k)+M\times T=1\ 060\ 000\times(1-30\%-15\%)+106\ 000\times30\%=614\ 800$（美元）

根据式(9-38)可以得出公司今后总自由现金流的现值为

$$Q=\frac{\mathrm{FF}}{(y-g)}=\frac{614\ 800}{10\%-6\%}=15\ 370\ 000（美元）$$

该公司的每股股票价值为

$$P=\frac{V}{N}=\frac{Q-B}{N}=\frac{15\ 370\ 000-2\ 000\ 000}{1\ 000\ 000}=13.37（美元）$$

阅读专栏

传统与现代股利政策理论

股利政策作为公司财务管理的一项重要内容，一直是会计、财务学界研究和探讨的热点问题之一。上市公司在决定向股东分配股利之前，需要综合考虑各种因素，公司是否分配、如何分配、分配多少直接影响公司未来的筹资能力和经营业绩。如何将公司实现的收益在股东和内部留存之间进行合理分配并制定合理的股利政策，是上市公司管理者难以处理的实际问题，也是尚未解决的财务理论问题之一。

一、传统股利政策理论

20世纪六七十年代，学者们研究股利政策理论主要关注的是股利政策是否会影响股票价值，其中最具代表性的是"一鸟在手"理论、股利无关理论和税差理论，这三种理论被称为传统股利政策理论。

(一)"一鸟在手"理论

"一鸟在手"理论源于谚语"双鸟在林不如一鸟在手"。该理论最具有代表性的著作是戈登(M. Gordon)于1959年在《经济与统计评论》上发表的"股利、盈利和股票的价格"，他认为企业的留存收益再投资时会有很大的不确定性，并且投资风险随着时间的推移将不断扩大，因此投资者倾向于获得当期的而非未来的收入，即当期的现金股利。因为投资者一般为风险厌恶型，更倾向于当期较少的股利收入，而不是具有较大风险的未来较多的股利。在这种情况下，当公司提高其股利支付率时，就会降低不确定性，投资者可以要求较低的必要报酬率，公司股票价格上升；如果公司降低股利支付率或者延期支付，就会使投资者风险增大，投资者必然要求较高报酬率以补偿其承受的风险，公司的股票价格也会下降。

（二）股利无关理论

股利无关理论即 MM 理论，MM 理论提出了 5 个假设条件，即不存在公司所得税和个人所得税，不存在交易费用，管理层和股东都能够获得同样的信息，公司无任何负债，公司投资政策保持不变。MM 理论证明在这 5 个假设条件下，股利政策与公司价值无关。著名的"股利无关假说"成为股利政策理论的基石。

（三）税差理论

法拉（Farrar）和赛尔文（Selwyn）在 1967 年首次对股利政策影响企业价值的问题做出了回答。他们采用局部均衡分析法，并假设投资者都希望试图达到税后收益最大化。他们认为，只要股息收入的个人所得税高于资本利得的个人所得税，股东将情愿公司不支付股息。他们认为资金留在公司里或用于回购股票时股东的收益更高，或者说，这种情况下股价将比股息支付时高；如果股息未支付，股东若需要现金，可随时出售其部分股票。从税赋角度考虑，公司不需要分配股利。如果要向股东支付现金，也应通过股票回购来解决。

二、现代股利政策理论

进入 20 世纪 70 年代以来，信息经济学的兴起改进了过去对于企业的非人格化的假设，而代之以经济人效用最大化的假设。这一突破形成了现代股利政策的两大主流理论——股利政策的信号传递理论和代理成本理论。

（一）信号传递理论

信号传递理论从放宽 MM 理论的投资者和管理者拥有相同的信息假定出发，认为管理当局与企业外部投资者之间存在信息不对称。管理者占有更多关于企业前景方面的内部信息，股利是管理者向外界传递其掌握的内部信息的一种手段。如果他们预计到公司的发展前景良好，未来业绩将大幅度增长时就会通过增加股利的方式将这一信息及时告诉股东和潜在的投资者；相反，如果预计到公司的发展前景不太好，未来盈利将持续性不理想时，那么他们往往会维持甚至降低现有股利水平，这等于向股东和潜在投资者发出了不利的信号。因此，股利能够传递公司未来盈利能力的信息，这样导致股利对股票价格有一定的影响。当公司支付的股利水平上升时，公司的股价会上升；当公司支付的股利水平下降时，公司的股价也会下降。

（二）代理成本理论

股利的代理理论是在放宽 MM 理论中公司经理与股东之间的利益完全一致的假设上发展起来的。该理论认为，股利政策实际上体现的是公司内部人与外部股东之间的代理问题。在存在代理问题的前提下，适当的股利政策有助于保证经理们按照股东的利益行事。代理成本与股利支付之间呈负相关关系，股利政策一方面能降低代理成本，另一方面会增加交易成本，因此公司股利发放率的确定是在这两种成本之间进行权衡从而使总成本最小。

本章小结

一般来讲，影响股票投资价值的内部因素主要包括公司净资产、公司盈利水平、公司的股利政策、股份分割、增资和减资以及公司重大变动等因素；外部因素主要包括宏观经济因素、行业因素、政治因素以及市场因素。

股息贴现模型是收入资本化法运用到股票价值分析中的结果。选用未来的股息代表股票投资唯一的现金流是正确的，并没有忽视买卖股票的资本利得对股票内在价值的影响。

股息贴现模型有四种特殊形式：零增长模型、不变增长模型、三阶段增长模型和多元增长模型。其中，零增长模型、不变增长模型、三阶段增长模型都是股息贴现模型的特殊形式，多元增长模型是股息贴现模型的最一般形式，在股价值评估中更具有普遍意义。

对于股息贴现模型，采用净现值法估价时，如果 NPV 大于零，意味着所有预期的股息流入的现值之和大于股票价格，此时这种股票价格被市场低估，适合购入该种股票；如果 NPV 小于零，意味着所有预期的股息流入的现值之和小于股票价格，此时这种股票价格被市场高估，不建议购买该种股票。采用内部收益率法估价时，如果股票的内部收益率大于具有同等风险水平股票的必要收益率，则可以考虑购买这种股票；如果股票的内部收益率小于具有同等风险水平股票的必要收益率，则不建议考虑购买这种股票。

现实中对股票市场估值的讨论主要集中于公司的价格收益乘数，即市盈率上。市盈率是预测增长机会的一个有用指标，并且可以通过比较市盈率来判断股票价格是否被估计正确。如果股票的理论市盈率高于其真实市盈率，该股票被低估；如果股票的理论市盈率低于其真实市盈率，该股票被高估。

股息贴现模型的参数估计主要指对股息增长率和必要收益率的估计。股息增长率是收益留存率和留存收益预期回报率共同作用的结果；必要收益率有三种计算方式，分别为股利增长模型法、风险溢价法和资本资产定价模型法。

市盈率模型涵盖了必要收益率、收益增长率和派息比率三个参数的影响，具有很高的综合性。派息比率，即股息支付率，很难用公式表示出来，其主要受到经济环境、法律、财务等外部因素的影响。

自由现金流模型放宽了内部保留盈余是公司唯一融资渠道的假设，允许公司从外部举债融资。自由现金流分析法中的资本化率与股息贴现模型、市盈率模型中的资本化率略有差异。前者适用于评估存在负债时的权益，后两者适用于评估没有负债情况下的权益。

本章重要概念

> 股票　股息贴现模型　内部收益率　零增长股息贴现模型　不变增长股息贴现模型
> 三阶段增长股息贴现模型　多元增长股息贴现模型　市盈率　零增长市盈率模型
> 不变增长市盈率模型　多元增长市盈率模型　自由现金流模型

思考题和在线自测

本章复习思考题

扫描封底刮刮卡　获取答题权限

在线自测

第十章 有效市场理论

案例导入

信息欺诈危及经济安全

在深圳，有一个老年投资者，知识文化水平不高，平时也不学习，极少看报看电视听广播，几乎不拥有投资方面的信息。但他在 20 世纪 90 年代与其他几个投资者一起用自己多年积攒的资金，在深圳比较偏僻的地方购置了一些地产。后来随着深圳经济的发展以及深圳房价的大涨，其购置地产的价格也出现大涨，该项投资的收益率非常可观。毫无疑问，该项投资是相当成功的。这里似乎看不到信息与投资之间的任何关系。但接近这位投资者，就会发现，他依然是一个信息拥有者。因为，信息包括知识和投资经验等。虽然该投资者文化水平不高，但他拥有其前辈传给他的重要信息，即从长期看，一般而言，在中国，由于人多地少，特别是在发达地区，投资者主要依靠自己积累的资金购买房地产是相对稳健的。这条信息是一代一代口口相传的投资经验或知识。所以，从这个事例当中，可以看出，貌似该投资者在不拥有信息的情况下投资，实际上他依然是关键信息、有价值信息的拥有者。当然，如果该投资者知识结构能够得到提升，比如学习经济周期和金融危机理论，就能更好地选择投资时机，甚至能够避开金融危机带来的损失。

现代金融理论的出发点和归宿点都是信息问题。信息问题是金融投资理论关注的核心问题，离开信息问题讨论任何投资理论，对投资实践的指导都是毫无意义的。现代金融投资理论当中最具影响力的是有效市场假说。有效市场假说讨论的核心就是信息与资产价格问题，即该假说重点关注的是信息对资产价格的影响问题。投资者决定在哪里投资，投资什么，何时投资，都需要与此密切相关的有价值信息，而不是噪音信息。有效市场假说认为，市场对于价值信息具有充分而又迅速的反应能力，市场价格已经消化了所有价值信息，市场价格呈现随机游走规律，存在不确定性，难以把握。有效市场假说的这个假定确实只是一个假定，在投资实践之中几乎是不存在的。但有效市场假说的核心是强调信息与市场价格的关系，这是金融理论上的一个重大发现。

资料来源：任寿根. 信息欺诈危及经济安全[N]. 证券时报，2019-07-23（A08）.

第一节 有效市场假说的含义与分类

有效市场假说（efficient markets hypothesis，EMH）是现代金融市场理论中最重要的概念之一。它最早由巴舍利尔（1900）提出，并由考利斯（1933）进行了最早的实证检验。现代对有效市场的研究则始于萨缪尔森（1965），后来经法玛（1970）、马基尔（1992）等进一步发展和深化，逐渐形成一个系统性、层次性的概念，并建立了一系列用于验证市场有效性的模型和方法。

一、有效市场的含义

关于市场有效的定义，采用最多的是尤金·法玛（Eugene Fama，1970）的定义：价格总是充分反映可获得信息的市场是有效的。法玛提出的有效市场假说理论以理性投资者为假设前提，并吸收了前人学者的研究成果，认为股票价格服从随机游走特性的市场就是有效的市场，但市场的有效性与有效的市场是两个不同的概念，我们通过区别市场的有效性与有效的市场来对"有效市场"的含义进行界定。

在西方经济学的研究中经常会提到"有效"的市场，这里的有效是从资源的配置有效、市场的运作有效以及信息的流动有效来考察的，认为满足资源有效配置、市场有效运作以及信息有效流动和反映价格的市场才是有效的市场，这一有效的市场以下面的假设条件为前提。

（1）所有的市场参与者都是理性的经济人。

（2）市场中不存在任何税收和交易成本，市场是完善的，所有的资产都具有可交易性，没有任何限制。

（3）证券市场和产品市场都是完全竞争的市场。产品市场的完全竞争指市场中的微观主体均是产品价格的接受者；证券市场的完全竞争是指市场中的投资者都是证券价格的接受者。

（4）市场中的信息是完全流动的，所有人都可以免费获得信息。

在这些假设前提下，在这种市场中，所有的生产者、消费者、投资者和融资者都获得了最大的效用。对于产品市场而言，消费者以最合理的价格买到了能给自己带来最大化效用的产品，生产者以最低的成本生产出了能给自己带来最大化利润的产品数量；对于证券市场而言，融资者以最低的融资成本获得了生产所需要的资金，并实现了最优的资本结构，投资者也使自己在既定的财富约束下，获得了最大的收益或承担了最小的风险。同时，所有的市场参与主体均获得了最大的效用，稀缺的资源也被配置到了最具生产投资的领域中，资源配置的有效性由此实现；信息的流动没有任何障碍，所有的价格均完全反映了信息，信息流动的有效性由此实现，并且该市场也达到了一般均衡状态。

而对于"有效市场假说"，我们放宽前面的一些假设条件就可以得到，如假设市场不是无摩擦的，证券交易者在进行证券交易时必须缴纳佣金、印花税等成本，但信息仍然是自由流动的，同时信息仍将会充分反映在证券的价格上，因此我们可以看出，"有效市场假说"理论没有"有效"市场那样严格的假设条件，它对"有效"的界定没有那么苛刻，认为只要是达到信息有效流动的市场，就是"有效市场"，因此法玛对"有效市场"的界定如下：

有效市场就是信息有效流动和反映价格的市场，只要信息能够完全充分的反映在价格上，该市场就是有效的市场，而不管该市场是否达到资源配置有效或市场运作有效。

后来，马基尔（MaKiel，1992）给出了更明确的定义：如果一个资本市场在确定证券价格时充分、正确地反映了所有的相关信息，这个资本市场就是有效的；正式地说，该市场被称为相对于某个信息集是有效的……如果将该信息披露给所有参与者时，证券价格不受影响；更进一步地说，相对于某个信息集有效……意味着根据该信息集进行交易不可能赚取经济利润。

马基尔第一句话的含义与法玛相同。第二句话意味着市场有效可通过向市场参与者披露信息并衡量证券价格的反应来检验。由于经济学与自然科学的一个重要区别就在于它的不可实验性，因此这种检验在实践中是行不通的。第三句话意味着可通过衡量根据某个信息集进行交易所能赚取的经济利润来判断市场的有效。这句话正是几乎所有有关市场有效的实证分析的基础。

事实上，有效的概念不是一个非此即彼的概念。世界上没有一个绝对有效的市场，也没有一个绝对无效的市场，它们的差别只是度的问题。问题的关键不是某个市场是否有效，而是多有效。这就需要一个相对有效的概念，如期货市场相对于现货市场的有效，美国资本市场相对于中国资本市场的有效等。绝对有效只是为衡量相对有效而提供一个基准。

阅读专栏

"有效市场假说"的要点

第一，在市场上的每个人都是理性的经济人，金融市场上每只股票所代表的各家公司都处于这些理性人的严格监视之下，他们每天都在进行基本分析，以公司未来的获利性来评价公司的股票价格，把未来价值折算成今天的现值，并谨慎地在风险与收益之间进行权衡取舍。这就要求所有的投资者都必须具有对信息进行加工、分析，并据此正确判断证券价格变动的能力。

第二，股票的价格反映了这些理性人的供求的平衡，想买的人正好等于想卖的人，即认为股价被高估的人与认为股价被低估的人正好相等，假如有人发现两者不等，即存在套利的可能性的话，他们立即会用买进或卖出股票的办法使股价迅速变动到能够使两者相等为止。

第三，股票的价格也能充分反映该资产的所有可获得的信息，即信息有效，当信息变动时，股票的价格就一定会随之变动。一个利好消息或利空消息刚刚传出时，股票的价格就开始异动，当它已经路人皆知时，股票的价格也已经涨或跌到适当的价位了。这其中就包含了一个假设，即信息成本为零，信息是充分的、均匀分布的，不存在信息解释的差异等现象，新信息的出现完全是随机的。同时，这也意味着即使市场上存在部分非理性投资者时，由于他们的交易是随机的，这种交易之间相互抵消，因此对市场上的资产价格不会产生任何影响，那么资产价格也是理性的。

"有效市场假说"实际上意味着"天下没有免费的午餐"，他们的全部产出是既定的，并且任何一个专业分析者的边际产出接近于零；广告将绝对不会影响公司普通股票的市场价值；股票的需求曲线具有完全的弹性，即价格的任何变化将产生无限大的需求。

有效市场理论主要研究股票市场的外在有效。股票市场的有效可以分为"内在有效"和"外在有效"两类：外在有效是指股票市场的资金分配有效，即市场上股票的价格是否能根据有关的信息做出及时、快速的反映，它反映了股票市场调节和分配资金的有效；内在有效是指股票市场的交易营运有效，即股票市场能否在最短的时间内和以最低的交易费用为交易者完成一笔交易，它反映了股票市场的组织和服务功能的有效。衡量证券市场是否具有外在有效有两个标志：一是价格是否能自由地根据有关信息而变动；二是证券的有关信息能否充分地披露和均匀地分布，使每个投资者在同一时间内得到等量等质的信息。对市场参与者而言，信息是对称的，不存在诸如信息不对称、信息加工的时滞。

二、有效市场假说及其类型

有效市场假说认为，证券价格已经充分反映了所有相关的信息，资本市场相对于这个信息集是有效的，任何人根据这个信息集进行交易都无法获得经济利润。

法玛对有效市场的界定是：如果证券的价格能够充分地反映出市场上可获得的信息，该市场就是一个有效的市场。有效市场假说又可以进一步分为三种：弱势有效市场、半强势有效市场和强势有效市场。

（一）弱势有效市场（weak-form efficiency）

弱势有效市场是指如果证券过去的信息（如证券的价格和交易量）完全反映在当前的价格之中，市场价格已充分反映出所有过去历史的证券价格信息，包括股票的成交价、成交量、卖空金额、融资金额、短期收益等，该市场为弱势有效市场。在这里，信息集包括了过去的所有信息（也称为历史信息）。当前证券的价格已经反映了过去所有的信息，是对过去信息的最优反映，价格的任何变动也是对新出现信息的反映，因此过去所有的信息对未来证券价格的预测没有任何帮助，基于历史信息是无法获得超额利润的。

推论一：如果弱势有效市场假说成立，投资者不可能通过对股票历史信息的分析而获得超额利润，股票价格变动与其历史行为方式是独立的，股价变动的历史时间序列数据呈现出随机游走形态，则股票价格的技术分析失去作用，只有基本分析还可能帮助投资者获得超额利润。

（二）半强势有效市场（semistrong-form efficiency）

半强势有效市场是在弱势有效市场的基础上发展起来的，是指证券价格的所有公开信息均反映在当前的价格之中，在这里，信息集不仅包括历史信息，也包括所有的公开信息。这些信息有成交价、成交量、盈利资料、盈利预测值、公司管理状况，以及其他公开披露的财务信息等。假如投资者能迅速获得这些信息，股价应迅速做出反应。在半强势有效市场中，证券的价格不仅反映了历史信息，还反映了所有的公开信息，证券价格是历史信息和公开信息的最优反映。

推论二：如果半强势有效假说成立，任何投资者都不可能利用历史信息和公开信息获得超额收益。由于证券价格的基本面分析就是对所有公开的信息进行分析，包括各种政治、宏观经济信息，以及有关证券公司的经营状况分析，即对一家公司的资产负债表、损益表、股息变动、股票拆细、政府公告及其他任何可公开获得的信息进行分析均不可能获得超额利润，则在市场中利用技术分析和基本分析都失去作用，只有内幕消息可能获得超额利润。

另外，半强势有效市场一定也是弱势有效市场，因为所有的公开信息也包括了过去的信息，如价格和交易量。

（三）强势有效市场（strong-form efficiency）

强势有效市场是有效市场的最高等级，是指证券的价格反映了市场中所有有关该证券的信息，这一信息不仅包括公开的信息，还包括不可获得的内幕信息。在强势有效市场中，任何信息是不可能获得超额利润的。强势有效市场也包括半强势有效市场和弱势有效市场。如果有人能够利用内幕信息获得超额收益，这些信息虽然一开始是不可获知的，但很快就会透露出来，并反映到证券的价格上，信息的反映速度越快，表明市场的有效程度越高。

推论三：在强势有效市场中，没有任何方法能帮助投资者获得超额利润，即使基金和有内幕消息者也一样。

对于证券组合的管理来说，如果市场是强势有效的，组合管理者会选择消极保守型的态度，只求获得市场平均的收益率水平，因此在这样一个市场中，管理者一般模拟某一种主要的市场指数进行投资。而在市场仅达到弱势有效状态时，组织管理者则是积极进取的，会在选择资产和买卖时机上下功夫，努力寻找价格偏离价值的资产。

三种有效证券市场的共同特征是证券的价格反映一定的信息，其区别在于不同的市场反映信息的范围不同。

这三种有效市场假说类型的包含关系如图 10-1 所示。

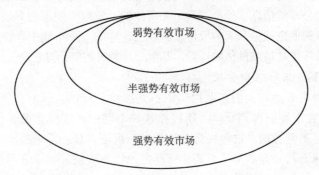

图 10-1 三种不同类型的有效市场假说

阅读专栏

寻找股市波动规律是一个极具挑战性的世界级难题。迄今为止，尚没有任何一种理论和方法能够令人信服并且经得起时间检验——2000 年，著名经济学家罗伯特·席勒在《非理性繁荣》一书中指出："我们应当牢记，股市定价并未形成一门完美的科学"；2013 年，瑞典皇家科学院在授予有效市场假说权威专家尤金·法玛和行为金融学教授罗伯特·席勒等人在该年度诺贝尔经济学奖时指出："几乎没什么方法能准确预测未来几天或几周股市债市的走向，但也许可以通过研究对三年以上的价格进行预测。"当前，有关金融资产定价和股票市场波动逻辑的代表性理论主要有凯恩斯选美论、随机漫步理论（Random Walk Theory）、现代资产组合理论（MPT）、有效市场假说（EMH）、行为金融学（BF）、演化证券学（EAS）等。

三、有效市场假说的意义

（一）理论意义

提高证券市场的有效性，其根本问题就是要解决证券价格形成过程中在信息披露、信息传输、信息解读以及信息反馈各个环节所出现的问题，其中最关键的一个问题就是建立上市公司强制性信息披露制度。从这个角度来看，公开信息披露制度是建立有效资本市场的基础，也是资本市场有效性得以不断提高的起点。

（二）实践意义

▶ 1. 有效市场和技术分析

如果市场未达到弱势下的有效，则当前的价格未完全反映历史价格信息，那么未来的价格变化将进一步对过去的价格信息做出反应。在这种情况下，人们可以利用技术分析和图表从过去的价格信息中分析出未来价格的某种变化倾向，从而在交易中获利。如果市场是弱势有效的，则过去的历史价格信息已完全反映在当前的价格中，未来的价格变化将与当前及历史价格无关，这时使用技术和图表分析当前及历史价格对未来做出预测将是徒劳的。如果不运用进一步的价格序列以外的信息，明天价格最好的预测值将是今天的价格。因此，在弱势有效市场中，技术分析将失效。

▶ 2. 有效市场和基本分析

如果市场未达到半强势有效，公开信息未被当前价格完全反映，分析公开资料寻找误定价格将能增加收益。但如果市场半强势有效，那么仅仅以公开资料为基础的分析将不能提供任何帮助，因为针对当前已公开的资料信息，目前的价格是合适的，未来的价格变化与当前已知的公开信息毫无关系，其变化纯粹依赖于明天新的公开信息。对于那些只依赖于已公开信息的人来说，对于明天才公开的信息，他今天是一无所知的，所以不用未公开的资料，对于明天的价格，他的最好的预测值也就是今天的价格。所以在这样的一个市场中，已公布的基本面信息无助于分析家挑选价格被高估或低估的证券，基于公开资料的基础分析毫无用处。

▶ 3. 有效市场和证券组合管理

如果市场是强势有效的，人们获取内部资料并按照它行动，这时任何新信息(包括公开的和内部的)将迅速在市场中得到反映。所以在这种市场中，任何企图寻找内部资料信息来打击市场的做法都是不明智的。这种强势有效市场假设下，任何专业投资者的边际市场价值为零，因为没有任何资料来源和加工方式能够稳定地增加收益。对于证券组合理论来说，其组合构建的条件之一即是假设证券市场是充分有效的，所有市场参与者都能同等地得到充分的投资信息，如各种证券收益和风险的变动及其影响因素，同时不考虑交易费用。但对于证券组合的管理来说，如果市场是强势有效的，组合管理者会选择消极保守型的态度，只求获得市场平均的收益率水平，因为区别将来某段时期的有利和无利的投资不可能以现阶段已知的这些投资的任何特征为依据，进而进行组合调整。因此在这样一个市场中，管理者一般模拟某一种主要的市场指数进行投资。而在市场仅达到弱势有效状态时，组织管理者则是积极进取的，会在选择资产和买卖时机上下功夫，努力寻找价格偏离价值的资产。

有效市场的三种形式和证券投资分析有效性之间的关系如表 10-1 所示。

表 10-1 市场有效性与投资分析的关系

市 场 形 式	技 术 分 析	基 本 分 析	组 合 管 理
无效市场	有效	有效	积极进取
弱势有效市场	无效	有效	积极进取
半强势有效市场	无效	无效	积极进取
强势有效市场	无效	无效	消极保守

第二节　有效市场假说的理论基础

一、有效市场假说的假定

有效市场假说是建立在三个强度渐次减弱的假定之上的。

▶ 1. 假定一：投资者是理性的，因而可以理性地评估证券的价值——最强的假定

投资者是理性的，他们认为每种证券的价值等于其未来的现金流按能反映其风险特征的贴现率贴现后的净现值，即内在价值(fundamental value)。当投资者获得有关证券内在价值的信息时，他们就会立即做出反应，买进价格低于内在价值的证券，卖出价格高于内在价值的证券，从而使证券价格迅速调整到与新的净现值相等的新水平。投资者的理性意味着不可能赚取经过风险调整的超额收益率。因此，由完全理性的投资者构成的竞争性市场必然是有效市场。

▶ 2. 假定二：虽然部分投资者是非理性的，但他们的交易是随机的，这些交易会相互抵消，因此不会影响价格——较弱的假定

有效市场假说的支持者认为，投资者非理性并不能作为否定有效市场的证据。他们认为，即使投资者是非理性的，在很多情况下市场仍可能是理性的。例如，只要非理性的投资者是随机交易的，这些投资者数量很多，他们的交易策略是不相关的，那么他们的交易就可能互相抵消，从而不会影响市场有效。

这种论点主要依赖于非理性投资者投资策略的互不相关性。

▶ 3. 假定三：虽然非理性投资者的交易行为具有相关性，但理性套利者的套利行为可以消除这些非理性投资者对价格的影响——最弱的假定

夏普·亚历山大和贝利(Sharpe Alexander 和 Bailey，1999)把套利定义为在不同市场，按不同的价格同时买卖相同或本质上相似的证券。例如，由于非理性的投资者连续买进某种证券，使该证券的价格高于其内在价值。这时，套利者就可以卖出甚至卖空该证券，同时买进其他本质上相似的证券以对冲风险。如果可以找到这种替代证券，套利者能对这两种证券进行买卖交易，那他们就可以赚取无风险利润。由于套利活动无需资本，也没有风险，套利活动将使各种证券价格迅速回到其内在价值的水平。

弗里德曼(Friedman，1953)甚至认为，在非理性的投资者与理性的套利者的博弈中，非理性的投资者将亏钱，其财富越来越少，从而将最终从市场中消失。

二、有效市场的必要条件

由三个假设条件可以看出，有效市场必须具备如下必要条件：

（1）存在大量的证券，以便每种证券都有本质上相似的替代证券，这些替代证券不但在价格上不能与被替代品一样同时被高估或低估，而且在数量上要足以将被替代品的价格拉回到其内在价值的水平。

（2）允许卖空。

（3）存在以利润最大化为目标的理性套利者，他们可以根据现有信息对证券价值形成合理判断。

（4）不存在交易成本和税收。

上述四个必要条件中缺乏任何一个条件，都会令市场有效性大打折扣。

三、有效市场假说与随机漫步

在理解有效市场时要防止两个极端。

（一）错误一：把有效市场等同于平稳的市场

在有些人的印象中，在半强势有效市场中，证券价格等于证券价值，因此证券价格的变动应该是有秩序的、平稳的。实际上，由于没有人能准确地找出证券价值，只能根据现有的信息

对其进行判断或预期，而这种预期又取决于有关公司未来的现金流、投资者的风险厌恶程度、投资机会等方面的信息。由于利好或利空信息的出现总体上带有很大的随机性，因此股价的变动在很大程度上也是随机的。不能简单地以股价是否稳定作为判断股市是否有效的标准，而要看这种波动是由于市场操纵引起的还是由于市场因为新信息的出现而对股票价值的判断变化引起的。

（二）错误二：把有效市场等同于随机漫步

随机漫步理论的鼻祖是法国数学家巴契利尔（Baddier，1900），后来因萨缪尔森（Samuelson，1965）的著名论文《有关适当预期的价格是随机波动的证明》而几乎成了有效市场假说的代名词。随机漫步理论认为，证券价格的变动是完全不可预测的。

$$\ln S_t - \ln S_{t-1} = \varepsilon_t \tag{10-1}$$

式中，S_t 表示时间 t 时刻的证券价格，ε_t 表示随机误差项，它是 $E(\varepsilon_t \mid I_{t-1})=0$，即 $t-1$ 时刻的信息集合。用证券的自然对数，而不是用证券价格本身可以保证不会出现证券价格为负的情况，从而可以避免有限责任问题。式（10-1）表示，证券收益率的变化过程是随机漫步过程，其条件期望值总是等于零，证券价格的变动是完全不可预测的。然而，纯粹的随机漫步是不符合现实的，首先，证券投资是资金使用权在一定时间里的让渡，需要获得时间价值，这种时间价值可以用无风险利率来表示；其次，证券投资者还需要冒一定的投资风险，而证券投资者一般都是厌恶风险的，因此需要一定的风险溢价（risk premium）作为补偿。无风险利率加上风险溢价决定了证券投资的预期收益率应大于0。

因此，现实中的证券价格所遵循的变化过程应该写为

$$\ln S_t - \ln S_{t-1} = \mu_t + \varepsilon_t, \quad E(\varepsilon_t \mid I_{t-1})=0 \tag{10-2}$$

式中，μ_t 表示以连续复利表示的预期收益率或称漂移率。式（10-2）表明，证券收益率等于预期收益率加上随机漫步。过去人们常常把预期收益率当作常数，现在更多的人则认为预期收益率是可变的，它会随着投资机会、投资者的风险厌恶程度的变化而变化，这种变化有一定的规律可循。由此可见，证券收益率的变化可以分解成两部分，一部分是可以预测的；另一部分则是随机的。因此，有效市场假说并不等于说证券价格是完全不可预测的。换句话说，证券价格一定程度上的可预测性并不能作为否定有效市场假说的证据。

四、有效市场的特征

综合上述分析，可以把有效市场的特征归结为以下四点，作为判断一个市场是否有效的标准。

（一）能快速、准确地对新信息做出反应

在现实生活中，每天都有大量的信息涌入市场。这些信息五花八门，涉及政治、经济、社会、国际局势、自然环境、行业竞争格局、原材料供需状况、产品供需状况、公司内部状况等各个方面，它们都与证券价值直接或间接相关，从而影响着证券价格。

如果市场是有效的，证券价格就会在收到信息时做出迅速而准确的反应。迅速指的是从证券市场收到信息到证券价格做出反应之间不应有明显的迟延。准确指的是证券价格的反应是无偏的，证券价格的初始反应就应精确反映该信息对证券价值的影响，不需要进行后续的纠正，不存在过度反应或反应迟缓。

图 10-2 反映了证券价格在收到信息时的三种反应形式。假设在所考察的期间内只有一条与证券价格有关的信息，该信息在 t 时刻到达市场。该信息是利好消息，它的出现使市场对该证券价值的最好估计由原来的 10 元增加到 12 元。

在图 10-2 中，实线代表在有效市场中证券价格的反应路径。它表示证券价格在收到新信

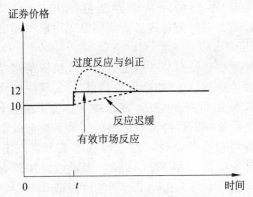

图 10-2　在有效市场和无效市场中证券价格对新信息的反应

息的同时就从 10 元涨到 12 元，并维持在 12 元不变，因为假定没有其他新信息到达市场。

虚线代表在无效市场中证券价格对新信息的一种反应路径——反应迟缓，其背后的情景大致如下：当新信息出现时，一些大公司率先得到这些信息，他们把该信息通知其分支机构，并开始分析该信息的含义。分支机构得到该信息后，也开始自己进行分析，并可能将该信息通知其重要的客户，该信息就这样逐步传播开来。由于刚开始时只有少数知道该信息的人进行交易，证券价格也只上升一点。随着知道该信息及其含义的人越来越多，买入该证券的人也越来越多，从而使该证券价格逐步上升到 12 元。

点线则代表在无效市场中证券价格对新信息的另一种反应路径——过度反应。在这种情况下，对该信息的含义最乐观的人率先得到该信息，他们认为该信息意味着证券价值高于 12 元，因此就大量买进，直至把股价推高到 12 元之上。由于新价值的最优估计是 12 元，这种正确的估计最后占了上风，市场的抛压最终使证券价格又回到 12 元的合理位置。

（二）证券价格的任何系统性范式只能与随时间改变的利率和风险溢价有关

在有效市场中，证券投资的预期收益率可以随时间变化，但这种变化只能来源于无风险利率的变动或风险溢价的变动。风险溢价的变动则可能由风险大小的变动或者投资者风险厌恶程度的变化引起。

无风险利率、风险大小和风险厌恶程度都可能随着经济周期的波动而变动。当经济衰退时，真实利率水平和预期通货膨胀率通常都会下降，从而使名义无风险利率水平下降。另外，证券投资的风险则随着经济衰退而增加。经济衰退还使投资者的财富水平下降，降低了他们抗风险的能力，从而使他们的风险厌恶程度提高。风险和风险厌恶程度的同时提高意味着风险溢价的提高。这两种因素的共同作用使预期收益率将随着经济周期的波动而变动。由于经济周期的波动不是纯随机的，因此它有可能使证券价格出现非随机的范式，即具有一定程度的可预测性。

但是，在忽略了利率和风险溢价变动对证券价格的影响后，在有效市场中，与其他因素（如对公司未来盈利的预期）有关的证券价格变动则必须是随机的。这是因为，如果在有效市场中，今天的证券价格已经反映了有关将来盈利和股息的所有信息，这些信息是可知的，也就是说，这些信息是已经被收到或根据收到的信息可以预测的。没有反映在证券价格中的唯一信息是没有收到且不可预测的。由于其不可预测性，这类信息是以不可预测、随机的方式进入市场的，当市场对这类信息进行迅速、准确的反应时，证券价格本身就以不可预测的、随机的方式随时间而变动。

（三）任何交易（投资）策略都无法取得超额利润

如果市场是有效的，那么任何交易或投资策略都无法取得超额利润，其预期收益率无法超过恰当的基准（benchmark）。

检验市场有效的一种方法是检验某种特定的交易或投资策略在过去是否赚取了超额利润。例如，如果你认为股价对新信息（如公司盈利报告）的反应较慢，那么你的投资策略为总是买进每股净利润增长最多的前 10 家公司的股票。为了检验你的投资策略是否成功，你可以运用过去的数据来检验一下这种投资策略的结果。在有效市场中，你的投资策略是不可能成功的。在检验各种投资策略时，首先得选定某个资产定价模型来确定基准收益率。如果选择资本资产定价模型（CAPM），那么，基准收益率就等于无风险利率加上该投资的要素 β 系数乘以风险溢价；如果选择了套利定价模型（APT），那么，基准收益率就等于无风险利率加上该投资的要素 β 系数与要素价格的乘积之和。由此可见，在检验各种投资策略时，实际上是在对两种假设进行联合检验：一是已选择了正确的基准来衡量超额利润；二是该市场相对于投资中所用的信息是有效的。

也就是说，实际上是在检验某个资产定价模型和有效市场假说是否同时正确。如果检验的结果是不存在超额利润，那么这个市场相对于该信息集而言是有效的。如果检验的结果表明存在超额利润，则可能是所选择的定价模型有问题，也可能这个市场的确是无效的。

在进行检验时，必须注意以下问题。

（1）必须确信你的投资策略是建立在你买卖证券时实际可获得的信息之上。

（2）在计算超额收益时，还必须扣除发现和处理信息的成本、交易成本和相应的税收。

（3）如果投资策略在考虑了上述因素后还有超额利润的话，还得确定这种超额利润是由于运气，还是由于真的成功利用了市场定价的无效率。为此，必须检验这种超额利润在统计意义上的显著性。

（4）即使这种超额利润在统计上是显著的，还必须注意在衡量超额利润时有没有问题，例如，所选的定价模型是否正确？是否正确地衡量了风险？所选的指数是否合适？

在充分考虑了上述因素后，如果找到了的确可以产生超额利润的交易或投资策略，那么就找到了市场无效的证据。

（四）专业投资者的投资业绩与个人投资者应该是无差异的

如果市场是无效的，那么获得充分信息的投资者就可以利用市场定价的失误构造功能给他带来超额利润的投资组合。相反，如果市场是有效的，那么由于市场价格已经充分反映了所有信息，因此获得充分信息的投资者与一般投资者一样，都只能获得正常的收益率。

因此，可以通过衡量专业投资者与一般投资者的投资表现来检验市场的有效。因为专业投资者是最有可能获得全部信息的，他们在证券分析、资产定价、风险管理等领域训练有素，而且每天都在进行着信息的收集和分析，并可以在本公司内部进行相互的交流。可以说他们在收集信息和分析信息方面都具有明显的优势。

同样，这里的检验也是联合检验。首先必须选择适当的基准，即必须先选定某个资产定价模型。假定选择了资本资产定价模型（CAPM），才可以将专业投资者和一般投资者的投资表现与估计的证券市场线进行比较，从而检验市场有效。

第三节　有效市场假说的实证检验

三种有效假说的检验建立在三个推论之上。强势有效假说成立时，半强势有效必须成立；半强势有效成立时，弱势有效亦必须成立。所以，先检验弱势有效是否成立；若成立，再检验半强势有效；再成立，则检验强势有效是否成立。顺序不可颠倒。

第一种方法是检验证券价格的变动模式，它依据特定的历史信息，考察某一时间序列中证券价格变动是否存在相关性。

第二种方法是通过研究市场对于某些特定信息的反映，看其能否因此获得超额利润来判断市场的信息有效性。若市场参与者借助于市场价格的历史信息集进行交易，但不能获得超额利润，则称市场具有弱势有效性；若市场参与者不仅知道历史信息，而且也知道公开的信息，如宏观经济政策、公司改组等公开的信息，但是也不能获得超额利润，则称市场具有半强势有效性；若市场参与者进行交易所依据的信息不仅包括公开信息，而且掌握有内幕信息，但也不能获得超额利润，则称市场具有强势有效性。

第三种方法是测量市场专业人员，如互助基金的经理们的盈利情况，如果这些经理们能够获得超额利润，那么市场对于经理们所拥有的信息而言是无效的。这一方法的优点是能够集中考察市场实际交易者的结果，但是它不能明确经理们进行交易所拥有的是什么信息，例如，内幕消息有人知道，有人却不知道。私人信息和内幕信息之间的差异有时是模糊的、难以分辨的，某些内幕信息可能通过间接方式，经过多种渠道转而成为少数人的私人信息。同时，拥有内幕消息的人士属于极少数，他们通过股票交易所获得的超额收益往往不易察觉。就整个市场而言，这种得益更是只占很小的份额。因而通过此种方法检验市场有效性显得让人无从下手。

除了确定信息集外，检验有效性最重要的问题是如何计算超额利润。超额利润指实际收益减去正常收益，也称非正常收益。如果用统计方法对非正常收益进行检验，会发现其不显著，那么我们可以说，在此信息集上，市场有效性的假设不能被拒绝。

根据上节有关市场有效假说的概念解释，可以发现一个有效市场假说的共同的检验方法，即检验在一定信息范围内股票收益的可预测性。检验弱势有效使用的是股票价格的历史资料，检验半强势有效使用公开信息，如公司财务资料、国民经济资料等；而检验强势有效则使用所有信息。在众多学者利用各种信息对股票收益的可预测性进行检验的基础上，坎贝尔(Campbell，2000)对此进行了总结。他发现，在股票收益的可预测性检验问题上，存在下列几种共同的现象。

(1) 长期范围内的收益比短期范围内的收益更容易预测。坎贝尔(1999)发现，股利与价格比率对股票月收益的解释能力为 2%，而对年收益的解释能力则迅速上升至 18%。

(2) 可以相当准确地预测随时间变动的预期收益率和波动率。哈维(Harvey，1991)等人均发现，一些用于预测股票收益的变量也可以用来预测股票波动率的变化。

一、弱势有效市场假说的实证检验

弱势市场有效有两个特征：鞅差分序列和技术分析的无效性，因此对股票市场弱势有效的实证检验也主要从这两方面入手。

（一）对鞅差分序列的检验

与鞅差分序列关系密切的两个概念是独立同分布和白噪音（white noise，WN）。三者之间的关系为：在时间序列方差存在的情况下，独立同分布⊂鞅差分序列⊂白噪音。因此，独立同分布时间序列一定是鞅差分序列，而鞅差分序列不一定为独立同分布时间序列；鞅差分序列一定是白噪音，但白噪音不一定是鞅差分序列。由于鞅差分序列无法从计量上得到很好的统计分析形式，因此对鞅差分序列的检验主要采用独立同分布和白噪音两种替代形式。对收益独立性的检验为游程检验，对白噪音的检验为自相关检验。但在检验过程中必须注意：通过独立的游程检验可以证明鞅差分序列的存在从而证实弱势有效市场假说，但不能通过独立游程检验无法证伪弱势有效市场假说；同样，无法通过白噪音检验可以证伪弱势有效市场假说，即通过白噪音检验则无法证实弱势有效市场假说。

但十分奇怪的是，无论是自相关检验，还是游程检验，都出现了许多矛盾的现象。对自相关检验而言，一些研究者分析了几个相对较短时期（包括 1 天、4 天、9 天、16 天）的股票收益的序列自相关性。测试结果表明这些时期的股票收益间的相关性不显著，这倾向于弱势有效市场假说。但近年来一些考虑不同市值（规模）的股票组成的投资组合的研究表明，小盘股组成的投资组合的自相关性要大于大盘股组成的投资组合，这又对弱势有效市场假说提出了质疑。而游程检验的研究证明了不同时期股票价格变化具有独立性。给定股票价格序列的实际游程个数总是在随机股价变化序列的游程个数期望值的范围之内，同时这种测试还用于柜台市场的股票交易中，得到的结果也证实弱势有效市场假说。但是，一些学者对纽约证券交易所个别交易的价格变化进行分析却发现证券价格变化之间存在显著的相关关系。

（二）对技术分析无效性的检验

有人认为前面关于收益独立性的统计测试过于僵化，不能适用于证券分析家们所采用的复杂的价格模式。为了对这种观点做出响应，研究者试图通过模拟分析各种可能的技术性交易规律，并对由这些规律所产生的收益情况进行实证检验。在弱势有效市场上，如果只依靠过去的历史价格发展出来的交易规律进行交易的话，投资者所获得的收益不会高于单纯的购买并持有而得到的收益。大部分的早期研究都表明，在考虑了交易费用之后，利用交易规律所获得的交易利润都将被损失掉，但近年来越来越多的实证研究却发现有些技术分析的确有用。

二、半强势有效市场假说的实证检验

前面讲过，半强势有效市场指的是证券价格反映所有公开信息的情况。按照法玛的组织形式，可以将半强势有效市场假说的研究分成两组：一是运用除了在弱势有效市场假说测试中的纯市场信息（如价格、交易量）以外的其他可获得的公开信息来预测未来收益率的研究；二是分析股票能多快调整至可以反映一些特定重大经济事件的研究。

（一）运用除了在弱势有效市场假说测试中的纯市场信息（如价格、交易量）以外的其他可获得的公开信息来预测未来收益率的研究

这类研究包括对收益报告预测股票未来收益的研究、对在日历年度内是否存在可以用来预测收益的规则的研究以及对典型收益的研究。这些研究表明，股票未来收益和公司的股息收益率存在十分显著的正相关关系，市场对季节性收益的调整也是不充分的，而且存在"一月异常""月份效应""周末效应""周内交易日效应"以及"交易日内效应"等收益率异常现象，同时在典型收益方面还证实了"市值规模效应"等现象。德邦特和泰勒（De

Bondt&Thaler，1987)，以及法玛和弗兰奇(Fama&French，1992)都发现，由低市净率（即市值与净值的比率）公司组成的投资组合比高市净率公司组成的投资组合可获得高得多的收益。这一系列研究结果都表明市场不是半强势有效的。

(二) 股票能多快调整至可以反映一些特定重大经济事件的研究

这种研究主要采取事件研究的方法，即列举几个股票市场上的重要事件，观测股票价格对这些重要事件的反映，从而来验证股票市场的有效性。这些重要事件有股份分割、首次公开招股、交易所上市、不可预期的经济和政治事件、会计变动公告等。研究结果表明，除了交易所上市之外，其余的检验结果都支持市场有效假设。这与根据上面一种方法得出的结论互相矛盾。

三、强势有效市场假说的实证检验

强势有效市场假说认为股票价格已经充分反映了所有的信息，不管这些信息是公开信息还是内幕信息。在该假设条件下，没有投资者可以通过获得内幕信息来获得超额利润。因此，对强势有效市场假说的检验主要从这方面入手，通过分析公司内幕人员交易、股票交易所专家、证券分析师、专业基金经理这些信息最灵通、最全面的专业人士能否获得超额利润进行实证验证。

(一) 公司内幕人员交易

内幕人员包括公司的高级职员、董事会成员和拥有公司任何股权类型的10%以上的股份持有者。对这些内幕人员交易资料的分析结果通常表明公司内幕人员能持续地获得高出平均水平的利润，但也有许多研究表明非内幕人员利用这些内幕信息却无法获得超额利润。这些分析结果为市场有效假设提供的论据是不一的。

(二) 股票交易所专家

由于专家有独占的渠道获得有关未执行的指令的重要信息，因此，如果市场不是强势有效，则这些专家、证券商一般会从这些信息中赚取超额收益。分析资料也证实了这个结论。但最近的研究则表明：在引入了竞争性的费率和其他减少专家的收费标准的交易实践后，专家的资本收益率相对降低了许多。

(三) 证券分析师

研究表明，在考虑了交易成本之后，根据证券分析师推荐所获信息进行投资无法获得超额利润。这些结果支持了强势有效市场假说。

(四) 专业基金经理

这项研究主要分析共同基金的业绩。大量的研究结果表明，大部分基金的业绩低于直接采取购买并持有策略所产生的业绩。考虑了经纪人佣金、基金佣金费和管理成本之后，约有2/3的共同基金的业绩不如整个市场的业绩。这些结果也支持了强势有效市场假说。

因此，对有效市场假说的实证验证还远没有形成一致的结论。目前，在成熟资本市场国家，一般认同的观点是市场已经基本达到了弱势有效，而半强势有效、强势有效还需要进行进一步的验证。

法玛于1992年以《有效的资本市场》为标志，主要对有效市场假说的基础进行了延伸性的研究，提出了有效市场假说定义的其他表述；修正了以前关于期望恒定的假设，普遍进行预测能力的测试；收益期间延长；认真考虑了联合假说的问题。最为显著的是，20世纪90年代，法玛对有效市场假说层次做出了一些调整，重新定义有效市场假说测试的三个层次，新的划分涵盖了所有实证检验内容。新的三个层次是：预测能力测试、事件测试和私人信息测试。深入探讨联合假说问题，得出了一些有益的结论。由于有效市场假说在一定程度上讲是一个实证理论，以下的讨论仍然主要集中在实证材料上。

四、有效市场假说的缺陷

（一）与有效市场假说相悖的现象

▶ 1. 规模效应

无论是总收益率还是风险调节后的收益率，都与公司的大小负相关。

▶ 2. 季节效应

1904—1974 年间纽约股票交易所的股价指数一月的收益率明显高于其他 11 个月的收益率。除一月效应以外，季节效应还包括周末效应、节日效应以及开盘、收盘效应等。此外，还有规模效应与季节效应结合的小公司元月效应等多种异象。

▶ 3. 低市盈率的股票经风险调整后的平均收益要高于高市盈率的股票

1987 年纽约股票市场崩盘，并产生骨牌效应，使得全球股市下跌。一项投资可以获得高于同期银行存款的利率，而且这种现象还在持续。在有效市场理论中，基本面分析是不能创造价值的，那么分析师这个群体就不应该存在，而实际中却有大量的分析师存在于金融市场。实际中，我们观察到在市场上涨时大家在追，而市场下跌时大家在抛，市场具有发散的性质。

大多数的投资者相信企业是有价值的，短期价格可能会偏离价值，但长期必然会向价值回归而且他们凭此获得了成功，如巴菲特、林奇、索罗斯等投资大师。巴菲特曾说过："如果市场总是有效的，我会变成一个拿着锡罐子的街头流浪汉。"他们的投资策略是：利用市场的失效，找到被低估的上市公司。一旦买下就坚持，不论有什么波动都不为所动，相信自己的眼光，直到有更多的人看好，股价慢慢回到高点，成为最后的赢家。

（二）有效市场假说的缺陷

▶ 1. 理性交易者假设的缺陷

完全理性又是要以确定性为条件的。当投资者面临的是一种不确定性情况，金融活动中经济主体行为会出现异化（完全理性行为的偏离），即有限理性。在一个不确定的市场中，狂想、激情和机会主义往往左右着投资者的行为。表现在证券市场中，投资者在投资过程中出现大量的心理和行为偏差，而这种个体偏差往往可以相互影响，最终形成一种群体性偏差，导致了证券市场上长期存在与标准金融学相异的大量异象，同时也加大了股票价格的波动。

▶ 2. 完全信息假设的缺陷

完全信息必须满足四个条件：①交易客体是同质；②交易双方均可自由进出市场；③交易双方都是价格的接受者，不存在操纵市场的行为；④所有交易双方都具备完全知识和完全信息。

在现代发达的证券市场中，证券基本是同质的，且对合法投资者进出市场也没有限制，所以条件①和条件②是满足的。

但是，投资者一般可分为两类：个体投资者和机构投资者。对于条件③，由于机构投资者的存在，他们掌握着巨额资金，当他们对某个证券（特别是市值较小时）投资时，对证券的价格绝对是有影响的。当几个机构投资者暗中勾结时（尽管法律上不允许，但现实中可能存在），甚至可以操纵某类证券或某个市场的价格水平，所以该条件在现实中难以成立。

对于条件④，首先，证券市场存在太多的相关信息，投资者在有限的时间里不可能获得所有相关信息；其次，开发已存在但未公布的信息是有成本的，对个体投资者和机构投资者都存在因为预期不经济而放弃开发的可能；最后，信息的提供者可能为了某些原因故意扩大或缩小甚至隐瞒或伪造信息。

▶ 3. 检验缺陷

市场有效性是不可检验的。对市场有效性的检验必须借助于有关预期收益的模型，如资本资产定价模型和套利定价模型等。如果实际收益与模型得出的预期收益不符，则认为市场是无效的。但是，现有金融手段无法验证是资产定价理论有错误还是市场是无效的。

▶ 4. 套利的有限性

一些经验证据表明，在现实的金融市场中套利交易会由于制度约束、信息约束和交易成本等诸多因素而受到极大的限制。现实中的套利交易不仅是有风险和有成本的，而且在一定情况下套利交易会由于市场交易规则的约束而根本无法实施。因此，在现实中尽管存在证券价格与内在价值之间的偏离，即理论上存在套利的可能性，但事实上并不能无成本、无风险地获得套利收益，从而使证券价格的偏离在较长时期内保持。

阅读专栏

乔治·索罗斯曾表示，现行的有效市场假说理论，即所谓的理性选择理论实际上已经破产，这与全球金融系统在雷曼兄弟倒闭之后的破产方式很像。我们需要一个从根本上的，对经济理论所植根的假设以及公理的重新思考。因为经济学家一直试图提出一种相当于牛顿物理学理论那样的普世有效法则，这是不太可能的，我们需要用不同的方式提出新的方法，对什么是可以接受的也有不同的标准。

曼昆认为，有效市场假说只是一种理论假说，实际上，并非每个人总是理性的，也并非在每一时点上都是信息有效的。

宗涛也曾在自己的文章中表示，即便有效市场理论远非完美，但它提供了分析的基准。现实与理论不吻合，也不能简单地说理论是错误的，只是其中某些条件未得到满足。现实中，鲜有完全竞争的市场，但这不是抛弃该理论的理由。

五、有效市场假说的发展

一个较强的市场有效假说定义是：证券价格充分反映所有可获得的信息。这种强势定义的一个前提条件是：信息和交易费用、价格反映信息的成本总是零（Grossman 和 Stigliz，1980）。一个较弱的市场有效假说定义是：价格反映信息达到关于信息的边际收益（获得的利润）不超过边际成本的程度（Jenm，1978）。弱定义更具有经济意义。由于存在正的信息和交易成本，市场有效假说的极端观点是虚假的。不过，它的优势是作为一个清晰的标准，让经济学家们避开决定合理的信息和交易成本的混乱。

法玛指出，关于信息和交易成本的模糊并不是市场有效推论的主要障碍，联合假说的问题更为严重。因为市场有效本身是不可测试的，它必须与一些平衡模型——资本资产定价模型联合被测试。关于这点，法玛在 1970 年的回顾论文中讲道：我们只能测试是否信息"适当地"反映在价格里，"适当地"用一个定价模型定义。如果发现关于收益行为的反常证据，很难区分是市场非有效或者是一个坏的市场平衡模型所引起的。由于联合假说问题，测试中不可能得到关于市场有效程度的准确结论，但有效市场假说的支持者们认为可以在如何提高描述证券收益的时间序列和截面行为的能力方面加以判断。

法玛在20世纪90年代对以往的划分做了部分修改。原来的弱势测试改为收益预测力测试，弱势测试只是集中在过去收益的预测力，修改后不仅包含了收益预测力更宽的领域，也包含使用像股利收益、利率这些变量预测收益的初始研究。由于市场有效和平衡定价假说不可分离，预测能力的讨论也考虑了收益的截面预测能力，诸如像规模效应、季节性效应都在收益预测力的层次上考虑。对于第二种和第三种类型，只是改变标题，不改变覆盖面。用当时通行的标题事件研究来代替半强势测试，用描述性的题目——私人信息的测试来代替强势测试。

法玛指出，这一阶段的研究表明：收益从过去的收益、股利和各种期间结构变量中可以预期。因此，新的测试拒绝旧的市场有效恒定的期望收益模型，尽管它们在早期的研究中发挥了很好的作用。这样，新的研究直接撞上了联合假设问题，应该承认表面的可预测能力也许是欺骗性的，是数据选择和偶然的特定样本条件的结果。

证据显示：期望收益在整个时间的偏离为债券和股票共同具有，偏离与经济条件模糊相关。法玛认为偏离是真实而合理的，但合理性尚未被存在的测试建立，联合假说问题很可能意味着它不能被建立。假使有人不同意收益预测力测试的新结果的市场有效含义，也会认同测试丰富了收益行为的知识。法玛就未来的研究方向指出，期望收益中合理的变化或者由消费偏好冲击引起，或者由技术冲击引起。我们也许不能发展和测试一个充分好的模型，使它分离偏好冲击和技术冲击，以及消除对储蓄、消费、投资、期望收益的影响，不过，我们希望知道关于在期望收益与宏观变量之间的联系的更多内容。这个任务至少有两部分：第一，如果期望收益中的变化一致于偏好或技术的冲击，那么期望收益中的变化对于不同的证券和市场是相同的。从一个连贯的假说考虑，最好把期望收益中整个时间的变化与对期望收益的截面数据模型联系起来。第二，深挖和建立期望收益和业务具体条件之间的联系（或显示缺乏）。如果期望收益中整个时间的变化是合理的，由偏好冲击或技术冲击引起，那么期望收益中的变化应该与消费、投资和储蓄中的变化相关。法玛希望将来能够形成一个连贯的假说：把期望收益的截面性质与整个时间的期望收益联系起来，把期望收益行为与真实经济以相当详细的方式联系起来。

事件研究的含义矛盾较少，因为它们更倾向于分离了市场有效和平衡定价假说。事件研究给出了最为直接的有关有效的证据，证据基本上是支持性的。关于证券市场最彻底的证据来自事件研究，尤其是对于日收益的事件研究，能够清楚到描述价格对信息的调整速度。这一时期存在大量的关于公司金融热点的文献，结果表明：平均说来，股票价格对有关投资决策、股利变化、资本结构变化、公司控制交易的信息调整迅速。同时，研究揭示的实证规则大大丰富了人们对投资、金融、公司控

拓展阅读 10-1
有效市场假说没错

制事件的理解并促进了理论研究。法玛曾就事件研究的未来走向提出：这是一个拥有熟练工人、久经试验的行业，它将继续在会计、宏观经济、工业组织领域扩张它的基础，金融领域也毫无趋缓的迹象。

私人信息测试的最新结果澄清了早先关于公司内部人拥有尚未反映在价格中的私人信息。新的关于专业投资者（互助基金和养老基金）是否拥有私人信息的证据由于联合假说问题而模糊不清，主要有：公司内部人拥有导致异常收益的私人信息（Jaffe, 1974），但局外人不能从关于内部人交易的公开信息中获利（Seyhun, 1986）；价值线的公司级别变化平均

导致估价的永久变化，但除了小股票以外，一般变化较小（Stickel，1985）。估价对《华尔街日报》栏目所调查的分析师私人信息的反映在统计上可靠但实际应用中作用较小。

本章小结

有效市场假说是针对资本市场上股票价格根据信息进行调整的速度快慢而提出的，它建立在一系列的假设条件之上，并体现出相应的特征。

有效市场假说根据信息的不同层次可分为弱势有效市场假说、半强势有效市场假说和强势有效市场假说。

根据不同类型的有效市场假说，其实证检验也相应地分为弱势有效市场的实证检验、半强势市场的实证检验以及强势市场的实证检验。出于分析和研究方法的不同，各实证研究在结论上也存在差异。

法玛于1992年以《有效的资本市场》为标志，主要对有效市场假说的基础进行了延伸性的研究，使有效市场理论得到了进一步的发展。

本章重要概念

有效市场假说　弱势有效市场假说　半强势有效市场假说　强势有效市场假说

思考题和在线自测

本章复习思考题　　　　　　　　在线自测

扫描封底刮刮卡　　获取答题权限

第十一章 证券投资组合理论

学习目标

1. 掌握金融风险的含义及分类，以及投资收益和风险的衡量公式。
2. 熟悉马柯维茨的证券组合理论。
3. 了解投资者风险偏好，以及投资组合有效集和最优投资组合的构建。
4. 了解无风险资产对投资组合有效集的影响。

学习要点

1. 金融风险的含义及分类。
2. 投资收益与风险的衡量。
3. 投资组合与风险分散。
4. 最优投资组合的构建。

案例导入

"想赢又怕输，我该怎么投资？"

对基民而言，想赢怕输是常态。尽管听上去这词儿不太好，但反过来想，想赢又怕输其实正是投资的心理基底，想赢让我们努力追求更高收益，而怕输的心理则让我们关注到相应的风险，不至于走上悬崖间的索道。此时股债搭配类的基金或许是一个值得考虑的选择，组合中的股票资产，能提供收益弹性，而债类资产则在面对波动时能起到相对较好的防守作用。

关于做好股债配置的重要性，亚当·史密斯（Adam Smith，普林斯顿大学经济学系顾问委员会、《纽约时报》编辑委员会成员）《超级金钱》（*Super Money*）一书中写到了美国著名主动管理基金——先锋惠灵顿基金的生动故事。

该基金最初采取的策略是 35% 的资金配置投资级债券，65% 的资金配置蓝筹股票。在该基金成立最初的 40 年，该基金一直遵循着最初的投资目标和策略。但在惠灵顿基金1967 年的年度报告中，该基金的新投资组合经理沃尔特·卡博特宣告了"动态保守主义"——"时代变了。我们决定也应该做出改变，我们已经将我们的普通股仓位从 64% 增加到 72%……动态和保守的投资并不是术语上的矛盾，强力进攻是最好的防御。"

而在美国泡沫期制定的这一策略被证明是最差的防守，据《机构投资者》一书中先锋基金公司 CEO 约翰·博格尔所言，在 1966—1975 年，平衡基金的平均收益为 23%，而惠灵顿基金整个时期的累计总收益（包括股息）仅为 2%。

直到卡博特被撤职，1978 年，约翰·博格尔才再次让惠灵顿基金回到了最初设计时的股债配比策略。之后，从 1982 年到 2017 年，惠灵顿基金不仅收复净值失地，而且年化收益率也实现了对同行的赶超。

这个故事，也许能从一定程度上道出股债合理配置的重要性。

资料来源：柯锦达，文倩玉．"想赢又怕输，我该怎么投资？"[N]．中国证券报，2021-09-15（A03）．

第一节 金融风险的定义和分类

一、金融风险的定义

金融风险是指金融市场主体（个人、企业、金融机构、政府等）在从事金融活动的过程中，由于决策失误或经济金融条件发生变化等原因，给金融市场参与者造成的收益或损失的不确定性。换言之，金融风险是指实际收益偏离其期望值的可能性及幅度。但实际收益可能低于也可能高于其期望值，因此风险绝不等同于损失。风险既包括对金融市场参与者不利的一面，也包含有利的一面。所以，风险大的金融资产最终的实际收益率并不一定比风险小的金融资产低，往往是风险大收益大，故有风险与收益相当之说。

二、金融风险的分类

金融风险有多种分类方法，按其来源可分为信用风险、市场风险、利率风险、汇率风险、流动性风险、操作风险；按会计标准可分为会计风险和经济风险；按能否分散可分为系统性风险和非系统性风险。

（一）按风险来源分类

▶ 1. 信用风险

信用风险又称为违约风险，是指由于金融市场主体不能履约所导致的风险，如借款人不愿意还款或破产不能还款给银行带来的风险，又如证券发行者因倒闭或其他原因无法履约给投资者带来的风险。

▶ 2. 市场风险

市场风险是指整个金融市场的变动引起金融资产价格的波动，从而导致的风险。由于金融市场会受到政治因素、经济因素、社会因素和心理因素等多种因素的影响，处于不断变化之中，因此作为金融市场一部分的任何单一的金融资产也必会受到影响。例如，当证券市场出现看涨行情时，多数证券的价格通常会上升；当出现看跌行情时，多数证券的价格通常会下跌。

▶ 3. 利率风险

利率风险是指市场利率水平的变动引起资产价格变化产生的风险。对于证券而言，证券的价格变动方向通常与利率变动方向相反。在利率水平变动幅度相同的情况下，长期证券受到的影响比短期证券更大。

▶ 4. 汇率风险

汇率风险又称货币风险，是指由汇率变动所产生的风险。这种风险又细分为交易风险和折算风险，前者指汇率变动影响日常交易的收入；后者指汇率变动影响资产负债表中资产的价值和负债的成本。

▶ 5. 流动性风险

流动性风险是指金融资产的变现风险，即金融资产不能及时或不能足值变现，从而给持有者带来的风险。金融资产的流动性主要取决于二级市场（流通市场）的发达程度和期限的长短。如果一种金融资产有发达的流通市场，持有者可以随时将持有的该金融资产变现并且资产价值没有损失，在这种情况下，我们可以说该金融资产有很好的流动性，其流动性风险小。一般来说，金融资产期限越短，流动性风险越小。

▶ 6. 操作风险

操作风险是指日常操作和工作流程失误所产生的风险。随着证券交易对电子技术的依赖程度不断加深，操作风险也越来越复杂。

（二）按会计标准分类

▶ 1. 会计风险

会计风险是指经济实体的财务报表所反映的风险，它可以根据现金流量、资产负债表的期限结构、币种结构等信息进行客观的评估。例如，某企业的一笔浮动利率负债由于利率上升导致成本上升，这反映在资产负债表上就是会计风险。再如，某中国企业年初进口了 50 万美元的设备，当时汇率为 100 美元＝712.40 元人民币，换算成人民币为 356.2 万元，在该企业资产负债表上外汇资金项目的负债记录为 356.2 万元。在会计期末对外币业务账户金额进行换算时，汇率变化为 100 美元＝683.80 元人民币，这时这笔负债经过重新折算，仅为 341.9 万元人民币。同样数额的负债经过不同汇率的折算最终账面价值减少了14.3 万元人民币，这也是会计风险。

▶ 2. 经济风险

经济风险是指对经济实体的整体运作产生影响的风险，因此比会计风险更广。在上例中，由于利率上升导致会计风险，但是利率上升对该企业的影响可能远不止这些，供应商可能会要求提前收回货款，而顾客可能会要求延期支付所欠货款，这就使企业的现金流状况恶化，从而导致借入更多的资金、支付更高的利息。从宏观经济角度上看，利率上升可能会导致整个经济衰退，减少个人的消费需求和企业的投资需求；利率上升还可能会导致国外的短期套利资本流入，从而导致本币升值，降低本国企业出口商品的竞争力，所有这些因素都必须考虑在经济风险之内。

（三）按能否分散分类

▶ 1. 系统性风险

系统性风险是指影响整个金融市场的因素所导致的风险。这些因素包括经济周期、宏观经济政策以及自然灾害、战争等。这类风险是全体经济主体都要面对的风险，无法通过分散投资消除，因此又称为不可分散风险。

▶ 2. 非系统性风险

非系统性风险是指只影响特定公司或行业的因素所导致的风险，它与经济、政治和其他影响整个金融市场的因素无关。例如，某公司投资新的业务领域失败会给该公司带来风险，而对其他公司并没有影响或影响很小；电信产业政策的变化会给该行业的经济主体带来风险，而对其他行业没有影响或影响很小。可见，非系统性风险不会影响所有金融变量，因此可以通过分散投资降低；如果分散是充分有效的，这种风险还能被消除，因此又称为可分散风险。在证券投资的风险中，重要的是不可避免的系统性风险。

第二节　投资收益与风险的衡量

一、单个证券的收益与风险的衡量

证券投资的收益有两个来源：股利收入（或利息收入）和资本利得（或资本损失）。例如

某段时间股票投资的收益率，等于现金股利加上股票价格的变化，再除以初始价格。证券的单期收益率可定义为

$$R = \frac{D_t + (P_t - P_{t-1})}{P_{t-1}} \tag{11-1}$$

式中，R 为收益率，t 指特定的时间段，D_t 是第 t 期的现金股利（或利息收入），P_t 是第 t 期的证券价格，P_{t-1} 是第 $t-1$ 期的证券价格。$(P_t - P_{t-1})$ 代表该时段的资本利得或资本损失。

[例 11-1] 假设某投资者买了价格为 100 元的股票，该股票向投资者支付每股 7 元的现金股利。一年后，该股票的价格上涨到 106 元，那么该股票的投资收益率为 $(7+6)/100 = 13\%$。如果一年后该股票下跌到 98 元，那么该股票的投资收益率为 $(7-2)/100 = 5\%$。

由于风险证券的收益事先无法确切知道，投资者只能估计各种可能发生的结果以及每一种结果发生的可能性（概率），因此风险证券的收益率通常用统计学中的期望表示，即

$$\overline{R} = \sum_{i=1}^{n} R_i P_i \tag{11-2}$$

式中，$\overline{R}$ 为预期收益率，R_i 为第 i 种可能的收益率，P_i 是收益率 R_i 发生的概率，n 代表可能性的数目。

预期收益率描述的是以概率为权重的平均收益率。实际收益率与预期收益率的偏差越大，投资于该证券的风险也越大，因此单个证券的风险通常用统计学中的方差或标准差表示，标准差 σ 可以表示为

$$\sigma = \sqrt{\sum_{i=1}^{n} (R_i - \overline{R})^2 P_i} \tag{11-3}$$

对于标准差可以这样理解：当证券收益率服从正态分布时，2/3 的收益率在 $\overline{R} \pm \sigma$ 的范围内，95% 的收益率在 $\overline{R} \pm 2\sigma$ 的范围内。

[例 11-2] 某种证券未来收益率的可能性如表 11-1 所示。则它的预期收益率为 9%，标准差为 8.38%，如表 11-1 所示。

表 11-1　某证券各种可能的收益率、概率、预期收益率可标准差

可能的收益率 R_i	概率 P_i	预期收益率 $\overline{R}$	方差 σ^2
		$R_i P_i$	$(R_i - \overline{R})^2 P_i$
−0.10	0.05	−0.005	$(-0.10 - 0.09)^2 \times 0.05$
−0.20	0.10	−0.002	$(-0.10 - 0.09)^2 \times 0.10$
0.04	0.20	0.008	$(-0.10 - 0.09)^2 \times 0.20$
0.09	0.30	0.027	$(-0.10 - 0.09)^2 \times 0.30$
0.14	0.20	0.028	$(-0.10 - 0.09)^2 \times 0.20$
0.2	0.10	0.02	$(-0.10 - 0.09)^2 \times 0.10$
0.28	0.05	0.014	$(-0.10 - 0.09)^2 \times 0.05$
求和	1.00	0.090	0.007 03

注：标准差 $= \sigma = \sqrt{0.007\,03} = 0.083\,8$。

二、证券组合的收益与风险的衡量

到目前为止，我们仅讨论了单个投资的风险与收益。事实上，大多数情况下投资者不会将所有财富都投资于一种证券，而是构建一个证券组合，下面讨论证券组合的收益与风险的衡量。

（一）两种证券组合的收益与风险的衡量

假设投资者现在投资于两种风险证券，我们来看一下该证券组合的收益和风险应该如何衡量。假设某投资者将其资金分别投资于风险证券 A 和 B，其投资比重分别为 X_A 和 X_B，$X_A + X_B = 1$，那么该组合的预期收益率为 $\overline{R}_P$，等于单个证券的预期收益率 $\overline{R}_A$ 和 $\overline{R}_B$ 以各自投资比重为权重的加权平均数，用公式表示为

$$\overline{R_p} = X_A \overline{R_A} + X_B \overline{R_B} \tag{11-4}$$

由于两种证券的风险存在相互抵消的可能，证券组合的风险就不能简单地等于单个证券的风险以各自投资比重为权重的加权平均数。该证券组合的收益率方差用 σ_p^2 表示，用公式表示为

$$\sigma_p^2 = X_A^2 \sigma_A^2 + X_B^2 \sigma_B^2 + 2 X_A X_B \sigma_{AB} \tag{11-5}$$

式中，σ_{AB} 为证券 A 和 B 实际收益率与预期收益率离差之积的期望，在统计学中称为协方差，协方差可以用来衡量两种证券收益之间的互动性，其计算公式为

$$\sigma_{AB} = \sum (R_{Ai} - \overline{R_A})(R_{Bi} - \overline{R_B}) P_i \tag{11-6}$$

正的协方差表明两个变量朝同一方向变动，负的协方差表明两个变量朝相反方向变动。两种证券收益率的协方差衡量两种证券一起变动的方向和程度。

除了协方差以外，还可以用相关系数 ρ_{AB} 表示两种证券收益变动之间的相互关系，相关系数与协方差之间的关系可以表示为

$$\rho_{AB} = \frac{\sigma_{AB}}{\sigma_A \sigma_B} \tag{11-7}$$

需要注意的是，相关系数的取值范围介于 $-1 \sim +1$，即 $-1 \leqslant \rho_{AB} \leqslant +1$。

因此式(11-5)又可表示为

$$\sigma_p^2 = X_A^2 \sigma_A^2 + X_B^2 \sigma_B^2 + 2 X_A X_B \rho_{AB} \sigma_A \sigma_B \tag{11-8}$$

当相关系数取值为 -1 时，表示证券 A 和证券 B 的收益变动完全负相关；当取值为 $+1$ 时，表示证券 A 和证券 B 完全正相关；当取值为 0 时，表示完全不相关。当 $-1 < \rho_{AB} < 0$ 时，表示负相关；当 $0 < \rho_{AB} < 1$ 时，表示正相关。

从式(11-5)~式(11-8)可以看出，当 $\rho_{AB} = 1$ 时，$\sigma_p = X_A \sigma_A + X_B \sigma_B$。当 $\rho_{AB} < 1$ 时，$\sigma_p < X_A \sigma_A + X_B \sigma_B$。特别地，当 $\sigma_p = -1$ 时，$\sigma_p = |X_A \sigma_A - X_B \sigma_B|$。

根据以上分析可知，两种证券组合的风险不仅取决于每个证券自身的风险(用方差或者标准差表示)，还取决于这两种证券之间的相关性(用协方差或相关系数表示)。下面我们通过例题更好地理解分散化对降低风险的作用。

[例 11-3] 假设市场上有 A、B 两种证券，其预期收益率分别为 8% 和 13%，标准差分别为 12% 和 20%，A、B 两种证券的相关系数为 0.3。某投资者决定以这两种证券组成投资组合。

根据式(11-4)和式(11-5)，该组合的预期收益率和方差为

$$\overline{R_p} = X_A \overline{R_A} + X_B \overline{R_B} = 0.08 X_A + 0.13 X_B$$
$$\sigma_p^2 = X_A^2 \times 12\%^2 + X_B^2 \times 20\%^2 + 2 X_A X_B \times 0.3 \times 12\% \times 20\%$$
$$= 0.0144 X_A^2 + 0.04 X_B^2 + 0.0144 X_A X_B$$

表 11-2 给出了两种证券所占权重不同的情况下，该组合的预期收益和标准差。从表 11-2 第 3 列和第 6 列可以看出，当证券 A 的权重从 0 逐步提高到 1(相应地，证券 B 的权重从 1 逐步降低到 0)时，组合的预期收益率从 13% 逐步降到 8%，而组合的标准差也从

20%逐步降低后又回升到12%。其中，当$X_A=0.82$，$X_B=1-X_A=0.18$时，组合的标准差最低，为11.4473%[①]。不同相关系数下方差最小的证券组合如表11-3所示。

表 11-2 不同权重下投资组合的预期收益率和标准差

X_A	X_B	预期收益率(%)	给定相关系数下投资组合的标准差(%)			
			$\rho=-1$	$\rho=0$	$\rho=0.3$	$\rho=1$
0	1	13	20	20	20	20
0.1	0.9	12.5	16.8	18.04	18.4	19.2
0.2	0.8	12	13.6	16.18	16.88	18.4
0.3	0.7	11.5	10.4	14.46	15.47	17.6
0.4	0.6	11	7.2	12.92	14.2	16.8
0.5	0.5	10.5	4	11.66	13.11	16
0.6	0.4	10	0.8	10.76	12.26	15.2
0.7	0.3	9.5	2.4	10.32	11.7	14.4
0.8	0.2	9	5.6	10.4	11.45	13.6
0.9	0.1	8.5	8.8	10.98	11.56	12.8
1	0	8	12	12	12	12

表 11-3 不同相关系数下方差最小的证券组合

X_A	0.625	0.735 3	0.82	—
X_B	0.375	0.264 7	0.18	—
预期收益率(%)	9.875	9.323 5	8.9	—
标准差(%)	0	10.289 9	11.447 3	—

从表11-3中可以看出，相关系数对组合的预期收益率是没有影响的。

权重的改变对组合预期收益率和标准差的影响如图11-1和图11-2所示。图11-2给出了不同相关系数下投资权重对组合标准差的影响。从图11-2可以看出，除了完全相关($\rho=1$)外，最小方差组合的标准差均低于证券A、B的标准差。这充分说明了分散化投资的好处。

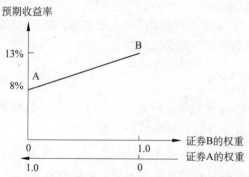

图 11-1 投资权重与组合的预期收益率

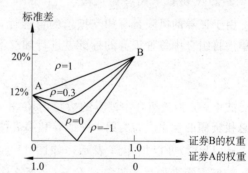

图 11-2 投资权重与组合的标准差

将图11-1和图11-2结合起来，可以得到一个能更直观反映分散化投资效果的图形，如图11-3所示。从图中可以看出，当$\rho=1$时，两种证券A、B的组合P的收益和风险落在直线AB上(具体位置取决于投资比重X_A和X_B)；当$\rho<1$时，组合P的收益和风险所有点的集合是一条向后弯曲的曲线，表明在同等风险水平下收益更大，或者说在相同收益水平下风险更小，而且ρ越小，往后弯曲的程度越大；当$\rho=-1$时，其是一条向后弯的折线。

---

① 求组合最低标准差的步骤是将$X_B=1-X_A$代入式(11-5)，然后对X_A求偏导，并令偏导等于0。

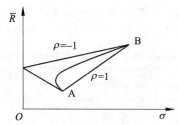

图 11-3　两种证券组合收益、风险与相关系数的关系

（二）三种证券组合的收益与风险的衡量

假设 X_1、X_2、X_3 分别为投资于证券 1、证券 2、证券 3 的比重，$X_1 + X_2 + X_3 = 1$，$\overline{R_1}$、$\overline{R_2}$、$\overline{R_3}$ 为预期收益率，σ_1^2、σ_2^2、σ_3^2 为方差，σ_{12}、σ_{13}、σ_{23} 为协方差，则三种证券组合的预期收益率 $\overline{R_p}$ 为

$$\overline{R_p} = X_1 \overline{R_1} + X_2 \overline{R_2} + X_3 \overline{R_3} \tag{11-9}$$

三种风险证券组合的风险为 σ_p^2，用公式表示为

$$\sigma_p^2 = X_1^2 \sigma_1^2 + X_2^2 \sigma_2^2 + X_3^2 \sigma_3^2 + 2X_1 X_2 \sigma_{12} + 2X_1 X_3 \sigma_{13} + 2X_2 X_3 \sigma_{23} \tag{11-10}$$

（三）N 种证券组合的收益与风险的衡量

▶ 1. N 种证券组合的收益

由上述分析可知，证券组合的预期收益率为构成该组合的各种证券的预期收益率的加权平均数，权重为投资于各种证券的资金占总投资额的比重，用公式表示为

$$\overline{R_p} = \sum_{i=1}^{n} X_i \overline{R_i} \tag{11-11}$$

式中，n 为该组合中证券的数量，X_i 是对第 i 种证券的投资额占总投资额的比重，$\overline{R_i}$ 为第 i 种证券的预期收益率。

▶ 2. N 种证券组合的风险

由于证券的风险具有相互抵消的可能性，证券组合的风险（用标准差 σ_p 表示）就不能简单地将组合中每种证券的标准差进行加权平均，其计算公式应为

$$\sigma_p = \sqrt{\sum_{i=1}^{n} \sum_{j=1}^{n} X_i X_j \sigma_{ij}} \tag{11-12}$$

式中，n 为该组合中证券的数量，X_i 和 X_j 分别是第 i 种证券和第 j 种证券的投资额占总投资额的比重，σ_{ij} 为第 i 种证券和第 j 种证券可能收益率的协方差。

式(11-12)可以用矩阵表示，如图 11-4 所示。两个求和加号 $\sum \sum$ 意味着将矩阵 $(n \times n)$ 所有元素加总。假定 n 等于 4，那么该证券组合的方差就为以下矩阵的各元素之和，该矩阵成为方差-协方差矩阵（variance-covariance matrix），如图 11-4 所示。

	第一列	第二列	第三列	第四列
第一行	$X_1 X_1 \sigma_{11}$	$X_1 X_2 \sigma_{12}$	$X_1 X_3 \sigma_{13}$	$X_1 X_4 \sigma_{14}$
第二行	$X_2 X_1 \sigma_{21}$	$X_2 X_2 \sigma_{22}$	$X_2 X_3 \sigma_{23}$	$X_2 X_4 \sigma_{24}$
第三行	$X_3 X_1 \sigma_{31}$	$X_3 X_2 \sigma_{32}$	$X_3 X_3 \sigma_{33}$	$X_3 X_4 \sigma_{34}$
第四行	$X_4 X_1 \sigma_{41}$	$X_4 X_2 \sigma_{42}$	$X_4 X_3 \sigma_{43}$	$X_4 X_4 \sigma_{44}$

图 11-4　方差-协方差矩阵

　　由此可知，证券组合的方差不仅取决于单个证券的方差，而且还取决于各种证券之间的协方差。随着组合中证券数量的增加，在决定组合方差时，协方差的作用越来越大，而方差的作用越来越小。这一点可以通过观察方差－协方差矩阵看出来。在一个由两种证券组成的组合中，总方差包括两个加权方差和两个加权协方差。但是对于一个由较多数量证券构成的证券组合而言，总方差取决于任意两种证券间的协方差。例如，在一个由 25 种证券构成的组合中，总方差包括 25 个方差和 600 个协方差。若一个组合进一步扩大到包括所有证券，那么协方差几乎成为组合标准差的决定性因素。

　　[例 11-4] 假设投资组合中有两只股票，A 股票年预期收益率为 16%，标准差为 15%，B 股票年预期收益率为 14%，标准差为 12%，两种股票的相关系数 0.5，A 股票的投资金额占总投资额 40%，B 股票的投资金额占总投资额 60%，那么证券组合的预期收益率 $\overline{R_p}=0.4\times16\%+0.6\times14\%=14.8\%$。

　　证券组合的方差等于以下方差-协方差矩阵的所有元素加总，如图 11-5 所示。

	A 股票	B 股票
A 股票	$0.4^2\times1\times0.15^2$	$0.4\times0.6\times0.5\times0.15\times0.12$
B 股票	$0.6\times0.4\times0.5\times0.12\times0.15$	$0.6^2\times1\times0.12^2$

图 11-5　证券组合的方差-协方差矩阵

$$\sigma_p^2=0.4^2\times1\times0.15^2+0.4\times0.6\times0.5\times0.15\times0.12+0.6^2\times1\times0.12^2+$$
$$0.6\times0.4\times0.5\times0.12\times0.15=0.013\ 104$$

$$\sigma_p=\sqrt{0.013\ 104}=11.4\%$$

　　从上例可知，只要两种证券的相关系数小于 1，证券组合的标准差就要小于两种证券的标准差的加权平均数 $0.4\times15\%+0.6\times12\%=13.2\%$。实际上，不论证券组合中包括多少种证券，只要证券组合中每对证券之间的相关系数小于 1，证券组合的标准差就会小于单个证券标准差的加权平均数。这意味着只要组合中证券的变动不完全一致，多个高风险的证券也能组成一个中低风险的证券组合。

第三节　证券组合与分散风险

　　"不要把所有的鸡蛋放在一个篮子里。"如果将这句古老的谚语应用于投资决策中，那么就是说不要将所有的钱投资于同一种证券，通过分散投资可以降低投资风险，这是一个非常容易理解的道理。那么，应该将"鸡蛋"放在多少个"篮子"里，放在什么样的不同"篮子"里才是最好的呢？

　　从上述分析可知，证券组合的风险不仅取决于单个证券的风险和投资比重，还取决于这些证券收益之间的协方差或相关系数，并且协方差或相关系数起着特别重要的作用。因此，投资者建立的证券组合就不是一般的简单拼凑，而是要通过各种证券收益波动的相关系数来分析。

　　当利用较长时期的历史资料来比较一个充分分散的证券组合和单一股票的收益和风险特征时，就会发现某些奇怪的现象。例如，在 1989—1993 年 12 月，IBM 股票的月平均收益率为－0.61％，标准差为7.65％。而同期标准普尔500指数的月平均收益率和标准差分别为1.2％和3.74％。虽然IBM收益率的标准差大大高于标准普尔500指数的标准差，但是其月平均收益率却低于标准普尔500指数的月平均收益率。为什么会出现风险高的股票其收益率反而低的现象呢？

原因在于每个证券的风险并非完全相关，在构成一个证券组合时，单一证券收益率变化的一部分可能被其他证券收益率的反方向变化所减弱或者完全抵消。事实上，我们不难发现，证券组合的标准差一般都低于组合中单一证券的标准差，因为各个组成证券的总风险已经通过分散化而大量抵消。

阅读专栏

标准普尔500指数

标准普尔是世界权威金融分析机构，由普尔先生（Mr Henry Varnum Poor）于1860年创立。标准普尔由普尔出版公司和标准统计公司于1941年合并而成。标准普尔为投资者提供信用评级、独立分析研究、投资咨询等服务，其中包括反映全球股市表现的标准普尔全球1 200指数和为美国投资组合指数基准的标准普尔500指数等一系列指数，其母公司为麦格罗·希尔（McGraw-Hill）。

标准普尔500指数（S&P 500 Index）是记录美国500家上市公司的一个股票指数，该指数由标准普尔公司创建并维护。

标准普尔500指数覆盖的所有公司，都是在美国主要交易所，如纽约证券交易所、纳斯达克证券交易所的上市公司。与道琼斯指数相比，标准普尔500指数包含的公司更多，因此风险更为分散，能够反映更广泛的市场变化。

与道琼斯工业平均股票指数相比，标准普尔500指数具有采样面广、代表性强、精确度高、连续性好等特点，被普遍认为是一种理想的股票指数期货合约的标的。

根据证券组合预期收益率和风险的计算公式可知，不管组合中的证券数量有多少，证券组合的收益率只是单个证券收益率的加权平均数，分散投资不会影响组合的收益率。但是分散投资可以降低收益率的波动，各个证券之间收益率变化的相关关系越弱，分散投资降低风险的效果就越明显。当然，在现实的证券市场上，大多数情况下各个证券之间存在一定的正相关关系，只是相关程度不同。有效证券组合的任务就是找出相关关系较弱的证券组合，以保证在一定的预期收益率水平上尽可能降低风险。

从理论上说，一个证券组合只要包含了足够多的相关关系弱的证券，就有可能消除所有的风险。但是在现实的证券市场上，各证券之间的正相关程度很高，因为各证券的收益率在一定程度上受到相同因素影响（如经济周期、利率的变化等）。当经济繁荣时，多数证券都走势良好；而当经济低迷时，多数证券表现不良。所以，分散投资可以消除证券组合的非系统风险，而不能消除系统性风险，这可以由式（11-12）推导得出

$$\sigma_p^2 = \sum_{i=1}^n \sum_{j=1}^n X_i X_j \sigma_{ij}$$

$$= \sum_{i=1}^n X_i^2 \sigma_i^2 + \sum_{i=1}^n \sum_{\substack{j=1 \\ i \neq j}}^n X_i X_j \sigma_{ij}$$

$$= \frac{1}{n}\sigma^2 + \left(1 - \frac{1}{n}\right)\sigma_{ij} \tag{11-13}$$

式（11-13）中的第一项表示组合的非系统风险，第二项表示组合的系统性风险。随着

组合中包含的证券数量 n 的增加并趋近于无穷大时，$\frac{1}{n}$ 趋近于零，因此第一项 $\frac{1}{n}\sigma^2$ 趋于零，第二项 $\left(1-\frac{1}{n}\right)\sigma_{ij}$ 趋于 σ_{ij}。所以整个组合的非系统性风险随证券数目的增加而减少，即非系统风险被分散。但是，组合的系统风险在证券数目增加时，并不能完全被消除，而是逐渐收敛于某一个限数，如图 11-6 所示。

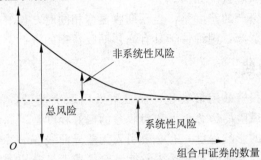

图 11-6 组合中证券的数量与组合的系统性和非系统性风险之间的关系

阅读专栏

韦恩·瓦格和希拉·劳（Wayne Wager & Sheila Lau，1971）对随机选取的纽约股票交易所的各种股票组成的证券组合的标准差进行了度量，结果表明，这些组合的平均收益率与组合内股票的数量无关，但是随着组合中证券数量的增加，收益的标准差会下降。平均来说，随机选取 20 只股票，单一股票的大约 40% 的独有风险可以通过分散化得以消除。同时，他们也发现：①当组合内股票的数量由 1 种增加到 10 种时，组合的总风险会大幅度降低；②虽然分散化能降低风险，但组合内股票数超过 10 种时，这种降低风险的效果就不明显了。

韦恩·瓦格和希拉·劳的研究结果表明，虽然有些风险可以通过分散化被消除，但另一些风险却不能。一个充分分散化的投资组合的收益与市场密切相关，它的波动或不确定性主要来自市场。投资者不论持有多少证券都仍然面临市场的不确定性。

资料来源：弗兰克·J. 法博齐，弗兰科·莫迪利亚尼. 金融市场与金融机构基础[M]. 北京：机械工业出版社，2008.

第四节 风险偏好与无差异曲线

对于任何一项投资而言，风险与收益都是如影随形，风险和收益在投资者的投资决策中充当什么角色？风险机制如何发挥作用？本节将重点就以上问题展开论述。

一、投资者的风险偏好

风险偏好（risk appetite），是指为了实现目标，企业或个体投资者在承担风险的种类、大小等方面的基本态度。风险就是一种不确定性，投资实体面对这种不确定性所表现出的态度、倾向便是其风险偏好的具体体现。

不同的行为者对风险的态度是存在差异的，一部分人可能喜欢追求高风险、高收益；另一部分人则可能更愿意"求稳"。根据投资者对风险的偏好将其分为风险偏好（追求）者、风险中立者和风险厌恶（规避）者。

风险偏好者通常主动追求风险，喜欢收益的动荡胜于喜欢收益的稳定。他们选择资产的原则是：当预期收益相同时，选择风险大的，因为这会给他们带来更大的效用。

风险中立者通常既不回避风险，也不主动追求风险。他们选择资产的唯一标准是预期收益的大小，而不管风险状况如何。

风险厌恶者选择资产的态度是：当预期收益率相同时，偏好于具有低风险的资产；而对于具有同样风险的资产，则钟情于具有高预期收益率的资产。

二、无差异曲线

投资者的目标是投资效用最大化，而投资效用取决于投资的预期收益率和风险。然而，不同的消费者对风险的厌恶程度和对收益的偏好程度是不同的。为了更好地反映收益和风险对投资者效用的影响程度，有必要引入无差异曲线（indifference curve）的概念。

在经济学中，无差异曲线是一条表示能够给消费者带来相同满足程度的两种商品的不同数量组合。在本节中，无差异曲线是指给投资者带来相同满足程度的预期收益率和风险的所有组合。图 11-7 表现了三种不同风险偏好者的无差异曲线。

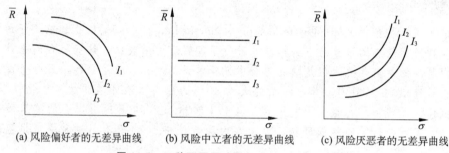

(a) 风险偏好者的无差异曲线　　(b) 风险中立者的无差异曲线　　(c) 风险厌恶者的无差异曲线

图 11-7　三种不同风险偏好者的无差异曲线

（一）风险偏好者的无差异曲线

对于风险偏好者而言，由于他们乐于承担风险，较高的风险甚至会降低他们对预期收益率的要求，因为以标准差度量风险时，较高的风险不仅意味着投资可能面临较大的损失，也意味着其可能获得较高的超额收益，风险偏好者真正"偏好"的，正是这种较高的超额收益发生的可能。如图 11-7(a)所示，风险偏好者的无差异曲线是向右上方凸的，其任意一点的斜率为负，这说明风险和收益的增大都能增大投资者的效用，即 $I_1 > I_2 > I_3$。

（二）风险中立者的无差异曲线

风险中立者只是按照预期收益率来判断投资的效用，风险的高低与效用无关，这意味着不存在风险障碍。对风险中立者来说，其效用仅由收益率确定，他们仅根据最大期望收益率准则进行资产选择，也不期望在购买风险资产时得到补偿。如图 11-7(b)所示，无差异曲线有无数多条且是一组水平线，其代表的效用随着预期收益率的提高而增大，即 $I_1 > I_2 > I_3$。

（三）风险厌恶者的无差异曲线

对风险厌恶者而言，风险只能带来负效用。这意味着给定两个具有相同收益率的资产，他们会选择风险水平较低的那个，即当这些投资者接受风险资产时，他们会要求一定程度的风险补偿，而这个风险补偿的大小与其风险厌恶程度正相关，如图 11-7(c)所示。

风险厌恶者的无差异曲线有以下特征。

（1）无差异曲线的斜率是正的。因为风险给投资者带来的是负效用，而收益带给投资者的是正效用，所以为了使投资者的满足程度相同，高风险的投资必须有高的预期收益率。

（2）无差异曲线是向下凸的。这意味着风险厌恶的投资者在风险上升时，要求越来越高的边际收益作为补偿，换句话说，投资者越来越不能承受高风险的压力。

（3）同一投资者有无数条无差异曲线。这意味着对于任何一个风险—收益组合，投资者对其偏好程度都能与其他组合相比。由于投资者对收益的不满足性和对风险的厌恶，因而无差异曲线越靠左上方的无差异曲线代表的满足程度越高。投资者的目标就是尽量选择位于左上角的组合，即 $I_1 > I_2 > I_3$。

（4）同一投资者在同一时间、同一地点的任何两条无差异曲线都不能相交。

不同程度风险厌恶投资者的无差异曲线如图 11-8 所示。

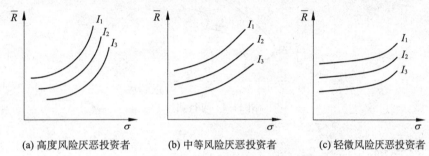

(a) 高度风险厌恶投资者　　　(b) 中等风险厌恶投资者　　　(c) 轻微风险厌恶投资者

图 11-8　不同程度风险厌恶投资者的无差异曲线

三、投资者的投资效用函数

为了更准确地衡量风险和预期收益对投资者效用水平的影响，可以引入投资效用函数 U，表示为

$$U = U(\overline{R}, \sigma) \tag{11-14}$$

式中，$\overline{R}$ 表示预期收益率，σ 表示标准差（风险）。

在各种各样效用函数中，目前金融理论界使用最为广泛的是以下函数

$$U = \overline{R} - \frac{1}{2}A\sigma^2 \tag{11-15}$$

拓展阅读 11-1
你是什么类型
的投资者

式中，A 表示投资者的风险厌恶系数，其典型值为 2~4。若 $A=2$，则该投资者为激进型投资者；若 $A=4$，则该投资者为保守型投资者。

第五节　有效集与最优投资组合

根据马柯维茨的证券组合理论，投资者必须根据自己的风险—收益偏好与各种证券及证券组合的风险、收益特性来选择最优的投资组合。然而，现实生活中证券种类繁多，这些证券还可组成无数种证券组合。如果投资者必须对所有这些组合进行评估，这将是难以想象的。但根据马科维茨的有效集定理，投资者则无须对所有组合进行——评估。本节将按马柯维茨的方法，由浅入深地介绍确定最优投资组合的方法。

一、可行集

为了说明有效集定理，有必要引入可行集（feasible set）的概念。可行集是指由 N 种证券所形成的所有组合的集合，它包括了现实生活中所有可能的组合。也就是说，所有可能的组合都位于可行集的边界上或内部。

一般来说，可行集的形状类似伞形，如图 11-9 中由 A、N、B、H 所围成的区域所示。在现实生活中，由于各种证券的特性千差万别，可行集的位置也许比图 11-9 中的更左或更右，更高或更低，更宽或更窄，但它们的基本形状大多如此。

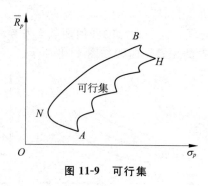

图 11-9 可行集

二、有效集

（一）有效集的定义

对于理性的投资者而言，他们都是厌恶风险而偏好收益的。对于相同的风险水平，他们会选择能提供最大预期收益率的组合；对于相同的预期收益率，他们会选择风险最小的组合。能同时满足这两个条件的投资组合的集合就是有效集（efficient set），又称有效边界（efficient frontier）。处于有效边界上的组合称为有效组合（efficient portfolio）。

（二）有效集的位置

有效集是可行集的一个子集，它位于可行集中，那么如何确定有效集的位置呢？

先考虑第一个条件。在图 11-9 中，没有哪一个组合的风险小于组合 N，这是因为过 N 点画一条垂直线，则可行集都在这条线的右边。N 点所代表的组合称为最小方差组合（minimum variance portfolio）。同样，没有哪个组合的风险大于 H。由此可见，对于各种风险水平而言，能提供最大预期收益率的组合集是可行集中介于 N 和 H 之间的上方边界上的组合集。

再考虑第二个条件，在图 11-9 中，各种组合的预期收益率都介于组合 A 和组合 B 之间。由此可见，对于各种预期收益率水平而言，能提供最小风险水平的组合集是可行集中介于 A、B 之间的左边边界上的组合集，我们把这个集合称为最小方差边界（minimum variance frontier）。

由于有效集必须同时满足上述两个条件，因此 B、N 两点之间上方边界上的可行集就是有效集。所有其他可行组合都是无效的组合，投资者可以忽略它们。这样，投资者的评估范围就大大缩小了。

（三）有效集的形状

从图 11-9 可以看出，有效集曲线具有如下特点：

（1）有效集是一条向右上方倾斜的曲线，它反映了"高收益、高风险"的原则；

（2）有效集是一条向上凸的曲线；

（3）有效集曲线上不可能有凹陷的地方。

三、最优投资组合的选择

确定了有效集的形状之后，投资者就可根据自己的无差异曲线选择使自己的投资效用最大化的最优投资组合了。这个组合位于无差异曲线与有效集的相切点 P，如图 11-10 所示。

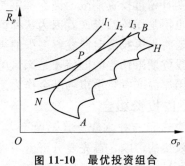

图 11-10　最优投资组合

从图 11-10 可以看出，虽然投资者更偏好 I_1 上的组合，但是可行集中找不到这样的组合，因此这些组合是不可能实现的。至于 I_3 上组合，虽然可以找到，但是由于 I_3 的位置位于 I_2 的右下方，即 I_3 所代表的效用低于 I_2，I_3 上的组合都不是最优组合。而 I_2 代表了可以实现的最高投资效用，因此 P 点所代表的组合就是最优投资组合。

有效集向上凸的特性和无差异曲线向下凸的特性决定了有效集和无差异曲线的相切点只有一个，也就是说最优投资组合是唯一的。

对于投资者而言，有效集是客观存在的，它是由证券市场决定的，而无差异曲线是主观的，它是由自己的风险—收益偏好决定的。从先前的分析可知，风险厌恶程度越高的投资者，其无差异曲线的斜率越大，因此其最优投资组合越接近 N 点，风险厌恶程度越低的投资者，其无差异曲线的斜率越小，因此其最优投资组合越接近 B 点。

第六节　无风险资产对马柯维茨有效集的影响

马柯维茨的投资组合理论中假设所有证券及证券组合都是有风险的，因为没有哪个资产与其他资产之间具有完全负的相关性，所以所有的投资组合在持有期内也就具有不确定的收益率。因此，在上一节中没有考虑存在无风险资产的情况，也没有考虑投资者按无风险利率借入资金投资于风险资产的情况，然而在现实生活中，这两种情况都是存在的。为此，我们要分析在允许投资者进行无风险借贷的情况下，有效集有何变化。

一、无风险有效集的影响

（一）无风险贷款或无风险资产的定义

无风险贷款相当于投资无风险资产，其收益率是确定的。这意味着在单一投资期的情况下，如果投资者在期初购买了一种无风险资产，那么他将准确地知道这笔资产的期末价值。由于无风险资产的期末价值没有任何不确定性，所以其标准差为零。同样，无风险资产收益率与风险资产收益率之间的协方差也等于零。

在现实生活中，什么样的资产称为无风险资产呢？

（1）无风险资产应没有任何违约可能。由于所有的公司证券从原则上讲都存在违约的可能性，因此公司证券均不是无风险资产。

（2）无风险资产应没有市场风险。虽然政府债券基本上没有违约风险，但对于特定的投资者而言，并不是任何政府债券都是无风险资产。例如，对于一个投资期限为 1 年的投资者而言，剩余期限为 10 年的国债就存在风险，因为他无法确切地知道一年后这种证券的价格。事实上，任何一种到期日超过投资期限的证券都不是无风险资产。同样，任何一种到期日早于投资期限的证券也不是无风险资产，因为这种证券到期时，投资者面临再投资的问题，投资者现在并不知道将来再投资时能获得多少的再投资收益率。

严格地说，只有到期日与投资期限相等的国债才是无风险资产，但在现实生活中，为方便起见，人们常将 1 年期的国库券或者货币市场基金作为无风险资产。

（二）允许无风险贷款下的投资组合

▶ 1. 投资于一种无风险资产和一种风险资产的情形

为了考察无风险贷款对有效集的影响，首先要分析由一种无风险资产和一种风险资产组成的投资组合的预期收益率和风险。

假设风险资产和无风险资产在投资组合中的比重分别为 X_1 和 X_2，它们的预期收益率分别为 $\overline{R_1}$ 和 R_f，它们的标准差分别为 σ_1 和 σ_2，它们之间的协方差为 σ_{12}。根据 X_1 和 X_2 的含义，有 $X_1+X_2=1$，且 $X_1>0$，$X_2>0$[①]。根据无风险资产的定义，我们有 σ_1 和 σ_{12} 都等于 0。这样，根据式（11-11），可以算出该组合的预期收益率 $\overline{R_p}$ 为

$$\overline{R_p} = \sum_{i=1}^{n} X_i \overline{R_i} = X_i \overline{R_1} + X_2 R_f \tag{11-16}$$

根据式（11-12），我们可以算出该组合的标准差 σ_p 为

$$\sigma_p = \sqrt{\sum_{i=1}^{n}\sum_{j=1}^{n} X_i X_j \sigma_{ij}} = X_1 \sigma_1 \tag{11-17}$$

由此可得

$$X_1 = \frac{\sigma_p}{\sigma_1}, X_2 = 1 - \frac{\sigma_p}{\sigma_1} \tag{11-18}$$

将式（11-18）代入式（11-16）可得

$$\overline{R_p} = R_f + \frac{\overline{R_1} - R_f}{\sigma_1} \times \sigma_p \tag{11-19}$$

由于 $\overline{R_1}$、R_f 和 σ_1 已知，式（11-19）为线性函数，其中 $\frac{\overline{R_1} - R_f}{\sigma_1}$ 为单位风险报酬（reward-to-variability），又称为夏普比率（Sharpe ratio）。由于 X_1、$X_2>0$，式（11-19）所表示的只是一个线段，如图 11-11 所示，A 点表示无风险资产，B 点表示风险资产，由这两种资产构成的投资组合的预期收益率和风险一定落在 AB 这个线段上，因此线段 AB 可以称为资产配置线。由于线段 AB 上的组合均是可行的，因此允许无风险贷款将大大扩大可行集的范围。

① 无风险贷款意味着投资者在无风险资产上的投资 X_1 是正的。在正常情况下，投资者不会卖空 X_2。

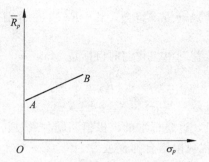

图 11-11 无风险资产和风险资产的组合

▶ 2. 投资于一种无风险资产和一个证券组合的情形

如果投资者投资于由一种无风险资产和一个风险资产组合组成的投资组合，情况又会如何呢？假设风险资产组合 B 是由风险证券 C 和 D 组成的。根据先前分析可知，B 一定位于经过 C、D 两点的向上凸的弧线上，如图 11-11 所示。如果仍用 $\overline{R_1}$ 和 σ_1 代表风险资产组合的预期收益率和标准差，用 X_1 代表该组合在整个投资组合中所占的比重，则式 (11-16)～式(11-19)的结论同样适用于由无风险资产和风险资产组合构成投资组合的情形。在图 11-12 中，这种投资组合的预期收益率和标准差一定落在线段 AB 上。

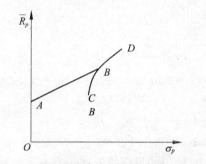

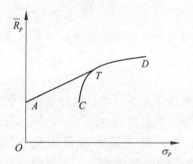

图 11-12 无风险资产和风险资产组合的组合 **图 11-13 允许无风险贷款时的有效集**

（三）无风险贷款对有效集的影响

引入无风险贷款后，有效集将发生重大变化，在图 11-13 中，弧线 CD 代表马柯维茨有效集，A 点表示无风险资产。可以在马柯维茨有效集中找到一点 T，使直线 AT 与弧线 CD 相切于 T 点，T 点所代表的组合称为切点投资组合。

T 点代表马柯维茨有效集中众多有效组合中的一个，但它却是一个很特殊的组合。因为没有任何一种风险资产或风险资产组合可以位于线段 AT 的左上方。换句话说，线段 AT 的斜率最大，因此 T 点所代表的组合被称为最优风险组合（optimal risky portfolio）。

从图 11-13 可以明显看出，引入线段 AT 后，弧线 CT 将不再是有效集。因为对于 T 点左边的有效集而言，在预期收益率相等的情况下，线段 AT 上组合的风险均小于马柯维茨有效集上组合的风险，而在风险相同的情况下，线段 AT 上组合的预期收益率均大于马科维茨有效集上组合的预期收益率。按照有效集的定义，T 点左边的有效集将不再是有效集。由于线段 AT 上的组合是可行的，因此引入无风险贷款后，新的有效集由线段 AT 和弧线 TD 构成。

由图 11-13 可以看出，最优风险组合实际上是使无风险资产（A 点）与风险资产组合的连线斜率$\left(\text{即}\dfrac{\overline{R}_1-R_f}{\sigma_1}\right)$最大的风险资产组合，其中$\overline{R}_1$和$\sigma_1$分别代表风险资产组合的预期收

益率和标准差，R_f表示无风险利率。我们的目标是$\underset{x_A\cdot x_B}{\text{Max}}\dfrac{\overline{R}_1-R_f}{\sigma_1}$，其中：

$$\overline{R}_1=X_A\overline{R}_A+X_B\overline{R}_B$$
$$\sigma_1^2=X_A^2\sigma_A^2+X_B^2\sigma_B^2+2X_AX_B\rho\sigma_A\sigma_B$$

约束条件为$X_A+X_B=1$，这是标准的求极值问题。通过将目标函数对X_A求偏导并令偏导等于0，就可以求出最优风险组合的权重为

$$X_A=\frac{(\overline{R}_A-R_f)\sigma_B^2-(\overline{R}_B-R_f)\rho\sigma_A\sigma_B}{(\overline{R}_A-R_f)\sigma_B^2+(\overline{R}_B-R_f)\sigma_A^2-(\overline{R}_A-R_f+\overline{R}_B-R_f)\rho\sigma_A\sigma_B} \tag{11-20}$$
$$X_B=1-X_A$$

[例 11-5] 假设市场上有 A、B 两种证券，其预期收益率分别为 8％和 13％，标准差分别为 12％和 20％。A、B 两种证券的相关系数为 0.3。市场无风险利率为 5％，某投资者决定用这两种证券组成最优风险组合，则

$$X_A=\frac{(0.08-0.05)\times0.2^2-(0.13-0.05)\times0.3\times0.12\times0.2}{(0.08-0.05)\times0.2^2+(0.13-0.05)\times0.12^2-(0.08-0.05+0.13-0.05)\times0.3\times0.12\times0.2}$$
$$=0.4$$

$$X_B=1-0.4=0.6$$

该最优风险组合的预期收益率和标准差分别为

$$\overline{R}_1=0.4\times0.08+0.6\times0.13=11\%$$

$$\sigma_1=(0.4^2\times0.12^2+0.6^2\times0.2^2+2\times0.4\times0.6\times0.3\times0.12\times0.2)^{\frac{1}{2}}=14.2\%$$

该最优风险组合的单位风险报酬＝（11％－5％）÷14.2％＝0.42。

有效边界的表达式为$\overline{R}_p=5\%+0.42\sigma_p$。

（四）无风险贷款对投资组合选择的影响

对于不同的投资者而言，无风险贷款的引入对他们的投资组合选择有着不同的影响。

对于风险厌恶程度较轻，从而选择位于弧线 TD 上的投资组合的投资者而言，其投资组合的选择不受影响。因为只有弧线 TD 上的组合才能获得最大的满足程度，如图 11-14(a)所示，对于该投资者而言，他仍将所有资金投资于风险资产，而不会对无风险资产进行投资。

对于较厌恶风险的投资者而言，由于代表其原先最大满足程度的无差异曲线 I_3 与线段 AT 相交，因此其不再符合效用最大化的条件。该投资者将选择无差异曲线 I_1 与线段 AT 的相切点 P' 所代表的投资组合，如图 11-14(b)所示。对于该投资者而言，他将把部分资金投于风险资产，而把另一部分资金投资于无风险资产。

下面用一个一般的模型框架来分析此问题。假设投资者的投资效用函数 U 为

$$U=\overline{R}_p-\frac{1}{2}A\sigma_p^2 \tag{11-21}$$

式中，A 表示风险厌恶系数，$\overline{R}_p$ 和 σ_p^2 分别表示整个投资组合（包括无风险资产和最优风险组合）的预期收益率和标准差，计算公式分别为

$$\overline{R}_p=(1-y)R_f+y\overline{R}_f$$
$$\sigma_p^2=y^2\sigma_T^2$$

式中，y 表示投资者分配给最优风险组合的投资比例，$\overline{R}_f$、σ_T 代表最优风险组合的预期收益率和标准差，投资者的目标是通过选择最优的资产配置比例 y 来使他的投资效用最

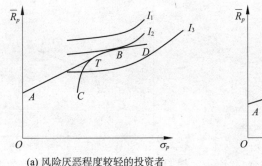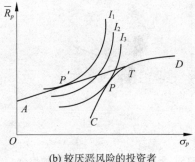

(a) 风险厌恶程度较轻的投资者 　　　　　(b) 较厌恶风险的投资者

图 11-14　无风险贷款下的投资组合选择

大化。将 $\overline{R}_p$ 和 σ_p^2 代入投资效用函数中，可以把这个问题写成如下的数学表达式：

$$\underset{y}{\mathrm{Max}}U=(1-y)R_f+y\overline{R}_T-0.5Ay^2\sigma_T^2$$

将上式对 y 求偏导并令其等于 0，就可以得到最优的资产配置比例 y^* 为

$$y^*=\frac{\overline{R}_T-R_f}{A\sigma_T^2} \qquad (11-22)$$

[**例 11-6**] 承例 11-5，投资者面对的最优风险组合的预期收益率（$\overline{R}_1$）和标准差（σ_1）分别为 11％和 14.2％，市场无风险利率（R_f）为 5％。

如果该投资者的风险厌恶系数 $A=4$，则其 $y^*=(11\%-5\%)\div(4\times14.2\%^2)=0.7439$。也就是说，该投资者应将 74.39％的资金投入最优风险组合，25.61％的资金投入无风险资产。这样他的整个投资组合的预期收益率为 9.46％（即 $0.2561\times5\%+0.7439\times11\%$），标准差为 10.56％（即 $0.7439\times14.2\%$）。显然，这种资产配置的效果是不错的。

二、无风险借款对有效集的影响

（一）允许无风险借款下的投资组合

在推导马柯维茨有效集的过程中，假定投资者可以用于购买风险资产的金额仅限于他的期初财富。然而，在现实生活中，投资者可以借入资金并用于购买风险资产。由于借款必须支付利息，而利率是已知的，因此在该借款本息偿还上不存在不确定性，可以称为无风险借款。

为方便起见，假定投资者可按相同的利率进行无风险借贷。

▶ **1. 无风险借款并投资于一种风险资产的情形**

为了考察无风险借款对有效集的影响，首先分析投资者进行无风险借款并投资于一种风险资产的情形。我们只需要对上一节的推导过程进行适当的扩展即可。

我们可以把无风险借款看成负的投资，则投资组合中风险资产和无风险借款的比例可用 X_1 和 X_2 表示，$X_1+X_2=1$，$X_1>1$，$X_2<0$。这样，式（11-16）～式（11-19）也完全适用于无风险借款情形。由于 $X_1>1$，$X_2<0$，式（11-16）表现为线段 AB 右上方的延长线上，如图 11-15 所示，这个延长线再次大大扩展了可行集的范围。

▶ **2. 无风险借款并投资于风险资产组合的情形**

同样，由无风险借款和风险资产组合构成的投资组合，其预期收益率和风险的关系与由无风险借款和一种风险资产构成资产组合的情形相似。

我们仍假设风险资产组合 B 是由风险证券 C 和 D 组成的，则由风险资产组合 B 和无风险借款 A 构成的投资组合的预期收益率和标准差一定落在线段 AB 右上方的延长线上，如图 11-16 所示。

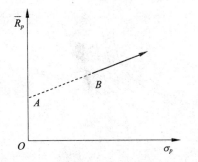

图 11-15　无风险借款和风险资产的组合

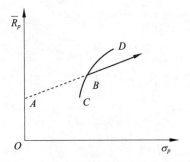

图 11-16　无风险借款和风险资产的组合

（二）无风险借款对有效集的影响

引入无风险借款后，有效集也将发生重大变化。如图 11-17 中，弧线 CD 仍代表马柯维茨有效集，T 点仍表示弧线 CD 与过 A 点直线的相切点。在允许无风险借款的情况下，投资者可以通过无风险借款并投资于最优风险资产组合 T，使有效集由弧线 TD 变成线段 AT 右上方的延长线。

这样，在允许无风险借款的情况下，马柯维茨有效集由弧线 CTD 变成 CT 加上过 A、T 点的直线在 T 点右边的部分。

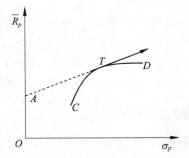

图 11-17　允许无风险借款时的有效集

（三）无风险借款对投资组合选择的影响

对于不同的投资者而言，允许无风险借款对他们的投资组合选择的影响也不同。

对于风险厌恶程度较轻，从而选择位于弧线 DT 上的投资组合的投资者而言，由于代表其原先最大满足程度的无差异曲线 I_3 与直线 AT 相交，因此其不再符合效用最大化的条件。该投资者将选择无差异曲线 I_2 与直线 AT 的相切点 P' 所代表的投资组合。如图 11-18(a) 所示。对于该投资者而言，他将进行无风险借款并投资于风险资产。

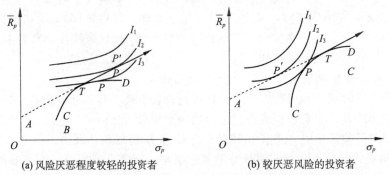

(a) 风险厌恶程度较轻的投资者　　　　(b) 较厌恶风险的投资者

图 11-18　无风险借款下的投资组合选择

[**例 11-7**] 承例 11-6，如果投资者的风险厌恶系数 A 等于 2，则他的最优资产配置比例 $y^* = (11\% - 5\%) \div (2 \times 14.2\%^2) = 1.4878$。也就是说，该投资者应借入 48.78% 的无风险资金，再加上自有资金全部投入于最优风险组合。这样，他的整个投资组合的预期收益率为 13.93%（即 $-0.4878 \times 5\% + 1.14878 \times 11\%$），标准差为 21.13%（即 $1.4878 \times 14.2\%$）。

对于较厌恶风险，从而选择位于弧线 CT 上的投资组合的投资者而言，其投资组合的选择将不受影响。因为只有弧线 CT 上的组合才能获得最大的满足程度，如图 11-18(b) 所示。对于该投资者而言，他只会将自有资产投资于风险资产，而不会进行无风险借款。

综上所述，在允许无风险借款的情况下，有效集变成一条直线，该直线经过无风险资产点 A 并与马柯维茨有效集相切。

拓展阅读 11-2
哈里·马柯维茨及
投资组合理论

本章小结

金融市场的风险是指金融变量的各种可能值偏离其期望值的可能性及其幅度。金融风险的种类很多，按风险来源可分为信用风险、市场风险、利率风险、汇率风险、流动性风险和操作风险；按会计标准可分为会计风险和经济风险；按能否分散可分为系统性风险和非系统性风险。

系统性风险是由那些影响整个金融市场的风险因素所引起的，这些因素包括经济周期、宏观经济政策的变动等。这类风险影响所有金融变量的可能值，因此不能通过分散投资相互抵消或者削弱。非系统性风险是一种与特定公司或行业相关的风险，它与影响所有金融变量的因素无关。通过分散投资，非系统性风险能被降低甚至消除。

由于风险证券的收益事先无法确切知道，投资者只能估计各种可能发生的结果（事件）及每一种结果发生的可能性（概率），因此风险证券的收益率通常用统计学中的期望值来表示。对单个证券的风险，通常用统计学中的方差或标准差来表示。

证券组合的预期收益率就是该组合中各种证券的预期收益率的加权平均数，权重为投资于各种证券的资金占总投资额的比例，证券组合的风险不仅取决于单个证券的风险，而且还取决于各种证券间收益率变化的相关性（用协方差表示）。随着组合中证券数量的增加，在决定组合的风险时，协方差的作用越来越大，而方差的作用越来越小。

协方差用以衡量两个证券收益率之间的相关性。正的协方差表明两个变量朝同一方向变动，负的协方差表明两个变量朝相反方向变动。此外，两证券收益率的相关关系还可以用相关系数 ρ 表示，相关系数的一个重要特征为其取值范围为 $-1 \sim +1$。相关系数取值为 -1 时，表示证券收益的变动完全负相关；取值为 $+1$ 时，表示证券完全正相关；取值为 0 时，表示完全不相关。当 $-1 < \rho < 0$ 时，表示负相关；当 $0 < \rho < 1$ 时，表示正相关。

证券组合的收益率只是单个证券收益率的加权平均数，分散投资不会影响组合的收益率，但是分散投资可以降低风险，即降低证券组合收益率变动的波动。各个证券之间收益率变化的相关关系越弱，分散投资降低风险的效果就越明显。证券组合的风险随着股票只数的增加而减少。对美国股票市场的实证检验表明，当股票组合中的股票从一只扩大到十只股票时，证券组合风险的下降很明显，但是随着组合中股票数量的增加，风险降低的边际效果在迅速减少，特别是当持有的股票超过 10 只时，风险降低的效果变得微乎其微。

投资者首先可以通过计算各个证券的预期收益率、方差以及各证券之间的协方差得出证券投资的有效集，然后找出有效集与该投资者等效用曲线族相切的切点，该切点代表的组合就是获得最大投资效用的组合，即最优投资组合。这就是以马柯维茨为代表的现代投资组合理论（modern portfolio theory）的主要内容。

为方便起见，人们常将 1 年期的国库券或者货币市场基金作为无风险资产。

单位风险报酬（或称夏普比率）是风险资产组合的重要特征，它是无风险资产与风险资产组合连线的斜率。无风险资产与该风险资产组合的任何组合都位于该连线（资产配置线）上。在其他条件相同时，投资者总是喜欢单位风险报酬较高（或者说斜率较高）的资产配置线。

引入无风险资产和按无风险资产收益率自由借贷后，对于规避风险的投资者来说，不论该投资者主管风险承受能力如何，投资者持有的最优证券组合总是市场组合，而不是有效边界上任何其他点所代表的证券组合，更不是可行集内其他点代表的证券组合。最优投资组合与投资者的收益风险偏好是无关的。

本章重要概念

金融风险　信用风险　市场风险　利率风险　汇率风险　流动性风险　操作风险
会计风险　经济风险　系统性风险　非系统性风险　风险偏好　无差异曲线
可行集　有效集　无风险资产

思考题和在线自测

本章复习思考题

在线自测

第十二章　资产定价理论

学习目标

1. 掌握资本资产定价模型的假设和含义，能够区分资本市场线以及证券市场线的图形及意义。
2. 了解套利组合的构建与套利均衡，了解套利理论的资产定价方程。
3. 了解当今学者对于资产定价模型的讨论。

学习要点

1. 资本资产定价模型。
2. 资本资产定价模型的进一步讨论。
3. 因素模型与套利定价理论。
4. 资产定价模型的实证检验。

案例导入

资本资产定价模型与贝塔系数

金融市场风险定价决定了公司的投资方向，但是如果市场是无效的，那么将会产生怎样的结果呢？

投资者很少因为自己良好的直觉而被予以肯定。但是在过去的 20 年中，越来越多的公司决策模型是基于"投资者是理性的"这一前提。如果投资者是非理性的，那么他们的决策都会是错误的吗？

一个被称为"资本资产定价"的模型被广泛应用于现代金融领域。几乎所有的投资者都希望守住自己的项目，如守住一个商标、一个工厂或者一家公司的并购项目，这一切都必须部分地根据资本资产定价模型来判断自己的决策是否合理。因为该模型为投资者提供了计算必要收益率的方法。如果股东想获益，任何投资项目的收益率都必须超过其"必要收益率"。

尽管资本资产定价模型较为复杂，但是可以简化为以下五个方面。

(1) 投资者可以通过分行业分地区的分散投资方法来规避某些风险，如工人罢工风险、老板辞职风险等。

(2) 某些风险，例如全球性经济衰退，是不能通过分散投资的方式来消除的。所以，即使将所有股票纳入资产组合篮子，也仍然是有风险的。

(3) 相比于投资诸如国库券等安全性更高的资产，人们更倾向于投资于风险更高的资产组合。

(4) 某项特定投资的收益仅仅取决于其影响市场投资组合风险的程度。

(5) 一般来说，可以通过一种简单的方式来测度其影响市场投资组合风险程度——复制"贝塔"。贝塔系数表示该项投资的风险与市场投资风险的关系。

正是由于贝塔系数使资本资产定价模型变得如此意义重大。尽管投资者面临许多风险，进行分散投资的投资者只需要关注那些与市场投资组合有关的风险。贝塔系数不仅仅告诉管理者如何测度这些风险，也告诉管理者如何将其直接转化为必要收益率。如果某项目的未来收益率没有超过必要收益率，那么投资者是不值得去投资的。

投资者在确定最优投资组合的方法时，首先必须估计所有证券的预期收益率和方差、所有这些证券之间的协方差以及无风险利率水平；然后，找出切点处投资组合（最优风险组合），并由无风险利率与切点处投资组合共同决定一条直线；再根据自己的无差异曲线与其的切点来决定自己的最优投资组合。这种方法属于规范经济学的范畴。在这一章中，我们将在假定所有投资者均按上述方法投资的情况下，研究风险资产的定价问题，它属于实证经济学范畴。本章着重介绍资本定价模型（capital asset pricing model，CAPM）。该模型是由夏普（William Sharpe）、林特纳（John Lintner）、特里诺（Jack Treynor）和莫森（Jan Mossin）等人在现代证券组合理论的基础上提出的，它在投资决策和公司理财中的应用非常广泛。

第一节　资本资产定价模型

一、资本资产定价模型的假设条件

如同学习微观经济学的市场分析是从完全竞争市场分析开始一样，资本资产定价模型也是先从简单的形式入手，并提出了很多假设。做出这些基本假设的目的是使拥有不同的初始财富和风险厌恶程度的投资者相同化，从而简化分析。资本资产定价模型的基本假设条件如下。

（1）投资者通过投资组合在单一投资期内的预期收益率和标准差来评价这些投资组合。

（2）投资者永不满足。当面临其他条件相同的两种选择时，他们将选择具有较高预期收益率的那一种。

（3）投资者都是厌恶风险的。当面临其他条件相同的两种选择时，他们将选择具有较小标准差，即风险较小的那一种。

（4）每种资产都是无限可分的。这意味着如果投资者愿意，他们可以购买一个股份的一部分。

（5）投资者可以按照同一无风险利率贷出或借入资金。

（6）税收和交易成本均可忽略不计。

（7）所有投资者都拥有相同的投资期限。

（8）对于所有投资者来说，无风险利率都相同。

（9）对于所有投资者来说，信息是免费的并且是立即可得的。

（10）投资者具有相同的预期，也即他们对于预期收益率、标准差以及协方差的预期是一致的。

我们可以看出资本资产定价模型假设有很多，但一般可以总结为以下三项。

假设一：投资者依据期望收益率评价证券组合的收益水平，用标准差评价证券组合的风险水平。

假设二：投资者拥有相同的信息，并且对证券的收益和风险有完全相同的预期。

假设三：资本市场中不存在摩擦，即市场对资本和信息自由流动没有阻碍，是一个完全市场。

通过简化现实资本市场和规范投资者的行为偏好，单个投资者如何投资分析的问题就可以转化为如果每个投资者都按相同的方式投资，那么证券价格将会是怎样的问题。通过考察市场上所有投资者的集体行为，导出每种证券风险和收益之间的均衡关系，并以此为基础，探讨现实世界中风险和收益之间的关系。

二、资本市场线

(一) 分离定理

在上述假定的基础上，我们可以得出如下结论。

(1) 根据相同预期的假定，可以推导出每个投资者的切点处投资组合（最优风险组合）都是相同的，从而每个投资者的线性有效集（预算线）都是一样的；

(2) 由于投资者风险和收益偏好不同，其无差异曲线的斜率不同，因此最优投资组合也不同。

由此可以导出著名的分离定理：投资者对风险和收益的偏好状况与该投资者风险资产组合的最优构成是无关的。

分离定理可从图 12-1 所示中看出，I_1 代表厌恶风险程度较轻的投资者的无差异曲线，该投资者的最优投资组合位于 O_1 点。O_1 点位于最优风险组合 T 的右侧，表明他将借入资金投资于风险资产组合上。I_2 代表厌恶风险程度较高的投资者的无差异曲线，该投资者的最优投资组合位于 O_2 点。O_2 点位于最优风险组合 T 的左侧，表明他将一部分资金投资于无风险资产，将剩余部分资金投资于风险资产组合。虽然 O_1 和 O_2 位置不同，但它们都是由无风险资产 A 和相同的最优风险组合 T 组成，因此他们的风险资产组合中各种风险资产的构成比例自然是相同的。

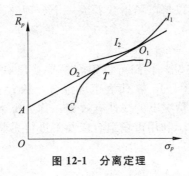

图 12-1　分离定理

(二) 市场组合

根据分离定理，我们还可以得到另一个重要结论：在均衡状态下，每种证券在均衡点处投资组合中都有一个非零的比例。

这是因为，根据分离定理，每个投资者都持有相同的最优风险组合 T。如果某种证券在 T 组合中的比例为零，那么就没有人购买该证券，该证券的价格就会下降，从而使该证券预期收益率上升，一直到在最终的最优风险组合 T 中，该证券的比例非零为止。

同样，如果投资者对某种证券的需求量超过其供给量，则该证券的价格将上升，预期收益率将下降，吸引力将降低，它在最优风险组合中的比例也将下降直至对其需求量等于其供给量为止。

因此，在均衡状态下，每一个投资者都愿意持有一定数量的每一种证券，市场上各种证券的价格都处于使该证券供求相等的水平上，无风险利率的水平也正好使得借入资金的总量等于贷出资金的总量。这样，在均衡时，最优风险组合中各证券的构成比例等于市场组合中各证券的构成比例。所谓市场组合，是指由所有证券构成的组合，在这个组合中，每一种证券的构成比例等于该证券的相对市值。一种证券的相对市值等于该证券总市值除以所有证券的市值的总和。

习惯上，人们将切点处组合叫作市场组合，并用 M 代替 T 来表示。从理论上说，M 不仅由普通股构成，还包括优先股、债券、房地产等其他资产。但在现实中，人们常将 M 局限于普通股。

（三）共同基金定理

如果投资者的投资范围仅限于资本市场，而且市场是有效的，那么市场组合就大致等于最优风险组合。于是单个投资者就不必进行复杂的分析和计算，只要持有指数基金和无风险资产就可以了。当然，如果所有投资者都这么做，那么这个结论就不成立了。因为指数基金本身并不进行证券分析，它只是简单地根据各种股票的市值在市场总市值中的比重来分配其投资。因此，如果每个投资者都不进行证券分析，证券市场就会失去建立风险收益均衡关系的基础。如果我们把货币市场基金看成无风险资产，那么投资者所要做的事情只是根据自己的风险厌恶系数，将资金合理地分配于货币市场基金和指数基金，这就是共同基金定理。

假定所有投资者均选择持有市场指数共同基金，我们可以将资产组合选择分为两部分：一是技术问题，如何由专业管理人员来创建基金；二是个人问题，由于投资者有着不同的风险厌恶程度，面临着如何在共同基金和无风险资产中将整体资产组合进行配置的问题。

在现实生活中，不同的投资管理者确实创立了很多不同于市场指数的风险资产组合，我们认为这部分是由于在最优资产组合中不同的输入表造成的。尽管如此，共同基金原理的重要性在于它为投资者提供了一个消极投资的渠道，投资者可以将市场指数看成一个合理的、最有效的资产组合。

拓展阅读 12-1
货币市场基金
经理的寓言

（四）有效集

按资本资产定价模型的假设，我们可以很容易地找出有效组合风险和收益之间的关系。如果用 R_f 代表无风险利率，用 M 代表市场组合，从 R_f 出发画一条经过 M 的直线，这条线就是在允许无风险借贷情况下的线性有效集，称为资本市场线（capital market line，CML），如图 12-2 所示。任何不利用市场组合以及不进行无风险借贷的其他所有组合都将位于资本市场线的下方。

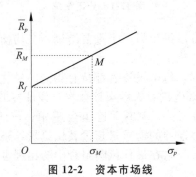

图 12-2　资本市场线

假设投资者构造了一个两部分资产的证券组合：无风险资产的投资比率为 X_f，市场资产组合的投资比率为 X_M，则 $X_f + X_M = 1$。投资组合的预期收益率为两部分资产预期收益率的加权平均数，即

$$E(\overline{R}_p) = X_f R_f + X_M \overline{R}_M$$

或

$$E(\overline{R}_p) = (1-X_M)R_f + X_M\overline{R}_M$$

证券组合的方差为

$$\sigma_p^2 = \sigma_f^2 X_f^2 + \sigma M^2 X_M^2 + 2X_f X_M \sigma_{fM}$$

由于无风险资产的风险为零，所以 $\sigma_p^2 = \sigma_M^2 X_M^2$，故 $X_M = \dfrac{\sigma_p}{\sigma_M}$，将 $X_M = \dfrac{\sigma_p}{\sigma_M}$ 代入 $E(\overline{R}_p) = (1-X_M)R_f + X_M\overline{R}_M$，可得

$$E(\overline{R}_p) = R_f + X_M[E(\overline{R}_M) - R_f]$$

即

$$E(\overline{R}_p) = R_f + \frac{[E(\overline{R}_M) - R_f]}{\sigma_M}\sigma_p \tag{12-1}$$

式(12-1)即为资本市场线(CML)的方程表达式，式中，$\overline{R}_p$ 和 σ_p 分别代表最优投资组合的预期收益率和标准差。

从资本市场线的公式可以看出：第一，在均衡条件下，有效证券组合的预期收益率与其风险之间存在一种线性关系；第二，在均衡条件下，有效证券组合的预期收益率都是由无风险借贷利率 R_f 和附加收益率两部分构成的。其中，R_f 可以看成时间的价格或等候的报酬，或在未来现金流通完全确定的情况下把当期消费推迟到下一个时期进行所需作为补偿的收益；$[(\overline{R}_M - R_f)/\sigma_M]$ 可以看成有效证券组合的市场风险价格，或者单位风险的报酬，或是有效证券组合增加一单位风险水平可以获得的额外收益。因此，附加收益率就等于市场风险价格乘以所承担风险的总量，实际上可以看成承担市场风险带来的报酬。这种有效证券组合的预期收益率等于时间推迟的补偿加上风险的补偿，就是资本市场线的经济意义。

三、证券市场线

由上述分析可知，在均衡条件下，所有有效证券组合的预期收益率与其风险之间存在一个简单的线性关系，这种关系体现在资本市场线上。资本市场线反映的是有效组合的预期收益率和标准差之间的关系。但在证券市场上，除了有效的证券组合外，还存在各种无效的证券和证券组合。那么，在均衡条件下，它们的预期收益率又该如何确定，其预期收益率与风险之间又是怎样的关系呢？或者，证券市场上所有证券，无论其有效还是无效，它们的预期收益率及其与风险的关系应该如何确定呢？证券市场线提供了描述所有证券和证券组合的收益及其与风险关系的方法。它不仅通用于有效证券组合，也适用于非有效证券组合；不仅适用于证券组合，也适用于单个证券。

根据风险证券组合的标准差计算公式 $\sigma_p = \left[\sum\limits_{i=1}^{n}\sum\limits_{j=1}^{n}X_i X_j \sigma_{ij}\right]^{1/2}$，可以得到市场证券组合的标准差：

$$\sigma_M = \left[\sum_{i=1}^{n}\sum_{j=1}^{n}X_{iM}X_{jM}\sigma_{ij}\right]^{1/2} \tag{12-2}$$

式中，X_{iM} 和 X_{jM} 分别表示证券 i 和 j 在市场组合中的比例。式(12-2)还可以展开为

$$\sigma_M = \left[X_{1M}\sum_{j=1}^{n}X_{jM}\sigma_{1j} + X_{2M}\sum_{j=1}^{n}X_{jM}\sigma_{2j} + X_{3M}\sum_{j=1}^{n}X_{jM}\sigma_{3j} + \cdots + X_{NM}\sum_{j=1}^{n}X_{jM}\sigma_{nj}\right]^{1/2}$$

$$\tag{12-3}$$

根据协方差的性质可知，某种证券 i 跟市场组合的协方差 (σ_{iM}) 可以表示为证券 i 跟市场组合中每种证券协方差的加权平均数

$$\sigma_{iM} = \sum_{j=1}^{n} X_{jM}\sigma_{ij} \tag{12-4}$$

如果我们把协方差的这个性质运用到市场组合中的每一个风险证券上，并且运用到上面的市场证券组合的方差公式中，就可以得到

$$\sigma_M = [X_{1M}\sigma_{1M} + X_{2M}\sigma_{2M} + X_{3M}\sigma_{3M} + \cdots + X_{nM}\sigma_{nM}]^{1/2} = [\sum_{i=1}^{n} X_{iM}\sigma_{iM}]^{1/2} \tag{12-5}$$

式中，σ_{1M}表示证券1与市场组合的协方差，σ_{2M}表示证券2与市场组合的协方差，依此类推。式(12-5)表明，市场组合的标准差等于所有证券与市场组合协方差的加权平均数的平方根，其权数等于各种证券在市场组合中的比例。

在这里，我们可以看出，单个证券与市场组合的协方差σ_{iM}代表了它对市场证券组合风险σ_M的贡献。σ_{iM}越小，则证券i与市场证券组合之间的相关性越弱，其对市场证券组合风险贡献越小；反之，若σ_{iM}越大，则证券i与市场证券组合之间的相关性越强，其对市场证券组合风险贡献越大。

当市场达到均衡时，必然要求那些具有较大σ_{iM}值从而风险贡献程度较大的证券按比例地提供更高的预期收益率以吸引投资者。因为，如果某一证券在给市场组合带来风险的同时没有提供相应的预期收益率，投资者就会抛出该证券，这将使市场组合的风险相对于其预期收益率有所下降；如果某一证券在给市场组合带来风险的同时提供过高的预期收益率，就意味着如果增加该证券在组合中的比例，就会使市场组合的预期收益率相对于其风险有所上升。这样，市场组合将不再是最佳组合，证券价格将因为供求的变化而调整，证券价格将偏离均衡。

在均衡状态下，单个证券i的预期收益率与该证券同整个市场证券组合协方差σ_{iM}之间的关系可以表示为

$$\overline{R}_i = R_f + \left(\frac{\overline{R}_M - R_f}{\sigma_M^2}\right)\sigma_{iM} \tag{12-6}$$

式中，$\overline{R}_i$为证券i的预期收益率；$\overline{R}_M$为市场预期收益率；R_f为无风险市场利率；σ_M^2为市场风险（均方差）。

式(12-6)代表的是一条直线，表明σ_{iM}与预期收益率的关系是线性的。证券i的预期收益率与用证券和市场证券组合的协方差σ_{iM}测度的风险之间的这种关系就称为证券市场线（security market line，SML）。如果我们用$\overline{R}_i$作为纵坐标，用σ_{iM}作为横坐标，则证券市场线在图上就是一条截距为R_f、斜率为$(\overline{R}_M - R_f)/\sigma_M^2$的直线，如图12-3(a)所示。这一形式强调的是影响该证券的因素并不是该证券的方差，而是该证券的收益率与市场组合收益率之间的协方差。

有趣的是，从式(12-6)可以发现，对于σ_{iM}等于0的风险证券而言，其预期收益率应等于无风险利率，因为这个风险证券跟无风险证券一样，对市场组合的风险没有任何影响。更有趣的是，当某种证券的$\sigma_{iM}<0$时，该证券的预期收益率甚至将低于R_f。在图12-3(a)中，M点表示市场证券组合，它隐含一个假设，即所有投资者都认定不可能有比市场组合更好的证券组合。在图12-3(a)中，若在1点处投资，称为保守型投资；在2点处投资则称为激进型投资。

证券市场线还可以用另一种方式表示

$$\overline{R}_i = R_f + (\overline{R}_M - R_f)\beta_{iM} \tag{12-7}$$

式中，$\beta_{iM} = \frac{\sigma_{iM}}{\sigma_M^2}$。

由式(12-7)可知，当$\beta_{iM}=1$时，$\overline{R}_i = \overline{R}_M$，即为$M$点。由此，可以将证券市场线绘制成以$\beta_{iM}$测度风险的图形，如图12-3(b)所示。

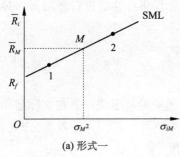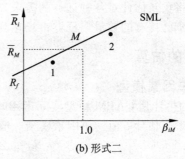

(a) 形式一 (b) 形式二

图 12-3　证券市场线

β 系数的一个重要特征是，一个证券组合的 β 值等于该组合中各种证券 β 值的加权平均数，权数为各种证券在该组合中所占的比例，即

$$\beta_{pM} = \sum_{i=1}^{n} X_i \beta_{iM} \tag{12-8}$$

式中，β_{pM} 表示组合 P 的 β 值。

由于任何组合的预期收益率和 β 值都等于该组合中各个证券预期收益率和 β 值的加权平均数，其权数也都等于各个证券在该组合中所占的比例，因此，既然每一种证券都落在证券市场线上，那么由这些证券构成的证券组合也一定落在证券市场线上。

以 β_{iM} 刻画的证券市场线对问题的说明更加直观：

(1) 当 $\beta_{iM}=1$ 时，说明证券 i（或证券组合）的风险与市场风险相同，此时为最佳的证券组合；

(2) 当 $\beta_{iM}<1$ 时，说明证券 i（或证券组合）的风险小于市场风险，这种证券组合被称为保守型组合；

(3) 当 $\beta_{iM}>1$ 时，说明证券 i（或证券组合）的风险大于市场风险，这种证券组合被称为激进型组合。

比较资本市场线和证券市场线可以看出，只有最优投资组合才落在资本市场线上，其他组合和证券则落在资本市场线下方。而对于证券市场线来说，无论是有效组合还是非有效组合，它们都落在证券市场线上。

证券市场线表明，当市场达到均衡时，任意证券（组合）i（无论是有效组合还是非有效组合）的预期收益由两部分组成：一是无风险资产的收益率；二是单位风险的预期收益率与其风险的乘积。需要注意的是，在这里，资产的风险已经不再用预期收益率的标准差来衡量，而是用该资产与市场组合的协方差来衡量的。这是因为，投资者尽量通过资产的多元化来降低风险，当市场达到均衡时，所有投资者都会建立市场组合与无风险资产的某种比例的组合，从而最大限度地降低风险，最终使得非系统性风险为零，只剩下不可分散的系统性风险。因此，单个证券的风险回报就应该与它对系统性风险的贡献而不是与总风险成比例，因为其中的非系统性风险已经通过多样化资产组合消除了。

证券市场线反映了在不同的 β 值水平下，各种证券及证券组合应有的预期收益率水平，从而反映了各种证券和证券组合系统性风险与预期收益率的均衡关系。由于预期收益率与证券价格成反比，因此证券市场线实际上也给出了风险资产的定价公式。

资本资产定价模型所揭示的投资收益与风险的函数关系，是通过投资者对持有证券数量的调整并引起证券价格的变化而达到的。根据每一证券的收益和风险特征，给定一证券组合，如果投资者愿意持有的某一证券的数量不等于已拥有的数量，投资者就会通过买进或卖出证券进行调整，并因此对这种证券价格产生涨或跌的压力。在得到一组新的价格后，投资者将重新估计对各种证券的需求，这一过程将持续到投资者对每一种证券愿意持有的数量等于已持有的数量，证券市场达到均衡。

四、β 的估算

（一）单因素模型

β 系数的估计是 CAPM 模型实际运用时最为重要的环节之一。在实际运用中，人们常用单因素模型来估计 β 值。单因素模型一般可以表示为

$$R_{it} = \alpha_i + \beta_i R_{Mt} + \varepsilon_{it} \tag{12-9}$$

式中，R_{it} 为证券 i 在 t 时刻的实际收益率；R_{Mt} 为市场指数在 t 时刻的收益率；α_i 为截距项；β_i 为证券 i 收益率变化对市场指数收益率变化的敏感度指标，它衡量的是系统性风险；ε_{it} 为随机误差项，该随机误差项的期望值为零。式(12-8)也常被称为市场模型。

虽然从严格意义上讲，资本资产定价模型中的 β 值和单因素模型中的 β 值是有区别的。资本资产定价模型中的 β 值是相对于整个市场组合而言，而单因素模型中的 β 值是相于某个市场指数而言。由于在实际操作中，我们很难确切知道市场组合的构成，所以一般可以用市场指数来替代，因此我们可以用单因素模型测算的 β 值来代替资本资产定价模型中的 β 值。另外，CAPM 模型中的 β 值是预期值，而我们无法知道投资者的预测值是多少，只能根据历史数据估计过去一段样本期内的 β 值，并把它当成预测值使用。

单因素模型可以用图 12-4 中的特征线表示，特征线是从对应于市场指数收益率的证券收益率的散点图拟合而成的，根据单因素模型的公式，β 值可以看成特征线的斜率，它表示市场指数收益率变动 1% 时，证券收益率的变动幅度。

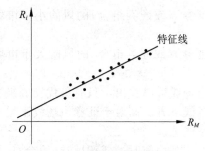

图 12-4　单因素模型特征线

我们可以运用对历史数据的回归分析估计出单因素模型中的参数，从而得出 β 值。例如，可以计算出过去 9 年内的月收益率，这样市场指数和某一证券的收益率就分别有 108 个观察值，然后对这些观察值进行回归分析。β 值的观察值越多，β 值的估算就越准确。

表 12-1 中的 R^2 被称为决定系数，它表示因变量（股票收益率）的方差能被自变量（上证综合指数收益率）变动解释的比例，用公式可以表示为

$$R^2 = \left(\frac{\beta^2 \sigma}{M^2}\right) / \sigma^2 \tag{12-10}$$

表 12-1　根据市场模型估计的 7 只股票和等权重组合的 β 值

股票代码	α	β	R^2	标准误差		样本数
				α	β	
600601	0.017	1.075	0.612	0.013	0.083	108
600602	−0.005	1.300	0.775	0.011	0.068	108
600603	0.000	1.098	0.773	0.009	0.058	108

续表

股票代码	α	β	R^2	标准误差		样本数
				α	β	
600604	-0.004	0.930	0.690	0.009	0.061	108
600651	0.021	1.020	0.603	0.012	0.080	108
600652	0.014	1.004	0.579	0.013	0.083	108
600653	0.008	1.104	0.730	0.010	0.065	108
等权重组合	0.008	0.977	0.827	0.007	0.043	108

标准误差主要用来判定所估计的系数是否显著不为 0。基本的判断原则是当估计的系数小于标准误差的两倍时，我们就不能否定其真实值为 0 的假设。从表 12-1 中的数据来看，α 估计值都不显著异于 0，而 β 估计值都显著异于 0。

(二) 多因素模型

市场收益率的变动只是系统性风险的最终表现，而系统性风险本身的原因可能是由 GDP 增长率、利率水平、通货膨胀率等多方面引起的，同时各种证券对这些原因的敏感度是不同的。因此，有些学者对模型提出了改进，如陈·罗尔和罗斯于 1986 年提出了多因素模型[①]：

$$R_{it} = \alpha_i + \beta_{\mathrm{IP}_i} \mathrm{IP}_t + \beta_{\mathrm{EI}_i} \mathrm{EI}_t + \beta_{\mathrm{UI}_i} \mathrm{UI}_t + \beta_{\mathrm{CG}_i} \mathrm{CG}_t + \beta_{\mathrm{GB}_i} \mathrm{GB}_t + \varepsilon_{it} \tag{12-11}$$

式中，IP 表示工业生产增长率，EI 表示预期通货膨胀率，UI 表示未预期到的通货膨胀率，CG 表示长期公司债超过长期国债的收益率，GB 表示长期国债超过短期国库券的收益率，β_{IP_i}、β_{EI_i}、β_{UI_i}、β_{CG_i} 和 $\beta_{\mathrm{GB}i}$ 分别表示证券 i 的收益率对工业生产增长率、预期通货膨胀率、未预期到的通货膨胀率、长期公司债超过长期国债的收益率和长期国债超过短期国库券的收益率的敏感度。

另外，有些学者认为，投资者在投资时，关心的不仅仅是市场收益率变动的风险，还关心其他风险源，如证券投资收益率与其工资收入之间的关系，因此也提出了各种各样的多因素模型，其中最为著名的是 Fama 和 French 的三因素模型[②]：

$$R_{it} = \alpha_i + \beta_{\mathrm{M}_i} R_{\mathrm{M}_t} + \beta_{\mathrm{SMB}_i} \mathrm{SMB}_t + \beta_{\mathrm{HML}_i} \mathrm{HML}_t + \varepsilon_{it} \tag{12-12}$$

式中，SMB 表示小股票组合收益率与大股票组合收益率的差额，HML 表示账面净值与市值比率高的股票组合收益率与账面净值与市值比率低的股票组合收益率的差额。β_{SMB} 和 β_{HML} 分别表示证券 i 的收益率对 SMB 和 HML 的敏感度。

阅读专栏

系统风险的来源

1. 股价过高、股票的投资价值相对不足

当股市经过狂炒后特别是无理性的炒作后，股价就会大幅飙升，从而导致股市的平均市盈率偏高、相对投资价值不足，此时先入市资金的盈利已十分丰厚，一些股民就会率先撤出，将资金投向别处，从而导致股市的暴跌。股市上有一句名言："暴涨之后必有暴跌，暴涨与暴跌是一对孪生兄弟。"这就是对这种风险的一种客观描述。

---

① CHEN N F，ROLL R，ROSS S A. Economic Forces and the Stock Maket[J]. Journal of Business，1986，59 (3)：383-403.

② FAMA E F，FRENCH K R. Multifactor Explanations of Asset Pricing Anomalies[J]. Journal of Finance，1996，51(1)：55-84.

2. 盲目从众行为

从众行为，是一种普遍的心理现象。在股市上，许多股民并无主见，看见别人抛售股票时，也不究其缘由，就认为该股票行情看跌，便跟着大量抛售，以致引起一个抛售狂潮，从而使该股票价格猛跌，造成股票持有人的损失。

3. 经营环境的恶化

当一个国家宏观经济政策发生变化而将对上市公司的经营乃至整个国民经济产生不利影响时，如政权或政府的更迭及某个领导人的逝世、战争及其他因素引起的社会动荡，所有企业的经营都无一例外地要受其影响，股市上所有的股票价格都将随之向下调整。

4. 利率的提高

当利率向上调整时，股票的相对投资价值将会下降，从而导致整个股价下滑。利率提高对股市的影响表现在三个方面：一是绝大部分企业都有相当的负债是从银行借贷而来，特别是流动资金部分，基本上都是借贷资金。利率的提高将加大企业的利息负担及成本支出，从而影响上市公司的经营业绩。二是伴随着利率的提高，债券及居民储蓄利率也会相应上调，这些都会降低整个股市的相对投资价值，一些投资者将会抛售股票而将其资金存入银行套利或投向债券市场，从而导致股市供求关系向其不利的方向转化，导致股价的下调。三是利率的提高将抑制社会消费，例如保值储蓄政策在一定程度上就抑制了社会消费的增长，从而影响了企业的市场营销，导致销售收入减少及整体经营效益的下降。

5. 税收政策

税收的高低是与上市公司的经营效益及股民的投资收入成反比的，所以税收对股市的影响也可分为两个方面：一方面是上市公司，现许多上市公司享受的是优惠税率政策，一旦国家将其优惠税率取消，这些上市公司的税后利润将会萎缩，从而影响上市公司的经营业绩。另一方面是股市投资，现在对红利要进行征税，其税率的高低就直接影响股票投资的收益。有些国家对股市还开征资本利得税，即对股票的炒作价差进行征税，这个税种的开征将直接影响股民的投资效益及投资热情，从而导致股市资金的转移，引起股价的下跌。

6. 扩容

股市的扩容将逐步改变股市中的资金与股票的供求关系，使股市的资金从供过于求向供不应求方向发展，导致股价的下跌。扩容不但包括新股的上市、配股，还包括 A、B 股市场的并轨、国家股和法人股的上市流通等。

7. 复关

复关将大规模地降低关税，从而导致外国产品的涌入，分割国内产品的市场，使企业间的竞争加剧，导致销售收入的减少及企业效益的下降，从而引起股价的下跌。其他投资领域利润率的提高，如房地产业的复苏、集邮市场的兴旺及其他商贸业利润率的提高都将导致股市资金的流出，从而导致股价的下跌。

第二节　资本资产定价模型的进一步讨论

资本资产定价模型是建立在严格的假设前提下的。这些严格的假设条件在现实的世界中很难满足。那么，该理论有多大的应用价值呢？我们可以从两方面来回答这个问题：一是放宽不符合实际的假设前提后，看该理论本身或者经过适当修改后能否基本上成立；二是通过实证检验看这一理论是否能较好地解释证券市场价格运动规律。

一、不一致性预期

如果投资者对未来收益的分布不具有相同的预期，那么他们将持有不同的有效集和选择不同的市场组合。林特耐[①] 1969 年的研究表明，不一致性预期的存在并不会给资本资产定价模型造成致命影响，只是资本资产定价模型中的预期收益率和协方差需使用投资者预期的一个复杂的加权平均数。尽管如此，如果投资者存在不一致性预期，市场组合就不一定是有效组合，其结果是资本资产定价模型不可检验。

拓展阅读 12-2
不要神化互联网

二、多要素资本资产定价模型

传统的资本资产定价模型假设投资者只关心的唯一风险是证券未来价格变化的不确定性，然而投资者通常还会关心其他的一些风险，这些风险将影响投资者未来的消费能力，例如，与未来的收入水平变化、未来商品和劳务价格的变化和未来投资机会的变化等相关的风险都是投资者可能关心的风险。

为此，罗伯特·默顿（R. Merton）[②]发展了包含"市场外"风险（要素）的资本资产定价模型，称为多要素资本资产定价模型，公式如下：

$$\overline{R}_i = R_f + \beta_{i,M}(\overline{R}_M - R_f) + \beta_{i,F1}(\overline{R}_{F1} - R_f) + \beta_{i,F2}(\overline{R}_{F2} - R_f) + \cdots + \beta_{i,FK}(\overline{R}_{FK} - R_f)$$

$$(12\text{-}13)$$

式中，R_f 为无风险资产收益率；F_1，F_2，…，F_K 为第 $1 \sim K$ 个要素或市场风险来源；K 为要素或市场风险来源的数量；$\beta_{i,FK}$ 为证券组合或证券 i 对第 K 个要素的敏感度；$\overline{R}_{FK}$ 为要素 K 的预期收益率。

式(12-13)表明，投资者除了因承担市场风险而要求获得补偿外，还要求因承担市场外的风险而获得补偿。当市场风险外的风险要素为零时，多要素资本资产定价模型就成为传统的资本资产定价模型：

$$\overline{R}_i = R_f + \beta_{iM}(\overline{R}_M - R_f)$$

$$(12\text{-}14)$$

就传统的资本资产定价模型而言，投资者可以通过持有市场组合而规避非系统性风险，市场组合可以看作是根据相对投资额投资于所有证券的共同基金。在多要素资本资产定价模型中，投资者除了要投资于市场组合以规避市场上的非系统性风险外，还要投资于其他的基金以规避某一特定的市场外风险。虽然并不是每个投资者都关心相同的市场外风险，但是关心同一市场外风险的投资者基本上是按照相同的办法来预防风险的。

多要素资本资产定价模型承认了非市场性风险的存在，市场对风险资产的定价必须反映出补偿市场外风险的风险溢酬。但是，多要素资本资产定价模型在实际应用中存在一个问题，即投资者很难确认所有的市场外风险并依靠经验估计每一个风险。当综合考虑这些风险要素时，多要素资本资产定价模型与后面要讨论的套利定价模型非常相似。

传统的 CAPM 假定投资者的投资期限都是单期的，而 Merton 则假定投资者关心一生的消费，并由此推导出投资者对证券的需求，因此 Merton 的模型又称为跨时资产定价模型（ICAPM）。

①　LINTNER J. The Aggregation of Investor's Diverse Judgements and Preferences in Purely Competitive Security Markets[J]. Journal of Financial and Quantitative Analysis.

②　MERTON R C. An Intertemporal Capital Asset Pricing Model[J]. Econometrica，1973，41(5)：867-887.

三、借款受限制的情形

CAPM假定所有投资者都能按相同的利率进行借贷。但在现实生活中，借款常受到限制，或者借款利率高于放款利率（或者说存款利率），甚至在一些极端的情形下根本就不存在无风险资产。在这种情况下，预期收益率与 β 系数之间的关系会怎样呢？布莱克（Black[①]，1972）对此做了专门的研究。布莱克的模型充满了数学，限于篇幅，我们只介绍他的主要观点和结论。

布莱克指出在不存在无风险利率的情形下，均值方差的有效组合具有如下三个特性。

（1）由有效组合构成的任何组合一定位于有效边界上。

（2）有效边界上的每一组合在最小方差边界的下半部（无效部分）都有一个与之不相关的"伴随"组合。由于"伴随"组合与有效组合是不相关的，因此被称为该有效组合的零贝塔组合（注意，这里的"零贝塔组合"不是指该组合的贝塔系数为0，而是指它跟与之相伴随的有效组合之间的相关系数为0）。如图12-5所示，确定一个有效组合的零贝塔"伴随"组合位置的方法如下：从任何一个有效组合 A 画一条切线相交于纵轴，该交点就是该零贝塔组合 $Z(A)$ 的预期收益率 $[\overline{R}_{Z(A)}]$。从该交点画一条水平线，与最小方差边界的交点就是该零贝塔组合的标准差 $[\sigma_{Z(A)}]$。从图12-5可以看出，不同的有效组合（A 和 B）有不同的零贝塔"伴随"组合 $[Z_{(A)}$ 和 $Z_{(B)}]$。这里的切线只是帮助我们找到零贝塔"伴随"组合，它并不意味着投资者可以按切线所示的均值和标准差组合进行投资，因为此时我们假定无风险资产不存在。

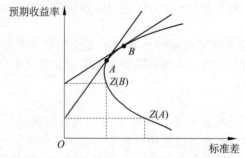

图 12-5 有效组合及其零贝塔"伴随"组合

（3）任何资产的预期收益率都可以表示为任何两个有效组合预期收益率的线性函数。例如，任何证券 i 的预期收益率（$\overline{R}_i$）都可以表示为 A、B 两个有效组合的预期收益率的线性函数

$$\overline{R}_i = \overline{R}_B + (\overline{R}_A - \overline{R}_B)(\sigma_{iA} - \sigma_{AB})/(\sigma_A^2 - \sigma_{AB}) \tag{12-15}$$

应注意的是，式（12-13）是通过数学推导的有效组合与单个证券预期收益率之间恒等关系，而不是均衡关系。

利用上述特性，可以推导出借款受限制的各种情况（没有无风险资产、不允许无风险借款和借款利率高于放款利率）下的CAPM模型的变形。

例如，假设在一个借款利率（r_f^B）高于放款利率（r_f）的世界里只有两个投资 X 和 Y，其中 X 的风险厌恶度高于 Y。从图12-16可知，X 将把部分资产投资于最优风险组合 T，其余资产按无风险放款利率 r_f 贷出，而 Y 将按无风险借款利率 r_f^B 借入资金，连同自己的

① BLACK F. Capital Market Equilibrium with Restricted Borrowing[J]. Journal of Business，1972，45(3)：444-455.

资金全部投资于最优风险组合 S。X 和 Y 均不持有市场组合 M，市场组合的位置将由 T 和 S 决定，其权重取决于两个投资者财产的数量和他们的风险厌恶度。由特性（1）可知，由于 S 和 T 都在有效边界上，所以 M 也一定在有效边界上。

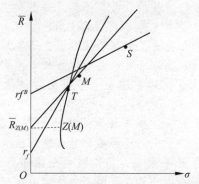

图 12-6　两种无风险利率下的资本市场均衡

从特性（2）可知，M 有个零贝塔"伴随"组合 $Z(M)$。根据特性（3），再加上 $\sigma_{MZ(M)} = 0$，我们可以把任何证券的预期收益率表示成 M 和 $Z(M)$ 预期收益率的线性函数

$$\overline{R}_t = \overline{R}_{Z(M)} + \frac{[\overline{R}_M - \overline{R}_{Z(M)}]\sigma_{iM}}{\sigma_M^2} = \overline{R}_{Z(M)} + \beta_{iM}[\overline{R}_M - \overline{R}_{Z(M)}] \tag{12-16}$$

比较式（12-16）与式（12-6）和式（12-7）可以看出，只要我们将 $Z(M)$ 换成 r_f，式（12-16）就变成 CAPM。因此，式（12-15）就是 CAPM 在借款受限制时的变种。不存在无风险资产和不允许借款情况下的 CAPM 变种也可以同样推出。

四、流动性问题

流动性指的是出售资产的难易程度和成本。传统的 CAPM 理论假定，证券交易是没有成本的。但在现实生活中，几乎所有证券交易都是有成本的，因此也不具有完美的流动性。投资者自然喜欢流动性好、交易成本低的证券，流动性差的股票收益率自然也就应较高。

很多经验证据也表明流动性差会大大降低资产的价格。阿米哈德（Amihud）和门德尔森（Mendelson）[1]的研究发现，在 1961—1980 年这段时间里，纽约证交所流动性最差的股票的收益率平均每年比流动性最好的股票的收益率高 8.5%。查迪亚（Chordia）、罗尔（Roll）和苏布拉马尼亚姆（Subrahmanyam）[2]最近的研究则发现流动性风险是属于系统性风险，因此是难以分散的。因此，资产价格中应含有流动性溢酬（liquidity premium）。

阅读专栏

去杠杆切忌引发新风险

一段时间以来，高杠杆已成为社会各界关注的焦点。国家金融与发展实验室的研究数据显示，截至 2015 年年底，我国债务总额为 168.48 万亿元，全社会杠杆率为 249%。与此相对应，中国银监会披露的数据显示，截至 2016 年 6 月末，商业银行不良贷款率为

①　AMIHUD Y，MENDELSON H. Asset Pricing and the Bid-Ask Spread[J]. Journal of Financial Economics 1986，17(2)：223-249.

②　CHORDIA T，ROLL R，SUBRAHMANYAM A. Commonality in Liquidity[J]. Journal of Financial Economics，2000，56(1)：3-28.

1.81%，创近七年新高，不良贷款余额接近 1.5 万亿元。

去杠杆和抑制资产泡沫的重要性不言而喻，值得注意的是，一些具体的去杠杆做法是否恰当，有没有实现真正意义上的去杠杆，还是只不过通过一些账面游戏和高水平的财技将风险转移和押后，造成风险的持续累计甚至蔓延，直至引发新一轮风险。

目前有一些地方政府通过手中包括资产管理公司（AMC）在内的投融资平台帮助地方性银行解决不良资产问题，例如把出了问题的地方国企债务从银行等价转让给地方投融资平台。这样，城商行、农商行以及信用社这些由地方政府控制的金融机构可以在没有任何损失的情况下，将不良资产出表；地方国企也不用面临被债务清收的风险，可以继续经营，延缓了地方债务风险。

与这种含金量较低的方式相比，更市场化的通过资产证券化来去杠杆更受各界青睐。业内人士希望通过资产证券化等手段，将企业存量资产以证券化形式移出表外，改善企业流动性和资产负债表。有论者更是乐观指出，随着金融市场的深化发展，各种股权、债权、远期等都可以做成资产证券化产品，帮助企业快速去杠杆、去库存，把重资产转成轻资产，让企业能够轻装上阵。

而在资产证券化中，不良资产证券化也受到业界热捧，尤其在金融部门。对于银行而言，通过不良资产证券化可以把不良资产从银行资产负债表内移除，降低当期不良率，而且可以提前解决流动性问题。

具有增加流动性、提高资金配置效率等功能的资产支持证券模式，在处置不良资产的国际实践中广为使用。但实践也证明，资产证券化在一定条件下，会使虚拟经济快速膨胀，并导致资产价格泡沫和内生流动性扩张，从而影响金融稳定，美国次贷危机就是前车之鉴。

监管部门应严格要求银行应当持有的流动性资产最低比例，或对银行的杠杆比率进行更严格限制。为此需要根据新巴塞尔协议的规定，切实对表内外的证券化风险暴露和再证券化风险暴露计提资本，并且禁止通过其他衍生品等手段对冲这些风险暴露和降低资本要求，而对于银行为表外结构性投资工具（SIV）和商业票据业务提供的隐性承诺，也必须计提资本。

对资产证券化中流动性扩展与紧缩载体的基础资产，应要严格审查其质量与信用等级，确保未来现金流的可靠和稳定，同时要加强对基础资产规模的监测，防止资产证券化过度增加流动性。

去杠杆是一个漫长而痛苦的过程，方法虽然不少，却没有哪一种能立竿见影，更没有哪一种是无代价的。在守住系统性风险和社会稳定底线的前提下，让破坏市场信用链条的交易者及时退场，忍痛核销呆坏账，咬紧牙关踏踏实实去杠杆才是王道。

资料来源：《财经》杂志，2016-08-15.

第三节　因素模型与套利定价理论

资本资产定价模型刻画了在资本市场处于均衡状态下预期收益率与风险之间的关系。资本资产定价模型需要大量的假设，需要寻找马科维茨有效边界，并通过它与无风险证券建立起有效集，然后投资者再根据各自的无差异曲线选择正确组合。1976 年，美国学者斯蒂芬·罗斯（Stephen Ross）[1]在《经济理论杂志》上发表了一篇经典论文《资本资产定价的

---

[1]　ROSS S A. The Arbitrage Theory of Capital Asset Pricing[J]. Journal of Economic Theory，1976，13(3)：341-360.

套利理论》，提出了一种新的资产定价模型，这就是套利定价理论（arbitrage pricing theory，APT）。套利定价理论的假设条件相比资本资产定价模型来说少了许多，因此使用起来较为方便。

一、套利定价理论的基本思想

与资本资产定价模型相同，套利定价理论也是一种均衡的资产定价模型。它以一价定律为基础，即认为同一种证券在一个或者多个市场上，不能以两种不同的价格出售，否则就会出现套利机会。为此，它从套利的角度研究了套利与均衡之间的关系，利用套利原理推导出市场均衡状态下资本资产的定价关系，即套利定价模型。在这里，资本资产定价模型中的较多假设不再是必要条件。

套利指的是利用同一资产在不同市场上或不同资产在同一市场上存在的价格差异，通过低买高卖获得无风险利润的行为。无风险套利的一种典型的情形是：当同一个资产在两个不同的市场上以不同的价格交易，且价差超过交易成本时，投资者只需要在价格较高的市场上卖空该资产，而在较低价格的市场上买进该资产，就可以在不需要增加投资资金、不承担任何风险的情况下获得确定的利润。同样，即使在同一市场上，由于不同资产的风险收益情况不同，通过卖空某项资产而买进其他资产，同样可能存在获得无风险利润的套利机会。

但是这种无风险利润是不会永远存在的。由于这种无风险套利机会对所有投资者都是有利的，一旦投资者发现这种机会进行套利操作，其他投资者就会相继模仿，同样在不同的市场间或在同一市场上进行套利交易，从而使卖空资产价格下降，买入资产价格上升。经过一系列的价格调整，最终使得市场达到供求平衡，各种资产的价格达到合理水平，套利机会随即消失。

套利定价理论假定证券 i 的收益率同一组影响它的因素线性相关，用公式表示为

$$R_i = a_i + b_{i1}F_{i1} + b_{i2}F_{i2} + \cdots + b_{ij}F_{ij} + e_i \tag{12-17}$$

且满足以下条件：

(1) $E(e_ie_j) = 0$，$(i \neq j)$；

(2) $E[e_i(F_{ij} - E(F_{ij}))] = 0$（对于所有证券和因素）。

式中，a_i 为所有因素都取零值时证券 i 的预期收益水平；F_{ij} 为影响证券收益率的第 j 个因素的值；b_{ij} 为证券 i 的收益率对第 j 个因素的敏感性；e_i 为随机误差项，其均值为零，方差为 $\sigma_{e_i}^2$。

因素模型表明，具有相同因素敏感性的证券或证券组合除了非因素风险以外将以相同的方式运作，应当具有相同的预期收益率；否则，套利机会就会产生，投资者就将利用这些机会套利。

二、套利组合的构建与套利均衡

根据套利定价理论，投资者将努力寻找构造一个套利组合的可能性，以便在不增加风险的情况下增加组合的预期收益率。那么，应该如何构造一个套利组合呢？

构造一个套利组合必须满足三个条件。

(1) 套利组合的资金投入不增加。这意味着，套利组合必须是一个不需要投资者额外增加资金投入的组合，它通过调整对不同证券的投资比例或者权数来增加或者减少对不同证券的投资。如果以 ΔX_i 表示投资者对证券 i 持有量的变化，也就是表示在一个套利组合中证券 i 的权数，那么，这一条件就可以表示为

$$\sum_{i=1}^{n} \Delta X_i = \Delta X_2 + \cdots + \Delta X_n = 0 \tag{12-18}$$

（2）套利组合的风险不增加。这意味着，一个套利组合对任何因素都没有敏感性的变化。由于组合对某一因素的敏感性正好是组合中各种证券对该因素敏感性的加权平均，因此套利组合的这一条件可以表示为

$$\sum_{i=1}^{n} \Delta X_i b_{i1} = \Delta X_1 b_{11} + \Delta X_2 b_{21} + \cdots + \Delta X_n b_{n1} = 0 \tag{12-19}$$

$$\sum_{i=1}^{n} \Delta X_i b_{i2} = \Delta X_1 b_{12} + \Delta X_2 b_{22} + \cdots + \Delta X_n b_{n2} = 0 \tag{12-20}$$

$$\sum_{i=1}^{n} \Delta X_i b_{ij} = \Delta X_1 b_{1j} + \Delta X_2 b_{2j} + \cdots + \Delta X_n b_{nj} = 0 \tag{12-21}$$

式中，b_{i1} 表示证券 i 对因素 1 的敏感性；b_{i2} 表示证券 i 对因素 2 的敏感性。依此类推，b_{ij} 表示证券 i 对因素 j 的敏感性。

严格而言，除了因素风险等于零以外，一个套利组合的非因素风险也应该等于零。但实际情况一般不会如此，套利组合的非因素风险往往会大于零，只是其数据量非常小，套利定价理论认为可以忽略不计。

（3）套利组合的预期收益率增加。这意味着，如果某一证券 i 的预期收益率为 $\overline{R}_1$，则在一个套利组合中，其组合的预期收益率必须满足：

$$\sum_{i=1}^{n} \Delta X_i E(R_i) = \Delta X_1 E(R_1) + \Delta X_2 E(R_2) + \cdots + \Delta X_n E(R_n) > 0 \tag{12-22}$$

为了阐明上述套利组合原则，我们假设一个由三种证券组成的证券组合，它们受到两种因素的影响。因此，该因素模型可以用如下形式表示：

$$R_i = a_i + b_{i1} F_{i1} + b_{i2} F_{i2} + e_i \tag{12-23}$$

如果投资者持有一个充分分散化的组合，那么残差风险趋近于 0，证券组合的收益只与系统性风险有关，上述方程中影响证券组合风险的因素只有系统性风险因素 F_{i1} 和 F_{i2}。于是，上式可以改写为

$$E(R_i) = a_i + b_{i1} F_{i1} + b_{i2} F_{i2} \tag{12-24}$$

现假设存在三个充分分散化的组合，如表 12-2 所示。

表 12-2　构建套利组合示例

组合 i	预期收益率（%）	b_{i1}	b_{i2}
组合 1	15	1.0	0.6
组合 2	14	0.5	1.0
组合 3	10	0.3	0.2

构造两个证券：一是证券 AD_1，其收益率始终等于风险因子 F_{i1}，即 $R_{AD_1} = F_{i1}$；二是证券 AD_2，其收益率始终等于风险因子 F_{i2}，即 $R_{AD_2} = F_{i2}$。

记证券 AD_1 的超额收益率为 $E(AD_1)$，记证券 AD_2 的超额收益率为 $E(AD_2)$，根据无套利的要求则有（两个 AD 证券与无风险证券可以复制出任何一个证券）：

$$15\% = R_f + E(R_{AD_1}) + 0.6 E(R_{AD_2})$$
$$14\% = R_f + 0.5 E(R_{AD_1}) + E(R_{AD_2})$$
$$10\% = R_f + 0.3 E(R_{AD_1}) + 0.2 E(R_{AD_2})$$

由此可以解出 $R_f = 7.75\%$，$E(R_{AD_1}) = 5\%$，$E(R_{AD_2}) = 3.75\%$。

式中，两个 AD 证券的超额收益率为额外承担 1 单位因子风险得到的报酬（该报酬取决于市场上投资者的风险偏好）。

如果市场上存在第四种或者更多证券，则其收益也必然满足：

$$E(R_i) = R_i + b_{i1}E(R_{AD_1}) + b_{i2}E(R_{AD_2}) \tag{12-25}$$

例如，第四种证券，两个因子荷载均为 0.6；如果其预期收益率为 15%，则市场存在套利（因为前三个证券的简单平均等于组合 4，所以收益也要相同）。于是，套利者就会卖空预期收益率低的组合而买入预期收益率高的组合 4，在零投资零风险的情况下获取无风险利润。套利行为将一直持续下去，直到组合 4 也位于其他组合的同一平面上。

由此，根据因素模型，由上述三种证券组合构造的新组合预期收益率的变化 $\Delta E(R_p)$ 为

$$\Delta E(R_P) = [\Delta X_1 E(R_1) + \Delta X_2 E(R_2) + \Delta X_3 E(R_3)] + (\Delta X_1 b_{11} + \Delta X_2 b_{21} + \Delta X_3 b_{31})F_{P_1} +$$
$$(\Delta X_1 b_{12} + \Delta X_2 b_{22} + \Delta X_3 b_{32})F_{P_2} + (\Delta X_1 e_1 + \Delta X_2 e_2 + \Delta X_3 e_3) \tag{12-26}$$

公式中有关的符号的含义与前面相同。

如果由证券 1、证券 2 和证券 3 构造的证券组合已经充分分散化，那么，组合的非系统性风险通过分散化会消除，即 $\Delta X_1 e_1 + \Delta X_2 e_2 + \Delta X_3 e_3 = 0$，则上式变为

$$\Delta E(R_P) = [\Delta X_1 E(R_1) + \Delta X_2 E(R_2) + \Delta X_3 E(R_3)] + (\Delta X_1 b_{11} + \Delta X_2 b_{21} + \Delta X_3 b_{31})F_{P_1} +$$
$$(\Delta X_1 b_{12} + \Delta X_2 b_{22} + \Delta X_3 b_{32})F_{P_2} \tag{12-27}$$

如果构造的新组合的资金不变化，只是投资于各证券的比例发生变化，即 $\Delta X_1 + \Delta X_2 + \Delta X_3 = 0$，则新组合对每一系统性风险的敏感性也不发生变化，即

$$\Delta X_1 b_{11} + \Delta X_2 b_{12} + \Delta X_3 b_{31} = 0 \tag{12-28}$$
$$\Delta X_1 b_{12} + \Delta X_2 b_{22} + \Delta X_3 b_{32} = 0 \tag{12-29}$$

由于不改变资金数额，只是改变各证券的投资比例，也不增加系统性风险，根据无风险套利原则，在市场达到均衡时，新组合的预期收益率变化也为 0，即

$$\Delta E(R_P) = \Delta X_1 E(R_1) + \Delta X_2 E(R_2) + \Delta X_3 E(R_3) = 0 \tag{12-30}$$

同样，若推广到由 n 种证券组成的证券组合中，当市场处于均衡状态时，由于所有套利机会均消失，套利组合的预期收益率也为零，即

$$\Delta E(R_P) = \sum_{i=1}^{n} \Delta X_i E(R_i) = \Delta X_1 E(R_1) + \Delta X_2 E(R_2) + \cdots + \Delta X_n E(R_n) = 0$$
$$\tag{12-31}$$

将以上方程结合起来，再考虑到证券的数量大于因素的数量，可以用数学方法解出这些方程，从而确定证券组合的均衡价值和 n 种证券中每一个证券的均衡价值。

三、套利理论的资产定价方程

根据套利定价理论，当所有套利机会消失时，当预期收益率是由一个因素产生时，预期收益率与敏感性之间的关系将近似地满足以下线性关系：

$$E(R_i) = \lambda_0 + \lambda_1 b_i \tag{12-32}$$

式中，λ_0 和 λ_1 是常数；b_i 表示证券 i 对某一单因素的敏感性。

这一方程就是单因素下套利定价理论的资产定价方程。这是一个直线方程，意味着在均衡时预期收益率与敏感性之间存在一个线性关系。那么，如何解释常数 λ_0 和 λ_1 呢？

假设存在一个无风险证券，它有一个常数的收益率 R_f，它对因素无敏感性。从上面的方程可以看出，对于所有 $b_i = 0$ 的证券都有 $\overline{R_i} = \lambda_0$，从而对无风险证券而言，有 $E(R_i) = R_f$，因此 $R_f = \lambda_0$，表明 λ_0 是证券不受因素影响时的回报率，等于无风险利率，这样，上

面的资产定价方程就可以改写为

$$E(R_i) = R_f + \lambda_1 b_i \qquad (12-33)$$

对于 λ_1，可以考虑构造一个组合 P，其组合预期收益率为

$$E(R_P) = R_f + \lambda_1 b_P \qquad (12-34)$$

假设该组合对因素具有单位敏感性，或者说敏感性为 1，因此，$b_P = 1$，于是：

$$E(R_P) = R_f + \lambda_1 \qquad (12-35)$$

移项可以得到：

$$\lambda_1 = E(R_P) - R_f \qquad (12-36)$$

为此，λ_1 单位敏感性的组合的预期超额回报率，即预期收益率超过无风险利率的那部分回报率，称为因素风险溢价（factor risk premium）。

第四节　资产定价模型的实证检验

资产定价模型（CAPM）和套利定价理论的提出对全世界金融理论研究和实践均产生了巨大的影响，对投资者和监管机构都起到了指导作用。首先，大多数机构投资者都按预期收益率与 β 系数的关系（或者单位风险报酬）来评价其投资业绩；其次，大多数国家的监管当局在确定被监管对象的资本成本时，都把预期收益率与 β 系数的关系连同对市场指数收益率的预测作为一个重要因素；再次，法院在衡量未来收入损失的赔偿金额时也经常使用预期收益率与 β 系数的关系来确定贴现率；最后，很多企业在进行资本预算决策时也使用预期收益率与 β 系数的关系来确定最低要求收益率。

也正因为其影响力如此之大，从 CAPM 模型和套利定价理论提出至今，围绕它们的争论就一直没有停止过，而大多数争论都是根据不同的实证检验结果进行的，本节列举一些主要的结论与证据。

一、罗尔的批评

1977 年，罗尔[①]发表了一篇了重要的论文，对 CAPM 的实证检验提出了严厉的批评，其主要观点概括如下。

（1）CAPM 只有一个可检验的假设，那就是市场组合是均值-方差有效的。

（2）该模型的其他所有运用，包括最著名的预期收益率与 β 系数之间的线性关系都遵从市场模型的效率，因此都不是单独可以检验的。市场组合的有效性是预期收益率与 β 系数之间线性关系的必要条件。

（3）对于任何的样本期收益率观测值，运用样本期的收益率和协方差（而不是事前的预期收益率和协方差）都可以找到无数的事后均值-方差有效组合。运用任何这种组合与单个资产计算样本期 β 系数都会与样本平均收益率完全线性相关。换句话说，无论从事前的角度看真正的市场组合是否有效，这样计算出来的 β 都会满足证券市场线（SML）的关系。

（4）除非我们知道真正市场组合的准确构成，并把它运用于实证检验，否则我们就无法检验 CAPM 的对错。这意味着除非我们的样本包括所有资产，否则 CAPM 就无法检验。

---

① ROLL R. A Critique of the Asset Pricing Theory's tests Part I: On Past and Potential Testability of the Theory [J]. Journal of Financial Economics, 1977, 4(2): 129-176.

（5）运用标准普尔 500 指数等来代替市场组合会面临两大问题：首先，即使真正的市场组合不是有效的，代替物也可能是有效的。相反，如果我们发现替代物不是有效的，也不能凭此认为真正的市场组合是无效的。其次，大多数替代物之间及其与真正的市场组合都会高度相关而不管它们是否有效，这就使得市场组合的准确构成看来并不重要。然而，运用不同的替代物自然会有不同的结论，这就是基准误差（benchmark error），它指的是在检验时使用不正确的基准所导致的误差。

后来，罗尔和罗斯（Roll & Ross）[1]以及坎德尔和斯坦博（Kandel & Stambaugh）[2]将罗尔的批评更推进了一步，认为在检验中否定平均收益率与 β 系数存在正向关系只能说明在检验中所用的替代物无效，而不能否定预期收益率与 β 系数之间的理论关系。他们还证明了，即使是高度分散的组合（如所有股票的等权重组合或市值加权组合）也可能不会产生有意义的平均收益率与 β 系数的关系。

二、β 系数的测度误差

罗尔的批评说明了 CAPM 的实证检验从一开始的假设部分就是有缺陷的，但假设我们可以获得真实的市场组合的数据从而绕过罗尔的问题，我们还得解决估计 β 系数时的测度误差这个统计问题。

统计学的知识告诉我们，当回归方程的右边变量存在测度误差时，则回归方程的斜率就会被低估而截距就会被高估，米勒（Miller）和斯科尔斯（Scholes）[3]所做的模拟检验也证实了这一点。这是很多实证检验（如林特纳[4]所做的检验）发现估计的证券市场线（SML）太平而截距（超额收益率）不等于 0 的主要原因。

为了解决 β 系数的测度误差问题，布莱克（Black）、詹森（Jensen）和斯科尔斯（Scholes）（BJS）[5]率先对检验方法进行了创新，在检验中用组合而不用单个证券。将单个证券组成组合可以消除掉各证券的大部分非系统性风险，从而提高证券组合 β 系数和预期收益率估计值的精确度，从而解决 β 系数测度误差的问题。

但是，一个问题解决了，新的问题又产生了。将股票组成组合会减少样本的数量。为了平衡这两个问题，我们在构建组合时应使各组合 β 系数的差异尽量大。在其他条件相同时，自变量的观察值差异越大，回归的估计值就越精确。例如，如果要把 1 000 只股票组成 20 个组合（每个组合包含 50 只股票），那就不能把 1 000 只股票随机分配给 20 个组合，而应根据 β 系数的大小对 1 000 只股票进行排队，然后把 β 系数最大的 50 只股票组成第 1 个组合，把 β 系数最小的 50 只股票组成第 20 个组合，其他依此类推，这样就可得出较为

①　ROLL R，ROSS S A. On the Cross-Sectional Relation between Expected Return and Betas[J]. Journal of Finance，1994，49(1)：101-121.

②　KANDEL S，STAMBAUGH R F. Portfolio Inefficiency and the Cross-Section of Expected Return，Journal of Finance，1995，50(1)：157-184；A Mean-Variance Framework for the tests of Asset Pricing Models[A]. Review of Financial Studies[M]. Oxford University Press，1989：125-156；On Correlations and Inferences about Mean-Variance Efficiency[J]. Journal of Financial Economics，1987，18(1)：61-90.

③　MILLER M，SCHOLES M. Rate of Return in Relation to Risk：A Reexamination of Some Recent Findings[A]. Jensen M C. Studies in the Theories of Capital Markets[M]. Praeger，New York.

④　LINTNER J. SECURITY Prices，Risk and Maximal Gains from Diversification[J]. Journal of Finance，1965，20：587-615.

⑤　BLACK F，JENSEN M C，SCHOLES M. The Capital Asset Pricing Model：Some Empirical Tests[A]. Jensen M C. Studies in the Theories of Capital Markets[M]. Praeger，New York，1972.

可信的检验结果。法玛和麦克白（MacBeth）[①]运用 BJS 的方法对 CAPM 进行了实证检验，结果发现，与股票平均收益存在显著关系的唯一变量是股票的市场风险，且存在正值的线性关系，与股票的非系统性风险无关，但估计的 SML 仍然太平，截距也为正。由此可见，CAPM 在方向上是正确的，但数量上不够精确。

三、围绕收益率异常现象的争论

20 世纪 80 年代以来，越来越多的实证研究发现，除了 β 值以外，其他一些因素，如上市公司规模、市盈率、财务杠杆比率等，对证券收益有很大影响。如市盈率较低的证券组合、小公司的股票、高股利收入的股票的收益率常高于根据资本资产定价模型计算的收益。这种现象被称为异常现象。

在这些实证研究中最为著名的是法玛和弗兰茨（French）[②]的研究。他们认为公司规模、β 系数都与股票的收益率正相关，而这两个解释变量之间又是高度负相关的，因此他们试图将两者的效应区分开来。他们以 1941—1990 年在纽约证交所上市的股票为样本，先将所有股票市值大小分为 10 个组合，在每个组合里面再按 β 系数的大小再各分 10 个组合，这样就把所有股票分成了 100 个组合。结果发现，平均收益率与 β 系数之间并不像 CAPM 所说的那样存在正相关关系，而规模、账面价值与市值比率则能较好地解释收益率的差异。

为了进一步了解资产收益率与规模、账面价值与市值比率之间的关系，法玛和弗兰茨[③]提出了由市场收益率、小股票收益率减大股票收益率（SMB）和高账面价值与市值比股票收益率减低账面价值与市值比股票收益率（HML）的三因素模型，并发现小股票和价值股的平均收益率都较高，而大股票和增长股的平均收益率都较低，即使经过 β 系数调整后也是如此。法玛和弗兰茨的这一发现就像重磅炸弹一样在理论界和实业界引起了极大的震动，很多人对 CAPM 的信心开始动摇，但 CAPM 的支持者则从以下 6 个方面做出回应。

（一）在检验过程中运用更好的计量经济学方法

例如，Amihud，Bent 和 Mendelson[④]运用普通最小二乘法（GLS）对法玛和弗兰茨所用的样本进行重新检验，结果发现即使剔除了规模、账面价值与市值比率的影响后，平均收益率与 β 系数之间仍然显著正相关。但他们也发现，若把样本期缩短到 1972—1990 年，那么两者之间就不存在显著的正相关。考虑到资产收益率波动率很大，因此在较短的样本期内找不到在统计上显著的结果也是不奇怪的。

（二）提高估计 β 系数的精确度

例如，Kothari、Shanken 和 Sloan[⑤]在估计 β 系数时用年收益率数据而不用月收益率数据，以避免由于市场摩擦、非同时交易（nonsynchronous trading）以及月收益率的季节性变化等引起的问题。结果发现，平均收益率与 β 系数之间存在显著的正相关。

① FAMA E. MACBETH J. Risk，Return and Equilibrium：Empirical Test［J］. Journal of Political Economy，1973，81：607-636.

② FAMA，E F，FRENCH K. The Cross Section of Expected Stock Returns［J］. Journal of Finance，1992，47：427-466.

③ FAMA E F，FRENCH K. Multifactor explanations of asset-pricing anomalies［J］. Journal of Finance，1996，51(1)：55-84；Common risk factors in the returnson stocks and bonds［J］. Journal of Financial Economics，1993，33(1)：3-56.

④ AMIHUD Y，CHRISTENSEN B J，MENDELSON H. Further Evidence on the Risk-Return Relationship［J］. Working Paper，Graduate School of Business，Stanford University，1992.

⑤ KOTHARIT S P，SHANKEN J，SLOAN R G. Another Look at the Cross-Section of Stock Returns［J］. Journal of Finance 1995，50(1)：185-224.

（三）重新考虑法玛和弗兰茨研究结果的理论根源和实践意义

研究学者对于 SMB 和 HML 组合所代表的真实的、宏观的、不可分散的风险都很感兴趣。法玛和弗兰茨 [1] 注意到，典型的价值股股价往往都是因为财务困境而跌到很低水平，而在破产边缘的公司渡过难关的概率大于破产的概率，从而使价值股的平均收益率较高。这个发现对价值溢酬提供了一种自然的解释：在信用危机和流动性危机中，处于财务困境的公司的股票表现将十分恶劣，而这时正是投资者最不愿意听到其投资出现亏损的时候。

Heaton 和 Lucas [2] 的结果也对价值效应提供了解释。他们注意到，典型的投资者是私人拥有的小企业的业主，这些投资者的收入自然对各种财务事件特别敏感，因此他们持有价值股时就需要较高的溢酬。

如果规模、账面价值与市值比率这种明显"无关"的变量实际上是我们还不完全了解的更基本的风险测度的替代物，那么 Fama 和 French 的研究结果与多因素 APT 并不矛盾。

（四）将之归咎于"数据挖掘倾向"

不少 CAPM 的支持者将各种"异常"现象归咎于"数据挖掘倾向"。他们认为，如果全世界的金融研究者都不断地检查各种数据库以寻找成功的交易策略，那他们肯定可以找到一些似乎可以预测预期收益率的变量。但实际上，这些现象都是样本内的假象，在样本外就不再起作用。

例如，最近几年，规模和账面价值与市值比溢酬已大大减少。1981 年，小公司效应被发现后，SMB 组合的收益率就大大下降。在法玛和弗兰茨（1993）的最初样本（1960—1990 年）中，HML 累积收益是市场收益的 2.6 倍。但如果我们考察整个时期（1947—1999年），HML 的累积收益跟市场累积收益几乎完全一样，因为 1990—1999 年，市场的累积收益是 HML 组合的 1.71 倍。

这个现象引起了 CAPM 支持者的极大兴趣。如果平均收益率在被公布之后就大幅下降，这很可能意味着这种异常现象的存在只是由于大多数投资者不知道而已。当他们知道了这种异常现象之后，他们就会利用这种异常现象，从而使小股票和价值股股价进一步攀升，从而使这种异常现象在短期内更为突出。但等大量的投资者将小股票和价值股纳入其投资组合之后，异常的高收益就会消失。

（五）回到单因素模型，考虑不可交易的资产以及 β 系数的周期行为

由于 CAPM 的市场组合包含了全世界所有资产，而且假定这些资产都是可交易的，而上述检验均只涉及美国的股票。大家知道，即使不考虑其他国家的资产，在美国，人力资本也是人们收入的重要组成部分。而人力资本价值的变动与股价指数变动之间的相关度是不大的，因此将人力资本纳入投资组合可以大大降低风险。Jaganathan 和 Wang [3] 对此做了尝试。他们用总的劳动收入变化率来代替人力资本价值的变动。除了用市值加权的股价指数估计标准的证券 $\beta(\beta^{vw})$ 外，他们还估计资产相对于劳动收益增长率的 β 值（β^{labor}），并考虑了经济周期对 β 值的影响。他们用低信用等级的公司债收益率与高信用等级公司债收益率之差来衡量经济周期的状态，并估计资产价值相对于经济周期变量的 β 值（β^{prem}）。

① FAMA, EUGENE F, and Kenneth R. French. Size and Book-to-Market Factors Inearnings and Returns[J]. Journal of Finance，1995，50(1)：131-155.

② HEATON J, LUCAS D. Portfoliochoice and Asset Prices：The Importance of Entrepreneurial Risk, Northwestern University，manuscript.

③ JAGANATHAN R, WANG Z. The Conditional CAPM and the Cross-Section of Expected Returns[J]. Journal of Finance，1996，51：3-54.

然后将这 3 个 β 系数连同规模（市值）一起，对各种股票组合的收益率进行横截面回归分析，结果发现 3 个 β 的解释力大大提高，而规模变量的重要性消失了。他们还将自己的条件 CAPM（取名条件是因为 β 系数取决于经济状态）与 Chen Roll 和 Ross（CRR）[1]的多因素 APT 以及法码和弗兰茨的三因素模型的估计相比较，结果发现，考虑了人力资本和 β 的周期性变化后，CRR 所考虑的宏观经济因素和 FF 的规模、账面价值与市值的重要性全部消失了。

（六）可变的波动率

CAPM 的另一些支持者认为，股价的变动主要是受新信息的影响，而新信息到达的密集度是不同的，因此股价波动的方差以及相互之间的协方差就可能随时间而改变。Pagan 和 Schwert[2]用 150 年（1835—1987 年）的数据估计了纽约证交所上市股票月收益率的方差，结果发现它随时间而大幅波动。这意味着，如果能改善对随时间而改变的方差、协方差的建模、估计和预测技术，则对预期收益率行为的理解将前进一大步。

当考虑收益率的分布会随时间改变时，就要研究条件均值、方差和协方差而不是无条件均值、方差和协方差。目前。最广为使用的估计条件方差和协方差的模型是 Engle[3]提出的 GARCH 模型。

四、股权溢价难题

在一篇引起大家兴趣的论文中，Mehra 和 Prescott[4]计算了 1889—1978 年股票组合超额收益率，发现历史平均超额收益率如此之高，以致任何合理水平的风险厌恶系数都无法与之相称，这就是股权溢价难题（equity premium puzzle）。这一发现引发了一场力图解释该难题的大讨论，其中有两种解释特别值得注意。

（一）预期收益率与实际收益率

在 2002 年发表的一篇论文中，法玛和弗兰茨[5]对股权溢价难题提供了一种较具说服力的解释。他们计算了 1872—1999 年美国的平均无风险利率、股票平均收益率以及风险溢价，结果发现，1872—1949 年，风险溢价只有 4.62%，而 1950—1999 年，风险溢价高达 8.41%。他们还对根据实际平均收益率计算风险溢价提出了质疑。他们用不变增长率的股利贴现模型（参见本书第十一章）来估计预期收益率，结果发现，1872—1949 年，用股利贴现模型估计的预期风险溢价与根据实际平均收益率计算出来的风险溢价相差无几，但在 1950—1999 年，前者则大大小于后者。这说明在 1950—1999 年过高的平均超额收益率实际上是超过了投资者在投资决策所期望得到的水平。因此，他们认为股权溢价难题至少部分是由于近 50 年来意外的资本利得过高所致。

法玛和弗兰茨认为，在估计预期资本利得时，用股利贴现模型比根据实际平均收益率要可靠，理由有三个。

---

① CHEN, N, Roll R, Ross S, 1986, "Economic Forces and the stock Market," *Journal of Business* 59, pp. 383-403.

② PAGAN A R, SCHWERT G W. Alternative Models for Conditional Stock Volatility[J]. Journal of Econometrics, 1990, 45: 267-90.

③ ENGLE F. Autoregressive Conditional Heteroskedasticity with Estimates of the Variance of U. K. Infaltion[J]. Econometrics, 1982, 50: 987-1008.

④ MEHRA, RAJNISH, PRESCOTT E. The Equity Premium Puzzle[J]. Journal of Monetary Economics, 1985 (15): 145-61.

⑤ FAMA E F, FRENCH K. The Equity Premium[J]. Journal of Finance, 2002: 637-659.

（1）1950—1999 年，实际平均收益率超过了公司投资的内部收益率。如果这种收益率代表了事前的预期的话，那么根据公司财务的基本原理，只能得出公司愿意从事净现值为负的投资这样一个不可思议的结论。

（2）用股利贴现模型进行估计的统计精确性要远高于根据历史平均收益率，后者的标准误差 2.45 是前者 1.03 的 2.4 倍左右。

（3）在计算单位风险报酬（夏普比率）时，用股利贴现模型远比根据实际收益率稳定。在 1872—1949 年和 1950—1999 年，前者估计的夏普比率分别为 0.23 和 0.21；而后者估计的夏普比率则分别为 0.24 和 0.51。而如果投资者的总体风险厌恶度不随时间变化的话，夏普比率应该较为稳定才对。

（二）幸存者偏差

股权溢价难题是从美国股市发现的。我们有理由相信根据美国股市估计的风险溢价存在幸存者偏差（survivorship bias）问题，因为半个世纪前谁也不知道美国会成为世界上无人匹敌的霸主，也不知道第三次世界大战没有爆发，更不知道科技进步如此之快。当时投资者担心的很多灾难都没有发生，而原来意想不到的奇迹却发生了，这就是幸存者偏差。

为了进一步研究这个问题，Jurion 和 Goetzmann[①] 收集了 39 个国家 1926—1996 年股票市场升值指数的数据，结果发现美国股市扣除通货膨胀后的真实收益率在所有国家中是最高的，年真实收益率高达 4.3%，而其他国家的中位数是 0.8%。

▌本章小结

最优证券组合将在有效集和具有最大可能效用的无差别曲线的切点上。

个别投资者对风险和收益的偏好状况与该投资者风险资产组合的最优构成是无关的。最优证券组合的确定仅仅取决于各种可能的风险组合的预期收益率和标准差。这就是著名的分离定理。

资本资产定价模型是基于风险资产的期望收益均衡基础上的预测模型。模型对于资产风险及其预期收益率之间的关系给出了精确的预测。这一关系提供了一种对潜在投资项目估计其收益率的方法，并使得我们能对不在市场交易的资产同样做出合理的估价。

资本市场线代表有效组合的预期收益率与标准差之间的均衡关系，其公式为

$$E(R_P) = R_f + \frac{E(R_M) - R_f}{\sigma_M} \times \sigma_P$$

证券市场线代表每种资产的预期收益率与协方差（或相对市场风险）之间的均衡关系。证券市场线有以下两种表达方式。

（1）用协方差表示为

$$\overline{R}_i = R_f + \left[\frac{\overline{R}_M - R_f}{\sigma_M^2} \right] \times \sigma_{iM}$$

（2）用 β 表示为

$$\overline{R}_f = R_f + (\overline{R}_M - R_f) \times \beta_{iM}$$

因素模型认为各种证券的收益率受某个或某些共同因素的影响。因为如此，各种证券的收益率是相关的。

当存在两种或两种以上的证券价格能使投资者构造一个能获得无风险利润的零投资组

---

① JORION P, GOETMANN W N. Global Stock Markets in the Twentieth Century[J]. Journal of Finance, 1999, 54：1015-44.

合时，无风险的套利机会就会出现。

套利定价理论假定证券收益率由因素模型生成，但并不具体确定因素。它的基本假设是：每个投资者都会去利用在不增加风险的情况下能够增加组合的收益率的机会，利用这种机会的具体做法是使用套利组合。

套利组合是在不增加风险的情况下，增加组合的预期收益率。满足下列三个条件即为套利组合：

（1）它是一个不需要投资者任何额外资金的组合；

（2）一个套利组合对任何因素都没有敏感性，严格地讲，一个套利组合的非因素风险也应该等于零；

（3）套利组合的预期收益率大于零。

套利定价理论认为，一种证券的预期收益率可以用因素模型来描述：

$$R_i = a_i + b_{i1}F_{i1} + b_{i2}F_{i2} + \cdots + b_{ij}F_{ij} + e_i$$

当所有套利机会消失时，预期收益率是由一个因素产生时，预期收益率与敏感性之间的关系将近似地满足以下线性关系：

$$R_i = \lambda_0 + \lambda_1 b_i$$

对资产定价理论的实证检验即使不是完全不可能的，也是非常困难和复杂的，会遇到难以找到真正的市场组合、用实际收益率替代预期收益率、数据挖掘倾向、幸存者偏差、样本误差、相关变量是否随时间变化等诸多难题，因此理论界还远未形成定论，但这并不影响 CAPM 和 APT 在实践中发挥重要的作用。

本章重要概念

最优投资组合　分离定理　资本市场线（CML）　证券市场线（SML）　β 系数　资本资产定价模型（CAPM）　因素模型　套利定价理论（APT）　套利组合　风险溢价

思考题和在线自测

本章复习思考题

扫描封底刮刮卡　获取答题权限

在线自测

第十三章　金融市场监管

学习目标

1. 掌握金融市场监管的目标、原则和内容。
2. 了解金融市场监管理论的演变以及我国金融监管机构间的协调机制。

学习要点

1. 金融市场监管产生的理论依据。
2. 金融产品的特性及金融市场监管的重要意义。
3. 金融市场监管的内容。
4. 金融市场监管国际协调与合作的必要性。

案例导入

蚂蚁集团暂缓上市，完善金融监管保护群众利益没有例外

2020年11月3日，顶着史上最强、本年度全球最大IPO之名的蚂蚁集团被暂缓上市，一时间围绕金融监管与创新的讨论格外热烈。与此同时，银保监会、国务院金融稳定发展委员会专题会议等多方都明确表态，要加强对大型互联网企业和金融活动的监管。

客观来说，相关部门的监管约谈和近期金融科技监管环境的变化，可能对蚂蚁集团业务结构和盈利模式产生重大影响，这属于上市前发生的重大事项。监管部门主动按下"暂停键"，避免企业在监管政策环境发生重大变化的情况下仓促上市，既于法有据，也彰显了保护投资者利益的坚定决心。事实上，如何对金融科技巨头进行有效监管，是近些年监管机构面临的一项新课题。此番蚂蚁集团在已有估值定价的情况下被紧急勒令暂缓上市，可从三方面理解其背后意涵。

首先，创新不能逾越监管，蚂蚁估值应回归金融本位。不同于传统的金融实体，近些年一大批科技公司凭借移动支付、大数据应用等创新技术开创了新型金融业务模式，但是核心业务并没有脱离金融的范畴。然而，新技术加持的业务模式超越了现有的监管框架，溢价率过高的估值定价也催生出不理性泡沫，以及透支企业未来的业绩想象空间。可以说，此番蚂蚁集团暂缓上市，正是对前期行业模糊地带监管缺位的一次"补位"。

其次，规范监管是防范化解重大风险的必要举措。大型科技公司进军金融服务领域，既推动了金融生态的更新发展，也带来了新的风险，包括垄断和不公平竞争风险、产品和业务边界模糊风险、信息技术可控性和稳定性风险、数据泄露与侵权风险等。而且相比传统金融，科技金融对消费者权益的保护存在更多不确定性。过度授信诱导超前消费，业务收费畸高"普而不惠"，信息保护缺失、过度收集滥用，等等，都不同程度威胁着投资者的

利益。依法把控新金融活动的"安全阀门"，保障金融系统良性运转、维护人民群众的利益，这正是防范和化解金融风险的题中应有之义。

最后，网络小贷新规重塑行业环境，亟须优化监管引领治理升级。日前公布的《网络小额贷款业务管理暂行办法》，直接对小贷公司存在的监管套利问题进行了具体规范。在法律层面堵上监管漏洞的同时，要求蚂蚁集团上市前进行合规整改，明确其金融企业的定位，重塑合理估值；通过暂缓上市、对战略投资者和中签用户退款，避免高估值买入而遭遇市场破发情况，是对投资者的切实保护。长远来看，优化对网络小贷业务的监管，推动大型科技公司发展融入金融监管体系，这同样是互联网金融治理升级的必要步骤。

金融科技可以赋能普惠金融、提升服务实体经济效率，但其可能产生的债务风险、市场垄断等问题也有待解决，因此需要建设统一有力的金融监管框架。此次蚂蚁集团暂缓上市与网贷新规出台再次说明：注册制下，资本市场每个环节都有完善的市场规则、严肃的监管手段。市场各参与主体必须尊重规则、敬畏规则，谁也不能例外。

资料来源：刘典. 蚂蚁集团暂缓上市，完善金融监管保护群众利益没有例外［N］. 北京日报客户端新闻，https：//author.baidu.com/home? from＝bjh_article&app_id＝1601149438053974，2020，11(05).

第一节　金融市场监管概述

在市场有效的理想情况下，市场参与者理性，个体自利行为使得"看不见的手"自动实现市场均衡，均衡的市场价格完全和正确地反映了所有信息。此时，金融监管应采取自由放任(laissez-faire)理念，关键目标是排除造成市场非有效的因素，让市场机制发挥作用，少监管或不监管，以免抑制有益的金融创新。但目前阶段，互联网金融存在大量非有效因素，使得自由放任监管理念不适用。

金融是现代市场经济的核心，金融市场是市场经济体系的重要组成部分。一个高效率的金融市场，应该是运行有序、合理竞争、信息透明度高、市场机制较灵活、操作成本较低、真正贯彻"公正、公开、公平"原则的市场。但是由于市场经济体系中固有的市场缺陷和"市场失灵"，加上金融体系内在的不稳定性，容易引起金融产品和金融服务价格信息扭曲，引致社会资金配置效率下降。为了维持金融市场正常的营运秩序，客观上需要政府对金融市场进行监管。

一、金融市场监管的含义

金融监管是指一国政府或政府的代理机构对金融机构实施的，对各种监督和管理机构内部组织结构、风险管理和控制等方面的合规性、达标性的要求，以及一系列相关的立法和执法体系与过程。金融市场监管是指国家或政府金融管理当局和有关自律性组织机构，对金融市场的各类参与者及它们的融资、交易活动所做的各种规定以及对市场运行的组织、协调和监督措施及方法。金融市场监管包括金融市场管理和金融市场监督两方面内容。金融市场管理一般指国家根据有关金融市场的政策法规规范金融市场交易行为，以达到引导金融市场健康有序运行、稳定发展的目的。金融市场监督则是指为了实现上述目的，对金融市场进行全面监测、分析，发现问题并及时纠正，使市场运行符合规范。

二、金融市场监管的目标

在一般经济学意义上，金融市场的效率是指资源配置的效率，公平是指社会成员收入分配和社会财富占有的平等化，在这个意义上存在公平与效率的两难选择。所以有人认为，金融市场的公平是指市场公平，即市场机会、交易和竞争的公平。因此，金融市场的效率和公平是统一的。金融市场监管的目标是实现公平与效率统一，公平主要体现在规则的制定和实施上，效率主要体现在金融产品的价格能敏锐反映信息变化，成为资源配置的信号。从宏观经济角度看，金融市场监管是为了保证金融市场机制的实现，进而保证整个国民经济秩序的正常运转，以高效、发达的金融市场推动经济的稳定发展。

金融监管的目标有两个层次：一是克服金融市场失灵，保护市场参与者的合法利益，维护金融市场的公平、效率、透明和稳定，促进金融市场功能的发挥，这是金融监管的现实目标；二是保证金融市场的稳定、公平、高效，进而促进整个国民经济的稳定和发展，这是金融监管的最终目标。如果说效率和公平是当代政府经济职能的两大方面，那么金融市场中的效率和公平同样是政府监管目标的焦点。

从金融市场本身看，金融市场监管的目标可以概括为以下四个方面：

（1）促进全社会金融资源的配置与政府的政策目标相一致，从而得以提高整个社会金融资源的配置效率；

（2）消除因金融市场和金融产品本身的原因而给某些市场参与者带来的金融信息的收集和处理能力上的不对称性，以避免因这种信息的不对称性而造成的交易的不公平性；

（3）克服或者消除超出个别金融机构承受能力的、涉及整个经济或者金融的系统性风险；

（4）促进整个金融业的公平竞争。

阅读专栏

金融监管目标是金融监管理论和实践的核心。20 世纪 30 年代以前，金融监管的目标主要是提供一个稳定和有弹性的货币供给，并防止银行挤兑带来的消极影响。例如，1913 年美国《联邦储备法》中明确规定："为了建立联邦储备银行，为了提供一种具有弹性的货币，为了能为商业银行票据提供一种再贴现手段，为了在美国建立对银行更有效的监督，以及为了其他目的，特制定本法"。20 世纪 30 年代大危机的经验教训使各国的金融监管目标开始转为致力于维持一个安全稳定的金融体系，以求防止金融体系的崩溃对宏观经济的严重冲击。70 年代末，过度严格的金融监管造成的金融机构效率下降和发展困难，使金融监管的目标开始重新注重效率问题，近年来则发展到有效控制风险、注重安全与效率的平衡方面。可见，20 世纪金融监管目标的变迁是对原有目标的完善和补充，而非取代，这使得当今各国的金融监管目标均包含多重内容，即维护货币和金融体系的稳定，促进金融机构谨慎经营，保护存款人、消费者和投资者的利益，以及建立高效率富于竞争性的金融体制。

三、金融市场监管的主要原则

（一）全面性原则

全面性原则就是指所有金融市场均需要受到监管。金融市场是含多个"子市场"的市场系统，无论是货币市场、资本市场、外汇市场还是新兴的金融衍生市场，各种市场之间有着千丝万缕的联系。在金融市场一体化、金融创新不断涌现的今天，各金融子市场之间、各国金融市场之间的界限已变得越来越模糊。在金融市场一体化、国际化的背景下，单单对某一金融子市场或某一国（地区）金融市场实行监管已变得毫无意义，任一子市场或某一国（地区）金融市场上的风波都有可能传染到其他子市场或其他国家和地区的金融市场上，从而引发全面的金融危机。1997 年 7 月以来，以泰铢贬值为导火索的亚洲金融危机便是例证。因此，金融市场监管必须贯彻全面性原则。

（二）效率性原则

所谓效率性原则包含三方面的含义。

▶ 1. 对金融市场的监管必须是有效的

金融市场活动日益一体化、复杂化，金融市场风险日益集中的情况下，仅仅依赖于机构自律是远远不够的。为了保证监管的有效性，必须制定相关法规，建立金融市场的权威监管机构，改进监管方法，使官方的强制性监管与机构的自我约束有机结合起来。

▶ 2. 对金融市场的监管必须保持金融市场的竞争性，提高金融市场的效率

金融市场的核心功能在于通过金融工具交易活动引导资源的合理配置，而这一功能的发挥依赖于金融市场的效率。监管当局制定的监管规则在保证金融市场正常运作的同时，还应使之更有效率、更富创新精神。

▶ 3. 对金融市场的监管必须尽可能降低监管成本

对金融市场的监管是一种以政府为供给者、被监管的机构和消费者为需求者的公共产品。这种公共产品的价格，也就是监管成本最终由被监管机构和消费者承担。降低监管成本旨在降低公共产品的生产和消费成本，提高监管效率。

（三）公开、公平、公正原则

公开、公平、公正原则，是市场经济的基本原则，也是金融市场运行的基本原则，同时也是金融市场监管当局的重要原则。

▶ 1. 公开原则

公开原则，又称为信息公开原则，其核心是要求市场信息公开化，市场具有充分的透明性，为此，要求信息披露应及时、完整、真实、准确。根据公开原则，筹资者必须公开与证券及其价格有关的各种信息，包括首次发行时的"信息的初期披露"和证券发行后的"信息的持续披露"，供投资者参考。根据公开原则，监管者也应当公开有关监管程序、监管身份，以及对金融市场的违规处罚，并努力营建一个投资信息系统，为投资者创造一个信息畅通的投资环境。应当说，公开是市场经济的基本原则，在其他市场监管中也有公开性要求，但很少有市场监管能像金融市场监管那样从公开的内容到公开的形式广为人们所关注。在金融市场监管中，不仅要求直接、间接融资市场融资信息公开，而且要求融资制度、融资政策、融资程序、市场管理公开；不仅要求市场主体行为公开，而且要求执法与司法活动公开。并且，公开的对象具有广泛性，既包括现实的投资者，也包括潜在的投资者；既包括股东、债权人，也包括筹资者、中介机构；既包括组织者、监管者，也包括社会其他机构。

▶ 2. 公平原则

公平原则，即要求参与市场的各方都具有平等的法律地位，金融市场的参与者具有均等的交易机会，具有接触获取信息的平等机会，遵循相同的交易规则，各自合法权益都能得到公平的保障。公平作为商品经济的特征在金融市场监管中具有两个重要特色：一是金融市场监管对公开性的要求更高。因为金融市场监管是在金融市场参与者密切关注下进行的，且金融市场监管的严与松，所有参与者的地位、权益、责任是否平等，与参与各方的切身利益紧密相关，在这种背景下，如果监管中不能杜绝徇私舞弊行为，不能维护市场参与者的合法权益，就会导致金融市场价格的急剧波动，最终使金融市场监管所要实现的目标全部落空。二是金融市场监管公平性实现的难度较大。这主要是由金融市场交易的对象具有特殊性、金融市场的交易活动具有中介性所决定的。由于金融市

场交易所涉及的环节较多，且受中介的影响颇大，在现实生活中，金融市场监管的更高公平性要求往往与极不公平性现实之间形成鲜明对照。因此，监管机构有责任去努力营造公平的市场气氛。

▶ 3. 公正原则

公正原则，即要求监管部门在公开、公平原则的基础上，对一切被监管对象给予公正待遇。根据公正原则，金融立法机构应当制定体现公平精神的法律、法规和政策；金融市场监管部门应当根据法律授予的权限履行监管职责，要在法律的基础上，对一切金融市场参与者给予公正的待遇；对金融市场违法行为的处罚，对纠纷或争议事件的处理，都应当公正地进行。不少国家的实践证明，在金融市场监管中树立公正观不仅比其他市场更为重要，而且难度更大。这是因为金融市场是一个收益性较高的市场，在融资活动中，参与各方从各自立场和利益出发，出现越权、越位经营的概率要比其他市场高得多，有时在超高利润的吸引之下，甚至不惜以身试法；还因为金融市场是一个风险较大的市场，如果监管当局对频繁出现的违法、违规行为视而不见，轻者会挫伤参与者的积极性，重者则会引发金融危机、经济危机乃至引致社会动荡。所以，金融市场监管不仅要有科学的法律框架来寻求监管者与参与者之间的平衡与秩序，而且要求执法者要在法律的框架内公正执法。公开、公平、公正三原则简称"三公原则"。公开是实现公平、公正的前提，公平是实现公开、公正的基础，公正是实现公开、公平的保障。

与传统金融一样，在互联网金融中，风险指的仍是未来遭受损失的可能性，市场风险、信用风险、流动性风险、操作风险、声誉风险和法律合规风险等概念和分析框架也都适用，从而相应的监管逻辑也都适用。

四、金融市场监管的内容

金融市场监管的目标和原则决定了金融市场监管的内容。因国家经济金融体制不同，金融市场监管的具体内容各有差异。但总体来说，主要是指对金融市场构成要素的监管。

（一）对金融市场主体的监管

对金融市场主体的监管即对金融市场交易者的监管。对证券发行人，在当前各国的金融市场上普遍实行强制信息公开制度，要求证券发行人增加内部管理和财务状况的透明度，全面、真实、及时地披露可能影响投资者判断的有关资料，不得有任何隐瞒或重大遗漏，以便投资者对其投资风险和收益做出判断，同时也便于强化证券监管机构和社会公众对发行人的监督管理，有效地制止欺诈等违法、违规及不正当竞争行为。对于投资者的监管包括对投资者资格审查及对其交易行为的监管，如对组织或个人以获取利益或者减少损失为目的，利用其资金、信息等优势，或者滥用职权，制造金融市场假象，诱导或者致使投资者在不了解事实真相的情况下做出投资决定，扰乱金融市场秩序等操纵市场行为的监管；对知情者以获取利益或减少经济损失为目的，利用地位、职务等便利，获取发行人未公开的、可以影响金融产品价格的重要信息，进行有价证券交易，或泄露该信息等内幕交易行为的监管等。

（二）对金融市场客体的监管

对金融市场客体的监管是指对货币头寸、票据、股票、债券、外汇和黄金等交易工具的发行与流通进行监管。如实施证券发行的审核制度，证券交易所和证券主管部门有关证券上市的规则，证券上市暂停和中止的规定；对金融工具价格波动进行监测，并采取有关制度如涨跌停板等避免金融市场过于频繁的大幅波动等。由于不同国家和地区金融工具的种类和品种不同，监管内容也相应不同。

（三）对金融市场媒体的监管

对金融市场媒体的监管是指对金融机构以及从事金融市场业务的律师事务所、会计事务所以及资产评估机构、投资咨询机构、证券信用评级机构等的监管，主要是划分不同媒体之间的交易方式和交易范围，规范经营行为，使之在特定的领域内充分发挥作用。金融市场媒体一方面具有满足市场多种需求，分散和减弱风险的功能；另一方面由于其所具有的信息优势和在交易中的特殊地位，有可能在金融市场上实行垄断经营或为追逐私利扰乱金融秩序，因此有必要对其进行监管。在监管实践中，主要采取的措施包括对金融机构设立的监管、对经营行为的监管和对从业人员的监管。

第二节　金融市场监管的理论基础

金融监管只有建立在有效的理论基础上才能适应社会及经济金融环境的变化，才能真正发挥金融监管在维护经济金融稳定和促进经济金融发展方面的作用。

一、金融市场监管的起源

（一）金融商品的特殊性

与一般商品不同，金融产品，特别是证券产品，是一种非常特殊的商品。金融产品是指资金融通过程的各种载体，包括货币、黄金、外汇、有价证券等。就是说，这些金融产品就是金融市场的买卖对象，供求双方通过市场竞争原则形成金融产品价格，如利率或收益率，最终完成交易，达到融通资金的目的。金融产品或者证券产品的特殊性主要表现在以下方面。

（1）这类产品具有价值上的预期性，即产品的价值与其未来的状况有关。

（2）这类产品具有价值上的不确定性，即产品的价值可能会与人们的预期价值不一致，会随着某些因素的变化而变化。

（3）从某种意义上讲，金融产品或者证券产品具有公共产品的某些特性，其成本的决定和效用的实现都具有一定的社会性。

（4）金融产品或者证券产品基本上是一种信息产品，消费者完全按照产品所散发出的各种信息来判断其价值，产品的物理形态与产品价值之间没有直接的联系，有些证券产品可能只是以概念的方式存在，不存在物理形态。

金融产品或者证券产品的特殊性主要是由其特殊的价值决定方式所决定的。金融产品或者证券产品的价值决定与普通的商品有所不同，普通的商品都是劳动的结果，它的价值来自生产该商品所投入的劳动，包括物化劳动的转移和活劳动的固化。因此，其价值的大小取决于"生产该商品所花费的社会必要劳动时间"。金融产品或者证券是根据法律规定发行的代表对财产所有权和收益权的一种法律凭证，有价证券是资本（资金）所有权的凭证，因此，金融产品是一种资本证券即资本的证券化。但有价证券本身并没有价值，不是真正的资本，而是虚拟资本。投资者用货币购买证券，货币的使用权就转为证券的发售者所掌握，投资者持有证券只是现实资本收益的所有权，所以其交换价值不仅取决于它所代表的这部分现实资本的大小，而且还与这部分现实资本的收益能力有关，它是现实资本和收益能力两者的综合结果。

（二）金融市场的特殊性

与其他市场相比，金融市场的特殊性主要表现在以下方面：

（1）市场参与者之间的关系是借贷关系和委托代理关系，是以信用为基础的资金的使用权和所有权的暂时分离或有条件的让渡；

（2）金融市场的交易对象不是普通商品，而是特殊的商品——货币资金及其衍生物；

（3）金融市场的交易方式具有特殊性；

（4）金融市场的价格的决定较为复杂，影响因素很多并且波动巨大；

（5）市场交易的场所在大部分情况下是无形的。

二、金融市场监管的经济学理论基础

对金融市场的监管是各国政府调节和管理国民经济的重要内容之一，之所以要进行监管，其主要原因是由于存在金融市场失灵的现象。在金融领域内存在的垄断、外部性、产品的公共性、信息的不完整性、过度竞争所带来的不稳定性以及分配的不公平都会导致金融产品和金融服务价格信息的扭曲，这种情况被称为金融市场失灵。金融市场失灵会导致社会资金配置效率下降，所以必须通过一定的手段避免、消除或部分消除由金融市场机制本身所引起的金融产品和服务价格信息扭曲，以实现社会资金的有效配置。

（一）公共效益论

公共效益理论主要是在 20 世纪 30 年代世界经济金融危机出现后提出来的强调政府加强管制的一种理论。该理论认为，监管是政府对公众要求纠正某些社会个体和社会组织的不公正、不公平和无效率或低效率做法的一种回应。上述观点有以下两个假设：一是市场本身是脆弱的和有缺陷的，如果让市场单独发挥作用，那么它的运行会缺乏效率；二是政府的干预可以提高市场的运行效率。什么因素导致市场本身的缺陷呢？公共效益论认为是市场中存在垄断、外部性和信息不对称等因素。

▶ 1. 自然垄断

根据经济学观点，判断某一行业是否具有自然垄断倾向，主要依据在于其生产函数是否具有规模经济的特征，即其生产的平均成本是否会随着产出的提高而降低。如果某一行业存在生产的平均成本随着产出的提高而降低的现象，那么，在行业中，生产规模大的企业越具有竞争优势，因此该行业具有自然垄断的倾向。

由于金融行业的特殊性，规模经济同样存在于金融业。规模经济的存在将构成对自然竞争的约束限制，导致金融业的垄断，金融部门的垄断可能造成价格歧视、寻租等有损资源配置效率和消费者利益的不良现象，会对社会产生负面影响，降低金融业的服务质量和有效产出，造成社会福利的损失。

▶ 2. 外部效应

外部效应是指提供一种产品或劳务时的社会费用（或利益）和私人费用（或所得）之间存在的偏差。外部效应包括外部经济和外部不经济。外部经济是由公共产品的特征引起的社会利益大于私人所得。公共产品是指不具有经济利益可分性、所有权确定性和效用排他性的产品和劳务。纯公共产品具有非竞争性（即每个人消费这种产品或劳务不会导致别人对其消费的减少）和非排他性（不能把非购买者排除在消费公共产品之外）。非排他性导致免费搭乘的问题，意味着私人没有或极少有动因去生产公共产品。尽管可以找到解决免费搭乘问题的手段，如征收某种费用或者要求对公共产品的消费必须得到某种许可，公共产品的共同消费属性仍然表示私人生产公共产品的次理想消费。因此，非排他性会导致这些产品生产不足，其他的解决方法则由于非竞争性而处于次理想状态，需要通过管制来解决。外部不经济是指私人所得超过社会利益，典型的例子是环境污染。从理论上讲，如果产权明晰，私人可以一起来协调解决外部不经济问题。但是由于免费搭乘和各方协商成本过高，因此仍需政府监管来解决外部性导致的产品成本失真或产品效用失真。

阅读专栏

外部性的治理例子

针对生产某种产品所造成的环境污染，可以通过以下两种方法：一是征收能把费用加给其他人承担某种义务的税收，即制造公害应纳税；二是把负担加于制造公害的方面，转嫁社会代价于私人成本，如排污单位被责令采取措施治理污染。

金融业作为高风险行业，具有内在的不稳定性，存在风险与收益的外部性、监督和选择信贷的外部性以及金融混乱的外部性。尤其是金融业作为一种特殊行业，其破产的社会成本明显地高于金融机构自身的成本，并且个别金融机构的破产会因"多米诺"骨牌效应而有可能导致整个金融系统的崩溃乃至引发金融危机。

▶ **3. 信息不对称**

信息不对称是指信息在交易双方之间分布不均衡的现象。由于信息不对称，往往会导致以下后果。

（1）第一种情况是信息在产品生产者和消费者之间、在合同双方或多方分配的不对称性。产品的生产者或提供者对产品的价格、质量等方面信息的掌握程度要多于购买者，买卖双方之间的信息不对称，会导致产品价值和价格不符。这样，在同一价格条件下，价值较高的产品的销售者退出市场以逃避损失，而一些价值较低产品的销售者会利用这种机会占据市场，结果出现"劣质产品驱逐优质产品"的市场逆向选择。对于逆向选择问题，可以通过信息的私人生产和销售来解决，但是由于信息的公共产品性，容易产生搭便车问题，所以由政府监管来解决尽管不能完全消除逆向选择，但可以使其弱化。

（2）第二种情况是交易一方试图以另一方信息减少为代价取胜从而遏制对方信息来源的道德风险。由于交易者将本来可以投在生产性使用上的资源投在遏制对方信息来源的非生产性使用上，从而造成了社会资源的浪费。基于同样理由，也需要政府监管。

在金融交易中存在大量的信息不对称现象，如存款人和银行之间、贷款银行与借款人之间、证券投资者与证券发行及销售机构之间、保险人与被保险人之间都会出现信息不对称的问题。这些现象一方面会造成金融交易的风险较大；另一方面还将造成金融市场的低效率。如果某种监管措施给获利一方带来的好处足以弥补由此而遭受伤害的一方所造成的损失而且还有剩余，从而使得每一个人都因此而情况好转，那么，该监管措施就被认为是一种好的监管措施。

（二）俘虏论

20 世纪 30 年代以前的金融监管理论还很少遇到挑战，但是，到了 70 年代中后期，这种情况发生了变化。尽管公共利益的观点仍然是监管理论的主流，因为它所赖以生存的基础——福利经济学为人们提供了一个研究监管者应该如何进行监管的有效工具，但是，监管者是否真正做了它应该做的却越来越引起人们的怀疑。因此，经济学家们开始把注意力从研究市场失灵转向决策的具体过程，尤其是公共政策的制定过程，在此基础上产生了一种新的监管理论——俘虏论。该理论认为，随着时间的推移，监管机构会越来越为监管对象（也就是被监管者）所支配，监管者会越来越迁就被监管者的利益而不是保护所谓的公共利益，有人甚至认为有些监管机构的产生本身就是某些利益集团活动的结果，认为这些利益集团为了逃避市场竞争和保护自己的利益，要求政府提供监管。监管在限制垄断权力方面已经变得越来越没有效率，监管机构往往被某些行业巨头所俘虏，成为它们的管家，它们的监管行为将严重地损害正常合理的资源配置，导致行业和部门之间投资以及其他要素的不合理搭配。

（三）监管经济学

监管经济学把监管看成一种商品，这种商品的分配受供求关系的支配。根据监管经济学的观点，之所以会存在对监管的需求，是因为国家可以通过监管使得利益集团的经济地位获得改善。企业可以从政府监管那里获得至少三个方面的利益：直接的货币补贴、控制竞争者的进入、获得影响替代品和互补品的能力以及定价能力。监管的供应则来自那些千方百计谋求当选的政治家，他们需要选票的资源。由于愿意接受监管的利益集团十分明白通过监管能够从政治家那里获得的好处，因此，它们就愿意承担相应的成本，同时也会千方百计地寻找能够给它们提供政策庇护的合适的庇护者。监管就是在这种供求关系的相互作用下产生的。由于政治决策具有间断性、整体性、强制性和一次性的特点，因此，政治决策过程与一般的市场决策过程之间存在一些本质上的差别，这就是为什么许多企业和行业都能够同时利用政治手段来实现各自不同目的的原因。从这一点上讲，监管已经超出纯经济现象的范畴。可以这么认为，监管问题是一个寻找某个企业、行业或者团体在什么时候和为什么能够将这些具有共同政治目的的企业集中起来加以利用的问题。既然监管是一种产品，那么就存在一个生产成本的问题；同时，由于监管这种产品与一般的产品在供求上有着本质的区别，因此，它还有自己的特点。监管经济学认为，监管的成本除了维持监管机构存在和执行监管任务的行政费用之外，还会带来四方面看不见的成本，其中最为主要的是第一种成本——道德风险。

▶ 1. 道德风险

道德风险是指由于制度方面或者其他方面的变化而引发的私人部门行为的变化，进而产生有害的而且往往是消极的作用。道德风险的典型例子是火灾保险：当某个人为自己的房子购买了火灾保险后，反而会放松对烟火的警惕，从而更加容易冒险而引发火灾。虽然在大多数情况下发生火灾的绝对次数仍然不是很多，但是会大大高于未购买保险时的情况。因此，对监管持怀疑态度的人认为，监管会导致私人部门有意地或无意地去冒更大的风险，换言之，监管会造成人们放松正常的谨慎标准。这在实际上反而可能会增加本来旨在避免的风险，造成适得其反的结果。银行和其他金融机构的监管就是一个例子。在完全自由的市场中，个人和企业必须去评价银行和金融机构的安全性，但在一个受监管的市场中，个人和企业认为政府监管会确保这些金融机构的安全性，或者至少保证在发生违约时会得到偿付，因此在存款时就不会有顾虑。从某种意义上说，这是监管所起的积极作用，因为监管的作用就在于为私人部门减少交易成本。进一步的分析还证明无论是对整个银行体系还是对其客户来说，对银行或者整个金融业的信心都是一种公共产品，提供这种信心理所当然应该是政府部门的职责。因此可以这么说，从弥补市场失灵的角度看，政府公共部门通过监管所提供的对银行体系和整个金融业稳定性的信心是有其积极意义的。然而，从另外一个角度看，当存款人普遍地以毫不顾虑的方式去存款时，就会使那些不良的金融机构很容易获得存款。尽管这么做并没有什么不好，因为至少它减少了进入银行业的障碍，但是，如果监管本意上是为了保证金融业的稳定性，以减少存款人的风险，但实际上却又有利于不良金融机构获得存款，那么，这显然是违背其初衷的。极端的情况可能是：也许正是由于政府通过监管提供了某种金融业务许可证，才使得不良的金融机构获得资金。道德风险会进一步加大逆向选择这种负面效应。由于政府监管的存在，使得被监管的企业或行业会放松自身的内部管理，以求通过降低管理成本来吸引客户。结果，由于内部管理方面投入的减少，这些企业或行业就有可能比那些在内部管理上投入较多的企业或行业更加具有价格竞争的优势，就能吸引更多的顾客，而那些在内部管理上投入较多的企业或行业由于成本较高就有可能失去价格竞争优势。最终，内部管理较好的企业或行业将会因优质不能优价而退出市场以逃避损失，而一些内部管理较差的企业或行业则会利用这种机会占据市场，结果出现劣质企业驱逐优质企业的市场逆向选择。如果再加上消费者在产品信息、企业信息和行业信息上的不对称性，逆向选择的负面效应将越来越大。除了道德风险之外，监管还可能产生其他不利后果。金融机构可能因为监管扩大风险业务，从而增加其信贷资产的风险程度。由于某些监管措施可能会导致被监管者的成本增加或者利润下降，金融机构为了消除或者至少部分地消除这一影响，于是就扩大风险业务的比例，从而提高其信贷资产中收益率较高但也是风险较大的部分资产的比例，结果增加了整个信贷资产的风险程度。

▶ 2. 合规成本

合规成本是被监管者为了遵守或者符合有关监管规定而额外承担的成本。就金融监管而言，这种合规成本的数额可能非常之大。例如，有人估计，为了满足 1986 年《金融服务法》的要求，英国金融机构至少多支出了 1 亿英镑。

▶ 3. 社会经济福利的损失

监管的第三种成本是社会经济福利的损失，这是由于在存在监管的情况下，各经济主体的产量可能会低于不存在监管时的产量。

▶ 4. 动态成本

无论是道德风险、合规成本还是社会经济福利损失，都只属于监管的静态成本。监管所带来的第四种成本是监管的动态成本。监管经济学认为，监管有时起着保护低效率的生产结构的作用，因此会成为管理和技术革新的障碍，造成动态经济效率的下降。

三、金融市场监管理论的几点结论

在上面三种关于监管的经济理论中，公共效益论是最早出现也是发展得最为完善的理论，它从市场失灵的原因和后果出发论述了监管存在的理由、可能的监管范围和监管的总体目标，认为市场失灵自然而然地就会产生监管的需求，通过监管可以消除市场失灵所带来的价格扭曲，从而弥补市场机制在资源配置过程中的效率损失。可以说，公共效益论是目前关于监管的一个最为成熟和规范的理论。但是，它不能说明这种监管的需求是如何转化为监管实际的，也不能说明为什么监管者会背离初衷而与被监管者形成相互依赖的关系，更重要的是，根据公共效益论，监管应该集中在垄断程度较高或者容易引起垄断、所产生的外部性较大以及信息高度不对称的行业，但实际的研究却表明，许多行业被监管，并不是由于其垄断程度较高或者比较容易引起垄断，也不是由于它们所产生的外部性很大。

俘虏论是继公共效益论之后形成的又一个关于监管的理论，它从监管机构本身的行为出发，比较完整地论述了其产生和发展的整个过程。它的积极意义在于将人们的注意力从以往的仅仅从经济学理论出发对监管进行研究，转向对监管者实际行为和动机的考察，说明了究竟是什么原因导致了对监管的需求。但是，它不能说明监管的供给是怎么产生的以及是什么原因导致监管机构行为的变异，也不能说明为什么监管者会背离初衷而与被监管者形成相互依赖的关系，更不能说明为什么只有被监管者才是唯一能够给监管机构施加影响的利益集团。另外，与公共效益论相比，俘虏论的论证也欠规范和完整。

监管经济学是在公共效益论和俘虏论的基础上发展起来的一种新的监管理论，它保留了公共效益论关于市场失灵的假设，同时也利用了俘虏论关于监管需求原因的观点。它将经济学中的供求理论引入监管，论述了监管的供给是如何产生的，监管的供给与需求之间又是如何相互作用的。它解释了哪些人可以通过监管获得好处、哪些人将承担监管的成本、监管将以何种形式实施，以及监管对资源配置的影响。既然市场机制会产生失灵，而监管不过是市场中由政府提供的一种产品，它也是通过市场机制来发挥作用的，不可避免地监管也会产生失灵，其中主要的失灵就是监管所带来的高额成本和对竞争条件的破坏，这种失灵被称为政府失灵。由于政府失灵的存在，就不可能通过政府监管去解决所有由市场失灵带来的问题，因此，监管并不是一种简单、便宜和包治百病的万灵药。

四、金融市场监管的失灵

需要注意的是，政府监管虽然可以在一定程度上纠正市场缺陷，但也存在"失灵"现象，这一点我们在讨论监管成本问题时已经提及。对于这一现象，目前这样几个解释比较流行。

▶ **1. 监管人员的经济人特性**

从理论上讲，金融监管机关作为一个整体，是社会公众利益的代表者，并以维护公众利益为目标。监管机关工作效率的好坏，影响着公众的利益，也反过来影响着监管机构的权力大小甚至存亡。因此，在一定程度上他们的利益是一致的。在这个层面上，监管是不会"失灵"的。但具体到金融监管机关的单个监管工作人员来说，由于也是经济人，他的个人利益和集体利益存在着一定程度的不一致，其在个人利益最大化动机的驱使下，很容易被某些特殊利益集团俘获，并成为他们的代言人，从而损坏社会公众的利益。

▶ **2. 监管抑制**

麦金农（McKinnon，1973）、肖（Shaw，1973）和戈德史密斯（Goldsmith，1969）认为，政府严格、广泛的金融监管束缚了金融机构的活力，使金融机构和金融体系的效率下降，压制了金融业的发展，从而最终背离了金融监管的效果与目的；此外，金融监管作为一种政府行为，其实际效果也受到政府在解决金融领域市场不完全性问题上的能力限制，即政府在金融监管过程中同样会遇到市场机制中存在的信息不完备和信息不对称现象，而且可能更加严重（即政府也会失灵）。解决问题的办法就是放松对金融机构的过度严格管制，特别是解除对金融机构在利率水平、业务范围和经营地域选择等方面的种种限制，恢复金融业的竞争，以提高金融机构的活力和效率。监管机构从维护金融体系稳定，维护公众利益的角度出发，主观上做出了弥补市场缺陷的最大努力，但由于监管者对客观规律的认识的局限性、监管者获得的信息不完备、监管时滞等一系列客观限制，从而使这一理想化的指标很难达到。

▶ **3. 缺乏竞争机制**

金融监管机关作为监管制度的制定和实施者，不像其他类型的金融机构面临同业的激烈竞争，从而提高其经营效率。金融监管机关依据特别法律而成立，更多体现出来的是一种行政特色，而行政机构不可能重复建设，各自都有自己的专业职能。在自己的职能领域，它们几乎受不到来自市场的竞争和约束，从而也就没有改进监管效率的压力和动机。这会导致监管的低效率。

▶ **4. 成本—收益说**

20世纪90年代中期以来，一些学者运用交易费用理论来解释监管失灵问题，提出金融监管的成本—收益说，其主要思想是，不仅市场运作存在交易费用，而且组织监管的成本也同样不可低估。金融监管部门事先确定资本充足的具体权重并制定具体的模型是错误的，这种做法只能使监管规则越来越复杂，从而造成高昂的监管成本。换言之，政府并不比金融机构与市场自身更高明。监管规则和模型过分复杂往往很难适应现实情况的变化，监管当局应该转向合理界定自身角色，制定简洁、可预期的监管规则。

第三节　金融市场监管的国际协调与比较

金融监管的国际协调随着金融全球化的不断深入，各国金融市场之间的联系和依赖性也不断加强，金融风险在国家之间相互转移、扩散的趋势不断增强，加强金融监管的国际协调变得日益迫切，全球性统一监管成为大势所趋。

一、金融市场国际协调的形式

目前金融监管国际协调的形式主要包括以下几种：

（1）双边的谅解备忘录，指两国就金融监管某一领域的问题进行探讨，并取得共识，通过签订协议来明确双方在这一领域的权利和义务，如2003年签订的《中美监管信息交换协议》；

（2）多边论坛，一般是就某一问题进行会谈，并签署会谈声明或文件，但这些文件一般不具有法律效力；

（3）以统一的监管标准为基础的协调；

（4）统一监管，是指只有一个统一的跨国机构来监管，如欧洲中央银行；

有效的国际金融监管协调可产生两个效应：一是继续推进金融的国际化进程，为金融机构的国际化努力创造良好的金融环境；二是提高全球金融市场监管的有效性，保持金融稳定。

二、国际协调组织

一些相关的国际组织已经在推进世界范围内的金融监管协调，而一些区域性的带有统一监管雏形的协调性组织也已出现。

根据协调能力，现有的金融监管国际协调组织基本上可分为两类：一类是对成员国没有法律约束力的国际监管组织，包括巴塞尔委员会（BCBS）、国际证券委员会组织（IOSC）、国际保险监管官联合会（IAIS）等。这类组织主要通过没有法律约束力的"君子协议"来推动成员国之间的合作以及国际性监管标准的推广。另一类是以国际法或区域法为基础的监管组织。它们所通过的监管规则对成员国具有法律约束力，可以在一定程度上统一实施对成员国的金融监管，如欧盟和北美自由贸易组织等。在上述国际监管组织中，巴塞尔委员会的影响最为突出。

三、国际金融监管协调的基本内容

▶ 1. 信息的共享与交流

目前，关于信息的共享与交流方面在国际上已取得共识并得到积极主动的推进，国际上的信息交流机制主要包括以下两种形式。

（1）双边合作，即在两国之间，有谅解备忘录、双边援助协议、非正式的信息交流或信息共享的安排。

（2）多边合作，主要是通过国际监管组织的监管建议和监管标准来实现。此外，银行业、证券业、保险业之间的信息交流及信息共享也随着金融集团的兴起而得到了国际金融界的重视。

▶ 2. 监管范围和监管责任

关于监管范围和监管责任，主要在 1975 年巴塞尔委员会首次提出的划分银行国外机构监管责任的原则(后称"第一个巴塞尔协定")，1983 年巴塞尔委员会制定的修改后的巴塞尔协定即《对银行国外机构的监管原则》，以及 1992 年巴塞尔委员会制定的《对国际银行集团及其境外机构的最低监管标准》等三个文件中得到体现。

▶ 3. 并表监管

并表监管，是一个监管当局对银行集团的总体经营(全球各地所从事的全部业务)进行监管的过程。并表监管并不等于会计并表，当然合并会计报表是并表监管的一个重要的工作和信息来源。并表监管原则贯穿在巴塞尔委员会针对跨国银行所提出的建议和标准当中，在欧盟内部，并表监管也作为银行监管的一项基本原则被接纳。

▶ 4. 国际监管标准的建立

在国际监管标准的建立中，以《巴塞尔协议》的银行资本标准最为成功。

▶ 5. 对金融集团的监管

1993 年年初，巴塞尔委员会、国际证券委员会组织和国际保险监管官联合会于 1995 年发布了《金融集团的监管》文件，首次对金融集团的监管问题进行了系统的规范。1996 年，三方小组升级为联合论坛。1999 年，公布了《多元化金融集团监管的最终文件》，第一次就多元化金融集团的监管原则与方法提出了具体的指导意见。

▶ 6. 区域性的金融监管一体化

区域性的金融监管一体化以欧洲中央银行为典型代表。《马斯特里赫特条约》建立了欧洲中央银行体系和欧洲中央银行，赋予欧洲中央银行实施货币政策的职能，但并没有赋予欧洲中央银行实施银行监管的职能，也没有明确其为银行提供流动性支持的职能。也就是说，各国仍然保留着金融监管和维护金融稳定的职责。与此同时，欧盟又在很大程度上介入了金融的监管活动，结果形成了欧盟内部一部分银行监管是统一的、集中性的；另一部分却又分散于不同的国家主体。

四、金融监管国际协调面临的困难

▶ 1. 国家利益障碍

在国际关系的处理上，国家行动遵循国家利益至上的原则。在金融监管的国际协调中，国家利益依然是选择合作与不合作的重要依据，若不合作或违约能带来更大的利益，则国家也有足够的动机去选择不合作或违约。

▶ 2. 监管政策独立性的丧失

金融监管的国际协调意味着各国在监管政策方面失去了选择自由，而统一的监管标准和统一监管将使各国在不同程度上让渡本国的监管主权。主权的让渡对任何国家都是一个十分艰难的问题。

▶ 3. 国别差异

各国金融业的发展水平不同，发展的目标不一样，发展的理念也各有差异，这就造成了各国在金融监管的国际协调上面临一定的困难。

▶ 4. 机制局限

三大国际金融监管组织(巴塞尔银行监管委员会、国际证监会组织、国际保险监管协会）在很大程度上是一个多边论坛，不拥有实质性的决策和执行权力，这就使得这一监管机制本身具有很大的局限性。而且，监管标准的制定是协调各国利益的过程，程序烦琐、时间跨度长，难以根据现代金融的发展适时进行调整，落后于发展的需要。

五、国外金融市场监管的比较

（一）美国的金融市场监管

在监管方面，各州和联邦分别对在州和联邦注册的银行进行监管，注册地成为界定银行监管部门的主要依据。对于在联邦注册的银行，成立于 1870 年的财政部下属美国货币监理署（OCC）对非联邦储备银行（FED）的会员银行进行监管，其主要运行是通过支付服务和收取监管对象费用获得收入。而成立于 1929 年大危机中的联邦储备银行则对其会员银行、金融控股公司进行监管。它主要利用会员银行的资本金提供贷款获取利息，并从美联储转移大额付款系统（FEDWIRE）的银行间大额支付及自动清算中心（automatic clearing house，ACH）零售支付服务中收取费用。上述两类银行大多是大银行。而对于在各州注册的银行，则由各州的银行厅监管。

由于银行具有是否加入联邦储备银行的权利，实际上也就获得了选择监管部门的权利。OCC 与 FED 之间的这种平行结构造成两者之间的监管竞争，从而争相讨好金融界，单方面给银行松绑，以吸引银行加入。同时，联邦存款保险公司（FDIC）为在各州注册的非 FED 会员银行提供存款保险，主要是一些中小银行。储蓄机构监管署则负责监管在联邦注册的储蓄机构和储蓄机构控股公司，国家信用合作社办公室（OTS）负责监管联邦注册和州注册且加入其保险系统的信用社。

至于证券业、基金业、保险业及期货业的监管，则分别由美国证券监督委员会（SEC）、联邦保险署（SIC）和美国期货交易委员会（CFTC）负责。正如 FED 将稳定货币及支付体系的稳定性作为首要目标一样，保护投资者利益成为 SEC 对证券业监管的主要目标。它只要求投资银行、上市公司、资产管理公司等提供连续的年度财务报告，监督其信息披露，而且只监管证券经纪业务，不管其投资银行业务。保险业的监管则主要由州政府负责。上述联邦监管机构的组成人员均由国会任命，任期大多与总统任期错开，只对国会负责。FED 作为中央银行，具有相当大的独立性。

（二）英国的金融市场监管

根据《2012 年金融服务法》和《2000 年金融服务与市场法》，英国采取签署备忘录的形式来确定财政部、英格兰银行、审慎监管局、金融行为管理局等国内监管部门之间的协调合作。此外，由于伦敦金融城的国际金融中心地位，英国国内的监管机构也经常与国外监管机构签署备忘录，明确在跨境金融监管中的协调合作事宜。据统计，2007—2016 年，英国监管部门共签署过 37 份合作备忘录，其中，国际备忘录占大多数。

在这 37 份备忘录中，有两份格外重要，勾勒了英国金融监管体系的协调合作框架，它们分别是 2013 年签署的《英格兰银行（含审慎监管局）、财政部、金融行为管理局谅解备忘录：国际组织》[Memorandum of Understanding between the Bank，including the PRA，HM Treasury and the Financial Conduct Authority（FCA）re：International Organisations，以下简称《国际组织备忘录》]，以及 2015 年签署的《英格兰银行、金融行为管理局、支付系统管理局和审慎监管局谅解备忘录：支付系统监管》[Memorandum of Understanding between the Bank，the FCA，the Payment Systems Regulator（PSR）and the PRA re：Supervision of Payment Systems，以下简称《支付系统监管备忘录》]。

　　《国际组织备忘录》主要涉及金融监管机构的国际合作，在充分尊重不同金融监管机构职责的同时，规定了金融监管机构和国际金融组织的协商与合作。就英国而言，牵头参与金融监管合作的机构是财政部，其负责对国内外金融监管法律法规的结构设计；而其他监管机构则依法对口参与同国际金融组织的协调合作。依据《2012 年金融服务法》第 66 条，英国建立了国际(金融)协调委员会，按照"公开、合作、一致"的原则开展国际协作。

　　《支付系统监管备忘录》是依据《2013 年金融服务(银行改革)法》第 99 条设计的，约定了在支付系统运行过程中不同金融监管机构的职责划分和它们之间的信息共享与合作。各监管机构的视角各有侧重：英格兰银行考虑的是金融稳定；金融行为管理局考虑的是监管提供支付服务的小型支付机构以及英国的电子货币发行商；审慎监管局考虑的是避免银行、保险公司、投资公司等授权机构对英国金融系统产生负面冲击；支付系统管理局考虑的是促进支付市场的竞争、创新和稳健运行。

　　值得一提的是，竞争是英国金融监管的一项重要目标，金融监管当局与竞争执法部门必然存在职能上的交叉。关于支付系统的竞争问题，金融行为管理局、支付系统管理局分别与英国竞争执法部门——竞争市场局签署了谅解备忘录。此外，如果金融行为管理局与支付系统管理局在监管支付系统竞争方面存在职能冲突，那么两家执法机构将协商明确当中的一家作为牵头监管部门，而另外一家将依法协助。

阅读专栏

监管英格兰银行

　　1694 年 7 月 27 日，英格兰银行获得执照成立。根据执照，该行具有股本和印章，可以拥有土地和其他资产，能够起诉和被诉。1844 年，根据《1844 年银行执照法》(the Bank Charter Act 1844)，英格兰银行的货币发行职能和银行职能脱离，分别设在两个不同的部门。1946 年，根据《1946 年英格兰银行法》(the Bank of England Act 1946)，英格兰银行被国有化，股本转移至财政部，英格兰银行原章程随之修改。依据《1946 年英格兰银行法》第 4(1)条，财政部在认为关系国家利益时，经与英格兰银行行长协商，有权指导英格兰银行。《1998 年英格兰银行法》(the Bank of England Act 1998)第二部分和第 3 附件规定，货币政策无须经过财政部指导。

　　尽管以上法律规定被视作是确保英格兰银行独立性的法律依据，但是，若从后危机时代的法律规定和具体金融实践来看，英格兰银行的独立性远远没有外界想象得如此超脱，所谓的"独立性"在诸多方面都受制于英国议会和政府的领导或者管控。很明显，立法意图即是遏制作为监管机构的英格兰银行滥用垄断权力。

　　在英国政府层面，《2016 年英格兰银行和金融服务法》第一部分"治理"(Governance)第 1(3)(1)条规定："经咨询英格兰银行行长，财政部可以修改、增加、解除副行长。"第 8(6)(4)条规定："在颁布、修改或者替换(货币政策委员会)法规之前，英格兰银行必须和财政部协商。"第 10 条规定了"财政部的保障行为"(Activities Indemnified by Treasury)，第 11 条规定了"财政部审查"(Review by the Treasury)。在 3A"审慎监管"(Prudential Regulation)部分 30B 规定了财政部的建议权，在 30C"运作独立"(Operational Independence)部分规定了财政部的建议权(consult)和指导权(direct)。

　　在英国最高立法层面，议会由下议院和上议院组成，负责立法、税收和监督政府。尽管英格兰银行在实现货币政策和金融稳定的目标时具备一定的独立性，但是，却对议会下议院的财政委员会(the Treasury Committee of the House of Commons)负责。行长、副行长和其他高级管理人员经常要在财政委员会就《通货膨胀报告》《金融稳定报告》和《审慎监管局年度账户》等方面接受质询。上议院经济事务委员会有时还会就货币政策和金融政策召开质询会议。英格兰银行货币政策委员会和金融政策委员会的成员定期在下议院的"财政选举委员会"(Treasury Select Committee)接受听证，听证涵盖了最新的《通货膨胀报告》和《金融稳定报告》等一系列主题。在2016年上半年英国公投期间，当时的英格兰银行行长卡尼多次就脱欧对英国金融业产生潜在冲击发表评论。对此，在下议院"财政选举委员会"任职的一位议员就曾严厉指责卡尼，甚至要求卡尼辞职，充分显示了议会对英格兰银行的监督。

资料来源：李震.英国金融监管体制改革趋势与借鉴.财新网.2016-09-10.

六、中国金融市场监管改革

《中华人民共和国国民经济和社会发展第十四个五年规划和2035年远景目标纲要》指出，完善现代金融监管体系，补齐监管制度短板，在审慎监管前提下有序推进金融创新，健全风险全覆盖监管框架，提高金融监管透明度和法治化水平；加强系统重要性金融机构和金融控股公司监管，强化不良资产认定和处置，防范化解影子银行风险，有序处置高风险金融机构，严厉打击非法金融活动，健全互联网金融监管长效机制；健全金融风险预防、预警、处置、问责制度体系，落实监管责任和属地责任，对违法违规行为零容忍，守住不发生系统性风险的底线；强化监管科技运用和金融创新风险评估，探索建立创新产品纠偏和暂停机制。

目前，我国已经形成了金融委统筹抓总，"一行""两会""一局"和地方分工负责的金融监管架构，金融监管体系有了更加积极、与时俱进的变化，监管的权威性和协调性进一步加强。

当前，世界正处于百年未有之大变局，国内外经济金融运行环境正在发生深刻变化，防范和化解各类金融风险，维护金融体系稳健运行，是社会主义现代化国家建设的重要保障。业内专家建议，我国在支持金融创新的同时，也应严防垄断、严守底线，进一步发挥好监管引领作用，全力保护消费者合法权益，切实维护人民群众财产安全和社会稳定。

▌本章小结

金融监管是一国政府或政府的代理机构对金融机构实施的各种监督和管制，包括市场准入、市场退出、业务范围、风险管理和控制以及一系列立法、执法体系的建立过程。

金融市场监管原则主要包括全面性原则、效率性原则，公开、公平、公正原则，金融市场监管内容可分为对金融市场主体、客体和媒体的监管等。

金融市场监管的理论依据主要有公共效益论、俘虏论和监管经济学。公共效益论认为市场中存在垄断、外在性和信息不对称等因素；俘虏论则以生命周期模型为代表；监管经济学把监管看成一种商品，这种商品受供求关系的影响。

金融监管国际协调的形式主要包括双边的谅解备忘录、多边论坛、以统一的监管标准为基础的协调，以及统一监管。

本章重要概念

金融监管　金融监管对象　金融监管目标　金融监管原则　金融监管内容　公共效益论
外部性　俘虏论　监管经济学

思考题和在线自测

本章复习思考题

在线自测

参 考 文 献

[1] 许文新等. 金融市场学[M]. 西安：陕西人民出版社，2005.

[2] 陈善昂. 金融市场学[M]. 大连：东北财经大学出版社，2009.

[3] 宋琳. 金融市场学[M]. 济南：山东人民出版社，2014.

[4] 徐晟，林青. 金融市场学[M]. 北京：经济管理出版社，2012.

[5] 王千红. 金融市场学[M]. 2版. 南京：东南大学出版社，2014.

[6] 庞金波. 金融市场学[M]. 北京：科学出版社，2014.

[7] 张丽华. 金融市场学[M]. 2版. 大连：东北财经大学出版社，2015.

[8] 张维. 金融市场学[M]. 北京：首都经济贸易大学出版社，2004.

[9] 黄解宇，李超. 金融市场学[M]. 北京：中国农业大学出版社，2009.

[10] 张丽华. 金融市场学[M]. 2版. 大连：大连出版社，2011.

[11] 王振山，王立元. 金融市场学[M]. 北京：清华大学出版社，2011.

[12] 张利兵，张丕强. 金融市场学[M]. 上海：立信会计出版社，2011.

[13] 谢百三. 金融市场学[M]. 2版. 北京：北京大学出版社，2009.

[14] 李刚，高西. 金融市场学[M]. 大连：东北财经大学出版社，2015.

[15] 陈彪如，马之绸. 国际金融市场[M]. 上海：复旦大学出版社，1998.

[16] 王国刚. 全球金融发展趋势[M]. 北京：社会科学文献出版社，2003.

[17] 张幼文，干杏娣. 金融深化的国际进程[M]. 上海：上海远东出版社，1998.

[18] 李扬，黄金老. 金融全球化研究[M]. 上海：上海远东出版社，1999.

[19] 中国人民银行总行金融研究所. 近代中国的金融市场[M]. 北京：中国金融出版
社，1989.

[20] 张亦春. 现代金融市场学[M]. 北京：中国金融出版社，2002.

[21] 朱宝宪. 金融市场[M]. 沈阳：辽宁教育出版社，2001.

[22] 谢百三. 金融市场学[M]. 北京：北京大学出版社，2003.

[23] 杰夫·马杜拉. 金融市场与金融机构[M]. 北京：中信出版社，2004.

[24] 乔治·考夫曼. 货币、市场和金融机构[M]. 北京：经济科学出版社，2001.

[25] 中国外汇交易中心. 中国货币市场[J]. 中国货币市场杂志社，2003—2005.

[26] William F. Sharper. 投资学[M]. 北京：中国人民大学出版社，1999.

[27] 弗兰克·J. 法博兹. 债券市场分析和策略[M]. 上海：百家出版社，2002.

[28] 霍文文. 证券投资学[M]. 3版. 北京：高等教育出版社，2008.

[29] 中国证券业协会. 证券市场基础知识[M]. 北京：中国财政经济出版社，2008.

[30] 中国证券业协会. 证券发行与承销[M]. 北京：中国财政经济出版社，2008.

[31] 中国证券业协会. 证券交易[M]. 北京：中国财政经济出版社，2008.

[32] 中国证券业协会. 证券投资基金[M]. 北京：中国财政经济出版社，2008.

[33] 代鹏. 金融市场学导论[M]. 北京：中国人民大学出版社，2002.

[34] 戴国强，张勇，吴许均. 投资基金[M]. 上海：上海译文出版社，2003.

[35] 李耀. 证券投资基金学[M]. 2版. 北京：清华大学出版社，2005.

[36] 何龙灿. 证券投资基金业绩评价[M]. 上海：百家出版社，2003.

[37] 胡奕明. 外汇风险管理[M]. 大连：东北财经大学出版社，1998.

[38] 王宗军. 金融市场概论[M]. 武汉：华中理工大学出版社，1999.

[39] 陈雨露. 国际金融[M]. 北京：中国人民大学出版社，2000.

[40] 姜波克. 国际金融新编[M]. 3版. 上海：复旦大学出版社，2003.

[41] 易纲，张磊. 国际金融[M]. 上海：上海人民出版社，2002.

[42] 周洁卿. 中国黄金市场研究[M]. 上海：上海三联书店，2002.

[43] 郑振龙，张雯. 各国衍生金融市场监管比较研究[M]. 北京：中国金融出版社，2003.

[44] Maurice D. Levi. International finance[M]. 北京：机械工业出版社，1999.

[45] 马玲. 中国金融监管体系与时俱进持续完善[N/OL]. (2021-07-13)[2022-2-18]. https://www.financialnews.com.cn/gc/ch/202107/t20210713_223150.html.

教师服务

感谢您选用清华大学出版社的教材！为了更好地服务教学，我们为授课教师提供本书的教学辅助资源，以及本学科重点教材信息。请您扫码获取。

➤➤ 教辅获取

本书教辅资源，授课教师扫码获取

➤➤ 样书赠送

财政与金融类重点教材，教师扫码获取样书

 清华大学出版社

E-mail: tupfuwu@163.com
电话：010-83470332 / 83470142
地址：北京市海淀区双清路学研大厦 B 座 509

网址：http://www.tup.com.cn/
传真：8610-83470107
邮编：100084